金融数学教学丛书

金融模型的数值方法

徐承龙　姜广鑫　编著

科学出版社

北　京

内 容 简 介

本书是"金融数学教学丛书"中的一本,是作者在同济大学、哈尔滨工业大学、上海财经大学等高校多年讲授"金融中的模型和计算"等课程讲义的基础上精心修订而成的,旨在为定量金融专业学生与业界专业人士提供必备的计算数学工具. 全书内容丰富,涵盖数值代数、数值逼近的基础知识,详细阐述随机数生成、资产价格模拟过程,深入解析金融衍生物定价的蒙特卡罗方法、期权定价的二叉树及有限差分方法,以及随机微分方程数值方法;同时介绍了优化投资组合选择、随机优化基础,以及神经网络在金融领域的应用,推动人工智能技术与金融学科的深度融合. 编写过程中,作者力求构建完整的知识体系,兼顾数学理论的严密性与国内金融市场特点,着重突出实践应用,并配备重要算法程序,助力学生提升编程能力,特别地,书中重要程序附在二维码链接中,扫码可以获取程序进行练习. 部分标"*"号的章节内容,可供研究生或有深入学习需求者进一步钻研.

本书可供金融数学特设专业、计算金融专业或者金融工程专业及应用数学专业 (金融数学方向) 的本科生、研究生及从业者学习使用.

图书在版编目(CIP)数据

金融模型的数值方法 / 徐承龙, 姜广鑫编著. -- 北京 : 科学出版社, 2025. 6. -- (金融数学教学丛书). -- ISBN 978-7-03-082225-3

Ⅰ. F830.49

中国国家版本馆 CIP 数据核字第 20258AQ593 号

责任编辑:张中兴 梁 清 孙翠勤 / 责任校对:杨聪敏
责任印制:师艳茹 / 封面设计:蓝正设计

科学出版社 出版

北京东黄城根北街 16 号
邮政编码:100717
http://www.sciencep.com

北京华宇信诺印刷有限公司印刷
科学出版社发行 各地新华书店经销

*

2025 年 6 月第 一 版 开本:720×1000 1/16
2025 年 6 月第一次印刷 印张:17 3/4
字数:358 000
定价:79.00 元
(如有印装质量问题, 我社负责调换)

"金融数学教学丛书"编委会

丛 书 序

从 20 世纪 90 年代中期开始, 随着数学在金融领域中的应用不断深入, 有关金融数学的学术研究和企业实践在我国迅速发展起来, 各行各业对于金融数学人才的需求愈发强烈, 金融数学人才培养工作也开始受到社会各界的重视.

北京大学是国内开创金融数学人才培养先河的高校之一. 1997 年, 在姜伯驹院士的倡导下, 北京大学数学科学学院建立了国内第一个金融数学系, 并在短短几年内快速建成了从本科生到博士生的完整教学体系. 尽管当时数学专业受欢迎程度远不如现在, 但金融数学专业的设立, 在提高数学专业的新生质量、改善数学专业毕业生的就业环境、拓宽数学的应用范围等方面, 无疑起到了重要的推动作用. 随后, 国内越来越多的高等院校陆续建立金融数学系, 开始了金融数学方向的本科生和研究生培养. 目前, 全国已经有 100 多所高校设置了金融数学专业, 每年招收本科生和研究生数千人, 为我国金融业培养了一大批既具备良好数学和统计学基础又懂现代金融的复合型金融人才, 在我国金融业现代化、国际化的进程中发挥了越来越大的作用.

北京大学在培养金融数学人才方面也有着鲜明的特色. 数学科学学院的新生在入学后的前两年里不分专业, 所有学生的必修基础课程相同. 这样一来, 学生即使在第三年选择了金融数学专业, 在这之前也能建立扎实的数学基础, 因此在金融数学高年级或研究生阶段的专业学习中, 往往能取得事半功倍的效果. 北京大学的做法已经在众多高校中得到推广, 数学、统计学以及计算机科学的基础理论教学在金融数学专业的人才培养中不断得到加强.

然而, 作为近年来才发展起来的学科方向, 我国金融数学在教材建设方面还存在很大的进步空间. 金融数学在国外大多是研究生阶段才学习的专业, 因此国外出版的教材大多是研究生教材. 我国的金融数学教学大多采用国外教材的中译本, 这对我国现阶段培养金融数学人才发挥了重要作用, 但也存在一些弊端, 例如金融市场的交易规则以及主要的案例和数据等都来自国外, 并不完全适合我国金融业的实际; 部分课程的预备知识不完全与我国本科生的学习背景相匹配; 等等.

为尽快改善这一局面, 北京大学、山东大学、同济大学、华东师范大学、对外经济贸易大学等国内较早开展金融数学教学的高等院校, 已开始组织一线教师编写符合我国金融数学人才培养规律的高水平教科书. 今天与读者们见面的这套金融数学教学丛书, 既引入了国内金融业的许多生动案例和真实数据, 也蕴含着一线教师总结积累的丰富教学经验, 体现出他们对于金融数学知识体系的理解与设计, 可以说凝聚了他们多年的心血. 我相信, 这套丛书的出版, 必定会对规范国内金融数学专业教学工作、提升金融数学人才质量, 产生非常积极的作用.

最后, 可以预见的是, 随着国家综合实力的不断增强, 我国金融业必将迎来更为广阔的发展前景, 也会为金融数学专业提供新的发展机遇. 鉴于我国在经济环境、政策导向以及市场规模等方面的独特性, 必然会有越来越多具有中国特色的金融课题值得深入研究, 而这些研究工作也是金融数学后备人才进行专业学习的重要案例. 为此, 希望金融数学专业的教学与科研工作者们顺应时代呼唤, 积极探索创新, 更好地推进研教结合, 将有价值的最新研究成果和案例及时纳入教材, 逐步加以完善, 形成一套更符合国内金融数学专业需求的教学丛书, 为我国金融数学专业以及金融业的发展注入不竭动力.

张程

2020 年 3 月

前　　言

在深入贯彻党的二十大精神的时代背景下, 金融领域正迎来深刻变革. 党的二十大明确提出金融服务实体经济、提升金融监管效能的重要理念, 为金融教育创新发展指明方向. 本书正是基于作者在同济大学、哈尔滨工业大学、上海财经大学多年开设 "金融中的模型和计算" 等课程讲义的基础上修订而成的, 旨在回应新时代对金融人才培养的迫切需求.

在金融领域日益复杂的当下, 对精准定量分析工具需求剧增. 本书的主旨是为从事定量金融相关专业的学生及业界工作者提供一些必要的计算数学工具, 内容包括数值计算的基础知识、随机数的生成与资产价格模拟、金融衍生物定价的蒙特卡罗方法与方差减小技术、金融衍生物 (期权) 定价的二叉树方法与有限差分方法、随机优化与最优投资组合选择、神经网络及其在金融中的应用、随机微分方程数值方法等. 撰写时尽量考虑到本书所涉及的内容之间的知识图谱关系, 使得本书是一本知识内容自足的教材. 但是由于本书涉及概率论、计算数学、金融工程与金融数学、人工智能算法等领域, 国内也没有类似的教材可供参考, 因此不足之处也在所难免.

本书将围绕金融中的一些重要模型及计算方法展开, 既保持数学理论的严密性, 同时考虑到国内利率与金融衍生品市场的特点, 还兼顾理论的严谨性与方法的应用性. 特别是本书还介绍了一些近年来发展迅速的随机优化方法及其在投资组合优化及风险管理中的应用, 神经网络方法在资产定价及期权定价中的应用. 为了培养学生的实际编程能力, 本书还配有一些重要算法的程序与习题, 并将之附在二维码中, 读者扫码可以获取练习.

本书第 1—3 章及第 7 章由上海财经大学数学学院徐承龙教授执笔, 第 5—6 章由哈尔滨工业大学经济与管理学院姜广鑫教授撰写, 第 4 章初稿由顾桂定教授完成并经徐承龙教授修订. 上海财经大学王子逸、陈鸿浩、卞柳等研究生, 以及哈尔滨工业大学江九运、郝轶泽等研究生, 分别承担对应章节的书稿整理工作.

为满足不同层次学习者需求, 本书标注星号 (*) 的章节作为拓展内容, 适用于研究生及进阶学习. 根据教学经验, 不含星号章节的教学周期为 54 课时, 具备基础的学生可精简第 1 章部分内容, 48 课时即可完成核心知识学习. 受篇幅与作者水平限制, 拟蒙特卡罗方法、最优投资组合 HJB 方程及金融模型参数校正等内容暂未涉及.

本书出版获上海财经大学拔尖人才培养驱动的数学教学创新团队支持计划资助. 期望通过本书, 助力读者掌握前沿金融分析技术, 为推动金融高质量发展、服务实体经济注入专业力量, 切实践行党的二十大精神内涵.

作 者

2025 年 5 月

本书程序代码

目　　录

第 1 章　数值计算的基础知识

本章介绍几种常见的数值计算方法: 数值插值、函数逼近与最小二乘法, 线性方程组求解与矩阵分解法, 非线性方程 (组) 求解, 数值求导与数值积分以及随机分析基础, 作为后续的章节内容的基础知识.

1.1　数值插值、逼近与最小二乘法

在实际问题中, 经常遇到将一个复杂的函数或者一些离散采样数据 (x_i, y_i) $(i = 0, 1, 2, \cdots, n)$ 用一个 "简单" 的函数近似代替的问题. 这里的 "简单" 函数通常指多项式、三角函数、有理分式等等; 而 "近似" 的含义可以根据不同的场景进行定义, 例如用最大范数, 加权平方积分值的大小来度量近似程度.

近似处理的一个典型例子是用泰勒公式近似一个函数 $f(x)$: 若 $f(x)$ 有直到 $n + 1$ 阶的连续导数, 则在 x_0 处附近:

$$f(x) = f(x_0) + f'(x_0)(x - x_0) + \cdots + \frac{f^{(n)}(x_0)}{n!}(x - x_0)^n + R_n(x),$$

其中**余项**

$$R_n(x) = \frac{1}{(n+1)!} f^{(n+1)}(\xi)(x - x_0)^{n+1},$$

ξ 介于 x 与 x_0 之间. 省略余项 $R_n(x)$, 函数 $f(x)$ 便可用一个 n 次多项式近似代替, 从而方便进行积分、求导等运算. 但是必须指出的是, 在余项公式中, 只有当 x 足够接近 x_0 时, 才能确保余项 (误差) 的绝对值很小; 一旦 x 离 x_0 较远, 近似效果就差了, 即用泰勒公式进行近似计算是局部有效的. 泰勒公式展开方法的另一个缺点是要求函数 $f(x)$ 具有直到 $n + 1$ 阶的连续导数, 这在许多实际问题中往往是不满足的.

1.1.1　多项式插值

定义 1.1　已知数据集 $(x_i, y_i)(i = 0, 1, \cdots, n)$, 其中 $y_i = f(x_i), a \leqslant x_0 < x_1 < \cdots < x_n \leqslant b$. 若存在一个次数不超过 n 次多项式 $P_n(x)$, 使得

$$P_n(x_i) = y_i, \quad i = 0, 1, \cdots, n, \tag{1.1}$$

则称 $P_n(x)$ 为函数 $f(x)$ 的 n 次**插值多项式** (interpolation polynomial), 其中 x_i 称为插值节点 (interpolation nodes).

从图 1.1 可见, 插值多项式 $P_n(x)$ 的图形可看成通过 $n+1$ 个点 (x_i, y_i) 的 n 次多项式.

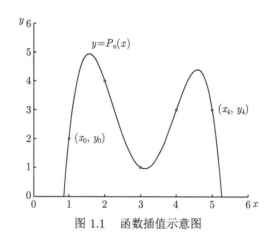

图 1.1　函数插值示意图

若用待定系数法可以求解满足插值条件 (1.1) 的 n 次多项式. 可设

$$P_n(x) = a_0 + a_1 x + \cdots + a_n x^n,$$

则由 (1.1) 式易得关于待定系数 $a_0, a_1, \cdots, a_n$ 的线性方程组:

$$\begin{cases} a_0 + a_1 x_0 + \cdots + a_n x_0^n = y_0, \\ a_0 + a_1 x_1 + \cdots + a_n x_1^n = y_1, \\ \qquad\qquad \cdots\cdots \\ a_0 + a_1 x_n + \cdots + a_n x_n^n = y_n. \end{cases}$$

由于上述线性方程组的系数行列式为**范德蒙德** (Vandermonde) **行列式**:

$$\begin{vmatrix} 1 & x_0 & \cdots & x_0^n \\ 1 & x_1 & \cdots & x_1^n \\ \vdots & \vdots & & \vdots \\ 1 & x_n & \cdots & x_n^n \end{vmatrix} = \prod_{0 \leqslant i < j \leqslant n} (x_j - x_i) \neq 0,$$

所以 $a_0, a_1, \cdots, a_n$ 有唯一解, 且可以由克拉默 (Cramer) 法则求解. 为了避免复杂繁琐的求解过程, 上述方程的解也可以用下面的构造法直接获得.

n 次插值基函数 $l_i(x), i = 0, 1, \cdots, n$ 定义为

$$l_i(x) := \prod_{\substack{j=0 \\ j \neq i}}^{n} \frac{x - x_j}{x_i - x_j}.$$

显然满足如下关系:

$$l_i(x_k) = \begin{cases} 1, & i = k, \\ 0, & i \neq k. \end{cases}$$

易得插值多项式可以写成

$$L_n(x) = \sum_{i=0}^{n} y_i l_i(x), \tag{1.2}$$

其中 $L_n(x)$ 称为**拉格朗日插值多项式** (Lagrange interpolation polynomial). 若节点 x_i 等距, 即 $x_i = x_0 + ih, h > 0$, 则称 $L_n(x)$ 为**等距插值多项式**.

例 1.1 设给定数据如表 1.1.

表 1.1 插值数据

x_i	1	2	3
y_i	2	4.5	8

利用拉格朗日插值公式(1.2) 求二次插值多项式 $L_2(x)$.

解 易得

$$l_0(x) = \frac{(x - x_1)(x - x_2)}{(x_0 - x_1)(x_0 - x_2)} = \frac{1}{2}(x - 2)(x - 3),$$

$$l_1(x) = \frac{(x - x_0)(x - x_2)}{(x_1 - x_0)(x_1 - x_2)} = -(x - 1)(x - 3),$$

$$l_2(x) = \frac{(x - x_0)(x - x_1)}{(x_2 - x_0)(x_2 - x_1)} = \frac{1}{2}(x - 1)(x - 2),$$

从而,

$$L_2(x) = y_0 l_0(x) + y_1 l_1(x) + y_2 l_2(x) = 0.5x^2 + x + 0.5.$$

计算结果见图 1.2.

MATLAB 程序如下:

```
1  x=[1 2 3];
2  y=[2 4.5 8];
3  P=polyfit(x,y,2);
4  plot(x,y,'o')
5  hold on
6  x1=1:0.01:3;
7  plot(x1,polyval(P,x1))
8  xlabel('x')
9  ylabel('y')
```

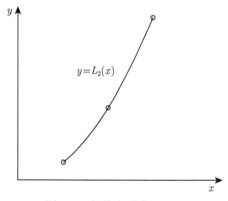

图 1.2　插值多项式 $L_2(x)$

下面给出用拉格朗日插值多项式近似 $f(x)$ 的误差.

定理 1.1　设 $a \leqslant x_0 < x_1 < \cdots < x_n \leqslant b$ 为插值节点, $f(x)$ 在区间 (a,b) 内有直到 $n+1$ 次的连续导数, 则对于任意 $x \in (a,b)$, 插值多项式 $L_n(x)$ 的**余项**为

$$R_n(x) = f(x) - L_n(x) = \frac{f^{(n+1)}(\xi)}{(n+1)!}\Pi(x), \quad \xi \in (a,b), \tag{1.3}$$

其中 $\Pi(x) := (x-x_0)(x-x_1)\cdots(x-x_n)$ 为一个 $n+1$ 次多项式.

证明　设余项 $R_n(x) = f(x) - L_n(x)$, 则由插值多项式的定义:

$$R_n(x_i) = f(x_i) - L_n(x_i) = 0, \quad i = 0,1,\cdots,n,$$

于是余项估计式 (1.3) 在 $x = x_i$ 处显然成立. 下面不妨设 $x \neq x_i$, 并引进辅助函数:

$$\varphi(t) = f(t) - L_n(t) - K(x)\Pi(t),$$

其中函数 $K(x) = R_n(x)/\Pi(x)$, $\Pi(x)$ 如上定义.

显然对固定的 $x, x_0, x_1, \cdots, x_n$, 函数 $\varphi(t)$ 满足

$$\varphi(t)|_{t=x} = f(x) - L_n(x) - K(x)\Pi(x) = 0,$$

$$\varphi(t)|_{t=x_i} = f(x_i) - L_n(x_i) - K(x_i)\Pi(x_i) = 0,$$

即函数 $\varphi(t)$ 在区间 (a, b) 上有 $n+2$ 个不同的零点, 反复利用罗尔 (Rolle) 定理, 即知在区间 (a, b) 上至少存在一个点 ξ, 使得 $\varphi^{(n+1)}(\xi) = 0$, 即

$$\begin{aligned} \varphi^{(n+1)}(\xi) &= f^{(n+1)}(\xi) - L_n^{(n+1)}(\xi) - K(x)\Pi^{(n+1)}(\xi) \\ &= f^{(n+1)}(\xi) - K(x)(n+1)! \\ &= 0, \end{aligned}$$

所以 $K(x) = \dfrac{1}{(n+1)!} f^{(n+1)}(\xi)$, 从而

$$R_n(x) = K(x)\Pi(x) = \frac{1}{(n+1)!} f^{(n+1)}(\xi)\Pi(x). \qquad \square$$

例 1.2 (龙格 (Runge) 现象) 设函数 $f(x)$ 定义为

$$f(x) = \frac{1}{1+x^2}, \quad -5 \leqslant x < 5.$$

对于给定的等分插值节点 $x_i = -5, -4, \cdots, 4, 5$ 上的函数值 $y_i = f(x_i)$, 求 10 次插值多项式 $L_{10}(x)$.

解 利用与例 1.1 类似的编程与作图, 易得下列插值多项式 $L_{10}(x)$ 的图像.

由图 1.3 可知插值多项式 $L_{10}(x)$ 在 $x = -5$ 以及 $x = 5$ 两端点附近有较大的误差, 因此逼近效果并不好. 尽管 $f(x)$ 在区间 $(-5, 5)$ 上恒大于 0, 插值多项式 $L_{10}(x)$ 有多个零点, 从而有振荡现象.

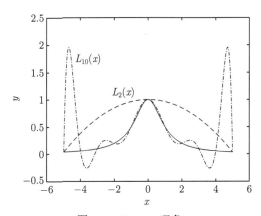

图 1.3 Runge 现象

为了改变以上不收敛现象 (称为 **Runge 现象**), 可以采取两种策略加以改进. 第一种策略是在增加节点的同时将上面的插值多项式改为分段低次插值. 常用的有分段线性插值, 三次样条插值等. 分段线性插值简单, 易于处理; 三次样条插值计算量稍大, 但是精度较高, 在处理债券的收益率曲线中有应用.

第二种策略是将通常的等距插值节点改为特殊的节点进行插值. 例如可以取**切比雪夫 (Chebyshev) 正交多项式**或**勒让德 (Legendre) 正交多项式**的零点. 可以证明, 当函数 $f(x)$ 足够光滑时, 随着插值节点数的增加, 插值多项式迅速逼近函数 $f(x)$. 关于正交多项式的内容将在后面的 1.1.4 节介绍.

1.1.2　分段多项式插值

上节例 1.2 表明, 对于等距节点的插值多项式, 并非插值多项式的次数越高, 逼近效果越好, 即有所谓的 "龙格" 振荡现象发生, 从而收敛性一般是不成立的, 即使原来的函数 $f(x)$ 足够光滑. 改进的措施之一是用分段低次多项式代替整个区间上的高次插值多项式. 其中最常见的是分段线性插值和**三次样条插值** (spline interpolation) 函数.

定义 1.2　设 $a \leqslant x_0 < x_1 < \cdots < x_n \leqslant b$, 连续函数 $s(x) \in C[x_0, x_n]$, 在每个子区间 $I_i := [x_i, x_{i+1}]$ 上为 k 次多项式, 且满足插值条件: $s(x_i) = y_i$ ($i = 0, 1, \cdots, n$), 则 $s(x)$ 称为 $f(x)$ 的 k 次**分段插值函数**.

注意此时插值函数 $s(x)$ 在整个区间 $[x_0, x_n]$ 上并非一个多项式. 下面分别讨论 $k = 1$ 和 $k = 3$ 两种常用情形.

对于 $k = 1$, $s(x)$ 在子区间 $I_i = [x_i, x_{i+1}]$ 上为线性函数, 且满足插值条件: $s(x_i) = y_i$, $s(x_{i+1}) = y_{i+1}$. 因此在子区间 I_i 上 $s(x)$ 为线性插值, 而在整个插值区间 $[x_0, x_n]$ 上 $s(x)$ 由 n 个线性插值函数拼接而成. 显然,

$$s(x) = s_i(x) = y_i \frac{x - x_{i+1}}{x_i - x_{i+1}} + y_{i+1} \frac{x - x_i}{x_{i+1} - x_i}, \quad x \in [x_i, x_{i+1}]. \tag{1.4}$$

由于在子区间 I_i 内 $s(x)$ 为 $f(x)$ 的线性插值多项式, 由前面给出的定理 1.1 知, 若函数 $f(x)$ 有二阶连续导数, 则插值误差为

$$f(x) - s(x) = \frac{1}{2} f''(\xi_i)(x - x_i)(x - x_{i+1}), \quad x \in [x_i, x_{i+1}], \quad \xi_i \in (x_i, x_{i+1}).$$

若令 $M_2 := \max\limits_{x \in [a,b]} |f''(x)|$, $h := \max\limits_{0 \leqslant i \leqslant n-1} (x_{i+1} - x_i)$, 显然对于任意的 $x \in [x_i, x_{i+1}]$,

$$|f(x) - s(x)| \leqslant \frac{1}{8} M_2 h^2. \tag{1.5}$$

(证明留作习题.)

由于上述误差估计对于任意的 $x \in [x_i, x_{i+1}]$ 成立, 即分段线性插值函数 $s(x)$ 的误差估计为式 (1.5).

由表达式 (1.4) 知, 在区间 (x_i, x_{i+1}) 内 $s'(x) = \dfrac{y_{i+1} - y_i}{x_{i+1} - x_i}$, 因此一般情形下导数在不同的子区间内取不同的常数, 从而可知在节点 x_i 处的左导数和右导数一般不相等, 即插值函数在节点处不可导. 这对于某些应用场景并不合适. 例如在拟合债券的收益率曲线时, 要求拟合函数 $s(x)$ 有连续的二阶导数 (用于刻画债券的久期与凸度). 为此, 引入三次样条 (spline) 函数来代替分段线性插值函数.

定义 1.3 设 $a \leqslant x_0 < x_1 < \cdots < x_n \leqslant b$ 为插值节点, $f(x) \in C^2[a, b]$. **三次样条函数**在每个子区间 $[x_i, x_{i+1}]$ 内为三次多项式, 且对于给定的 $y_0, y_1, \cdots, y_n$, 满足以下条件:

(1) $s(x_i) = y_i \ (i = 0, 1, \cdots, n)$;

(2) $\lim\limits_{x \to x_i^-} s^{(k)}(x) = \lim\limits_{x \to x_i^+} s^{(k)}(x), \ k = 1, 2, \ i = 1, 2, \cdots, n-1$.

由三次样条插值函数的定义, $s(x)$ 在每个子区间 $I_i = [x_i, x_{i+1}]$ 内为三次多项式:

$$s_i(x) = a_{i0} + a_{i1}(x - x_i) + a_{i2}(x - x_i)^2 + a_{i3}(x - x_i)^3, \quad x \in [x_i, x_{i+1}].$$

于是

$$s(x) = \begin{cases} s_0(x), & x \in [x_0, x_1), \\ s_1(x), & x \in [x_1, x_2), \\ \quad \cdots\cdots \\ s_{n-1}(x), & x \in [x_{n-1}, x_n]. \end{cases}$$

为了确定 $s_i(x)$ 的具体表达式, 只需确定每个子区间 I_i 内多项式 $s_i(x)$ 的 4 个系数, 共计 $4n$ 个系数: $a_{ij} \ (0 \leqslant i \leqslant n-1, \ j = 0, 1, 2, 3)$.

下面根据三次样条函数的定义确定系数应满足的条件. 由上面三次样条定义的插值条件 (1) 可知, 每个 $s_i(x)$ 满足条件 $s_i(x_i) = y_i$, $s_i(x_{i+1}) = y_{i+1} \ (i = 0, 1, \cdots, n-1)$, 从而可得 $2n$ 个条件. 由插值条件 (2), 在节点 $x_1, x_2, \cdots, x_{n-1}$ 上, 利用一阶导数和二阶导数的连续性, 可以得到 $2(n-1)$ 个条件. 为确定 $4n$ 个系数 $a_{ij} \ (0 \leqslant i \leqslant n-1, \ j = 0, 1, 2, 3)$, 还需添加两个附加条件, 以确保三次样条插值函数的存在性和唯一性.

可以证明, 在给定一些附加条件的情况下, 三次样条插值函数存在且唯一. 附加条件可以选取如下三个条件之一:

(1) $s'(x_0) = y_0'$, $s'(x_n) = y_n'$;

(2) $s''(x_0) = s''(x_n) = 0$ (称为**自然样条**);

(3) 周期性条件: $\lim\limits_{x \to x_0^+} s^{(k)}(x) = \lim\limits_{x \to x_n^-} s^{(k)}(x),\ k = 1, 2.$

可以证明, 若 $f(x) \in C^4[a,b]$, h 为相邻节点之间的最大值, 则三次样条插值函数 $s(x)$ 与函数 $f(x)$ 的误差有如下的估计式 (证明过程略):

$$\max_{x_0 \leqslant x \leqslant x_n} |(f(x) - s(x))^{(k)}| \leqslant Ch^{4-k} \max_{x_0 \leqslant x \leqslant x_n} |f^{(4)}(x)|, \quad k = 0, 1, 2, 3,$$

其中 C 是一个与 x, h 和函数 $f(x)$ 无关的常数.

在 MATLAB 中常用函数 interp1, 以及 spline 表示三次样条插值函数.

例 1.3　利用三次样条函数 $s(x)$ 求解例 1.2 中的函数 $f(x)$ 的插值问题.

解　MATLAB 代码如下:

```
x=-5:5;
y=1./(1+x.^2);
plot(x,y,'o')
hold on
pp=spline(x,y);
x1=-5:0.01:5;
y1=1./(1+x1.^2);
plot(x1,y1)
hold on
y2=ppval(pp,x1);
plot(x1,y2);
xlabel('x')
ylabel('y')
```

1.1.3　函数逼近与最小二乘法

由高等数学的知识可知, 对于给定的连续函数 $f(x) \in C[a,b]$, 可以用三角函数之和近似表达:

$$f(x) \approx s(x) = \frac{a_0}{2} + \sum_{i=1}^{n} \left(a_i \cos \frac{2i\pi(x-a)}{b-a} + b_i \sin \frac{2i\pi(x-a)}{b-a} \right),$$

其中的系数 a_i 和 b_i 可以由下列方式获得:

$$\min_{a_i, b_i} \int_a^b (f(x) - s(x))^2\, \mathrm{d}x.$$

受此启发, 即得函数逼近的另一种方式: **最佳平方逼近** (least square approximation). 此时逼近函数 $s(x)$ 不一定通过某点 (x_i, y_i), 但是在 "总体" 上逼近函数 $f(x)$. 为此先定义度量两个函数 $f(x)$ 和 $g(x)$ 逼近程度的概念——范数 $\| \cdot \|$:

$$\| f - g \| = \left(\int_a^b \left(f(x) - g(x) \right)^2 \rho(x) \mathrm{d}x \right)^{\frac{1}{2}}, \tag{1.6}$$

其中函数 $f(x), g(x) \in C[a, b]$, $\rho(x) \geqslant 0$ 称为**权函数**, 用来体现 $x \in [a, b]$ 的重要性. 即如果要求在某点附近的逼近程度高一些, 此时就取 $\rho(x)$ 在该点附近的值较大即可.

下面介绍一种常用的 (线性) 最小二乘法. 即希望在给定的集合:

$$\Phi = \mathrm{span} \left\{ \varphi_0(x), \varphi_1(x), \cdots, \varphi_n(x) \right\}$$

$$\equiv \left\{ c_0 \varphi_0(x) + c_1 \varphi_1(x) + \cdots + c_n \varphi_n(x) \mid \forall a_i \in \mathbb{R} \right\}$$

中找到 "最佳" 的函数 $s^*(x) = \sum\limits_{j=0}^{n} c_j^* \varphi_j(x)$, 使得

$$\| f - s^* \|^2 = \min_{c_0, \cdots, c_n} \int_a^b \left(f(x) - \sum_{j=0}^{n} c_j \varphi_j(x) \right)^2 \rho(x) \mathrm{d}x \tag{1.7}$$

达到最小值. 上述给定的函数 $\{ \varphi_i(x) \}_{i=0}^{n}$ 称为**基函数**. 常见的基函数为多项式、三角函数等. 为保证求解过程的唯一性, 一般要求基函数是线性无关的.

利用求极值的方法, 对表达式中的待定系数 $c_0, c_1, \cdots, c_n$ 求偏导数, 并令偏导数值为 0, 即得关于 $s(x)$ 系数 c_j 的线性方程:

$$\sum_{j=0}^{n} c_j \int_a^b \varphi_j(x) \varphi_i(x) \rho(x) \mathrm{d}x = \int_a^b f(x) \varphi_i(x) \rho(x) \mathrm{d}x. \tag{1.8}$$

若定义两个函数的**内积**:

$$(\varphi_i, \varphi_j) := \int_a^b \varphi_i(x) \varphi_j(x) \rho(x) \mathrm{d}x,$$

$$(f, \varphi_i) := \int_a^b f(x) \varphi_i(x) \rho(x) \mathrm{d}x,$$

则线性方程组 (1.8) 可以简单记为如下**法方程**形式:

$$\sum_{j=0}^{n} (\varphi_i, \varphi_j) c_j = (f, \varphi_i) \quad (i = 0, 1, \cdots, n - 1). \tag{1.9}$$

记矩阵 $A := (\varphi_i, \varphi_j)_{i,j=0,1,\cdots,n} \triangleq (a_{ij})$, $b_i := (f, \varphi_i)_{i=0,1,\cdots,n}$, 则易证: 若 $\{\varphi_i(x)\}_{i=0}^n$ 线性无关, 则矩阵 A 可逆 (证明留作习题), 从而即得线性方程组 (1.9) 的解为 $c = A^{-1}b$, 其中 $c = (c_0, c_1, \cdots, c_n)^{\mathrm{T}}$, $b = (b_0, b_1, \cdots, b_n)^{\mathrm{T}}$.

例 1.4　设 $f(x) = \sqrt{1+x^2}$, 求区间 $[0,1]$ 上的一次最佳平方多项式 $s(x) = c_0 + c_1 x$ (默认权函数 $\rho(x) \equiv 1$).

解　取基函数 $1, x$, 并设 $s(x) = c_0 + c_1 x$. 为求解系数 c_0, c_1, 先计算内积.

$$a_{00} = (\varphi_0, \varphi_0) = \int_0^1 1 \cdot 1 \mathrm{d}x = 1,$$

$$a_{01} = a_{10} = (\varphi_0, \varphi_1) = \int_0^1 1 \cdot x \mathrm{d}x = \frac{1}{2},$$

$$a_{11} = (\varphi_1, \varphi_1) = \int_0^1 x \cdot x \mathrm{d}x = \frac{1}{3},$$

$$b_0 = (f, \varphi_0) = \int_0^1 \sqrt{1+x^2} \mathrm{d}x = \frac{1}{2} \ln(1 + \sqrt{2}) + \frac{\sqrt{2}}{2} \approx 1.147,$$

$$b_1 = (f, \varphi_1) = \int_0^1 x\sqrt{1+x^2} \mathrm{d}x \frac{1}{3}(2\sqrt{2} - 1) \approx 0.609.$$

从而由法方程公式 (1.9) 得:

$$\begin{pmatrix} 1 & \dfrac{1}{2} \\ \dfrac{1}{2} & \dfrac{1}{3} \end{pmatrix} \begin{pmatrix} c_0 \\ c_1 \end{pmatrix} = \begin{pmatrix} 1.147 \\ 0.609 \end{pmatrix}$$

求得 $c_0 = 0.934$, $c_1 = 0.426$, 所以,

$$s(x) = 0.934 + 0.426x.$$

一般地, 当基函数为 $\varphi_i(x) = x^i$ $(i = 0, 1, \cdots, n)$, 逼近区间为 $[0,1]$ 时, 法方程 (1.9) 的系数矩阵 A 为

$$A = \begin{pmatrix} 1 & \dfrac{1}{2} & \cdots & \dfrac{1}{n+1} \\ \dfrac{1}{2} & \dfrac{1}{3} & \cdots & \dfrac{1}{n+2} \\ \vdots & \vdots & & \vdots \\ \dfrac{1}{n+1} & \dfrac{1}{n+2} & \cdots & \dfrac{1}{2n+1} \end{pmatrix}.$$

此矩阵称为**希尔伯特 (Hilbert) 矩阵**. 若 n 较大, 很难精确地求解相应的法方程, 因为此时求解过程很不 "稳定": 即使方程组右端有 "微小" 的误差, 也会导致解的误差较大. 称这种 "不稳定" 的线性方程组为 **"病态" 的** (ill-posed). 设 $\|\cdot\|$ 为 $\mathbb{R}^n$ 中的任意范数, 则线性方程组 $Ax = b$ 的病态程度可以用**条件数**

$$\mathrm{cond}(A) := \|A\| \cdot \|A^{-1}\|$$

来刻画, 即条件数越大, 计算越 "不稳定", 尽管此时矩阵 A 仍然是可逆的. 为了克服求解法方程可能会出现不稳定的问题, 当 n 较大时, 可以采用一组正交多项式作为基函数.

1.1.4 正交多项式

若最佳平方逼近问题 (1.7) 中的基函数 $\varphi_i(x)$ 满足

$$(\varphi_i, \varphi_j) = 0, \quad i \neq j,$$

则称 $\{\varphi_i(x)\}_{i=0,1,\cdots,n}$ 为**正交基函数**. 特别地, 如果还满足 $(\varphi_i, \varphi_i) = 1$ $(i = 0, 1, \cdots, n)$, 则称 $\{\varphi_i(x)\}_{i=0,1,\cdots,n}$ 为**标准正交基 (函数)**. 对于正交基, 法方程 (1.9) 简化为

$$(\varphi_i, \varphi_i)c_i = (f, \varphi_i), \quad i = 0, 1, \cdots, n.$$

从而系数 c_i 可以表示为

$$c_i = \frac{(f, \varphi_i)}{(\varphi_i, \varphi_i)}. \tag{1.10}$$

这样便可以省略法方程的求解过程. 下面给出几类常见的正交多项式.

1. 勒让德正交多项式

设权函数 $\rho(x) \equiv 1$, 则多项式

$$P_0(x) = 1, \quad P_1(x) = 1, \quad P_2(x) = x^2 - \frac{1}{3}$$

在区间 $[-1, 1]$ 上构成一个正交多项式集合. 一般的**勒让德 (Legendre) 正交多项式** $P_n(x)$ 定义为

$$P_0(x) = 1, \quad P_n(x) = \frac{1}{2^n n!} \frac{\mathrm{d}^n}{\mathrm{d}x^n} \left[(x^2 - 1)^n\right], \quad n = 1, 2, \cdots.$$

可以验证, 勒让德多项式满足正交性质:

$$(P_m, P_n) = \int_{-1}^{1} P_m(x)P_n(x)\mathrm{d}x = \begin{cases} 0, & m \neq n, \\ \dfrac{2}{2n+1}, & m = n, \end{cases} \tag{1.11}$$

以及递推公式:

$$(n+1)P_{n+1}(x) = (2n+1)xP_n(x) - nP_{n-1}(x), \quad n = 1, 2, \cdots. \tag{1.12}$$

2. 切比雪夫正交多项式

设权函数 $\rho(x) = \dfrac{1}{\sqrt{1-x^2}}$, 则多项式

$$T_n(x) = \cos(n \arccos x), \quad n = 0, 1, \cdots,$$

称为**切比雪夫** (Chebyshev) **正交多项式**. 在区间 $[-1, 1]$ 上, 切比雪夫多项式满足正交性质:

$$(T_m(x), T_n(x)) = \int_{-1}^{1} \frac{T_m(x)T_n(x)}{\sqrt{1-x^2}} \mathrm{d}x = \begin{cases} 0, & m \neq n, \\ \dfrac{\pi}{2}, & m = n \neq 0, \\ \pi, & m = m = 0. \end{cases} \tag{1.13}$$

递推性质为

$$T_0(x) = 1, \quad T_1(x) = x, \quad T_{n+1}(x) = 2xT_n(x) - T_{n-1}(x), \quad n = 1, 2, \cdots. \tag{1.14}$$

3. 拉盖尔正交多项式

设权函数 $\rho(x) = \mathrm{e}^{-x}$, 则多项式

$$L_n(x) = \mathrm{e}^x \frac{\mathrm{d}^n}{\mathrm{d}x^n} \left(x^n \mathrm{e}^{-x} \right), \quad n = 0, 1, \cdots$$

称为**拉盖尔** (Laguerre) **正交多项式**, 它在区间 $(0, +\infty)$ 上关于权函数 $\rho(x) = \mathrm{e}^{-x}$ 构成如下的正交性质:

$$(L_m, L_n) = \int_0^{+\infty} L_m(x)L_n(x)\mathrm{e}^{-x}\mathrm{d}x = \begin{cases} 0, & m \neq n, \\ (n!)^2, & m = n. \end{cases} \tag{1.15}$$

递推公式为

$$L_0(x) = 1, \quad L_1(x) = 1 - x,$$
$$L_{n+1}(x) = (1 + 2n - x)L_n(x) - n^2 L_{n-1}(x), \quad n = 1, 2, \cdots. \tag{1.16}$$

4. 埃尔米特正交多项式

设权函数 $\rho(x) = \mathrm{e}^{-x^2}$, 则多项式

$$H_n(x) = (-1)^n \mathrm{e}^{x^2} \frac{\mathrm{d}^n}{\mathrm{d}x^n}(\mathrm{e}^{-x^2}), \quad n = 0, 1, \cdots$$

称为埃尔米特 (Hermite) 正交多项式, 它在区间 $(-\infty, +\infty)$ 上关于权函数 $\rho(x) = \mathrm{e}^{-x^2}$ 满足如下的正交性质:

$$(H_m, H_n) = \int_{-\infty}^{+\infty} H_m(x) H_n(x) \mathrm{e}^{-x^2} \mathrm{d}x = \begin{cases} 0, & m \neq n, \\ 2^n n! \sqrt{\pi}, & m = n. \end{cases} \tag{1.17}$$

递推公式为

$$H_0(x) = 1, \quad H_1(x) = 2x, \quad H_{n+1}(x) = 2x H_n(x) - 2n H_{n-1}(x), \quad n = 1, 2, \cdots. \tag{1.18}$$

例 1.5 设 $f(x) = \sqrt{x}$, 求 $f(x)$ 在 $[0,1]$ 上的一次最佳平方逼近多项式.

解 作变换 $x = \frac{1}{2}(1+t)$, 将 $x \in [0,1]$ 变为 $t \in [-1,1]$, 函数 $f(x)$ 变为

$$g(t) = f(x) = \sqrt{\frac{1+t}{2}}, \quad -1 \leqslant t \leqslant 1.$$

易知求 $f(x)$ 在 $[0,1]$ 上的一次最佳平方逼近多项式等价于求 $g(t)$ 在 $[-1,1]$ 上的一次最佳平方逼近多项式. 取基函数为勒让德正交多项式 $P_0(t) = 1, P_1(t) = t$, 则

$$(g, P_0) = \int_{-1}^{1} \sqrt{\frac{1+t}{2}} \mathrm{d}t = \frac{4}{3},$$

$$(g, P_1) = \int_{-1}^{1} \sqrt{\frac{1+t}{2}} \cdot t \mathrm{d}t = \frac{4}{15},$$

$$(P_0, P_0) = 2, \quad (P_1, P_1) = \frac{2}{3}.$$

所以由公式 (1.10) 得

$$c_0 = (g, P_0)/(P_0, P_0) = \frac{2}{3},$$

$$c_1 = (g, P_1)/(P_1, P_1) = \frac{2}{5}.$$

从而一次最佳逼近多项式为

$$\frac{2}{3}P_0(t) + \frac{2}{5}P_1(t) = \frac{2}{3} + \frac{2}{5}t, \quad -1 \leqslant t \leqslant 1.$$

再将变量 t 换成自变量 x, 即得 $f(x)$ 的一次最佳平方逼近多项式为

$$s_1(x) = \frac{2}{3} + \frac{2}{5}t = \frac{4}{15} + \frac{4}{5}x.$$

实际计算时, 若 n 不太大, 也可以简单地用 $1, x, \cdots, x^n$ 作为基函数, 代入法方程中直接计算, 可以得到相同的结论.

注记 1.1　插值与最小二乘法的差别主要在于, 最小二乘法不必在给定的节点上使得逼近函数与被逼近函数重合, 即最小二乘法只需要在整体的意义下近似函数 $f(x)$. 最小二乘法需要计算积分 $\int_a^b f(x)\varphi_i(x)\mathrm{d}x$, 但是实际问题中往往没有 $f(x)$ 的精确表达式, 这样便引入了 1.1.5 节的曲线拟合的最小二乘法.

1.1.5　曲线拟合的最小二乘法

若在实际问题中, 仅仅知道函数 $f(x)$ 在节点 x_i 处的采样值 $f(x_i)$, 则可以将上述函数逼近的最小二乘法改为**曲线拟合的最小二乘法**.

给定基函数 $\{\varphi_i(x)\}_{i=0}^n$ 以及由基函数张成的**线性空间**: $\mathrm{span}\{\varphi_0(x), \varphi_1(x), \cdots,$ $\varphi_n(x)\}$. 则插值问题可以修改为寻找系数 $c_0, c_1, \cdots, c_n$, 使得其满足插值条件:

$$\sum_{j=0}^{n} c_j\varphi_j(x_i) = f(x_i), \quad i = 0, 1, \cdots, n. \tag{1.19}$$

如果 n 较大, 上述插值问题 (1.19) 往往会导致与 Runge 现象类似的过拟合现象. 为此减少基函数的个数, 将插值问题 (1.19) 修改为如下的最小二乘问题: 求拟合函数

$$s(x) = \sum_{j=0}^{m} c_j\varphi_j(x),$$

使得下列 $s(x)$ 与函数 $f(x)$ 在各点上的加权残差平方之和达到最小:

$$\min_{c_0, c_1, \cdots, c_m} \sum_{i=0}^{n} \left(f(x_i) - \sum_{j=0}^{m} c_j\varphi_j(x_i) \right)^2 w_i. \tag{1.20}$$

一般地, 上式中 $m < n$, 离散权函数 $w_i \geqslant 0$, 不恒为零.

若定义离散内积:

$$\langle \varphi_k, \varphi_l \rangle = \sum_{i=0}^{n} \varphi_k(x_i)\varphi_l(x_i)w_i,$$

$$\langle f, \varphi_k \rangle = \sum_{i=0}^{n} f(x_i)\varphi_k(x_i)w_i,$$

利用与最小二乘法类似的推导, 可以得到与 (1.9)类似的法方程

$$\sum_{j=0}^{m} \langle \varphi_i, \varphi_j \rangle c_j = \langle f, \varphi_i \rangle, \quad i = 0, 1, \cdots, m. \tag{1.21}$$

上述方程组 (1.21) 也称为曲线拟合的**法方程**, 求解过程称为曲线拟合的最小二乘法.

曲线拟合的最小二乘法也可以按照线性方程组的 "广义解" 的角度建立. 仍使用前面的记号, 希望 $s(x)$ 与 $f(x)$ 在 $x = x_i$ 处相等, 便得到 $n+1$ 个方程:

$$\sum_{j=0}^{m} c_j \varphi_j(x_i) = f(x_i), \quad i = 0, 1, \cdots, n.$$

由于上述方程组未知量个数少于方程个数, 即 $m < n$, 利用 $\{\varphi_i(x)\}_{i=0}^{m}$ 的线性无关性, 线性方程组一般无解. 为此引入线性方程组的 "广义解": 求解 c_j ($j = 0, 1, \cdots, m$) 满足 (1.20) 或者 (1.21) 意义下的解.

例 1.6 设函数 $f(x) = \log_{10} x$, 给定下列节点 x_i 处的离散取样值 (见表 1.2) $y_i = f(x_i)$ ($i = 0, 1, \cdots, 4$):

表 1.2 采样数据

x_i	1	5	10	30	50
y_i	0	0.6989	1	1.4771	1.6989

求形如 $s(x) = a + bx + cx^2$ 的最小二乘拟合多项式.

解 设 $\varphi_0(x) = 1, \varphi_1(x) = x, \varphi_2(x) = x^2$. 通过编程, 求出二次曲线拟合多项式:

$$s(x) = 0.1539 + 0.0782x - 0.0009658x^2.$$

程序如下:

```
1  x=[1 5 10 30 50];
2  y=[0 0.6989 1 1.4771 1.6989];
3  P=polyfit(x,y,2);
4  x1=1:0.1:50;
5  plot(x1,polyval(P,x1))
6  hold on
7  plot(x,y,'o')
```

上述函数 polyfit(x,y,2) 表示对离散数据集 (x_i, y_i) 求其二次拟合多项式. 值得注意的是, 若数据个数与基函数数目相等 $m = n$, 则拟合函数 polyfit(x, y, n) 等同于插值多项式. 一个好的拟合策略是针对具体的数据集 $(x_i, y_i)_{i=0}^m$ 的特点, 选取合适的基函数 $\{\varphi_i(x)\}_{i=0}^n$. 对高维数据的函数拟合问题, 也可采用径向基函数的方法 (详细内容可参考有关参考书).

例 1.7　设 $f(x)$ 为正态分布函数:

$$f(x) = \frac{1}{\sqrt{2\pi}} \int_{-\infty}^{x} e^{-\frac{1}{2}t^2} dt.$$

求形如

$$s(x) = \begin{cases} 1 - e^{-\frac{1}{2}x^2}(a_1 t + a_2 t^2 + a_3 t^3 + a_4 t^4 + a_5 t^5), & x \geqslant 0, \\ 1 - s(x), & x < 0 \end{cases}$$

的拟合函数. 其中 $t = \dfrac{1}{1 + bx}$, $b = 0.2316$.

解　取如下采样点 x_i 得到函数值: $y_i = f(x_i)$ (见表 1.3).

表 1.3　采样数据

x_i	-1.5	-1	-0.5	0.5	1	1.5
y_i	0.0668	0.1587	0.3086	0.6915	0.8413	0.9332

用曲线拟合方法求得系数:

$a_1 = 0.3194$, $\quad a_2 = -0.3566$, $\quad a_3 = 1.7815$, $\quad a_4 = -1.8213$, $\quad a_5 = 1.3303$.

若在上述例题中, b 也为待定系数, 则最小二乘问题:

$$\min_{a_i, b} \quad \sum_{i=0}^{n} (f(x_i) - s(x_i))^2 w_i$$

称为**非线性最小二乘法**, 因为由上述最小二乘问题导出的是关于待定系数的非线性方程组, 所以原则上仍然可以通过求解非线性方程组的方法得到待定系数. 但是非线性方程 (组) 的解一般不唯一, 因此求解过程较复杂, 这里不作详细介绍了. 本节介绍的曲线拟合的最小二乘法在求解美式期权价格的 Longstaff-Schwartz 最小二乘蒙特卡罗时有应用.

1.1.6 数值求导

如果函数 $f(x)$ 的表达式非常复杂, 或者只有离散的采样数据, 为了求出函数 $f(x)$ 在某处的导数, 一个自然的想法是寻找一个简单函数 $s(x)$ 逼近原函数 $f(x)$, 再利用简单函数 $s(x)$ 的导数 $s'(x)$ 来近似计算 $f(x)$ 的导数 $f'(x)$. 例如, 由 Lagrange 插值多项式 $L_n(x)$, 得

$$f'(x_i) \approx L_n'(x_i).$$

利用误差公式 (1.3), 易得

$$f'(x_i) = L_n'(x_i) + \frac{f^{(n+1)}(\xi)}{(n+1)!} \Pi'(x_i) + \frac{\Pi(x_i)}{(n+1)!} \frac{\mathrm{d}}{\mathrm{d}x} f^{(n+1)}(\xi).$$

注意: 上式 ξ 与自变量 x 有关系, 因此 $f^{(n+1)}(\xi)$ 仍然与 x 有关系. 若取 $x = x_i$, 由于 $\Pi(x_i) = 0$, 便有

$$f'(x_i) = L_n'(x_i) + \frac{f^{(n+1)}(\xi)}{(n+1)!} \Pi'(x_i).$$

特别地, 已知 x_0, x_1 上的函数值 $f(x_0), f(x_1)$, 由上面最后的公式得到

$$f'(x_0) = \frac{f(x_1) - f(x_0)}{x_1 - x_0} - \frac{1}{2}hf''(\xi), \quad \xi \in (x_0, x_1), \tag{1.22}$$

$$f'(x_1) = \frac{f(x_1) - f(x_0)}{x_1 - x_0} + \frac{1}{2}hf''(\xi), \quad \xi \in (x_0, x_1). \tag{1.23}$$

忽略上面右端的无穷小量, 便可得 $f(x)$ 在 x_0, x_1 处的导数的三点求导公式, 分别称为**向前差商公式**和**向后差商公式**.

用样道理, 若已知三个节点 x_0, x_1, x_2 上的函数值 $f(x_0), f(x_1)$ 和 $f(x_2)$, 可得三点求导公式:

$$f'(x_0) = \frac{1}{2h}\left(-3f(x_0) + 4f(x_1) - f(x_2)\right) + \frac{1}{3}h^2 f^{(3)}(\xi),$$

$$f'(x_1) = \frac{1}{2h}\left(-f(x_0) + f(x_2)\right) - \frac{1}{6}h^2 f^{(3)}(\xi),$$

$$f'(x_2) = \frac{1}{2h}\left(f(x_0) - 4f(x_1) + 3f(x_2)\right) + \frac{1}{3}h^2 f^{(3)}(\xi),$$

上述三个公式中 $\xi \in (x_0, x_2)$.

对于多个节点的求导公式, 可以先用高斯点的插值多项式, 再用插值多项式的导数近似函数 $f(x)$ 的导数值.

下面介绍一种求高阶导数的待定系数法.

设 $f(x) \in C^{\infty}[a, b]$, 由泰勒公式形式展开:

$$f(x + ih) = \sum_{n=0}^{\infty} \frac{(ih)^n}{n!} f^{(n)}(x). \tag{1.24}$$

其中 i 为整数, $h \in \mathbb{R}$ 是步长. 假设 $f(x)$ 的 j 阶导数可以用下列方法逼近:

$$f^{(j)}(x) = \sum_{i=i_1}^{i_2} c_i f(x + ih) + o(h^q). \tag{1.25}$$

其中 $i_1 \leqslant i_2$ 为整数, 分别称为 x 的**向前项数**和**向后项数**, c_i 为待定系数, 正整数 q 表示误差阶.

为了求出待定系数 c_i, 将 (1.25) 两端同时乘 $\frac{1}{j!}h^j$, 便有

$$\frac{1}{j!}h^j f^{(j)}(x) = \sum_{i=i_1}^{i_2} \hat{c}_i f(x + ih) + o(h^{j+q}). \tag{1.26}$$

其中 $\hat{c}_i = \frac{1}{j!}h^j c_i$. 接下来将展开式 (1.24) 代入 (1.26) 式右端,

$$\frac{1}{j!}h^j f^{(j)}(x) = \sum_{i=i_1}^{i_2} \hat{c}_i \sum_{n=0}^{\infty} \frac{(ih)^n}{n!} f^{(n)}(x) + o(h^{j+q})$$

$$= \sum_{n=0}^{\infty} \frac{h^n}{n!} \left(\sum_{i=i_1}^{i_2} \hat{c}_i i^n \right) f^{(n)}(x) + o(h^{j+q}).$$

比较上面最后等式两边关于 h 的各幂次系数得到

$$\sum_{i=i_1}^{i_2} \hat{c}_i i^n = \begin{cases} 0, & n \neq j, \\ 1, & n = j. \end{cases} \tag{1.27}$$

考虑特例, 取 $j = 3, q = 2, i_1 = 0, i_2 = 4$, 则条件 (1.27) 变为

$$\sum_{i=0}^{4} \hat{c}_i i^n = \begin{cases} 0, & n \neq 3, \\ 1, & n = 3. \end{cases}$$

求得

$$\hat{c}_0 = -\frac{5}{2}, \quad \hat{c}_1 = 9, \quad \hat{c}_2 = -12, \quad \hat{c}_3 = 7, \quad \hat{c}_4 = -\frac{3}{2}.$$

从而有

$$f^{(3)}(x) = \frac{1}{2h^3}(-5f(x) + 18f(x+h) - 24f(x+2h) + 14f(x+3h) - 3f(x+4h)) + o(h^2).$$

若取 $j = 2, q = 3, i_1 = -2, i_2 = 2$, 类似地可以得到另一个近似

$$f^{(2)}(x) = \frac{1}{12h^2}(-f(x-2h) + 16f(x-h) - 30f(x) + 16f(x+h) - f(x+2h)) + o(h^3).$$

除此之外, 由样条插值, 特别是三次样条插值, 也可以求解函数 $f(x)$ 的一阶导数、二阶导数的近似值.

1.2 线性方程组与矩阵分解

线性方程组的求解可以分为直接法和迭代法两大类. 所谓直接法指通过有限个求解步骤, 将方程组的解精确求出, 例如高斯消去法、克拉默法则等; 而迭代法指用一列近似解逐步逼近线性方程组的精确解. 实际问题中, 可以根据不同的线性方程组类型以及计算量等因素, 采用不同的方法求解.

1.2.1 线性方程组求解的直接法

一般的**线性方程组**指如下形式的方程组:

$$\sum_{j=1}^{n} a_{ij} x_j = b_i, \quad i = 1, 2, \cdots, m, \tag{1.28}$$

其中 $x = (x_1, x_2, \cdots, x_n)^{\mathrm{T}}$ 为未知量, a_{ij} 和 b_i 都是已知量. 上述方程组 (1.28) 可以写成矩阵形式:

$$Ax = b. \tag{1.29}$$

其中矩阵 $A = (a_{ij})_{m \times n}$, $b = (b_1, b_2, \cdots, b_m)^{\mathrm{T}}$ 分别称为线性方程组的**系数矩阵**和**常数向量**. 如果有向量 $x = (x_1, x_2, \cdots, x_n)^{\mathrm{T}}$ 满足 (1.28) 或者 (1.29)式, 则称 x

为线性方程组的**解 (向量)**. 为叙述简单起见, 本章仅考虑 $m = n$, 矩阵 A 的行列式满足 $|A| \neq 0$. 此时线性方程组有唯一的解, 尽管下面叙述的求解线性方程组消元法对于 $m \neq n$ 情形同样适用.

下面从**高斯消元法** (Gauss elimination method) 出发对线性方程组 (1.28)进行求解, 基本出发点是从方程组的第二个方程开始逐次消去未知元 $x_1, \cdots, x_{n-1}$. 需要指出的是, 如果方程组的系数矩阵的行列式 $|A| \neq 0$, 则由克拉默法则, 线性方程组 (1.28)有唯一解:

$$x_i = \frac{D_i}{|A|}, \quad i = 1, 2, \cdots, n,$$

其中 D_i 为 A 中第 i 列换成向量 b 所得的相应行列式的值. 但是当 n 较大时, 直接使用克拉默法则进行计算会导致巨大的计算量. 由此可见, 在实际问题中 n 较大时, 克拉默法则不再适用.

不妨设线性方程组 (1.28) 中 $a_{11} \neq 0$ (否则交换两行即可), 将第一行的 $-\dfrac{a_{i1}}{a_{11}}$ 倍分别加到第 i 行 $(i = 2, \cdots, n)$, 则线性方程组 (1.28) 从第二行开始 x_1 的系数变为零:

$$\begin{cases} a_{11}x_1 + a_{12}x_2 + \cdots + a_{1n}x_n = b_1, \\ \quad a_{22}^{(1)}x_2 + \cdots + a_{2n}^{(1)}x_n = b_2^{(1)}, \\ \quad\quad \cdots\cdots \\ \quad a_{n2}^{(1)}x_2 + \cdots + a_{nn}^{(1)}x_n = b_n^{(1)}. \end{cases} \tag{1.30}$$

写成矩阵的形式为

$$A^{(1)}x = b^{(1)}, \tag{1.30'}$$

其中:

$$A^{(1)} = \begin{pmatrix} a_{11} & a_{12} & \cdots & a_{1n} \\ 0 & a_{22}^{(1)} & \cdots & a_{2n}^{(1)} \\ \vdots & \vdots & & \vdots \\ 0 & a_{n2}^{(1)} & \cdots & a_{nn}^{(1)} \end{pmatrix}, \quad b^{(1)} = (b_1, b_2^{(1)}, \cdots, b_n^{(1)})^{\mathrm{T}}.$$

接下来对上面的方程组 (1.30) 从第二行开始进行类似的消元过程, 即可化为

$$\begin{cases} a_{11}x_1 + a_{12}x_2 + \cdots + a_{1n}x_n = b_1, \\ \quad a_{22}^{(1)}x_2 + \cdots + a_{2n}^{(1)}x_n = b_2^{(1)}, \\ \quad\quad \cdots\cdots \\ \quad\quad\quad a_{nn}^{(n-1)}x_n = b_n^{(n-1)}, \end{cases} \tag{1.31}$$

且满足 $a_{11} \neq 0, a_{22}^{(1)} \neq 0, \cdots, a_{nn}^{(n-1)} \neq 0$, 写成矩阵的形式为

$$A^{(n-1)}x = b^{(n-1)}. \tag{1.31'}$$

显然方程组 $Ax = b, A^{(1)}x = b^{(1)}, \cdots, A^{(n-1)}x = b^{(n-1)}$ 相互等价, 且从 (1.31) 最后一个方程可解出 $x_n = b_n^{(n-1)}/a_{nn}^{(n-1)}$, 代入 (1.31) 的倒数第二个方程, 可以解出 $x_{n-1}, \cdots$, 直到解出 x_1.

以上逐步消元的方法称为高斯消元法.

1.2.2 矩阵分解

将上面的高斯消元法的求解过程写成矩阵的形式:

$$A^{(k)}x = b^{(k)}, \quad k = 1, 2, \cdots, n-1.$$

另一方面, 由线性代数的知识可知, 线性方程组的消元过程等价于在矩阵 A 及向量 b 的左边不断乘以一系列初等矩阵 P_k:

$$P_k A^{(k-1)} = A^{(k)}, \quad P_k b^{(k-1)} = b^{(k)}, \quad k = 1, 2, \cdots, n-1,$$

其中 $A^{(0)} = A$, $b^{(0)} = b$. 将上面关于 $A^{(k-1)}$, $A^{(k)}$ 的递推关系

$$P_k A^{(k-1)} = A^{(k)} \quad (k = 1, 2, \cdots, n-1)$$

的前一式代入后一式, 即得

$$P_{n-1}P_{n-2}\cdots P_1 A = A^{(n-1)}.$$

所以

$$A = P_1^{-1}P_2^{-1}\cdots P_{n-1}^{-1}A^{(n-1)}. \tag{1.32}$$

注意到这里的初等矩阵 P_k 为

$$P_k = \begin{pmatrix} 1 & 0 & \cdots & \cdots & \cdots & \cdots & 0 \\ \vdots & \vdots & & \vdots & \vdots & & \vdots \\ 0 & 0 & \cdots & 1 & 0 & \cdots & 0 \\ 0 & 0 & \cdots & c & 1 & \cdots & 0 \\ \vdots & \vdots & & \vdots & \vdots & & \vdots \\ 0 & \cdots & \cdots & \cdots & \cdots & 0 & 1 \end{pmatrix}.$$

显然 P_k 为单位下三角矩阵. 由于 P_k 的逆矩阵

$$P_k^{-1} = \begin{pmatrix} 1 & 0 & \cdots & \cdots & \cdots & \cdots & 0 \\ \vdots & \vdots & & \vdots & \vdots & & \vdots \\ 0 & 0 & \cdots & 1 & 0 & \cdots & 0 \\ 0 & 0 & \cdots & -c & 1 & \cdots & 0 \\ \vdots & \vdots & & \vdots & \vdots & & \vdots \\ 0 & 0 & \cdots & \cdots & \cdots & 0 & 1 \end{pmatrix}$$

仍为单位下三角矩阵, 而且单位下三角矩阵的乘积仍然是单位下三角矩阵. 令

$$L := P_1^{-1} P_2^{-1} \cdots P_{n-1}^{-1},$$

则 L 也为单位下三角矩阵. 若记 $U := A^{(n-1)}$ 为一个上三角矩阵, 则 (1.32) 式可以写成乘积形式:

$$A = LU, \tag{1.33}$$

称为矩阵 A 的 LU **分解**, 即一个可逆矩阵写成一个单位下三角矩阵与一个上三角矩阵的乘积, 从而由高斯消元法可以得到一个**矩阵分解**.

反之, 若可逆矩阵 A 有 LU 分解式 (1.33), 则线性方程组 (1.29) 可以写成:

$$LUx = b.$$

若令 $Ux = y$, 显然 y 为一个向量且 y 满足 $Ly = b$, 从而求解线性方程组 (1.29) 等价于求解两个线性方程组:

$$\begin{cases} Ly = b, \\ Ux = y. \end{cases}$$

即从上面的第一个方程组 $Ly = b$ 先求出向量 y, 再从第二个方程组 $Ux = y$ 求出解向量 x.

尽管从表面上看, 上面的方法将求解一个线性方程组转化为求解两个线性方程组似乎更复杂了, 但是由于这两个线性方程组的系数矩阵分别为单位下三角矩阵以及上三角矩阵, 因此求解过程需要的浮点计算量仅仅为 $O(n^2)$. 而众所周知, 用高斯消元法直接求解一个一般的线性方程组所需要的浮点计算量为 $O(n^3)$, 因此计算量大为减少. 但是从总体看, 若考虑到矩阵的 LU 分解所需要的计算量, 上述利用矩阵分解的方法求解线性方程组与直接用高斯消元法的计算量是一样的.

值得注意的是, 若在高斯消元法消元过程中, 遇到交换两个方程次序的情形, 相当于在线性方程组

$$Ax = b$$

同时左乘置换矩阵 Q, 使得 $QAx = Qb$ 的系数矩阵 QA 满足高斯消元法中对角元素 $a_{ii}^{(k)} \neq 0$ 的条件. 此时上述矩阵分解等价于:

$$QA = LU.$$

其中 Q 为一个置换矩阵或者为若干个置换矩阵的乘积. 在 MATLAB 程序中可用函数 (L,U,Q) = lu(A) 表示一般的矩阵 LU 分解.

为将矩阵分解式写成对称形式, 将上述高斯消元法最后获得的矩阵 $A^{(n-1)}$ 写成:

$$A^{(n-1)} = DR,$$

其中 D 为对角矩阵, R 为单位上三角矩阵. 从而可逆矩阵 A 有如下的对称的 **LDR 分解**:

$$A = LDR.$$

注意上述分解式中单位下三角矩阵 L 的转置 L^{T} 为单位上三角矩阵, 同理单位上三角矩阵 R 的转置 R^{T} 也为单位下三角矩阵. 易证, 如果 A 可逆, 则 A 的 LDR 分解是唯一的.

下面考察一类特殊的矩阵——对称正定矩阵 A. 显然:

$$A^{\mathrm{T}} = (LDR)^{\mathrm{T}} = R^{\mathrm{T}}D^{\mathrm{T}}L^{\mathrm{T}} = R^{\mathrm{T}}DL^{\mathrm{T}}.$$

另一方面, 由 A 的对称性, $A^{\mathrm{T}} = A = LDR$. 由矩阵 A 分解的唯一性可以推出 $R^{\mathrm{T}} = L, L^{\mathrm{T}} = R$, 从而得到

$$A = LDL^{\mathrm{T}}.$$

最后, 利用正定矩阵 A 的性质, 可知矩阵 D 的对角线元素 $d_{ii} > 0\,(i = 1, 2, \cdots, n)$ (证明留作习题), 所以 D 可以写成 $D = D^{\frac{1}{2}} \cdot D^{\frac{1}{2}}$. 即 A 可以写成:

$$A = \hat{L}\hat{L}^{\mathrm{T}}, \tag{1.34}$$

其中 $\hat{L} = LD^{\frac{1}{2}}$ 为下三角矩阵, $D^{\frac{1}{2}}$ 表示下列对角矩阵:

$$D^{\frac{1}{2}} := \begin{pmatrix} \sqrt{d_{11}} & & & \\ & \sqrt{d_{22}} & & \\ & & \ddots & \\ & & & \sqrt{d_{nn}} \end{pmatrix}.$$

称 (1.34) 为正定矩阵 A 的**楚列斯基 (Cholesky) 分解**. 容易证明, 在假设下三角矩阵 $\hat{L}$ 的对角线元素为正的条件下, 该分解是唯一的.

在 MATLAB 程序中, 正定矩阵 A 的楚列斯基分解用函数 chol(A) 表示, 即

$$\hat{L}^{\mathrm{T}} = \mathrm{chol}(A).$$

注记 1.2   设 $Y = (Y_1, Y_2, \cdots, Y_n)^{\mathrm{T}}$ 表示正态分布向量, $\mathbb{E}[Y_i] = 0$ ($i = 1, 2, \cdots, n$), 协方差矩阵为 A. 在蒙特卡罗模拟时, 需要模拟正态分布向量 Y 的样本值. 设 A 为对称正定矩阵, 利用上述楚列斯基矩阵分解: $A = \hat{L}\hat{L}^{\mathrm{T}}$, 令标准正态分布向量 $X = (X_1, X_2, \cdots, X_n)$, 则 Y 的样本值可以通过 X 的样本值以及变换

$$Y = \hat{L}X$$

获得 (证明留作习题).

注记 1.3   在建立期权定价的有限差分隐格式时, 在每一个时间层上, 需要求解一类特殊的线性方程组:

$$Ax = b,$$

其中系数矩阵 $A = (a_{ij})$ 满足: 当 $|i - j| > 1$ 时, $a_{ij} = 0$. 这样的矩阵 A 称为三对角矩阵, 即除了对角线元素及两列次对角线元素之外, 矩阵其余元素全为零. 此时可以建立一种特殊的矩阵分解法:

$$A = LL^{\mathrm{T}},$$

其中 L 为下三角矩阵, 且满足 $l_{ij} = 0$ ($|i - j| > 1$). 此时线性方程组 $Ax = b$ 等价于:

$$\begin{cases} Ly = b, \\ L^{\mathrm{T}}x = y. \end{cases}$$

这两个方程组可以非常容易地求解, 此种方法称为追赶法.

1.2.3   求解线性方程组的迭代法

在求解线性方程组时, 如果未知量的个数太多, 直接用高斯消去法进行求解会导致计算量非常大, 此时可用迭代法求一系列近似解来逼近线性方程组的精确解.

求解步骤如下: 首先将线性方程组 (1.29)写成等价形式

$$Mx = Nx + b,$$

其中矩阵 $A = M - N$. 其次选定初始近似解 $x^{(0)}$, 用下列迭代公式求出近似解序列 $\{x^{(k)}\}_{k=1}^{\infty}$:

$$Mx^{(k)} = Nx^{(k-1)} + b. \tag{1.35}$$

最后, 若近似解序列 $\{x^{(k)}\}_{k=1}^{\infty}$ 收敛到 x, 则容易证明 x 即为线性方程组 (1.29) 的解 (向量).

上述迭代求解过程称为线性方程组的迭代法, (1.35) 称为**迭代公式**. 建立一个合适的迭代公式的关键在于选取合适的矩阵 A 的分解 $A = M - N$, 使得: ① 迭代公式 (1.35) 中的方程组求解比较简单; ② 近似解序列 $\{x^{(k)}\}_{k=1}^{\infty}$ 收敛. 此类方法在求解大规模线性方程组时特别有效. 实际计算时, 可以选取一个合适的精度 $\eta > 0$ (例如 $\eta = 10^{-6}$), 如果前后两次近似解向量满足

$$\|x^{(k)} - x^{(k-1)}\| \leqslant \eta,$$

则迭代终止, $x^{(k)}$ 即为最终的近似解向量. 这里的 $\|\cdot\|$ 表示 R^n 空间中的某个范数.

以上线性方程组的迭代方法, 可以推广到非线性方程 (组) 的求解.

1.3 非线性方程 (组) 求解

非线性方程是指形如

$$f(x) = 0 \tag{1.36}$$

的方程, 其中 $f(x)$ 为一个连续的非线性函数, x 称为**非线性方程组的解**. 在 $f(x)$ 为多项式的情形下, x 也称为**多项式 $f(x)$ 的根**.

若将 (1.36) 中的函数 $f(x)$ 改为 $x = (x_1, x_2, \cdots, x_n)^{\mathrm{T}}$ 的向量值函数:

$$F(x) = (f_1(x_1, x_2, \cdots, x_n), f_2(x_1, x_2, \cdots, x_n), \cdots, f_n(x_1, x_2, \cdots, x_n))^{\mathrm{T}},$$

则**非线性方程组**可以简单地表示为与 (1.36) 类似的形式:

$$F(x) = \mathbf{0}. \tag{1.37}$$

本节主要介绍求解非线性方程 (1.36) 的两种常用近似方法: 一般迭代法与牛顿迭代法.

1.3.1 一般迭代法

假设连续函数可以写成

$$f(x) \equiv x - \varphi(x),$$

则非线性方程 (1.36)等价于下列方程:

$$x = \varphi(x). \tag{1.38}$$

为求解上述方程的近似解, 选择合适的初值 $x^{(0)}$, 并作如下迭代过程:

$$x^{(k)} = \varphi(x^{(k-1)}), \tag{1.39}$$

得近似解序列 $\{x^{(k)}\}_{k=0}^{\infty}$. 若序列 $x^{(k)} \to x^*$, $k \to \infty$, 则在迭代公式 (1.39) 两边取极限, 便得

$$x^* = \varphi(x^*).$$

x^* 称为迭代函数 $\varphi(x)$ 的不动点. 由于方程 (1.36) 与 (1.38) 等价, 因此 x^* 即为非线性方程 (1.36) 的解. 上述迭代过程 (1.39) 称为**一般迭代法**, (1.39) 也称为**迭代公式**.

需要注意的是, 对于任意给定的迭代函数 $\phi(x)$, 上述迭代过程不一定是收敛的, 其收敛性依赖于: ① 初始值 $x^{(0)}$ 的选择; ② 迭代公式中 $\varphi(x)$ 的选择. 而判断收敛性的依据为: 对于任意给定的 $\epsilon > 0$, 存在 k_0, 当 $k > k_0$ 时, 成立

$$\|x^{(k)} - x^{(k-1)}\| < \epsilon.$$

例 1.8　将非线性方程 $f(x) = x^3 - x - 1 = 0$ 写成如下三种不同的迭代公式:

(1) $x = \varphi_1(x) \equiv x^3 - 1$;

(2) $x = \varphi_2(x) \equiv \sqrt[3]{x+1}$;

(3) $x = \varphi_3(x) \equiv x - \dfrac{x^3 - x - 1}{3x^2 - 1}$.

观察上述三个迭代过程对初始值 $x^{(0)} = 1.5$ 是否收敛? 若收敛, 比较其收敛速度.

解　对给定的 $f(x) = x^3 - x - 1$, 易知

$$f(1) = -1 < 0, \quad f(2) = 5 > 0,$$

所以由零点定理和罗尔定理, $f(x)$ 在区间 $(1, 2)$ 内必有一根. 取初始迭代近似值 $x^{(0)} = \dfrac{1}{2}(1 + 2) = 1.5$, 则迭代过程前六次迭代结果如表 1.4.

表 1.4　三种迭代过程的比较

k	$x_{k+1} = \varphi_1(x_k)$	$x_{k+1} = \varphi_2(x_k)$	$x_{k+1} = \varphi_3(x_k)$
0	1.5	1.5	1.5
1	2.375	1.3572	1.3478
2	12.3960	1.3307	1.3252
3	1904.003	1.3259	1.3247
4	—	1.3249	1.3247
5	—	1.3247	1.3247
6	—	1.3247	1.3247

由表 1.4 可知, 第一个迭代过程不收敛, 第二个及第三个迭代过程收敛, 且第三个迭代过程收敛速度更快. 因为若取 $\epsilon = 10^{-4}$, 则第二个迭代过程需要 6 次迭代才能满足迭代终止条件 $|x^{(6)} - x^{(5)}| < 10^{-4}$; 而第三个迭代过程只需要迭代 4 次即可满足同样的迭代终止条件.

上述例子表明, 对于一个有解的非线性方程, 需要寻找一个合适的迭代公式才能确保迭代过程是收敛的. 进一步, 还需要求收敛速度是较快的. 由于迭代公式中 $\varphi(x)$ 的选择不是唯一的, 给迭代法的选取造成了困难. 下面介绍的**牛顿迭代法** (Newton's iteration method) 可避免这一困惑, 且在一定条件下, 牛顿迭代法是平方收敛的.

1.3.2 牛顿迭代法

假设函数 $f(x)$ 的一阶导数连续, 考虑 x_0 附近的解. 一般设 $f(x^{(0)}) \neq 0$, 即 x_0 不是方程的解, 但存在一个 x_0 的 Δx 邻域, 使得 $x_0 + \Delta x$ 为方程 (1.36) 的解, 即

$$f(x^{(0)} + \Delta x) = 0.$$

为求出 Δx 的值, 对函数 $f(x)$ 在 x_0 点泰勒展开, 得到

$$f(x^{(0)} + \Delta x) \approx f(x^{(0)}) + f'(x^{(0)})\Delta x.$$

若令上式右端为 0, 可求出

$$\Delta x = -\frac{f(x^{(0)})}{f'(x^{(0)})}.$$

从而得到近似解 $x^{(1)} = x^{(0)} - \dfrac{f(x^{(0)})}{f'(x^{(0)})}$, 即由初始近似解 $x^{(0)}$ 可以得到另一个更精确的近似解 $x^{(1)}$. 一般地, 可以得到迭代公式:

$$x^{(k)} = x^{(k-1)} - \frac{f(x^{(k-1)})}{f'(x^{(k-1)})}, \tag{1.40}$$

从而得到近似解序列 $\{x^{(k)}\}_{k=0}^{\infty}$. 若此序列收敛到 x^*, 且 $f'(x^*) \neq 0$, 在 (1.40) 两边取极限 $k \to \infty$, 便得

$$f(x^*) = 0.$$

即 x^* 为非线性方程 (1.36) 的解. 上面的迭代方法 (1.40) 称为**牛顿迭代法**, 或简称为**牛顿法**.

若取 $f(x)$ 为例 1.8 的函数 $f(x) = x^3 - x - 1$, 则易知

$$x^{(k)} = x^{(k-1)} - \frac{(x^{(k-1)})^3 - x^{(k-1)} - 1}{3(x^{(k-1)})^2 - 1} = \frac{2(x^{(k-1)})^2 + 1}{3(x^{(k-1)})^2 - 1}.$$

由例 1.8 的计算过程可知牛顿迭代法的收敛速度比一般迭代法的收敛速度更快.

牛顿迭代法的优点是不需要选择迭代函数 $\varphi(x)$, 且可以证明在一定条件下是平方收敛的, 即比一般迭代法收敛更快. 但其缺点是收敛性是局部的, 即要求初始迭代值 $x^{(0)}$ 靠近精确解 x^* 时才能保证收敛性, 且要求非线性函数 $f(x)$ 的一阶导数连续. 牛顿迭代法的几何解释如图 1.4, 即每次迭代时, 用曲线 $f(x)$ 在 $x^{(k-1)}$ 处的切线的零点近似 $f(x)$ 的零点.

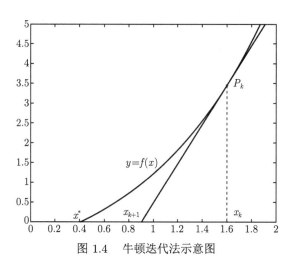

图 1.4   牛顿迭代法示意图

上述牛顿迭代法中要求 $f'(x^*) \neq 0$, 才能确保收敛过程的二次收敛性. 如果 $f'(x^*) = 0$, 即 x^* 为 $f(x)$ 的重根, 可使用非线性函数 $g(x) = \dfrac{f(x)}{f'(x)}$ 代替 $f(x)$, 此时 $g(x^*) = 0$, 且 $g'(x^*) \neq 0$, 即 $g(x)$ 将 $f(x)$ 的重根变为单根了.

若将非线性方程 (1.36) 换成非线性方程组 (1.37), 则只需要在迭代公式 (1.38) 中将标量函数 $\varphi(x)$ 换成向量值函数即可. 下面推导非线性方程组的牛顿迭代法. 设 (1.37) 中向量值函数 F 的第 i 分量 f_i 对 x_j 的一阶偏导数连续 $(i, j = 1, 2, \cdots, n)$. 令

$$x^{(k-1)} = (x_1^{(k-1)}, x_2^{(k-1)}, \cdots, x_n^{(k-1)})^{\mathrm{T}}$$

为 $k-1$ 次近似解向量. 将向量值函数

$$F(x) = (f_1(x_1, x_2, \cdots, x_n), f_2(x_1, x_2, \cdots, x_n), \cdots, f_n(x_1, x_2, \cdots, x_n))^{\mathrm{T}}$$

的每一个分量函数 $f_1, f_2, \cdots, f_n$ 在 $x^{(k-1)}$ 处泰勒展开至一阶近似, 则对于新近似解 $x^{(k)} = (x_1^{(k)}, x_2^{(k)}, \cdots, x_n^{(k)})^{\mathrm{T}}$ 有

$$f_i(x_1^{(k)}, \cdots, x_n^{(k)}) \approx f_i(x_1^{(k-1)}, \cdots, x_n^{(k-1)})$$

$$+ \sum_{j=1}^{n} \frac{\partial f_i}{\partial x_j} (x_j^{(k)} - x_j^{(k-1)}) = 0 \quad (i = 1, 2, \cdots, n).$$

即得新近似解 $(x_1^{(k)}, x_2^{(k)}, \cdots, x_n^{(k)})$ 满足的线性方程组:

$$F(x^{(k-1)}) + J^{(k-1)}(x^{(k)} - x^{(k-1)}) = \theta, \tag{1.41}$$

其中 θ 表示零向量, J 表示**雅可比矩阵** (Jacobi-matrix)

$$J := \begin{pmatrix} \dfrac{\partial f_1}{\partial x_1} & \dfrac{\partial f_1}{\partial x_2} & \cdots & \dfrac{\partial f_1}{\partial x_n} \\ \dfrac{\partial f_2}{\partial x_1} & \dfrac{\partial f_2}{\partial x_2} & \cdots & \dfrac{\partial f_2}{\partial x_n} \\ \vdots & \vdots & & \vdots \\ \dfrac{\partial f_n}{\partial x_1} & \dfrac{\partial f_n}{\partial x_2} & \cdots & \dfrac{\partial f_n}{\partial x_n} \end{pmatrix},$$

$J^{(k-1)}$ 表示自变量取 $x^{(k-1)} = (x_1^{(k-1)}, x_2^{(k-1)}, \cdots, x_n^{(k-1)})^{\mathrm{T}}$ 的雅可比矩阵值. 若假设雅可比矩阵的行列式 $|J^{(k-1)}| \neq 0$, 则上述线性方程组 (1.41) 有唯一解向量

$$x^{(k)} = x^{(k-1)} - (J^{(k-1)})^{-1} F(x^{(k-1)}). \tag{1.42}$$

上述 $(J^{(k-1)})^{-1}$ 表示矩阵 $(J^{(k-1)})$ 的逆矩阵, $F(x^{(k-1)})$ 表示向量值函数 $F(x)$ 在 $x = x^{(k-1)}$ 的值. 注意二者乘积次序不可交换.

　　除了以上的一般迭代法和牛顿迭代法, 求解非线性方程组的方法还有最优梯度下降法等, 这里就不作介绍了. 有关数值计算的详细知识, 可以参考文献 [1].

1.3.3　非线性方程组求解的拓展

　　在微分方程中, 需要求解如下问题:

$$f(x, u(x), \partial_x u(x), \cdots) = 0, \quad x \in [a, b]. \tag{1.43}$$

$u(x)$ 可能还满足某些特别的条件. 特别在某些点 $x_i \in [a, b]$ 上满足:

$$f(x_i, u(x_i), \partial_x u(x_i), \cdots) = 0, \quad i = 1, 2, \cdots, n. \tag{1.44}$$

上述问题中 $f(x, y, y_1, \cdots)$ 为给定的函数, 而 $u(x)$ 为待求的函数.

　　显然上面第一个问题 (1.43) 是一个在某个无限维解空间中求解未知函数 $u(x)$ 的问题, 第二个问题可将近似解限定在某个有限维集合中进行求解.

例如已知 $u(0) = 1$, 且满足微分方程:

$$1 - \left(\frac{\partial u}{\partial x}\right)^2 = 0, \quad x \in [0, 1]. \tag{1.45}$$

为求近似解, 选择一个合适的近似解集合 $\Phi = \mathrm{span}\{\varphi_0(x), \varphi_1(x), \cdots, \varphi_n(x)\}$, 近似解表示为

$$u(x) \approx \sum_{j=0}^{n} c_j \varphi_j(x).$$

令 $u(0) = 1$, 取 $x_i = \dfrac{1}{n}$ $(i = 1, 2, \cdots, n)$, 并令在 x_i 上满足微分方程

$$1 - \left(\frac{\partial u}{\partial x}\right)^2 \bigg|_{x_i} = 0. \tag{1.46}$$

则问题 (1.46) 加上条件 $u(0) = 1$ 转化为求解待定系数 $c_0, c_1, \cdots, c_n$ 的非线性方程组

$$f_i\left(x_i, \sum_{j=0}^{n} c_j \varphi_j(x_i), \partial_x \sum_{j=0}^{n} c_j \varphi_j(x_i), \cdots\right) = 0, \quad i = 0, 1, \cdots, n.$$

上述非线性方程组可用前面介绍的迭代方法近似求解. 这种求解方法在偏微分方程或者动态规划问题中称为**配置法**. 在神经网络中, 可取解的函数集合 Φ 为含待定参数的神经网络函数, 非线性方程组可用一个最小二乘问题代替. 神经元传递系数等可以通过求解非线性方程组得到.

1.4　概率论基础知识

本节将介绍一些概率论的基础知识, 以便为后面章节将要讲述的随机取样方法以及蒙特卡罗 (Monte Carlo) 方法提供相应的理论支撑. 大部分内容可以在概率论教材中查阅到.

1.4.1　事件、样本空间与概率

设 A 为任意事件, Ω 为**样本空间**, $\varnothing$ 表示空集, Ω 也可看成全集. 概率是定义在**事件域**上的映射, 这些事件组成的样本空间对并、交运算满足封闭性, 且概率满足如下三条公理:

(1) 对任意事件 A, $0 \leqslant \mathbb{P}(A) \leqslant 1$;

(2) $\mathbb{P}(\Omega) = 1$;

(3) 对于任意的 $A_i, A_j \subset \Omega$, $A_i \cap A_j = \varnothing$ $(i \neq j)$ (称为**互不相交**, 可用 $A_i A_j = \varnothing$ 简单表示), 成立

$$\mathbb{P}\left(\bigcup_{i=1}^{\infty} A_i\right) = \sum_{i=1}^{\infty} \mathbb{P}(A_i).$$

由以上公理, 容易推出对任意两个事件 $A, B \subset \Omega$, 有

$$\mathbb{P}(A \cup B) = \mathbb{P}(A) + \mathbb{P}(B) - \mathbb{P}(A \cap B).$$

所谓**条件概率** $\mathbb{P}(A|B)$ 是指在事件 B 发生的条件下, 事件 A 发生的概率. 其计算公式为

$$\mathbb{P}(A|B) = \frac{\mathbb{P}(AB)}{\mathbb{P}(B)}.$$

显然如果 A, B 相互独立, 由 $\mathbb{P}(AB) = \mathbb{P}(A)\mathbb{P}(B)$ 及上面的条件概率计算公式得到 $\mathbb{P}(A|B) = \mathbb{P}(A)$.

1.4.2 随机变量、数学期望与方差

随机变量 X 可简单看成事件域到实数集的映射. 随机变量分为离散型和连续型. **离散型随机变量**的取值为有限个或无限可列个值, 其概率定义为

$$\mathbb{P}\{X = x_i\} = p_i \quad (i = 1, 2, \cdots).$$

显然 $\sum_{i=1}^{\infty} p_i = 1$. 离散型随机变量的**分布函数** $F(x)$ 定义为

$$F(x) = \mathbb{P}\{X \leqslant x\} = \sum_{P_i \leqslant x} p_i.$$

由 $p_i \geqslant 0$ 可知 $F(x)$ 为一个非减阶梯函数.

例如在金融市场中常用**泊松** (Poisson) 随机变量表示一段时间突发事件发生的次数, 或者资产组合中发生违约的次数. 若用随机变量 X 表示上述突发事件发生的次数或者发生违约的次数, 则 X 取值为 k 的概率为

$$\mathbb{P}\{X = k\} = \mathrm{e}^{-\lambda} \frac{\lambda^k}{k!} \quad (k = 0, 1, \cdots),$$

其中 $\lambda > 0$ 称为泊松分布的强度. 强度越大, 表示一段时间内事件发生的概率越大; 反之, 则表示发生的概率越小.

若随机变量的取值为一连续集合, 例如实数轴上的一个区间 (a, b) 或者整个实数轴 $(-\infty, +\infty)$, 则称 X 为**连续型随机变量**. 此时可用**概率密度** $f(x)$ 表示概率

$$\mathbb{P}\{X \in I\} = \int_I f(x)\mathrm{d}x,$$

其中 I 表示实数轴上任意可测集. 对于任意的可测集 $I \subset \mathbb{R}$, $\{X(\omega) \in I\}$ 为概率空间中的一个事件. 特别地, 若 $I = (a, b]$, 则

$$\mathbb{P}\{a < X \leqslant b\} = \int_a^b f(x)\mathrm{d}x.$$

概率密度 $f(x) \geqslant 0$ 且满足关系式

$$\int_{-\infty}^{+\infty} f(x)\mathrm{d}x = 1.$$

对于离散型和连续型随机变量, **数学期望**分别定义为

$$\mathbb{E}[X] := \sum_{i=1}^{\infty} x_i p_i, \quad \mathbb{E}[X] := \int_{-\infty}^{+\infty} x f(x)\mathrm{d}x.$$

例如, 对于泊松随机变量 X, 其数学期望为

$$\begin{aligned}
\mathbb{E}[X] &= \sum_{k=0}^{\infty} k p_k = \sum_{k=0}^{\infty} k \mathrm{e}^{-\lambda} \frac{\lambda^k}{k!} \\
&= \lambda \mathrm{e}^{-\lambda} \sum_{k=1}^{\infty} \frac{\lambda^{k-1}}{(k-1)!} = \lambda \mathrm{e}^{-\lambda} \mathrm{e}^{\lambda} \\
&= \lambda.
\end{aligned}$$

随机变量的**方差** $\mathrm{Var}[X]$ 表示随机变量 X 偏离数学期望 $\mathbb{E}[X]$ 的程度, 定义为

$$\mathrm{Var}[X] := \mathbb{E}[(X - \mathbb{E}[X])^2].$$

方差常用符号 σ_X^2 表示, 即 $\sigma_X^2 = \mathrm{Var}[X]$. $\sigma_X = \sqrt{\mathrm{Var}[X]}$ 称为随机变量 X 的**均方差** (或称为**标准差**). 显然有

$$\mathrm{Var}[X] = \mathbb{E}[X^2] - \mathbb{E}^2[X], \quad \mathrm{Var}[aX + b] = a^2 \mathrm{Var}[X], \quad \forall a, b \in \mathbb{R}.$$

上面第二式表示随机变量作平移不影响方差的大小, 而随机变量 aX 的方差为 X 的方差的 a^2 倍.

与随机变量 X 的概率分布相关联的概念是**分位数** (quantile) α 及分位点 $Z_{\alpha/2}$, 定义为

$$\mathbb{P}\{|X| \leqslant Z_{\alpha/2}\} = 1 - \alpha, \quad 0 < \alpha < 1.$$

等价于

$$\int_{-Z_{\alpha/2}}^{Z_{\alpha/2}} f(x)\mathrm{d}x = 1 - \alpha,$$

即对于给定的分位数 α $(0 < \alpha < 1)$, $Z_{\alpha/2}$ 表示随机变量落在区间 $(-Z_{\alpha/2}, Z_{\alpha/2})$ 的概率为 $1 - \alpha$. 分位数 α 及分位点 $Z_{\alpha/2}$ 的含义如图 1.5.

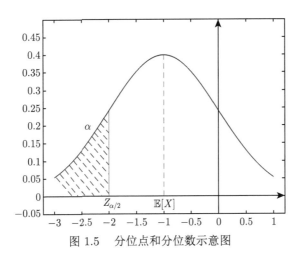

图 1.5 分位点和分位数示意图

若随机变量 X 的分布函数为 $F(x)$, 则分位数及分位点也可以表示为

$$F(Z_{\alpha/2}) = \alpha.$$

例 1.9 设随机变量 X 的概率密度函数为

$$f(x) = \frac{1}{\sigma\sqrt{2\pi}}\mathrm{e}^{-\frac{(x-\mu)^2}{2\sigma^2}}, \quad -\infty < x < +\infty,$$

则称 X 为**正态分布**. 求正态分布的数学期望和方差.

解 利用数学期望和方差的定义, 易得

$$\mathbb{E}[X] = \int_{-\infty}^{+\infty} xf(x)\mathrm{d}x = \mu,$$

$$\mathrm{Var}[X] = \mathbb{E}[(X - \mathbb{E}[X])^2] = \int_{-\infty}^{+\infty} (x-\mu)^2 f(x)\mathrm{d}x = \sigma^2.$$

一般地, 用 $X \sim \mathcal{N}(\mu, \sigma^2)$ 表示 X 服从数学期望为 μ, 方差为 σ^2 的正态分布. 容易看出, 若 $X \sim \mathcal{N}(\mu, \sigma^2)$, 则

$$\frac{X - \mu}{\sigma} \sim \mathcal{N}(0, 1),$$

称为**标准正态分布**.

在金融中, 设资产价格用 S 表示, 若 $\ln S$ 服从正态分布, 则称 S 为对数正态模型, 即 $S = \mathrm{e}^X$, X 为正态分布. 易知

$$\mathbb{E}[S] = \mathrm{e}^{\mu + \frac{1}{2}\sigma^2}, \quad \mathrm{Var}[S] = \mathrm{e}^{2\mu + \sigma}\left(\mathrm{e}^{\sigma^2} - 1\right).$$

1.4.3   多元随机变量

由 1.4.2 节知资产价格可由一个对数正态的随机变量表示, 而在实际市场中, 往往存在多资产的情形, 因此需要引入多元随机变量的概念.

为了书写方便, 我们以二元随机变量 (X, Y) 为例进行叙述. 二元随机变量 (X, Y) 的联合分布函数定义为

$$F(x, y) := \mathbb{P}\{X \leqslant x, Y \leqslant y\}.$$

离散情况下, 可用 $p_{ij} = \mathbb{P}\{X = x_i, Y = y_i\}$ 表示二元随机变量 (X, Y) 的分布情况. 在连续情形下, 可用二元概率密度函数表示分布情况:

$$\mathbb{P}\{(X, Y) \in I\} = \iint\limits_{I} f(x, y)\mathrm{d}x\mathrm{d}y,$$

其中 I 表示 $\mathbb{R}^2$ 上的可测集, $f(x, y)$ 称为**概率密度**.

离散型随机变量的**边际概率** $p_{i.}$ 和 $p_{.j}$ 分别定义为

$$p_{i.} = \mathbb{P}\{X = x_i\} = \sum_{j} p_{ij},$$

$$p_{.j} = \mathbb{P}\{X = y_j\} = \sum_{i} p_{ij}.$$

连续型随机变量的**边际密度函数** $f_X(x)$ 定义为

$$f_X(x) := \int_{-\infty}^{+\infty} f(x, y)\mathrm{d}y.$$

显然 $\mathbb{P}\{X \leqslant x\} = \int_{-\infty}^{x} f_X(t)\mathrm{d}t.$

类似地, 边际密度函数 $f_Y(y)$ 定义为

$$f_Y(t) := \int_{-\infty}^{+\infty} f(x,y)\mathrm{d}x.$$

同样有 $\mathbb{P}\{Y \leqslant y\} = \int_{-\infty}^{y} f_Y(t)\mathrm{d}t.$

设 (X, Y) 为二元离散型随机变量, $g(X, Y)$ 的数学期望可用与上面类似的方式定义为

$$\mathbb{E}[g(X,Y)] := \sum_{i,j} g(x_i, y_j)p_{ij}.$$

连续型二元随机变量 (X, Y) 函数 $g(X, Y)$ 的数学期望可用积分表示为

$$\mathbb{E}[g(X,Y)] := \int_{-\infty}^{+\infty} \int_{-\infty}^{+\infty} g(x,y)f(x,y)\mathrm{d}x\mathrm{d}y.$$

1.4.4　随机变量的独立性与条件期望

对于二元随机变量 (X, Y), 如果对于任意的实数 $a, b \in \mathbb{R}$, 成立

$$\mathbb{P}\{X \leqslant a, Y \leqslant b\} = \mathbb{P}\{X \leqslant a\}\mathbb{P}\{Y \leqslant b\},$$

则称随机变量 X 与 Y **相互独立**. 上述定义对于离散型随机变量等价于: 对任意的 i, j,

$$p_{ij} = p_{i\cdot}p_{\cdot j},$$

其中边际概率

$$p_{i\cdot} = \sum_{j} p_{ij}, \quad p_{\cdot j} = \sum_{i} p_{ij}.$$

对于连续型随机变量则等价于条件

$$f(x,y) = f_X(x)f_Y(y).$$

与随机变量相互独立相关联的概念是协方差和相关系数. 若 (X, Y) 为二元随机变量, 则**协方差**定义为

$$\mathrm{Cov}[X,Y] := \mathbb{E}[(X - \mathbb{E}[X])(Y - \mathbb{E}[Y])],$$

相关系数定义为

$$\rho_{XY} := \frac{\mathrm{Cov}[X,Y]}{\sqrt{\mathrm{Var}[X]}\sqrt{\mathrm{Var}[Y]}}.$$

多元随机变量 $X = (X_1, X_2, \cdots, X_n)^{\mathrm{T}}$ 的一个典型例子是 n 元正态随机向量. 若 n 元随机向量的概率密度函数

$$f(x) = \frac{1}{(2\pi)^{n/2}|\Sigma|^{1/2}} \exp\left[-\frac{1}{2}(x - \mu)^{\mathrm{T}}\Sigma^{-1}(x - \mu) \right],$$

则称 X 为 n **元正态分布**, 其中 Σ 为 n 元正态分布的**协方差矩阵**, $|\Sigma|$ 表示其行列式, Σ^{-1} 表示其逆矩阵, $\mu = (\mu_1, \mu_2, \cdots, \mu_n)^{\mathrm{T}}$ 表示 X 的**数学期望**.

下面定义条件期望, 它在条件蒙特卡罗取样方法时有用. 对于离散型随机变量 X, Y, 定义

$$\mathbb{E}[X|Y = y_j] = \sum_{i=1}^{\infty} x_i \mathbb{P}\{X = x_i | Y = y_j\} = \frac{\sum\limits_{i=1}^{\infty} x_i \mathbb{P}\{X = x_i, Y = y_j\}}{\mathbb{P}\{Y = y_j\}}$$

为随机变量 X 关于条件 $Y = y_j$ 的**条件期望**.

对于连续型随机变量 X, Y, 定义

$$\mathbb{E}[X|Y] := \frac{\displaystyle\int_{-\infty}^{+\infty} x f(x, y)\mathrm{d}x}{\displaystyle\int_{-\infty}^{+\infty} f(x, y)\mathrm{d}x}$$

为 X 关于条件 $Y = y$ 的**条件期望**. 显然与 $Y = y$ 的取值有关.

由上面定义的条件数学期望, 容易得知条件期望公式

$$\mathbb{E}[X] = \mathbb{E}[\mathbb{E}[X|Y]].$$

条件期望的含义见图 1.6, 即随机变量 X 的数学期望可看成是先在每一个子集 Y_i 中求 X 的平均值, 然后再求这些平均值的加权平均.

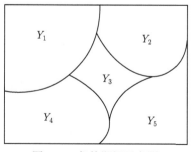

图 1.6   条件期望示意图

对于离散型随机变量和连续型随机变量均成立. 上面等式右端的第二个期望表示取定 Y 值时关于随机变量 X 的期望, 而第一个期望表示对 Y 的期望. 尽管两个期望的含义不一样, 但为了书写简单, 仍然用同一个期望符号 $\mathbb{E}$ 表示.

上面的条件期望公式在离散和连续情形分别表达为以下形式:

$$\mathbb{E}[X] = \begin{cases} \sum_j \mathbb{E}[X \mid Y = y_j] \cdot \mathbb{P}\{Y = y_j\}, & \text{离散型}, \\ \int_{-\infty}^{+\infty} \mathbb{E}[X \mid Y = y] \, f_Y(y)\mathrm{d}y, & \text{连续型}. \end{cases}$$

与条件期望类似地, 可以定义**条件方差**为

$$\mathrm{Var}[X|Y] := \mathbb{E}[(X - \mathbb{E}[X|Y])^2|Y].$$

容易推出下列条件方差公式 (留作习题):

$$\mathrm{Var}[X] = \mathbb{E}[\mathrm{Var}[X|Y]] + \mathrm{Var}[\mathbb{E}[X|Y]],$$

从而有 $\mathrm{Var}[X] \geqslant \mathrm{Var}[\mathbb{E}[X|Y]]$. 即条件期望的方差不超过随机变量的方差. 此性质在条件蒙特卡罗取样方法中, 可用来减小模拟的方差.

对于随机变量 X 的 N 个相互独立的样本 X_i $(i = 1, 2, \cdots, N)$, 定义样本平均值

$$\overline{X}_N := \frac{1}{n}\sum_i^N X_i.$$

定理 1.2 独立同分布的中心极限定理 设随机变量 X 的数学期望 $\mu = \mathbb{E}[X]$ 和方差 $\sigma = \mathrm{Var}[X]$ 均存在, $X_1, X_2, \cdots, X_N, \cdots$ 为随机变量 X 的 N 个独立同分布样本, $\overline{X}_N$ 为样本平均值. 则有如下结论:

$$\lim_{N \to \infty} \mathbb{P}\left\{\frac{\sqrt{N}}{\sigma}|\bar{X}_N - \mathbb{E}[X]| < x\right\} = \frac{1}{\sqrt{2\pi}}\int_{-x}^{x} \mathrm{e}^{-\frac{u^2}{2}}\mathrm{d}u.$$

上述定理说明随机变量 X 的样本平均值依概率收敛到 X 的数学期望, 并且当 N 充分大时, 有如下的近似式:

$$\mathbb{P}\left\{|\bar{X}_N - \mathbb{E}[X]| < \frac{Z_{\alpha/2}\sigma}{\sqrt{N}}\right\} \approx \frac{2}{\sqrt{2\pi}}\int_0^{Z_{\alpha/2}} \mathrm{e}^{-\frac{u^2}{2}}du = 1 - \alpha,$$

α 称为**置信度**, $1 - \alpha$ 称为**置信水平**, $Z_{\alpha/2}$ 称为相应的**置信值**. 或等价于

$$|\bar{X}_N - \mathbb{E}[X]| < Z_{\alpha/2}\frac{\sigma}{\sqrt{N}} \tag{1.47}$$

依概率 $1-\alpha$ 成立, 且误差与取样次数 N 的收敛速度为 $O(N^{-1/2})$. 故称为**半阶收敛**.

以上我们介绍了随机变量的独立性与条件期望等重要概念, 这些概念为进一步理解更复杂的随机现象奠定了基础. 接下来, 我们将探讨随机过程与布朗运动, 它们在金融、物理等多个领域有着广泛且重要的应用.

1.4.5   随机过程与布朗运动

1. 随机过程与布朗运动

布朗运动以其独特的随机性质而闻名, 最早于 1827 年被英国著名植物学家罗伯特·布朗 (Robert Brown) 发现. 他在显微镜下观察到花粉颗粒在水中的无规则运动, 这种碰撞每秒钟多达 10^{21} 次, 这些微小碰撞力的总和使得花粉颗粒作随机运动. 这一观察成为了布朗运动研究的开端. 随后, 爱因斯坦在 1905 年提出了理论模型, 成功地解释了布朗运动的基本特性, 并奠定了随机过程的理论基础. 1918 年, 维纳 (Wiener) 给出了布朗运动严格的数学描述, 因此布朗运动又称**维纳过程**, 而随机过程可看成布朗运动的一般化. 下面分别给出随机过程和布朗运动的定义.

定义 1.4   给定参数集 T 和可测空间 (E, B), 若对任意 $t \in T$, 都有一个定义在概率空间安 $(\Omega, \mathscr{F}, \mathscr{P})$ 上的可测函数 $X(t, \omega), \omega \in \Omega$ 与它对应, 就称依赖于参数 t 的 B 可测函数集合

$$\{X(t, \omega), t \in T\}$$

为定义于 $(\Omega, \mathscr{F}, \mathscr{P})$ 上取值于 (E, B) 的**随机过程**. 简记为 $\{X(t), t \in T\}$. (E, B) 称为随机过程的状态空间或相空间, E 中元素称为状态, 有时记 $X_T = \{X(t), t \in T\}$.

若 E 为实数 (复数) 集合, B 是 E 中博雷尔 (Borel) 可测集全体, 就称 $\{X(t), t \in T\}$ 为**实 (复) 值随机过程**. 若 $(E, B) = (R^n, B_n)$, B_n 为 R^n 中博雷尔可测集全体, 就称 $\{X(t), t \in T\}$ 为 n **维随机过程 (向量)**.

定义 1.5   如果随机过程 $\{W_t, t \geqslant 0\}$ 满足以下条件:

(1) W_t 是独立增量过程, 且 $W_0 = 0$;

(2) 对任意 $0 \leqslant s < t$, $W_t - W_s \sim \mathcal{N}(0, t - s)$.

则称 W_t 为标准的**布朗 (Brown) 运动**.

布朗运动作为具有连续时间参数和连续状态空间的一个随机过程, 是一个最基本、最简单同时又是最重要的随机过程, 许多随机过程常常可以看作是它的复合函数、泛函或者某种意义下的推广, 它又是迄今了解得最清楚, 性质最丰富多彩的随机过程之一. 由于布朗运动与微分方程 (如热传导方程) 有密切的联系, 它又成为概率与方程联系的重要渠道, 在这一节里, 仅对布朗运动作一简要的介绍, 有关布朗运动及随机分析的更详细的内容见 [2] 等文献.

布朗运动如今已广泛地应用在许多纯科学领域中, 如物理、经济金融、通信理论、生物、管理科学与数理统计等. 在金融市场中利用几何布朗运动刻画资产

价格正常波动的轨迹, 著名的布莱克-斯科尔斯 (Black-Scholes) 理论也是基于几何布朗运动假设构建的.

2. 随机积分

伊藤 (Itô) **积分**是一种用于描述随机过程的积分方法, 由日本数学家伊藤清在 1965 年提出. 在金融领域, 股票、债券等资产的价格通常随着时间的推移而变化, 这些变化通常是由随机因素引起的, 需要使用布朗运动来刻画这些变化如市场供求关系. 如公司业绩、经济政策等的变化规律. 但是布朗运动的轨迹并不是有界变差的, 无法使用黎曼 (Riemann) 积分来定义, 所以我们需要一种能够处理随机过程的积分方法——伊藤积分.

伊藤积分是一种描述随机过程相对于布朗运动的积分. 因为被积的随机过程是任意的, 所以直接处理还是比较困难的, 首先从定义简单随机过程的随机积分开始. 设

$$0 = t_0 < t_1 < \cdots < t_n = T$$

为区间 $[0, T]$ 的一个分割. 若 f_t 在任意子区间 $[t_k, t_{k+1}]$ $(k = 0, 1, \cdots, n-1)$ 内是一个不随 t 变化的量, 则称 f_t 为 $[0, T]$ 上的简单函数.

定义 1.6 简单随机过程 f_t 关于布朗运动 $\{W_t, t \geqslant 0\}$ 在 $[0, T]$ 上的伊藤积分定义为

$$I[f] = \sum_{k=0}^{n-1} f_{t_k}(W_{t_{k+1}} - W_{t_k}) = \int_0^T f_t \mathrm{d}W_t. \tag{1.48}$$

任意随机过程可以由简单随机过程进行逼近, 由此得到一般随机过程的伊藤积分.

定义 1.7 对于一般的随机过程 f_t, 及 $[0, T]$ 上的任意剖分

$$\pi: 0 = t_0 < t_1 < \cdots < t_n = T,$$

令 $\lambda(\pi) = \max\{\Delta t_i = t_{i+1} - t_i, i = 0, 1,, \cdots, n-1\}$, 若和式 $\sum_{k=0}^{n-1} f_{t_k}(W_{t_{k+1}} - W_{t_k})$ 的极限

$$I[f] = \lim_{\lambda(\pi) \to 0} \sum_{k=0}^{n-1} f_{t_k}(W_{t_{k+1}} - W_{t_k}) \tag{1.49}$$

存在, 则称 $I[f]$ 为随机过程 f_t 关于布朗运动 $\{W_t, t \geqslant 0\}$ 的伊藤积分.

与随机积分相对应的还有取值为随机的被积函数的 Riemann 积分

$$\int_0^T f_t \mathrm{d}t = \lim_{\lambda(\pi) \to 0} \sum_{k=0}^{n-1} f_{t_k} \Delta t_k.$$

显然两者之间是不一样.

在确定性函数的微积分中, 复合函数的求导法则是基本的公式, 在随机微分里也有类似的结论. 这个公式称为伊藤公式, 是随机微积分中的一个基本结果, 用于描述随机过程的微分.

3. 伊藤公式

设随机过程 X_t 对任意 $t \in (0, T]$ 满足等式

$$X_t = X_0 + \int_0^t \mu(X_s, s)\mathrm{d}s + \sigma(X_s, s)\mathrm{d}W_s,$$

则称 X_t 为**随机微分方程** (stochastic differential equation, SDE)

$$\mathrm{d}X_t = \mu(X_t, t)\mathrm{d}t + \sigma(X_t, t)\mathrm{d}W_t \tag{1.50}$$

的解, 其中漂移项 μ, 波动项 σ 为 (x, t) 的确定性的适当的光滑函数.

引理　对于随机过程 X_t 满足随机微分方程 (1.50), 函数 $f(x, t)$, 关于 t 一阶导数连续, 关于 x 的一阶、二阶导数都存在且连续, 则伊藤公式 (Itô formula) 的微分形式如下:

$$\mathrm{d}f(X_t, t) = \left(\frac{\partial f}{\partial t} + \frac{1}{2}\sigma^2(x, t)\frac{\partial^2 f}{\partial x^2} + \mu(x, t)\frac{\partial f}{\partial x} \right)\mathrm{d}t + \sigma\frac{\partial f}{\partial x}\mathrm{d}W_t.$$

这个公式在随机微积分和金融数学等领域有广泛应用.

习　题　1

1. 设 $f(x) \in C^2[a, b]$, $M_2 := \max\limits_{a \leqslant x \leqslant b} |f''(x)|$, $a = x_0 < x_1 < \cdots < x_n = b$ 为区间 $[0, T]$ 内的插值节点, $h := \max\limits_{0 \leqslant i \leqslant n-1} (x_{i+1} - x_i)$. 若记 $s(x)$ 为 $f(x)$ 关于节点 $\{x_i\}_{i=0}^n$ 的分段线性插值函数, 证明以下误差估计:

$$|f(x) - s(x)| \leqslant \frac{1}{8}M_2 h^2, \quad x \in [a, b].$$

(提示: 在每个子区间 $[x_i, x_{i+1}]$ 上, $0 \leqslant (x - x_i)(x_{i+1} - x) \leqslant \frac{1}{4}(x_{i+1} - x_i)^2$.)

2. 设 $f(x) \in C^1[a, b]$, $M_1 := \max\limits_{a \leqslant x \leqslant b} |f'(x)|$, $a = x_0 < x_1 < \cdots < x_n = b$ 的意义同上题, $h, s(x)$ 的意义也同上题. 证明有以下的误差估计式:

$$|f(x) - s(x)| \leqslant M_1 h, \quad x \in [a, b].$$

(提示: 将 $f(x)$ 在 $[x_i, x_{i+1}]$ 上表示为

$$f(x)\frac{x_{i+1}-x}{x_{i+1}-x_i} + f(x)\frac{x-x_i}{x_{i+1}-x_i},$$

再与将 $s(x)$ 在 $[x_i, x_{i+1}]$ 上的表达式相比较即得结论.)

3. 设基函数 $\{\varphi_i(x)\}_{i=0}^n$ 在区间 $[a,b]$ 上线性无关, 权函数 $\rho(x) \geqslant 0$ 且满足: 由

$$\int_a^b f(x)\rho(x)\mathrm{d}x = 0 \quad \text{及} \quad f(x) \geqslant 0$$

可推出 $f(x) \equiv 0$. 记 $a_{ij} = \int_a^b \varphi_i(x)\varphi_j(x)\rho(x)\mathrm{d}x$, 证明矩阵 $A = (a_{ij})_{i,j=0,1,\cdots,n}$ 为正定矩阵.

4. 设 $n+1$ 阶 Hilbert 矩阵 $H_{n+1} = \left(\dfrac{1}{i+j+1}\right)_{i,j=0,1,\cdots,n}$, $b = (1,1,\cdots,1)^{\mathrm{T}}$. 分别取 $n = 1, 2$, 求解线性方程组 $H_{n+1}x = b$. 能否通过编程求解 $n = 20$ 时的线性方程组?

5. 证明勒让德正交多项式 $P_n(x)$ 的递推性质 (1.11) 以及递推公式 (1.12).

6. 证明切比雪夫正交多项式 $T_n(x)$ 的递推性质 (1.13) 以及递推公式 (1.14).

7. 设 $f(x)$ 为定义在区间 $[a,b]$ 上的连续函数, 作可逆线性变换:

$$x = a + \frac{b-a}{2}(t+1), \quad t \in [-1,1].$$

证明: 寻找函数 $f(x)$ 在区间 $[a,b]$ 上的最佳平方逼近多项式等价于寻找函数 $g(t)$ 在区间 $[-1, 1]$ 上的最佳平方逼近多项式 $s(t)$, 其中函数 $g(t)$ 定义为

$$g(t) \equiv f(x) = f\left[a + \frac{b-a}{2}(t+1)\right].$$

8. 设 A 为对称正定矩阵, 并且有下列分解式:

$$A = LDL^{\mathrm{T}},$$

其中 L 为单位下三角矩阵, D 为对角矩阵: $D = \mathrm{diag}\{d_{11}, d_{22}, \cdots, d_{nn}\}$, d_{ii} 为对角线元素. 证明:

$$d_{ii} > 0 \quad (i = 1, 2, \cdots, n).$$

9. 设随机向量 $X = (X_1, X_2, \cdots, X_n)^{\mathrm{T}}$ 服从 n 元标准正态分布, 矩阵 $\hat{L} = (\hat{l}_{ij})_{i,j=1,2,\cdots,n}$. 证明经过变换:

$$Y = \hat{L}X,$$

随机向量 $Y = (Y_1, Y_2, \cdots, Y_n)^{\mathrm{T}}$ 仍然服从期望为零, 协方差矩阵为 Σ 的 n 元正态分布, 且满足: $\mathbb{E}[Y_i] = 0$ $(i = 1, 2, \cdots, n)$ 以及协方差矩阵 $\Sigma = \hat{L}\hat{L}^{\mathrm{T}}$.

10. 设 X, Y 为两个任意的随机变量, 证明下面的条件方差公式成立:

$$\mathrm{Var}[X] = \mathbb{E}[\mathrm{Var}[X|Y]] + \mathrm{Var}[\mathbb{E}[X|Y]].$$

(提示: 只需证明

$$\text{Var}[\mathbb{E}[X|Y]] = \mathbb{E}[\mathbb{E}[X|Y]]^2 - \mathbb{E}^2[X],$$

$$\mathbb{E}[\text{Var}[X|Y]] = \mathbb{E}[X^2] - \mathbb{E}[\mathbb{E}[X|Y]]^2.)$$

11. 设期限为 n 年的债券收益率为 $R(0, n)$, 表示当前直到第 n 年末的市场平均利率水平. 设债券不同年限的四个债券收益率分别为

$$R(0,1) = 3.960\%, \quad R(0,2) = 4.748\%, \quad R(0,3) = 5.417\%, \quad R(0,4) = 6.103\%.$$

利用三次样条插值求 $R(0, 2.75)$ 的值.

12. 由期权价格 V 及 Black-Scholes 方程:

$$\frac{\partial V}{\partial t} + \frac{\sigma^2}{2}S\frac{\partial V}{\partial S} + rS\frac{\partial V}{\partial S} - rV = 0$$

可以确定波动率 σ, 称为**隐含波动率** (implied volatility). 在固定标的资产价格 S 时, 隐含波动率与 (看涨或看跌) 期权的敲定价格 K 及期限 T 有关, 即 $\sigma = \sigma(K, T)$, 且关于 K 及 T 是凸函数, 称为波动率微笑现象. 若固定 K, 已知 $T = 1, 2, 3$ 时的隐含波动率值如表 1.5:

表 1.5   不同期限的隐含波动率的值

T	1	2	3
$\sigma(T)$	0.20	0.30	0.25

利用三次样条插值求出从 $T = 1$ 到 $T = 3$ 的隐含波动率 $\sigma(T)$, 并画出图像.

第 2 章　随机数生成与资产价格模拟

金融中的期权定价问题可以归结于求一个随机变量 (过程) 的期望, 例如在风险中性假设下, 期权在 t 时刻的价格可以表示为

$$\mathrm{e}^{-r(T-t)}\mathbb{E}[f(X_T)|X_t = x已知],\tag{2.1}$$

其中 r 为无风险利率, X_T 为风险资产在 T 时刻的价格, 函数 $f(x)$ 为给定的收益函数, 与期权的合约有关.

在风险管理中, 作为核心问题之一的未来 T 时刻的违约概率可以表示为

$$\mathbb{P}\{X_T < A\} = \mathbb{E}[1_{X_T < A}],\tag{2.2}$$

其中 X_T 为风险资产或者风险资产组合在 T 时刻的价格, A 表示违约门槛, 例如 A 可以表示公司债务总额, 当公司资产资不抵债时被认为破产违约了.

对于期权定价问题 (2.1) 或者违约概率问题 (2.2), 由于问题的复杂性, 往往无法求出其解析表达式, 可以采用随机抽样方法取出 X_T 的 N 个相互独立样本 $\{X_T^{(j)}\}$, 再利用其平均值

$$\frac{1}{N}\mathrm{e}^{-r(T-t)}\sum_{j=1}^{N} f(X_T^{(j)})$$

来代替 (2.1) 或者 (2.2) 式中的期望值.

蒙特卡罗方法的起源可以追溯到 1777 年法国数学家布丰 (Georges Louis Leclerc de Buffon) 提出用投针实验的方法求圆周率 π (约 5 世纪下半叶中国数学家祖冲之的计算方法可精确到小数点后 7 位计算精度, 即在 3.1415926 和 3.1415927 之间). 到了 20 世纪 40 年代中期, 由于美国在第二次世界大战中研制核武器的 "曼哈顿计划" 的需要, 乌拉姆 (S. Ulam) 和冯·诺伊曼 (J. von Neumann) 首先提出该方法, 并用驰名世界的赌城——摩纳哥的蒙特卡罗 (Monte Carlo) 来命名这种方法. 蒙特卡罗方法最早的论文可以见 1949 年 Metropolis 和 Ulam 发表于《美国统计学会》上的文章. 如今该方法在科学与技术各领域得到了广泛的应用.

蒙特卡罗方法的好处是可以处理一大类广泛而复杂的问题, 特别是在处理常规方法 (有限差分和有限元法以及求解金融衍生品的二叉树方法) 无法处理的高

维问题时非常适用, 但是不足之处就是收敛速度较慢. 由第 1 章 1.1.4 节可见, 若记 $\mu = \mathbb{E}[f(X_T)]$, 则用简单的算术平均代替期望值 (由于每次取样是随机的, 因此其平均值仍为随机的), 则误差大致为

$$\left[- Z_{\alpha/2} \frac{\sigma}{\sqrt{N}}, \ Z_{\alpha/2} \frac{\sigma}{\sqrt{N}} \right], \tag{2.3}$$

其中 $Z_{\alpha/2}$ 为标准正态分布的 α $(\alpha > 0)$ 分位点, σ 为 X_T 的方差值, 即算术平均值落在 (2.3) 式表示的区间内的概率为 $1 - \alpha$ (α 称为分位数, 一般为一个很小的正数, 例如 5% 等). 由此可见, 蒙特卡罗方法的误差随着取样数 N 的增大, 按照 $N^{-\frac{1}{2}}$ 的速度趋于 0. 因此常常称蒙特卡罗方法为半阶收敛方法.

　　与一些确定性方法相比, 例如有限差分或者二叉树方法, 蒙特卡罗方法的收敛速度要慢很多. 尽管有一些技巧, 例如控制变量方法、对偶取样方法、重点取样方法、条件取样方法以及多层取样模拟等可以在一定程度下加速处理, 但从本质上讲, 处理低维问题 (维数不超过三维) 用有限差分或者二叉树方法更好; 而对于高维问题, 蒙特卡罗方法及近年来快速发展的神经网络方法是值得推荐的方法. 例如 2015 年 10 月, Google 旗下的深度学习团队 DeepMind 开发的人工智能围棋软件 AlphaGo, 以 5:0 战胜了围棋欧洲冠军樊麾. 这是人工智能第一次战胜职业围棋手. AlphaGo 在采用传统的蒙特卡罗方法之外, 另外加入了价值网络、策略网络两种神经网络, 以减少搜索所需的广度和深度, 大大加快了搜索进程.

　　金融中的核心问题: 资产投资组合、风险管理及金融衍生品定价问题皆与高维问题相关. 即使是单资产的路径依赖期权定价问题, 由于其收益依赖于资产价格在有效观察期内的路径, 因此可以归结为一个高维问题进行求解. 例如离散取样的算术平均亚式期权、回望期权等.

　　本章将先介绍生成一些基本随机变量样本点的方法, 例如均匀分布、正态分布、指数分布等, 这些样本都可以通过 MATLAB 软件直接获取. 然后利用各种不同的资产价格模型, 获得资产价格的样本. 最后在第 3 章用于衍生品定价的蒙特卡罗方法.

　　对于某些资产价格过程 X_t, 如果 X_t 服从一个随机微分方程, 但其解不能精确求出, 则可以通过求解随机微分方程的数值解法 (见第 7 章) 获得近似解, 这些方法主要包括欧拉离散方法、米尔斯坦 (Milstein) 离散方法, 再利用基本随机变量的取样方法, 即可获得资产价格的样本.

　　本章的 2.1 节和 2.2 节将介绍随机数的生成. 以此为基础, 在 2.3 节中介绍资产价格样本及路径模拟. 值得指出的是, 严格意义下的随机数在自然界是无法获得的. 本书涉及的 "随机数" 实际上是一串周期非常长的不规则数, 这些数可以通过数学计算公式和计算机编程非常容易地获得, 因此这些数也被称为 "伪随机

数". 另外一种生成随机变量样本的方法是生成 "拟随机数". 它是一种低偏度的数列, 与 "伪随机数" 相比, 看上去更均匀, 从而可以得到更好的收敛速度. 本书中涉及的随机数, 如果没有特殊说明, 指的是 "伪随机数".

2.1 随机数的生成

本节的**随机数**指的是通过一组初始值 $x_0, x_1, \cdots, x_s$ 及迭代公式:

$$x_{k+1} = \varphi(x_k, x_{k-1}, \cdots, x_{k-s}), \quad k = s, s+1, \cdots.$$

得到 $x_{s+1}, x_{s+2}, \cdots$, 其中 φ 为给定的迭代函数.

通过迭代公式得到的数并不是真正意义下的随机数 (实际上是确定性的数列), 为了满足统计学的一些特征, 这些数列还需满足以下三个条件:

(1) 产生的数列具有某些随机变量的统计性质. 例如数列分布的均匀性、独立性以及抽样的随机性;

(2) 产生的数列具有足够长的周期;

(3) 产生数列的算法效率要高, 以便能在短时间内生成大量的随机数.

满足以上三点要求的生成方法称为**随机数生成器**. 本节将先介绍生成 $[0,1]$ 上的均匀分布 $U[0,1]$ 的随机数生成器. 在此基础上, 将在随后利用数学变换的方法, 生成概率统计中常用的几种随机变量的样本, 特别是在金融市场中常见的正态分布、指数分布和泊松分布等. 关于随机数生成器的检验内容不作介绍.

线性同余生成器 (linear congruence generator, LCG), 是由莱默 (D. H. Lehmer) 在 1951 年提出的. 关键是利用了数论中的同余运算, 故称为同余生成器, 包含乘同余法及混合同余法.

乘同余法按照如下迭代规则生成随机数:

$$\begin{cases} x_n = a x_{n-1} \pmod{m}, \\ u_n = \dfrac{x_n}{m}, \end{cases} \tag{2.4}$$

其中初值 x_0 为给定的正整数, 也称为 "种子", $0 < x_0 < m$, m 为某个较大的正整数, a 为正整数.

在 MATLAB 中可用循环语句 $x(i+1) = \mathrm{mod}(a*x(i)+c, m)$ $(i = 1, 2, \cdots, n)$ 生成序列 $x(i)$, 然后用 $u = x(1:\text{end})/m$ 表示获得的序列 $\{u_i\}$, n 表示生成数列的个数. 显然对于任意的 $a, m, 0 \leqslant x_n < m$, 因此 $0 \leqslant u_n < 1$, 即 u_n 的作用是将所有的数列正规化.

例 2.1 设 $a = 3, m = 4, x_0 = 1$, 求数列 x_n 以及 u_n 的前三项的值.

解 将 $a = 3, m = 4, x_0 = 1$ 代入 (2.4), 经计算得到

$$x_1 = 3 \times 1 \quad (\text{mod } 4) = 3,$$

$$x_2 = 3 \times 3 \quad (\text{mod } 4) = 1,$$

$$x_3 = 3 \times 1 \quad (\text{mod } 4) = 3.$$

由此可见, $\{x_n\}$ 是一个周期为 2 的数列, 即 $x_n = 1, 3, 1, 3, \cdots$, 相应的 u_n 也是一个周期为 2 的数列 $\dfrac{1}{4}, \dfrac{3}{4}, \dfrac{1}{4}, \dfrac{3}{4}, \cdots$.

例 2.2 设 $a = 3, m = 10, x_0 = 1$, 求数列 x_n 以及 u_n.

解 将 $a = 3, m = 10, x_0 = 1$ 代入 (2.4) 式, 经计算得到

$$x_1 = 3 \times 1 \quad (\text{mod } 10) = 3,$$

$$x_2 = 3 \times 3 \quad (\text{mod } 10) = 9,$$

$$x_3 = 3 \times 9 \quad (\text{mod } 10) = 7,$$

$$x_4 = 3 \times 7 \quad (\text{mod } 10) = 1,$$

$$x_5 = 3 \times 1 \quad (\text{mod } 10) = 3.$$

由此可见, $\{x_n\}$ 是一个周期为 4 的数列, 即 $x_n = 1, 3, 9, 7, 1, 3, \cdots$, 相应的 u_n 也是一个周期为 4 的数列 $\dfrac{1}{10}, \dfrac{3}{10}, \dfrac{9}{10}, \dfrac{7}{10}, \dfrac{1}{10}, \cdots$.

从上述例子的计算过程可以看出, 由于 $0 \leqslant x_n < m$, x_n 为整数, 因此 $m + 1$ 个 x_n 的数列中必有两项的值是相同的, 从而数列 $\{x_n\}$ 的周期不超过 m. 同样地, 数列 $\{u_n\}$ 的周期也不超过 m. 下面介绍一种更一般的线性同余生成器——混合同余法:

$$\begin{cases} x_n = ax_{n-1} + c \quad (\text{mod } m), \\ u_n = \dfrac{u_n}{m}, \end{cases}$$

其中初值 $0 < x_0 < m$, a, c 为正整数. 表 2.1 列出几种常见的同余法生成器.

表 2.1　几种常见的同余法生成器

名称	LCG(a, c, m)	周期
Park&Miller	LCG$(16807, 0, 2^{31} - 1)$	$2^{31} - 2$
Fishman&Moore	LCG$(950706376, 0, 2^{31} - 1)$	$2^{31} - 2$
Fishman	LCG$(48271, 0, 2^{31} - 1)$	$2^{31} - 2$
L'Ecuyer	LCG$(40692, 0, 2^{31} - 249)$	$2^{31} - 250$

例 2.3 设 $a=5, c=3, m=16, x_0=7$, 用 MATLAB 编程计算到 $n=18$ 的数列 x_n 以及 u_n.

解 MATLAB 代码如下:

```
a=5;
c=3;
m=16;
seed=7;
N=18;
    x=seed;
    for i=1:N
    x=mod(a*x+c,m)
    u=x/m
end
```

由上述编程, 可以得到序列 $\{x_n\}$ 和 $\{u_n\}$ 的前 18 项的值:

$$X = [6,1,8,11,10,5,12,15,14,9,0,3,2,13,4,7,6,1],$$

$$U = [0.3750, 0.0625, 0.5600, 0.6875, 0.6250, 0.3125, 0.7500, 0.9375, 0.8750, 0.5625$$

$$0.0000, 0.1875, 0.1200, 0.8125, 0.2500, 0.4375, 0.3250, 0.0625].$$

周期为 16, 达到了满周期 (即周期最大值 16).

由上述例子可见, 若将种子选为 1, 则得到的 x_n 的序列为

$$8,11,10,5,12,15,14,9,0,3,2,13,4,7,6,1,\cdots,$$

即将原来以 7 为种子的数列重新排列了. 为此 MATLAB 软件中的均匀分布的随机数可用函数 rand('state',0) 表示从相同的种子开始, 得到相同的序列, 以免执行 rand 命令时得到不同的序列. 这里的参数 a,c,m 由软件选定.

2.2 随机数的生成 (续)

本节将在 2.1 节的基础上, 通过合适的函数变换, 将均匀分布随机数分别变换为服从正态分布、指数分布等的随机数. 首先给出反函数方法.

2.2.1 反函数方法

定理 2.1 设随机变量 R 服从区间 $(0,1)$ 上的均匀分布, 即 $R \sim U(0,1)$, X 为分布函数为 $F(x)$ 的任意随机变量, 则成立以下两个结论:

(1) 随机变量 X 的函数 $Y = F(X)$ 服从均匀分布, 即 $Y \sim U(0,1)$;

(2) 均匀分布 R 的函数 $Z = F^{-1}(R)$ 是一个分布函数为 $F(z)$ 的随机变量, 其中反函数 $F^{-1}(y)$ 定义为

$$F^{-1}(y) := \inf\{z | F(z) \geqslant y\}.$$

显然, 若 $F(z)$ 为严格单调递增的函数, 则与普通的反函数的定义一致; 若 $F(z)$ 为不严格单调递增的函数, 这样的定义保证了反函数取值的唯一性, 且有 $F(F^{-1}(y)) = y$.

证明　(1) 只需证明随机变量 Y 的分布函数 $F_1(y)$ 与均匀分布一致即可. 下面分 y 的不同取值范围分别证明.

(a) 若 $0 \leqslant y \leqslant 1$, 则

$$F_1(y) = \mathbb{P}\{Y \leqslant y\} = \mathbb{P}\{F(X) \leqslant y\} = \mathbb{P}\{X \leqslant F^{-1}(y)\}.$$

由于 X 的分布函数为 $F(x)$, 即得

$$F_1(y) = F(F^{-1}(y)) = y.$$

(b) 若 $y > 1$, 则

$$F_1(y) = \mathbb{P}\{Y \leqslant y\} = \mathbb{P}\{F(X) \leqslant y\} = 1.$$

(c) 若 $y < 0$, 由于随机变量 $Y = F(X) \geqslant 0$, 所以

$$F_1(y) = \mathbb{P}\{Y \leqslant y\} = \mathbb{P}\{F(X) \leqslant y\} = 0.$$

综合以上结论 (a)、(b) 和 (c), 即完成 (1) 的证明.

(2) 为证明 $Z = F^{-1}(R)$ 的分布函数是 $F(z)$, 只需要证明对于任意的实数 z, 随机变量 Z 的分布函数等同于 $F(z)$. 实际上,

$$\mathbb{P}\{Z \leqslant z\} = \mathbb{P}\{F^{-1}(R) \leqslant z\} = \mathbb{P}\{R \leqslant F(z)\}.$$

由于 R 是均匀分布, $F(z)$ 为分布函数, 并且 $0 \leqslant F(z) \leqslant 1$, 所以由上式得到

$$\mathbb{P}\{Z \leqslant z\} = F(z).$$

结论 (2) 得证.　□

例 2.4　利用 $[0,1]$ 上均匀分布 R 生成任意有限区间 (a,b) 上的均匀分布随机数.

解 设 X 服从 (a,b) 上的均匀分布, 其分布函数为 $F(x)$, 显然其密度函数为

$$f(x) = \begin{cases} \dfrac{1}{b-a}, & x \in (a,b), \\ 0, & \text{其他}. \end{cases}$$

即分布函数为

$$F(x) = \begin{cases} 0, & x \leqslant a, \\ \dfrac{x-a}{b-a}, & a < x \leqslant b, \\ 1, & x > b. \end{cases}$$

从而其反函数可以写成 $x = F^{-1}(y)$:

$$F^{-1}(y) = \begin{cases} a + (b-a)y, & 0 \leqslant y \leqslant 1, \\ 0, & y < 0, \\ 1, & y > 1. \end{cases}$$

由定理 2.1 (2) 知, 区间 (a,b) 上的均匀分布 X 的随机数由下式提供:

$$X = a + (b-a)R,$$

其中 R 为区间 $(0,1)$ 上的均匀分布.

例 2.5 试利用 $(0,1)$ 上的均匀分布随机数生成下列指数分布 X 的随机数. 指数分布的密度函数为

$$f(x) = \begin{cases} \lambda e^{-\lambda x}, & x > 0, \\ 0, & x \leqslant 0, \end{cases}$$

其中参数 $\lambda > 0$.

解 由题意, 可求出指数分布 X 的分布函数为

$$F(x) = \int_{-\infty}^{x} f(t)\mathrm{d}t = \begin{cases} 0, & x \leqslant 0, \\ 1 - e^{-\lambda x}, & x > 0. \end{cases}$$

由此可求得: $0 \leqslant y < 1$ 时, $y = F(x)$ 的反函数为 $-\dfrac{1}{\lambda}\ln(1-y)$. 所以再由定理 2.1(2) 知, 随机变量 $X = -\dfrac{1}{\lambda}\ln(1-R)$ 为服从指数分布的随机变量, 其中 R 为

$(0,1)$ 上的均匀分布, $R \sim U(0,1)$. 进一步, 由于 $1 - R$ 仍然为 $(0,1)$ 上的均匀分布, 因此指数分布的随机数可以简单地由均匀分布 R 的随机数生成: $-\dfrac{1}{\lambda} \ln R$.

　　下面再利用均匀分布随机数及定理 2.1 的反函数变换方法生成金融领域中最常见的正态分布随机数. 由定理 2.1, 只需求出正态分布的分布函数 $\Phi(x)$ 的反函数即可. 然而非常遗憾的是, $\Phi(x)$ 的反函数 $\Phi^{-1}(x)$ 的解析表达式无法获得. 因此通过近似方法, 获得 $\Phi^{-1}(x)$ 的哈斯廷 (Hasting) 算法就变得非常自然了. **Hasting 算法**描述如下:

(1) 生成均匀分布 $U(0,1)$ 的随机数 r.

(2) 计算 $y = \sqrt{-2 \ln a}$, 其中 a 为

$$a = \begin{cases} r, & 0 \leqslant r \leqslant 0.5, \\ 1 - r, & 0.5 < r \leqslant 1. \end{cases}$$

(3) 计算

$$x = \operatorname{sgn}\left(r - \frac{1}{2}\right)\left(y - \frac{c_0 + c_1 y + c_2 y^2}{1 + d_1 y + d_2 y^2 + d_3 y^3}\right),$$

其中参数

$$c_0 = 2.515517, \quad c_1 = 0.802853, \quad c_2 = 0.010328,$$
$$d_1 = 1.432785, \quad d_2 = 0.189269, \quad d_3 = 0.001308,$$

$$\operatorname{sgn}(t) = \begin{cases} 1, & t > 0, \\ 0, & t = 0, \\ -1, & t < 0. \end{cases}$$

　　最后获得标准正态分布 $X \sim \mathcal{N}(0,1)$ 的随机数 x. 实际数值试验表明, 上述 Hasting 近似算法的误差不超过 10^{-4} 级别. 下面我们还将介绍基于二维变换法的标准正态向量随机数的生成法.

2.2.2　二维变换生成法

　　下面给出一个二元随机变量 (向量) 经过函数变换后的概率密度的结论. 证明过程基本与单个随机变量函数变换类似, 故略去证明过程.

　　定理 2.2　设随机向量 (X, Y) 的概率密度函数为 $f(x, y)$, 作变换:

$$\begin{cases} u = g_1(x, y), \\ v = g_2(x, y), \end{cases}$$

其中 g_1 和 g_2 是给定的二元连续可导函数. 假设上述变换是可逆的, 即存在唯一的函数 h_1, h_2, 使得

$$\begin{cases} x = h_1(u, v), \\ y = h_2(u, v), \end{cases}$$

且变换的**雅可比** (Jacobi) **行列式**

$$J = \begin{vmatrix} \dfrac{\partial h_1}{\partial x} & \dfrac{\partial h_1}{\partial y} \\ \dfrac{\partial h_2}{\partial x} & \dfrac{\partial h_2}{\partial y} \end{vmatrix} \neq 0.$$

经过随机变量变换,

$$\begin{cases} U = g_1(X, Y), \\ V = g_2(X, Y), \end{cases}$$

得随机向量 (U, V). 则随机向量 (U, V) 的概率密度函数为

$$p(u, v) = f\left[h_1(u, v), h_2(u, v)\right] |J|,$$

其中 $|J|$ 表示行列式 J 的绝对值.

下面假设随机变量 X, Y 均服从 $(0,1)$ 上的均匀分布, 希望由均匀分布的随机数通过函数变换生成其他分布的随机数.

例 2.6　设 R_1, R_2 为相互独立的均匀分布, $R_i \sim U(0,1)$. 令

$$\begin{cases} U = \sqrt{-2\ln R_1}\cos(2\pi R_2), \\ V = \sqrt{-2\ln R_2}\sin(2\pi R_2). \end{cases} \tag{2.5}$$

证明随机变量 U, V 相互独立, 且皆服从标准正态分布 $\mathcal{N}(0,1)$.

证明　由变换 (2.5) 容易得到

$$\begin{cases} R_1 = \mathrm{e}^{-\frac{1}{2}(U^2+V^2)}, \\ R_2 = \dfrac{1}{2\pi}\arctan\dfrac{V}{U}. \end{cases}$$

从而变换的雅可比行列式

$$J = \begin{vmatrix} -UR_1 & -VR_1 \\ -\dfrac{1}{2\pi}\dfrac{V}{U^2+V^2} & \dfrac{1}{2\pi}\dfrac{U}{U^2+V^2} \end{vmatrix} = -\dfrac{1}{2\pi}\mathrm{e}^{-\frac{1}{2}(U^2+V^2)}.$$

易知随机变量 R_1, R_2 的联合概率密度函数为

$$f(r_1, r_2) = \begin{cases} 1, & 0 < r_1, r_2 < 1, \\ 0, & \text{其他}. \end{cases}$$

所以 U, V 的联合概率密度函数 $p(u, v)$ 为

$$p(u, v) = \frac{1}{\sqrt{2\pi}} e^{-\frac{1}{2} u^2} \frac{1}{\sqrt{2\pi}} e^{-\frac{1}{2} v^2}.$$

由概率论知识可知, 如果联合概率密度函数为边际概率密度函数的乘积 $p(u, v) = p_1(u) p_2(v)$, 则随机变量 U, V 相互独立. 其中 $p_1(u), p_2(v)$ 分别为联合分布 (U, V) 的边际概率密度.

2.2.3 接受-舍去法

为了高效地生成给定分布的随机数, 有时还需要对变换后的随机数进行 "筛选": 对部分满足条件的随机数接受, 而对部分不符合条件的随机数舍去. 这种方法称为**接受-舍去法** (acceptance-rejection method).

由于按照接受-舍去法得到的随机数是服从给定分布的 X 随机数的一部分, 因此其分布函数与随机变量 X 的分布函数不同. 下列定理给出了其概率密度函数的形式.

定理 2.3   设相互独立随机变量 X, Y 的概率密度函数分别为 $f(x)$ 和 $g(y)$, $h(x)$ 为任意给定的函数. 接受-舍去法是指按照以下规则得到的随机数.

(1) 首先生成给定分布的随机变量 X 的随机数;

(2) 其次生成给定分布的随机变量 Y 的随机数, X 与 Y 相互独立;

(3) 最后判断: 若满足条件 $Y \leqslant h(X)$, 则令 $Z = X$, 接受 X 的随机数, 否则舍去 X, 转到步骤 (1) 重新采样.

则随机变量 Z 的概率密度为

$$p(z) = f(z) G(h(z))/c,$$

其中

$$G(y) := \int_{-\infty}^{y} g(x) \mathrm{d}x, \quad c := \int_{-\infty}^{+\infty} f(z) G(h(z)) \mathrm{d}z.$$

证明   设 z 为任意实数, 则由定义

$$\mathbb{P}\{Z \leqslant z\} = \mathbb{P}\{X \leqslant z |\ Y \leqslant h(X)\}.$$

利用条件概率公式

$$\mathbb{P}(A|B) = \frac{\mathbb{P}(AB)}{\mathbb{P}(B)},$$

即得

$$\mathbb{P}\{Z \leqslant z\} = \frac{\mathbb{P}\{X \leqslant z, Y \leqslant h(X)\}}{\mathbb{P}\{Y \leqslant h(Z)\}}$$

$$= \frac{\int_{-\infty}^{z} \int_{-\infty}^{h(x)} f(x)g(y)\mathrm{d}y\mathrm{d}x}{\int_{-\infty}^{+\infty} \int_{-\infty}^{h(x)} f(x)g(y)\mathrm{d}y\mathrm{d}x} = \frac{\int_{-\infty}^{z} f(x)G(h(x))\mathrm{d}x}{\int_{-\infty}^{+\infty} f(x)G(h(x))\mathrm{d}x}.$$

在上面的等式两边同时对 z 求导, 可推出

$$p(z) = \frac{\mathrm{d}}{\mathrm{d}x}\mathbb{P}\{Z \leqslant z\} = f(z)G(h(z))/c. \qquad \square$$

注意上述通过接受-舍去法得到的样本为随机变量 X 样本的一部分, 然后两者的概率密度分别为 $p(z)$ 和 $f(x)$. 在实际问题中, 往往已知随机变量 Z 的概率密度 $p(z)$, 需要选择合适的密度函数 $f(x)$ 和 $g(y)$, 以及接受-舍去函数 $h(x)$, 以便按照上面的接受-舍去法得到的随机变量 Z 的概率密度恰好为 $p(z)$. 除此之外, 关于接受-舍去法, 还需要满足以下条件:

(1) 随机变量 X 和 Y 的随机数生成方式简单, 以节省生成随机数的整体效率;

(2) 随机变量 Z 的采样效率要高, 即希望选择合适的函数 $h(x)$, 使得概率

$$p_0 = \mathbb{P}\{Y \leqslant h(X)\}$$

较大. 这里的常数 $0 \leqslant p_0 \leqslant 1$, 称为采样效率. 显然 p_0 越大, 在生成的随机变量 X 的样本中接受的概率就越大, 或者舍去的样本越少. 否则, 若 p_0 很小, 则采样效率低.

下面介绍几种接受-舍去法的特例.

情形一　设随机变量 Z 的概率密度函数为 $p(z)$. 为获取随机变量 Z 的样本, 假定存在函数 $M(z)$ 且满足条件: $0 \leqslant p(z) \leqslant M(z)$, $M_0 = \int_{-\infty}^{+\infty} M(z)\mathrm{d}z < \infty$. 令

$$f(x) := M(x)/M_0.$$

另假设随机变量 X 的概率密度函数恰好为如上定义的 $f(x)$, 且样本容易获得. 选择 Y 为服从均匀分布 $U(0,1)$ 的随机变量, 则生成随机变量 Z 的接受-舍去法如下:

(1) 先生成概率密度为 $f(x)$ 的随机变量 X 的随机数;

(2) 再生成均匀分布 $Y \sim U(0,1)$ 的随机数, 且 Y 与 X 相互独立;

(3) 若 $Y \leqslant h(X) = p(X)/M(X)$, 则接受 X 的样本, 并令 $Z = X$, 否则舍去, 从步骤 (1) 重新开始采样.

为证明上述接受-舍去法获得的样本的分布函数为 $p(z)$, 我们令

$$h(x) = p(x)/M(x),$$

显然 $h(x)$ 满足条件 $0 \leqslant h(x) \leqslant 1$. 由均匀分布 Y 的分布函数知:

$$G(y) = y, \quad 0 \leqslant y \leqslant 1.$$

即得 $G(h(x)) = h(x)$. 从而由定理 2.3 知, 随机变量 Z 的概率密度函数为

$$\frac{f(z)G(h(z))}{\displaystyle\int_{-\infty}^{+\infty} f(z)G(h(z))\mathrm{d}z} = \frac{M(z)h(z)/M_0}{\displaystyle\int_{-\infty}^{+\infty} M(z)h(z)\mathrm{d}z/M_0} = \frac{p(z)}{\displaystyle\int_{-\infty}^{+\infty} p(z)\mathrm{d}z} = p(z).$$

上述接受-舍去法的效率为

$$p_0 = \mathbb{P}\left\{ Y \leqslant \frac{p(X)}{M(X)} \right\}.$$

例 2.7　设 Z 是一个取值在 $[a,b]$ 上, 概率密度为 $p(z)$ 的随机变量, 且满足

$$M^* := \sup_{a \leqslant z \leqslant b} p(z) < \infty,$$

Y 为 $(0,1)$ 上的均匀分布, $Y \sim U(0,1)$. 设计一个随机变量 Z 取样的接受-舍去法并求其效率比.

解　由接受-舍去法情形 1 的推导, 随机变量 Z 的取样步骤如下:

(1) 生成 (a,b) 上的均匀分布 $X \sim U(a,b)$ 的样本;

(2) 生成 $(0,1)$ 上的均匀分布 $Y \sim U(0,1)$ 的样本;

(3) 若条件 $Y \leqslant h(X) = p(X)/M^*$, 则接受 X 的样本, 并令 $Z = X$, 否则舍去, 从步骤 (1) 重新开始采样.

为证明上述接受-舍去法获得的样本的分布函数为 $p(z)$, 只需在情形一中取

$$M(x) = \begin{cases} M^*, & x \in (a,b), \\ 0, & \text{其他}, \end{cases}$$

$M_0 = M^*(b-a)$ 以及

$$f(x) = \begin{cases} \dfrac{1}{b-a}, & x \in (a,b), \\ 0, & \text{其他} \end{cases}$$

即可. 取样效率

$$p_0 = \mathbb{P}\left\{ Y \leqslant \frac{p(X)}{M^*} \right\} = \int_a^b \frac{1}{b-a} \mathrm{d}x \int_0^{\frac{p(x)}{M^*}} \mathrm{d}y = \int_a^b \frac{p(x)}{M^*(b-a)} \mathrm{d}x = \frac{1}{M^*(b-a)}.$$

由图 2.1 可知, 由于概率密度函数 $p(x)$ 及 x 坐标围成的图像的面积为 1, 从而由虚线围成的矩形面积 $M^*(b-a) > 1$, 特别若 $p(x)$ 在区间上接近均匀分布的概率密度, 则 $p(z) \approx \dfrac{1}{b-a}$, 从而 $p_0 \approx 1$.

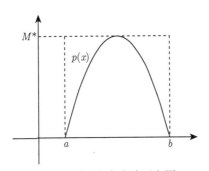

图 2.1　接受-舍去法示意图

情形二　设随机变量 Z 的概率密度函数为

$$p(z) = Lh(z)f(z),$$

其中 $f(x)$ 为随机变量 X 的概率密度函数, 函数 $h(x)$ 满足

$$0 \leqslant h(x) \leqslant 1,$$

参数 $L > 1$. 则随机变量 Z 的接受-舍去法步骤如下:

(1) 生成密度函数为 $f(x)$ 的随机变量 X 的随机数;

(2) 生成 $(0,1)$ 上的均匀分布 $Y \sim U(0,1)$ 的随机数, 且 X 与 Y 相互独立;

(3) 若 $Y \leqslant h(X)$, 则取 $Z = X$, 否则舍去, 从步骤 (1) 重新开始采样.

下面验证上述接受-舍去法获得的样本服从概率密度为 $p(z)$ 的分布. 首先条件 $0 \leqslant h(x) \leqslant 1$ 显然成立; 其次, 若 G 为 $(0,1)$ 上的均匀分布的概率分布函数, 则 $G(h(z)) = h(z)$. 由定理 2.3 可知随机变量 Z 的概率密度函数为

$$\frac{f(z)h(z)}{\int_{-\infty}^{+\infty} f(z)h(z)\mathrm{d}z} = p(z).$$

取样效率

$$p_0 = \mathbb{P}\{Y \leqslant h(z)\} = \int_{-\infty}^{+\infty} f(x)\mathrm{d}x \int_0^{h(x)} \mathrm{d}y = \int_{-\infty}^{+\infty} f(x)h(x)\mathrm{d}x = 1/L.$$

上面推导的最后一个等式利用了关系式 $p(x) = Lh(x)f(x)$, 以及 $p(x)$ 为概率密度函数, 故 $\int_{-\infty}^{+\infty} p(x)\mathrm{d}x = 1$.

由此可知, L 越大, 取样效率越低, 示意图见图 2.2.

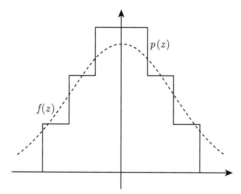

图 2.2　实线表示概率密度 $p(z)$, 虚线表示概率密度 $f(z)$

例 2.8　利用上述接受-舍去法情形二, 设计半正态分布的取样算法. 半正态分布 Z 的概率密度为

$$p(z) = \begin{cases} \sqrt{\dfrac{2}{\pi}}\mathrm{e}^{-\frac{z^2}{2}}, & z \geqslant 0, \\ 0, & z < 0. \end{cases}$$

解 显然半正态分布的概率密度可以改写为

$$p(z) = \sqrt{\frac{2\mathrm{e}}{\pi}} \cdot \mathrm{e}^{-\frac{1}{2}(z-1)^2} \cdot \mathrm{e}^{-z} = Lh(z)f(z),$$

其中 $L = \sqrt{\dfrac{2\mathrm{e}}{\pi}} > 1$, $h(z) = \mathrm{e}^{-\frac{1}{2}(z-1)^2}$, $f(z) = \mathrm{e}^{-z}$. 显然

$$0 < h(z) \leqslant 1,$$

从而由接受-舍去法情形二的算法, 半正态分布的取样步骤如下:

(1) 先生成指数型随机变量 X 的随机数, 其概率密度为

$$f(z) = \begin{cases} \mathrm{e}^{-z}, & z \geqslant 0, \\ 0, & z < 0; \end{cases}$$

(2) 生成 $(0,1)$ 上的均匀分布 $Y \sim U(0,1)$ 的随机数, 且 X 与 Y 相互独立;

(3) 若 $Y \leqslant h(X)$, 则取 $Z = X$, 否则舍去, 从步骤 (1) 重新开始采样.

由上面情形二的接受-舍去法的结论可知, 上例半正态随机数的采样效率为 $p_0 = \dfrac{1}{L} = 76.2\%$.

2.2.4 随机向量生成法

设随机向量 $X = (X_1, X_2, \cdots, X_d)^{\mathrm{T}}$ 的联合概率密度为 $f(x_1, x_2, \cdots, x_d)$. 如果 X 的各个分量相互独立, 则按照前面介绍的取样方法对每个分量独立取样即可. 如果各个分量有非零的相关性, 则可以按照下面介绍的三种采样法: 条件分布取样法、随机向量的接受-舍去法和多维正态随机变量的变换取样法进行.

1. 条件分布取样法

假定 $f_1(x_1)$ 为随机变量 X_1 的边际概率密度函数, $f_2(x_2|x_1)$ 为随机变量 X_2 关于 X_1 的条件概率密度函数, $\cdots$, $f_d(x_d|x_1, x_2, \cdots, x_{d-1})$ 为随机变量 X_d 关于 $X_1, X_2, \cdots, X_{d-1}$ 的条件概率密度函数. 则有关系式

$$f(x_1, x_2, \cdots, x_d) = f_1(x_1)f_2(x_2|x_1)\cdots f_d(x_d|x_1, x_2, \cdots, x_{d-1}). \qquad (2.6)$$

例如, $d = 2$ 时,

$$f(x_1, x_2) = f_1(x_1)f_2(x_2|x_1),$$

边际分布的概率密度函数和条件概率密度函数分别为

$$f_1(x_1) = \int_{-\infty}^{+\infty} f(x_1, x_2)\mathrm{d}x_2, \quad f_2(x_2|x_1) = \frac{f(x_1, x_2)}{f_1(x_1)}.$$

$d = 3$ 时, 概率密度函数 $f(x_1, x_2, x_3)$ 与边际概率和条件概率密度函数有如下关系:

$$f(x_1, x_2, x_3) = f_1(x_1)f_2(x_2|x_1)f_3(x_3|x_1, x_2),$$

其中边际概率密度函数

$$f_1(x_1) = \int_{-\infty}^{+\infty} \int_{-\infty}^{+\infty} f(x_1, x_2, x_3) \mathrm{d}x_2 \mathrm{d}x_3,$$

条件概率密度函数

$$f_2(x_2|x_1) = \int_{-\infty}^{+\infty} \frac{f(x_1, x_2, x_3)}{f_1(x_1)} \mathrm{d}x_3, \quad f_3(x_3|x_1, x_2) = \frac{f(x_1, x_2, x_3)}{f_1(x_1)f_2(x_2|x_1)}.$$

下面介绍随机向量 $X = (X_1, X_2, \cdots, X_n)^{\mathrm{T}}$ 的条件取样步骤:

(1) 先由随机变量 X_1 的边际概率密度 $f_1(x_1)$ 生成 X_1 的样本;

(2) 其次由获得的 X_1 的样本以及 X_2 的条件概率密度函数 $f_2(x_2|x_1)$, 生成 X_2 的样本;

(3) 依此类推, 可获取 $X_3, X_4, \cdots, X_d$ 的样本, 从而得到 $X = (X_1, X_2, \cdots, X_n)^{\mathrm{T}}$ 的一个样本. 最后重复以上步骤 (1)—(3) 即得随机向量 X 的任意个数的样本.

2. 随机向量的接受-舍去法

随机向量的接受-舍去法是随机变量的接受-舍去法的一个推广. 为叙述简单起见, 这里讨论一种最简单的情形.

假设随机变量 X 的取值在超立方体 $\{a_i \leqslant x_i \leqslant b_i, \ i = 1, 2, \cdots, d\}$ 中, 概率密度函数 $f(x_1, x_2, \cdots, x_d)$ 有上界, 即

$$f_0 := \sup_{\substack{a_i \leqslant x_i \leqslant b_i \\ i=1,2,\cdots,d}} f(x_1, x_2, \cdots, x_d) < \infty.$$

随机变量 X 的取样方法如下: 从 $n + 1$ 个相互独立的均匀分布 $R_i \sim U(0, 1)$ $(i = 0, 1, 2, \cdots, d)$ 中分别取样. 若

$$f_0 R_0 \leqslant f[a_1 + (b_1 - a_1)R_1, \cdots, a_d + (b_d - a_d)R_d]$$

成立, 则取

$$X = (a_1 + (b_1 - a_1)R_1, \cdots, a_d + (b_d - a_d)R_d) ; \tag{2.7}$$

否则舍去, 重新开始取样. 可以证明, 以上接受-舍去方法得到的 X 样本服从概率密度为 $f(x_1, x_2, \cdots, x_d)$ 的分布 (证明留作习题 8). 其取样效率 p_0 为

$$p_0 = \left(f_0 \prod_{i=1}^{d}(b_i - a_i) \right)^{-1}.$$

3. 多维正态随机变量的变换取样法

设 d 维正态随机向量 X 的概率密度函数为

$$f(x_1, x_2, \cdots, x_d) = \frac{1}{(2\pi)^{\frac{d}{2}}|\Sigma|^{\frac{1}{2}}} \exp\left[-\frac{1}{2}(x - \mu)^{\mathrm{T}} \Sigma^{-1}(x - \mu) \right],$$

其中 $x = (x_1, x_2, \cdots, x_d)^{\mathrm{T}}$, $\mu = (\mu_1, \mu_2, \cdots, \mu_d)^{\mathrm{T}} = \mathbb{E}[X]$ 表示随机向量 X 的数学期望, Σ 为 X 的协方差矩阵, 即

$$\Sigma = (\sigma_{ij})_{d \times d}, \quad \sigma_{ij} = \mathbb{E}[(X_i - \mu_i)(X_j - \mu_j)].$$

关于一般的服从正态分布的取样问题, 可以采用前面介绍的条件取样方法, 也可以采取将相互独立的标准正态分布样本, 通过简单的线性变换获取. 现叙述如下.

设 Σ 为正定对称矩阵 (或者半正定对称矩阵), 由第 1 章矩阵分解的知识可知, 对 Σ 可作楚列斯基分解: $\Sigma = AA^{\mathrm{T}}$, 其中 A 为下三角矩阵, $A = (a_{ij})_{d \times d}$. 设 $Z = (Z_1, Z_2, \cdots, Z_d)^{\mathrm{T}}$ 为各分量相互独立的标准正态随机向量, 作线性变换

$$X = \mu + AZ. \tag{2.8}$$

则 X 是数学期望为 μ, 协方差矩阵为 Σ 的 d 维正态分布, 记为 $X \sim \mathcal{N}(\mu, \Sigma)$.

线性变换 (2.8) 写成分量形式:

$$\begin{cases} X_1 = \mu_1 + a_{11}Z_1, \\ X_2 = \mu_2 + a_{21}Z_1 + a_{22}Z_2, \\ \qquad \cdots \cdots \\ X_d = \mu_d + a_{d1}Z_1 + \cdots + a_{dd}Z_d, \end{cases}$$

其中随机变量 $Z_1, Z_2, \cdots, Z_d$ 为相互独立的标准正态分布 $Z_i \sim \mathcal{N}(0, 1)$.

下面考虑特例 $d = 2$ 的情形. 此时协方差矩阵为

$$\Sigma = \begin{pmatrix} \sigma_1^2 & \sigma_1 \sigma_2 \rho \\ \sigma_1 \sigma_2 \rho & \sigma_2^2 \end{pmatrix},$$

矩阵 Σ 的楚列斯基分解矩阵 A 为

$$A = \begin{pmatrix} \sigma_1 & 0 \\ \sigma_2\rho & \sigma_2\sqrt{1-\rho^2} \end{pmatrix},$$

满足 $AA^{\mathrm{T}} = \Sigma$. 通过线性变换

$$\begin{cases} X_1 = \mu_1 + \sigma_1 Z_1, \\ X_2 = \mu_2 + \sigma_2\rho Z_1 + \sigma_2\sqrt{1-\rho^2}Z_2, \end{cases} \tag{2.9}$$

将标准正态分布向量 $Z = (Z_1, Z_2)$ 转化为协方差为 Σ 的正态分布向量.

　　需要说明的是现在已有软件生成所需要的随机数. 例如 MATLAB 软件中, 可以用函数 rand 生成区间 $(0,1)$ 上均匀分布随机数, 用 randn 生成标准正态分布随机数, 用 mvnrnd (mu, sigma, n) 生成二维标准正态随机向数, 其中 mu 为二维向量, sigma 为 2×2 矩阵, 用 random ('poisson', 1) 或者 poissrnd(1) 生成服从 $\lambda = 1$ 的泊松分布的随机数.

2.3　资产价格样本及路径模拟

　　为了满足投资者的需要, 市场有许多不同的资产及衍生品可供选择 (例如股票、债券、期权等). 由于金融衍生品种类繁多, 因此定价方式也千差万别. 从收益的角度看, 金融衍生品可以分为两大类: 收益仅仅与资产在 $t=T$ 时 (期末) 的价格有关, 以及收益与资产价格在整个期限的路径有关. 对于前一类衍生品的定价问题, 只需将资产在期末 $t=T$ 的价格样本 $S^{(j)}(T)$ 模拟出来即可, 然后再利用收益函数 $h(S(T))$ 贴现值的算术平均

$$\mathrm{e}^{-r(T-t)}\mathbb{E}[h(S(T))] \approx \mathrm{e}^{-r(T-t)}\frac{1}{N}\sum_{j=1}^{N}h(S^{(j)}(T)),$$

即得期权的近似值, 其中 $S^{(j)}(T)$ 表示资产价格在 $t=T$ 时的第 j 个样本值.

　　对于后一类衍生品, 其收益不仅仅与期末 $t=T$ 的资产价格有关, 而且与资产价格 $S(t)$ 在整个期限 $[0,T]$ 的路径有关. 这类金融衍生品称为路径依赖产品. 为了实际定价的需要, 可取若干个时间节点 (有时也称为观察点) t_i 上的资产价格 $S(t_i)$ $(i=1,2,\cdots,n, 0=t_0<t_1<\cdots<t_n=T)$ 近似代替整个路径 $S(t)$ $(0\leqslant t\leqslant T)$ 的信息. 通过模拟方法得到资产价格值 $\{S^{(j)}(t_i)\}_{j=1,2,\cdots,N}^{i=1,2,\cdots,n}$, 这里上标 j 表示第 j 条资产模拟路径, $S(t_i)$ 表示资产价格在 $t=t_i$ 时刻的值. 特别地, $t_i = t_0 + i\tau, \tau>0$ 称为时间方向步长.

本节将分别讨论资产价格服从几何布朗运动 (geometric Brownian motion) 和跳扩散模型的取样方法. 对于一般的资产价格服从由随机微分方程确定的模型, 其离散取样方法将在第 7 章讨论.

2.3.1 资产价格服从几何布朗运动的取样方法

假定资产 (例如股票等) 在期限 $[0,T]$ 内的价格用 $S(t)$ 表示. 为推导资产价格的定价模型及取样需要, 将区间 $[0,T]$ 分成 n 份 (通常为等分): $t_i = i\Delta t, \Delta t = \dfrac{T}{n}$. 设相邻时间节点资产价格的变化表示为

$$S(t_i + \Delta t) = \nu(t_i, \Delta t)S(t_i), \tag{2.10}$$

其中 $S(t_i)$ 和 $S(t_i + \Delta t)$ 分别表示资产在相邻时间节点 t_i 和 $t_i + \Delta t$ 的价格, $\nu(t_i, \Delta t) > 0$ 表示两者之间的复合增长率. 显然由 (2.10) 表示的资产价格满足: 若初始资产价格 $S(0) > 0$, 则对于任意的时间节点 t_i 都有 $S(t_i) > 0$. 容易知道

$$\frac{S(t_i + \Delta t) - S(t_i)}{S(t_i)} = \nu(t_i, \Delta t) - 1,$$

称为**资产价格的收益率**.

由公式 (2.10) 表示的资产价格收益率仅仅与时间变化有关, 通常是随机的, 而与资产价格无关. 从随机过程的角度看 (2.10) 表示的资产价格过程是马尔可夫 (Markov) 模型. 若收益率还与 t_i 时刻之前的历史价格有关, 则 (2.10) 中的复合增长率可以表示为 $\nu(S(t_i), S(t_{i-1}), \cdots, S(t_{i-k}), t_i, \Delta t)$, 此时的价格过程是非马尔可夫的, 即未来的资产价格对历史价格有记忆效应. 本节主要讨论三类简单模型: 二叉树模型、离散时间模型和连续时间模型.

1. 二叉树资产价格模型

设复合增长率 $\nu(t_i, \Delta t)$ 服从二项分布:

$$\nu(t_i, \Delta t) = \begin{cases} \mathrm{e}^{\sigma\sqrt{\Delta t}} = u, & \text{依概率 } p, \\ \mathrm{e}^{-\sigma\sqrt{\Delta t}} = d, & \text{依概率 } q = 1-p, \end{cases}$$

即资产价格在下一时刻分别以概率 p 上涨到现价的 u 倍和概率 q 下跌到现价的 d 倍, 其中参数 u, d 满足:

$$u > 1, \quad 0 < d < 1, \quad ud = 1.$$

从而从初始时刻开始, 不同时刻的资产价格可表示为如图 2.3 表示的二叉树模型:

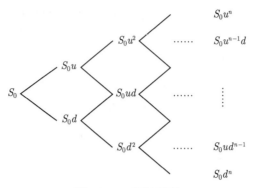

图 2.3　二叉树模型

相应的金融衍生品 (例如期权) 的二叉树定价方法见本书第 4 章. 下面将说明, 若参数 σ, p, q 满足适当的条件, 则上述离散的二叉树资产价格模型趋于一个连续的马尔可夫过程.

2. 二叉树模型的特征及与连续模型的关系

在式 (2.10) 两端取对数, 得

$$\ln S(t_i + \Delta t) = \ln S(t_i) + \ln \nu(t_i, \Delta t),$$

在上式中分别取 $i = 0, 1, \cdots, n-1$, 并相加, 得

$$\ln S(n\Delta t) = \ln S(0) + \sum_{i=0}^{n-1} \ln \nu(t_i, \Delta t).$$

下面假设复合增长率

$$\nu(t_i, \Delta t) = e^{\nu \Delta t + \sigma \sqrt{\Delta t} Z_i},$$

其中 $\nu, \sigma > 0$ 为常数 (由市场确定), Z_i 表示相互独立的标准正态分布, 则有

$$\ln S(T) = \ln S(0) + \nu T + \sigma \sqrt{\Delta t} \sum_{i=0}^{n-1} Z_i. \tag{2.11}$$

由上式直接计算得到

$$\mathbb{E}[\ln S(T)] = \ln S(0) + \nu T, \tag{2.12}$$

以及

$$\mathrm{Var}[\ln S(T)] = \sigma^2 \Delta t \mathrm{Var}\left[\sum_{i=0}^{n-1} Z_i\right] = \sigma^2 \Delta t \mathbb{E}\left[\sum_{i=0}^{n-1} Z_i^2 + \sum_{i \neq j} Z_i Z_j\right]$$

$$= \sigma^2 n \Delta t = \sigma^2 T. \tag{2.13}$$

上面推导过程利用了标准正态分布 Z_i 与 Z_j 相互独立性, 以及 $\mathbb{E}[Z_i] = \mathbb{E}[Z_j] = 0$, $\mathbb{E}[Z_i^2] = 1$.

另一方面, 若在 (2.11) 式中令 $n \to \infty$, 利用布朗运动 W_T 的定义, $\sum_{i=0}^{n-1} \sqrt{\Delta t} Z_i$ $\to W_T$, 便有

$$\ln S(T) = \ln S_0 + \nu T + \sigma W_T. \tag{2.14}$$

注意到 $W_T = \sqrt{T} Z$, $Z \sim \mathscr{N}(0,1)$, 由 (2.14) 式, 可以推出上述连续模型的期望和方差. 推导过程如下.

首先由 (2.14) 式, 解出资产价格为

$$S(T) = S(0) \mathrm{e}^{\nu T + \sigma W_T}.$$

注意到布朗运动 $W_T = \sqrt{T} Z$, $Z \sim \mathscr{N}(0,1)$ 为标准正态分布, 利用数学期望的计算方法, 得到资产价格的数学期望为

$$\begin{aligned}
\mathbb{E}[S(T)] &= S(0) \mathrm{e}^{\nu T} \mathbb{E}[\mathrm{e}^{\sigma \sqrt{T} Z}] \\
&= S(0) \mathrm{e}^{\nu T} \frac{1}{\sqrt{2\pi}} \int_{-\infty}^{+\infty} \mathrm{e}^{\sigma \sqrt{T} x} \mathrm{e}^{-\frac{1}{2} x^2} \mathrm{d}x \\
&= S(0) \mathrm{e}^{(\nu + \frac{1}{2} \sigma^2) T}.
\end{aligned}$$

$S(T)$ 的方差为

$$\mathrm{Var}[S(T)] = S_0^2 \mathrm{e}^{2\nu T} \mathrm{Var}[\mathrm{e}^{\sigma \sqrt{T} Z}] = S^2(0) \mathrm{e}^{2\nu T} \left(\mathbb{E}[\mathrm{e}^{2\sigma \sqrt{T} Z}] - \mathbb{E}^2[\mathrm{e}^{\sigma \sqrt{T} Z}] \right).$$

由于

$$\mathbb{E}[\mathrm{e}^{\sigma \sqrt{T} Z}] = \frac{1}{\sqrt{2\pi}} \int_{-\infty}^{+\infty} \mathrm{e}^{\sigma \sqrt{T} x} \mathrm{e}^{-\frac{1}{2} x^2} \mathrm{d}x = \mathrm{e}^{\frac{1}{2} \sigma^2 T},$$

$$\mathbb{E}[\mathrm{e}^{2\sigma \sqrt{T} Z}] = \frac{1}{\sqrt{2\pi}} \int_{-\infty}^{+\infty} \mathrm{e}^{2\sigma \sqrt{T} x} \mathrm{e}^{-\frac{1}{2} x^2} \mathrm{d}x = \mathrm{e}^{2\sigma^2 T},$$

从而得

$$\mathrm{Var}[S(T)] = S^2(0) \mathrm{e}^{2\nu T} \left(\mathrm{e}^{2\sigma^2 T} - \mathrm{e}^{\sigma^2 T} \right) = S^2(0) \mathrm{e}^{(2\nu + \sigma^2) T} \left(\mathrm{e}^{\sigma^2 T} - 1 \right).$$

在金融市场中, 经常假设市场是风险中性的, 此时 $\mathbb{E}[S(T)] = S(0) \mathrm{e}^{rT}$, 即任意资产的投资回报率与现金存入银行的回报率是一致的, 这里 r 为市场的无风险利率.

比较上面推导的资产价格模型 (2.14) 的数学期望与风险中性假设, 便有

$$S(0)\mathrm{e}^{(\nu+\frac{1}{2}\sigma^2)T} = S(0)\mathrm{e}^{rT},$$

比较上式两边, 最后得到资产价格模型 (2.10) 中参数 ν 为

$$\nu = r - \frac{1}{2}\sigma^2. \tag{2.15}$$

模型 (2.14) 中 σ 称为资产价格的波动率, 可以利用市场采集的资产价格数据确定. (2.14) 式确定的资产价格称为**几何布朗模型**. 为推导 (2.14) 的另一种形式, 首先将 T 换成 t, 并令 $X(t) = \ln S(t)$, 则 $S(t) = \mathrm{e}^{X(t)}$. 其次对 (2.14) 两边求微分, 得到

$$\mathrm{d}X(t) = \nu\mathrm{d}t + \sigma\mathrm{d}W_t.$$

最后由 $S(t) = \mathrm{e}^{X(t)}$, 利用伊藤微分公式得

$$\mathrm{d}S(t) = \mathrm{e}^{X(t)}\mathrm{d}X(t) + \frac{1}{2}\mathrm{e}^{X(t)}\left(\mathrm{d}X(t)\right)^2$$

$$= S(t)(\nu\mathrm{d}t + \sigma\mathrm{d}W_t) + \frac{\sigma^2}{2}S(t)\mathrm{d}t$$

$$= \left(\nu + \frac{\sigma^2}{2}\right)S(t)\mathrm{d}t + \sigma S(t)\mathrm{d}W_t.$$

上面的推导过程利用了 $(\mathrm{d}W_t)^2 = \mathrm{d}t$, 并忽略了 $\mathrm{d}t$ 的高阶无穷小量. 从而知道资产价格的几何布朗模型可由随机微分方程

$$\mathrm{d}S(t) = \mu S(t)\mathrm{d}t + \sigma S(t)\mathrm{d}W_t \tag{2.16}$$

确定, 上式中 $\mu = \nu + \frac{1}{2}\sigma^2$ 称为**股票漂移率**. 特别地, 如果假设市场是风险中性的, 则由 (2.15) 式即得漂移率 $\mu = r$.

几何布朗运动下的资产价格连续模型 (2.16) 取样方法如下:

(1) 若衍生品收益仅仅依赖于期末 $t = T$ 的资产价格, 此时可通过下式取样:

$$S^{(j)}(T) = S_0\mathrm{e}^{\left(\mu-\frac{\sigma^2}{2}\right)T+\sigma\sqrt{T}Z^{(j)}}, \tag{2.17}$$

其中 S_0 表示资产的初始时刻价格, $Z^{(j)}$ 表示标准正态分布的第 j 次独立取样. 若市场为风险中性的, 则 $\mu = r$.

(2) 若衍生品的收益不仅仅依赖于期末 $t = T$ 的资产价格, 还与整个资产价格的变化路径有关, 即与一系列离散样本 $S(t_i)$ 的值有关. 为了模拟出资产价格的路径样本, 由连续模型 (2.14) 取初始时刻为 $t_i, T = t_i + \Delta t$, 可得

$$\ln S(t_i + \Delta t) = \ln S(t_i) + \nu \Delta t + \sigma(W_{t_i+\Delta t} - W_{t_i}),$$

所以

$$S(t_i + \Delta t) = S(t_i) e^{\nu \Delta t + \sigma(W_{t_i+\Delta t} - W_{t_i})}.$$

由关系式 $\nu = \mu - \frac{1}{2}\sigma^2$, $W_{t_i+\Delta t} - W_{t_i} = \sqrt{\Delta t} Z_i$, $Z_i \sim \mathcal{N}(0,1)$ 相互独立, 可知第 j 次模拟路径的资产价格

$$S^{(j)}(t_i + \Delta t) = S^{(j)}(t_i) e^{(\mu - \frac{1}{2}\sigma^2)\Delta t + \sigma\sqrt{\Delta t} Z_i^{(j)}}, \tag{2.18}$$

其中 $S^{(j)}(t_i)$ 表示第 j 次模拟 $(j = 1, 2, \cdots, m)$, 时间节点为 t_i 的资产价格, $Z_i^{(j)}$ $(i = 0, 1, \cdots, n-1, \ j = 1, 2, \cdots, m)$ 表示相互独立的标准正态分布.

注记 2.1 若由资产价格公式 (2.17), 取 $T = t_i$, 则有

$$S(t_i) = S_0 e^{(\mu - \frac{1}{2}\sigma^2)t_i + \sigma\sqrt{t_i} Z_i},$$

$Z_i = W_{t_i}/\sqrt{t_i}$. 因此也可生成第 j 条路径的资产价格为

$$S^{(j)}(t_i) = S_0 e^{(\mu - \frac{1}{2}\sigma^2)t_i + \sigma\sqrt{t_i} Z_i^{(j)}}.$$

然而上述标准正态分布样本 $Z_i^{(j)}$ 与 $Z_l^{(j)}$ $(i \neq l)$ 不是相互独立的, 不能独立取样.

本节的内容总结如下: 首先由资产价格的收益率可定义一个一般的资产价格离散模型 (2.10), 从而可得离散模型的取样方法; 其次二叉树模型可看成一个特殊的离散时间资产价格模型; 最后当收益率为常量, 离散的时间节点趋于无穷, 即得几何布朗运动.

2.3.2 多资产几何布朗模型下的取样方法

尽管单资产几何布朗运动模型下的欧式期权有解析表达式, 但对于多资产衍生品, 即使在几何布朗运动模型下也大都没有解析形式的解, 例如一篮子期权等. 因此蒙特卡罗成为求解此问题的重要方法之一.

为了使用蒙特卡罗方法对衍生品进行定价, 需要对资产价格进行模拟. 值得指出的是, 在金融市场中, 各种资产价格之间具有关联性, 即不同资产之间具有相依性或者它们受一些共同的不确定因素的影响, 所以一般情况下, 不同资产的价格不能独立地取样.

设资产价格 $S_k(t)$ $(k = 1, 2, \cdots, d)$ 均满足如下的几何布朗运动:

$$\frac{\mathrm{d}S_k(t)}{S_k(t)} = \mu_k \mathrm{d}t + \sigma_k \mathrm{d}W_{kt}, \tag{2.19}$$

其中 μ_k, σ_k 分别表示第 k 个资产的漂移率与波动率, W_{kt} 表示相应的第 k 个布朗运动. 假设布朗运动 W_{kt} 与 W_{lt} 的相关性系数为 ρ_{kl} $(|\rho_{kl}| \leqslant 1,\ k, l = 1, 2, \cdots, d)$. 模型 (2.19) 称为**多资产的几何布朗运动模型**, 简称为 **GBM 模型**.

为了模拟 d 个资产价格, 先由 (2.19) 解出:

$$S_k(t) = S_k(0) \exp\left[\left(\mu_k - \frac{1}{2}\sigma_k^2\right)t + \sigma_k W_{kt}\right]. \tag{2.20}$$

由于布朗运动 $\{W_{kt}\}_{k=1,2,\cdots,d}$ 之间具有相关性, 其协方差矩阵可以表示为 $\Sigma = (\sigma_{kl})_{d\times d}$, 元素 σ_{kl} 可表示为 $\sigma_{kl} = \sigma_k \sigma_l \rho_{kl}$. 其次利用前面 2.3.1 节叙述的随机向量的取样方法, 对 Σ 进行楚列斯基分解 $\Sigma = AA^{\mathrm{T}}$, 其中下三角矩阵 A 的元素为 a_{kl}, 即 $A = (a_{kl})_{d\times d}$.

最后利用 d 个独立的标准正态分布 $\{Z_l\}_{l=1,2,\cdots,d}$, 可得到每个资产价格 $S_k(t)$ 在不同时间节点的递推式:

$$S_k(t_{i+1}) = S_k(t_i) \exp\left[(\mu_k - \frac{1}{2}\sigma_k^2)\Delta t + \sqrt{\Delta t} \sum_{l=1}^{d} a_{kl} Z_l^i\right] \quad (i = 0, 1, \cdots, n-1),$$
$$\tag{2.21}$$

其中 $Z_l^i \sim \mathscr{N}(0,1)$ $(l = 1, 2, \cdots, d, i = 0, 1, \cdots, n-1)$ 为相互独立的标准正态分布样本.

在风险中性的条件下, (2.21) 中的漂移率 $\mu_k = r - \delta_k$, δ_k 表示第 k 个资产的红利率 (单位时间股票分红占股票价格之比).

2.3.3   跳扩散模型下的资产价格取样方法

考虑到金融市场受到外来突发信息的冲击, 资产价格往往会发生突变. 如果仍然用连续的布朗运动模型来描述资产价格变化显然是不合适的. 可以用默顿 (Merton) 跳扩散模型或双指数跳扩散模型 (也称为 Kou 跳扩散模型) 来描述.

所谓的 **Merton 跳扩散模型**指资产价格满足如下的随机微分方程:

$$\frac{\mathrm{d}S(t)}{S(t)} = \mu \mathrm{d}t + \sigma \mathrm{d}W_t + \mathrm{d}J_t, \tag{2.22}$$

其中 $\mu, \sigma > 0$ 为常数, W_t 为标准布朗运动, J_t 为一个随机的阶梯型过程 (见图 2.4), 且与布朗运动 W_t 相互独立. 比较 (2.22) 及 (2.16), 额外的过程 J_t 表示由于

突发信息冲击而引起的资产价格的相对变化率. 可表示为

$$J_t = \sum_{j=1}^{N(t)} (Y_j - 1), \tag{2.23}$$

其中 $N(t)$ 为**泊松过程** (Poisson process), 表示在时间 $[0,\ t]$ 内突发信息发生的次数. 而对于每一个突发信息发生的时刻 τ_j, 资产价格从 $S(\tau_j^-)$ 变为 $S(\tau_j^-)Y_j \triangleq S(\tau_j)$, 即

$$\ln S(\tau_j) = \ln S(\tau_j^-) + \ln Y_j. \tag{2.24}$$

从而在 τ_j 时刻, 资产价格的跳跃:

$$S(\tau_j) - S(\tau_j^-) = S(\tau_j^-)(Y_j - 1).$$

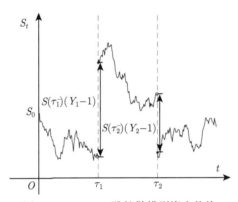

图 2.4 Merton 跳扩散模型资产价格

下面叙述跳扩散模型资产价格的模拟过程.

(1) 对于给定的区间 $[0, T]$, 模拟泊松过程发生跳跃的时间点 τ_j 以及总次数 $N(T)$.

(2) 与几何布朗模型下的资产模拟方法类似, 将时间 $[0, T]$ 分为 n 等份: $0 = t_0 < t_1 < \cdots < t_n = T$, 从初始时刻开始, $S(0) = S_0$, 若在区间 $[t_i, t_{i+1}]$ 内不发生跳跃, 则与几何布朗运动的推导类似, 可推出

$$S(t_{i+1}) = S(t_i)\mathrm{e}^{(\mu - \frac{1}{2}\sigma^2)\Delta t + \sigma\sqrt{\Delta t}Z_i}. \tag{2.25}$$

若在区间 $[t_i, t_{i+1}]$ 内发生若干次跳跃, 则在 (2.25) 的价格变化基础上, 还需要考虑资产价格的突变因素

$$S(t_{i+1}) = S(t_i)\exp\left[\left(\mu - \frac{1}{2}\sigma^2\right)\Delta t + \sigma\sqrt{\Delta t}Z_i + \sum_{t_i < \tau_j \leqslant t_{i+1}} \ln Y_j\right].$$

(3) 综合 (1) 和 (2), 即得资产价格在任意 T 可表达为

$$S(T) = S_0 \exp\left[\left(\mu - \frac{1}{2}\sigma^2\right)T + \sigma\sqrt{\Delta t}\sum_{i=0}^{n-1} Z_i + \sum_{j=1}^{N(T)} \ln Y_j\right], \qquad (2.26)$$

上式中, $N(T)$ 表示 $[0,T]$ 内发生突发信息的总次数, $\{Z_i\}$ 为相互独立的标准正态分布. 若在时间区间 $[0,T]$ 内不发生跳跃, 则 $N(T) = 0$, 上式最后的求和 $\sum_{j=1}^{N(T)} = 0$. (2.26) 式中每次跳跃的相对变化率 Y_j 可以用一个与布朗运动相互独立的随机变量 Y 来确定.

在 Merton 跳扩散模型中, 假设 $\ln Y \sim \mathcal{N}(\mu_J, \sigma_J^2)$ 为正态分布, 即跳跃的幅度大小关于 μ_J 是对称的. 为了区分不同信息而引起的向上价格跃迁或者向下价格下跌, 可引进双指数跳扩散模型 (Kou 跳扩散模型) 来描述.

设随机变量 $\ln Y$ 服从如下的概率密度:

$$f(y) = \begin{cases} p_0\alpha_1 e^{-\alpha_1 y}, & y > 0, \\ (1-p_0)\alpha_2 e^{-\alpha_2 y}, & y \leqslant 0, \end{cases} \qquad (2.27)$$

其中 p_0 表示资产价格突变时上涨的概率, α_1, α_2 分别表示上跃和下跌的参数, $\alpha_1 > 0, \alpha_2 > 0$.

对于由 (2.27) 描述的**双指数跳扩散模型**, 其资产价格的取样与 Merton 跳扩散类似 (除了 Y 的取样不同), 故省略.

有关随机数取样更多的方法, 可以参见文献 [3] 和 [4].

习　题　2

1. 设 $a = c = x_0 = 7, m = 10$, 利用混合同余发生器:

$$\begin{cases} x_n = ax_{n-1} + c \pmod{m}, \\ u_n = \dfrac{x_n}{m}, \end{cases}$$

生成序列 $\{x_n\}, \{u_n\}$, 并求出周期.

2. 接上题, 若参数改为 $a = 5, c = 3, x_0 = 7$, m 不变, 则混合同余发生器的周期为多少?

3. 设 $X_1, X_2, \cdots, X_n$ 为 n 个相互独立的标准正态分布样本, $X_i \sim \mathcal{N}(0,1)$. 求卡方分布

$$\chi^2(n) = \sum_{i=1}^{n} X_i^2$$

的概率密度函数, 并利用上式生成 $\chi^2(n)$ 的前 10 个随机数 (取 $n = 4$).

4. 设 $X_1, X_2, \cdots, X_n$ 为 n 个相互独立的均匀分布, $X_i \sim U(0,1)$. 证明顺序统计量 $X_{(1)}, X_{(2)}, \cdots, X_{(n)}$ 中任意的 $X_{(l)}$ $(1 \leqslant l \leqslant n)$ 的概率密度为

$$f_l(x) = \begin{cases} \dfrac{n!}{(l-1)!(n-l)!} x^{l-1}(1-x)^{n-l}, & 0 < x < 1, \\ 0, & \text{其他.} \end{cases}$$

并由此编程生成贝塔 (Beta) 分布 $\beta(l, n+1-l)$ 的前 10 个随机数 (取 $n = 3$, $l = 2$).

5. 设 $p(z)$ 为半正态分布的概率密度函数:

$$p(z) = \begin{cases} \sqrt{\dfrac{2}{\pi}}\mathrm{e}^{-\frac{z^2}{2}}, & z \geqslant 0, \\ 0, & z < 0. \end{cases}$$

按照接受-舍去法给出生成半正态分布样本的算法,

$$p(z) = L h(z) f(z),$$

$L = \dfrac{1}{\theta}\mathrm{e}^{\frac{1}{2}\theta^2}\sqrt{\dfrac{2}{\pi}}$, $h(z) = \mathrm{e}^{-\frac{1}{2}(z-\theta)^2}$, $f(z) = \theta\mathrm{e}^{-\theta z}$. 求 θ 的值, 使得接受-舍去法的取样效率 p_0 达到最大.

(提示: 效率比 $p_0(\theta) = \sqrt{\dfrac{2}{\pi}}\theta\mathrm{e}^{-\frac{1}{2}\theta^2}, 0 \leqslant \theta \leqslant 1$. 当 $\theta = 1$ 时取得最大值.)

6. 利用反函数方法, 设计**韦布尔 (Weibull) 分布**的取样算法, 其概率密度函数为

$$f(x) = \begin{cases} \dfrac{m}{a} x^{m-1}\mathrm{e}^{-\frac{1}{a}x^m}, & x \geqslant 0, \\ 0, & x < 0, \end{cases}$$

其中参数 $a, m > 0$.

(提示: Weibull 分布的分布函数 $F(x) = 1 - \mathrm{e}^{-\frac{1}{a}x^m}, x > 0$.)

7. 设 R_1, R_2 为 $(0,1)$ 上相互独立的均匀分布, $R_i \sim U(0,1)$ $(i = 1,2)$. 设计接受-舍去法如下:

(1) 生成 R_1, R_2 的独立取样样本;

(2) 令

$$\begin{cases} V_1 = 2R_1 - 1, \\ V_2 = 2R_2 - 1. \end{cases}$$

生成相应的 V_1, V_2 样本;

(3) 若 $W := V_1^2 + V_2^2 \leqslant 1$, 则令 $Z = \sqrt{\dfrac{-2\ln W}{W}}$, 否则舍去, 从第 (1) 步开始重新取样.

证明: $X := V_1 Z, Y := V_2 Z$ 为相互独立的标准正态分布.

(提示: 第一步先证明 V_1, V_2 为 $(-1,1)$ 上相互独立的均匀分布, 第二步再利用条件概率公式 $\mathbb{P}\{A|B\} = \dfrac{\mathbb{P}\{AB\}}{\mathbb{P}\{B\}}$, 证明:

$$\mathbb{P}\{X = V_1 Z \leqslant x,\ Y = V_2 Z \leqslant y \mid V_1^2 + V_2^2 \leqslant 1\} = \frac{1}{2\pi} \int_{-\infty}^{x} \int_{-\infty}^{y} e^{-\frac{1}{2}(V_1^2 + V_2^2)} dV_1 dV_2.$$

此题的接受-舍去法避免了较复杂的三角函数运算, 代之为对数与指数函数运算, 实际生成随机数的速度较例题的方法稍快.)

8. 证明随机向量的接受-舍去法得到的 X 样本服从概率密度为 $f(x_1, x_2, \cdots, x_d)$ 的分布, 且取样效率 p_0 为

$$p_0 = \left(f_0 \prod_{i=1}^{d} (b_i - a_i) \right)^{-1}.$$

9. 证明 d 维正态随机向量 X 的期望向量为 μ, 协方差矩阵为 Σ. 其中 X 的概率密度函数为

$$f(x) = \frac{1}{(2\pi)^{n/2} |\Sigma|^{1/2}} \exp\left[-\frac{1}{2}(x - \mu)^T \Sigma^{-1}(x - \mu) \right].$$

$X = (X_1, X_2, \cdots, X_d)^T$, $\mu = (\mu_1, \mu_2, \cdots, \mu_d)^T$, $\Sigma = (\sigma_{ij})_{d \times d}$.

10. 设资产价格过程:
$$S_t = S_0 e^{(\mu - \frac{1}{2}\sigma^2)t + \sigma W_t}.$$
证明: S_t 的数学期望 $\mathbb{E}[S_t]$ 以及方差 $\mathrm{Var}[S_t]$ 分别为

$$\mathbb{E}[S_t] = S_0 e^{\mu t}, \quad \mathrm{Var}[S_t] = S_0^2 e^{2\mu t}(e^{\sigma^2 t} - 1).$$

11. 设股票价格 $S(t)$ 满足如下的 Merton 跳扩散模型:

$$\frac{\mathrm{d}S(t)}{S(t)} = \mu \mathrm{d}t + \sigma \mathrm{d}W_t + \mathrm{d}J_t,$$

其中 $\mu, \sigma > 0$ 为常数, W_t 为标准布朗运动, J_t 表示强度为 λ 的复合泊松过程, 且与布朗运动 W_t 相互独立. 跳发生的幅度 Y 服从分布:

$$\ln Y \sim \mathcal{N}(\mu_J, \sigma_J^2).$$

(1) 推导股票价格 $S(t)$ 的表达式, 并计算数学期望 $\mathbb{E}[S(t)]$;
(2) 若市场为风险中性, 即
$$\mathbb{E}[S(t)] = S(0) e^{rt},$$
求模型参数 $\mu, \mu_J, \sigma_J, \lambda$ 之间的关系;
(3) 设期权的敲定价格为 K, 推导欧式看涨期权 V 的价格公式.

第 3 章　金融衍生物定价的蒙特卡罗方法与方差减小技术

本章先介绍金融市场的各种衍生品, 然后在第 2 章资产价格取样方法的基础上, 根据衍生品收益函数的特点, 分别建立了收益仅与合约期末有关及收益与路径有关衍生品定价的蒙特卡罗方法, 债券期权以及随机利率环境下的金融衍生品定价的蒙特卡罗方法. 尽管信用债券属于固定收益类产品, 但是由于其模拟过程与前几类产品相似, 因此这里也作了介绍. 最后再介绍几种常见的蒙特卡罗方差减小技术: 控制变量方法、对偶方法、重点取样方法以及条件取样蒙特卡罗方法, 以便提高蒙特卡罗模拟的精度.

3.1　金融衍生品介绍

1. 标的资产分类

广义上讲, 金融市场中的**标的资产** (underlying asset) 是指在金融合约中所涉及的基础资产. 标的资产可以在市场中进行交易, 也有不能直接进行交易的. 标的资产主要有股票、债券、货币市场工具等, 其类型主要有以下几种.

1) 权益类标的资产

股票 (stock): 是股份公司发行的所有权凭证, 代表着对公司的部分所有权. 股票价格的波动受到公司业绩、宏观经济环境、行业发展趋势等多种因素的影响.

基金份额: 由基金公司发行, 代表着投资者对一篮子资产的所有权.

2) 固定收益类标的资产

债券 (bond): 是发行人向投资者发行的一种债务凭证. 通常有固定的票面利率和到期日. 债券的收益相对较为稳定, 风险较低.

票据 (bill/note): 包括商业票据和银行承兑汇票等. 是一种短期的债务工具, 通常用于企业的短期融资.

3) 商品类标的资产

农产品: 如小麦、玉米、大豆等. 其价格受到天气、种植面积、市场需求等因素的影响.

能源产品: 如石油、天然气、煤炭等. 其价格受到全球经济增长、地缘政治局势、供需关系等因素的影响.

金属产品: 如黄金、白银、铜等. 其价格受到全球经济形势、货币政策、市场避险情绪等因素的影响.

4) 货币类标的资产

外汇: 不同国家货币之间的兑换比率. 外汇价格的波动受到各国经济状况、利率政策、国际贸易等因素的影响.

5) 其他标的资产

房地产: 包括住宅、商业地产、工业地产等. 房地产价格受到地理位置、市场供需关系、宏观经济政策等因素的影响.

知识产权: 如专利、商标、版权等, 也可以作为金融创新产品的标的资产.

2. 金融衍生品分类

金融衍生品 (financial derivative), 也称**金融衍生工具**, 是指从标的资产的合约中派生出来的金融工具, 其价值依赖于更基本的标的资产价格. 这些合约的价值取决于标的资产的价格变动. 金融衍生品的主要目的是在未来对冲风险或进行投机.

金融衍生品包括**远期** (forward)、**期货** (future)、**期权** (option) 和**互换** (swap) 四大类, 是一种利用杠杆效应进行投资的方式, 既可以用于投机, 也可以用于风险管理. 市场中常见的金融衍生品有**远期合约** (forward contract)、**股指期货** (stock index future)、**国债期货** (treasury bond future)、**股票期权** (stock option)、**利率互换** (interest rate swap) 等.

金融衍生品市场是资本市场的重要组成部分. 近年来, 由于场外交易的便捷性和规则的相对简单, 场外交易逐渐成为衍生品交易的主要形式. 目前较为普遍的场外金融衍生品合约有**金融远期** (financial forward)、**金融期货** (financial future)、**金融期权** (financial option)、**金融互换** (financial swap) **和信用衍生品** (credit derivative) 等.

金融衍生品具有跨期性、杠杆性、联动性和高风险性等特点. 跨期性指其是交易双方通过对利率、汇率、股价等因素变动趋势的预测, 约定在未来某一时间按照一定条件进行交易的合约. 杠杆性使得交易者承担的风险与损失成倍放大. 联动性指衍生品的价值与合约标的资产价值紧密相关. 高风险性则是由于基础产品价格多变, 交易者预测和判断的准确程度在衍生品交易中通过杠杆效应会被放大.

金融衍生品在金融市场中发挥着重要作用, 如风险转移、价格发现、增强市场流动性、有助于资本形成等. 但同时, 金融衍生品交易也伴随着市场风险、信用风险、操作风险、法律风险等多种风险. 投资者在参与金融衍生品交易时应谨慎对待, 充分了解相关风险, 并根据自身风险承受能力进行投资.

下面将从数学模型和定价的视角, 分别介绍欧式衍生品、路径依赖衍生品、美式衍生品及其定价方法.

3.1.1 欧式衍生品

欧式衍生品 (European-style derivatives, 或称为**简单衍生品**) 是金融衍生品的一种类型, 是指其权利或义务的履行只能在特定的到期日进行, 在到期日之前不能行使. 例如欧式期权, 只有在到期日当天, 期权持有者才能决定是否行使权利.

1. 欧式衍生品具有的特点

1) 明确的到期日

欧式衍生品具有确定的到期时间点, 这使得交易双方能够在事前明确知道何时需要履行相应的权利和义务. 这有助于投资者进行更精确的风险管理和投资规划.

2) 权利行使限制

在到期日之前, 持有者不能行使权利. 这种限制一方面使得欧式衍生品的价格计算相对简单, 另一方面也可能限制了投资者在某些市场情况下及时调整投资策略的灵活性.

3) 价格特征

欧式衍生品的价格通常受到标的资产价格、执行价格、到期时间、无风险利率、标的资产波动率等因素的影响. 由于其只能在到期日行使权利, 价格的不确定性相对较小.

2. 常见的欧式衍生品类型

1) 欧式期权

分为**欧式看涨期权** (European call option) 和**欧式看跌期权** (European put option). 看涨期权赋予持有者在到期日以特定价格购买标的资产的权利, 看跌期权则赋予持有者在到期日以特定价格出售标的资产的权利. 欧式期权广泛应用于金融市场, 投资者可以利用它们进行套期保值、投机或风险管理.

2) 欧式互换

例如**利率互换** (interest rate swap), 交易双方在合约开始时确定固定利率和浮动利率的支付方式, 并在到期日进行最终的结算. 欧式互换通常用于管理利率风险和进行融资安排.

3. 欧式衍生品应用场景

1) 风险管理

企业可以利用欧式衍生品来对冲汇率风险、利率风险和商品价格风险等. 例如, 进出口企业可以买入欧式看跌期权来锁定未来外汇收入或支出的汇率, 避免汇率波动带来的损失.

2) 投资组合管理

投资者可以将欧式衍生品纳入投资组合中, 以增加收益或降低风险. 例如, 投资者可以买入欧式看涨期权来参与股票市场的上涨, 同时通过控制期权的成本来限制风险.

3) 融资和套利

金融机构可以利用欧式衍生品进行融资安排和套利交易. 例如, 通过发行欧式可转换债券, 企业可以以较低的成本融资, 同时投资者也有机会在股票价格上涨时获得更高的收益.

3.1.2　路径依赖衍生品

路径依赖衍生品 (path-dependent derivative) 是一类特殊的金融衍生品, 其价值取决于标的资产价格在一段特定时间段内所走过的路径. 这与传统的衍生品 (如欧式期权只取决于到期日标的资产价格) 有很大不同.

1. 路径依赖衍生品的特点

(1) 复杂性: 由于其价值取决于价格路径, 计算和分析起来通常比传统衍生品更为复杂.

(2) 多样性: 可以根据不同的路径依赖特征, 设计出多种不同类型的衍生品, 满足不同投资者的需求.

2. 路径依赖衍生品的常见类型

(1) **亚式期权** (Asian option): 亚式期权的价值取决于标的资产在一段时间内的平均价格. 例如, 平均价格看涨期权在到期时, 如果标的资产的平均价格高于执行价格, 期权持有者就可以获得收益.

亚式期权有以下特点: 亚式期权可以减少价格波动的影响, 因为它考虑的是一段时间内的平均价格, 而不是某一特定时刻的价格. 这使得亚式期权对于那些希望避免短期价格波动风险的投资者具有吸引力.

(2) **回望期权** (lookback option): 回望期权的价值取决于标的资产在一段时间内的最高或最低价格. 例如, 回望看涨期权在到期时, 如果标的资产的最终价格高于过去一段时间内的最低价格, 回望期权期权持有者就可以获得收益.

回望期权具有以下特点: 给予投资者在回顾过去价格走势时的优势, 对于那些认为市场可能出现大幅波动但不确定何时发生的投资者来说, 回望期权提供了一种潜在的获利机会.

3. 路径依赖衍生品的应用场景

(1) 风险管理: 企业可以利用路径依赖衍生品来管理其面临的价格风险. 例如, 一家进口企业可能担心未来汇率的波动, 可以购买亚式期权来锁定一段时间内的平均汇率, 从而降低汇率风险.

对于商品生产商来说, 回望期权可以帮助他们在商品价格出现大幅波动时获得保护. 如果商品价格在一段时间内达到了较高的水平, 回望看跌期权可以为生产商提供一个保底价格, 确保他们在价格下跌时仍能获得一定的收益.

(2) 投资组合优化: 投资者可以将路径依赖衍生品纳入投资组合中, 以增加收益或降低风险. 例如, 亚式期权可以提供一种相对稳定的投资工具, 因为其价值取决于平均价格, 而不是单一时刻的价格波动.

回望期权可以为投资组合增加一些潜在的高收益机会, 同时也可以作为一种对冲工具, 在市场出现大幅波动时保护投资组合的价值.

(3) 投机交易: 对于那些善于分析市场走势和价格路径的投机者来说, 路径依赖衍生品提供了更多的交易机会. 他们可以通过预测标的资产价格的路径来买卖路径依赖衍生品, 以获取高额利润. 例如, 投机者可能认为某一股票价格在未来一段时间内会在一定范围内波动, 从而购买亚式期权进行投机交易. 如果他们的预测正确, 就可以获得收益.

4. 路径依赖衍生品有以下的不足之处

首先由于路径依赖衍生品的价值取决于价格路径, 其定价通常比传统衍生品更为复杂. 这需要使用更高级的数学模型和计算方法, 增加了定价的难度和不确定性. 其次相对传统衍生品, 路径依赖衍生品的市场流动性可能较低. 这意味着投资者在买卖路径依赖衍生品时可能面临较大的交易成本和价格波动风险.

3.1.3 美式衍生品

美式衍生品 (American-style derivative) 是金融衍生品的一种类型, 指其权利或义务可以在到期日之前的任何时间行使. 例如美式期权, 持有者可以在期权有效期内的任何时间决定是否行使权利.

1. 美式衍生品的特点

(1) 行使时间灵活: 美式衍生品给予持有者更大的灵活性, 因为他们可以在到期日之前的任何时间根据市场情况和自身需求决定是否行使权利. 这种灵活性使得美式衍生品在某些情况下更具价值.

(2) 价格特征: 由于行使时间的灵活性, 美式衍生品的价格通常比欧式衍生品更高. 这是因为持有者可以在更广泛的时间范围内选择行使权利, 从而增加了获得高收益的机会.

(3) 风险与收益权衡: 虽然美式衍生品提供了更多的灵活性, 但也带来了更高的风险. 持有者需要在不同的时间点评估是否行使权利, 这需要对市场走势有更准确的判断. 如果判断错误, 可能会导致损失.

美式衍生品同样可以进行风险管理、投资组合管理以及融资和套利.

2. 常见的美式衍生品类型

(1) **美式期权** (American option): 分为美式看涨期权和美式看跌期权. 持有者可以在期权有效期内的任何时间以特定价格购买或出售标的资产. 美式期权广泛应用于金融市场, 投资者可以利用它们进行套期保值、投机或风险管理. 例如, 投资者可以买入美式看涨期权来参与股票市场的上涨, 同时在市场走势不利时可以选择不行使权利, 以控制损失.

(2) **美式互换** (American-style swap): 与欧式互换类似, 但持有者可以在互换合约有效期内的任何时间提前终止合约或进行调整. 美式互换通常用于管理利率风险、汇率风险和信用风险等. 例如, 一家企业可以通过签订美式利率互换合约, 在市场利率下降时提前终止合约, 以降低借款成本.

3.1.4　金融衍生品的定价方法

金融衍生品的定价方法主要有以下几种.

1. 无套利定价法

无套利定价法的原理是基于 "一价定律", 即在无套利机会的市场中, 如果既没有现金的流进, 也没有现金的流出, 如果两个资产组合在未来的现金流相同, 那么它们现在的价格也应该相同.

通过构建一个与金融衍生品具有相同未来现金流的资产组合, 然后根据无套利原则确定衍生品的价格. 举例来说, 对于欧式期权, 可以构建一个由标的资产和无风险债券组成的资产组合, 使得该组合在期权到期日的价值与期权的价值相同. 然后根据无风险利率和标的资产的价格, 利用风险中性定价原理确定期权的当前价格.

2. 风险中性定价法

风险中性定价法基本原理是假设所有投资者都是风险中性的, 即投资者对风险不要求额外的回报. 在风险中性世界中, 资产的预期收益率等于无风险利率.

通过计算金融衍生品在风险中性世界中的预期收益, 然后以无风险利率进行贴现, 得到衍生品的当前价格. 例如对于欧式看涨期权, 假设标的资产价格服从几何布朗运动, 在风险中性世界中, 首先标的资产的预期收益率为无风险利率, 其次通过计算期望值, 可以得到期权在到期日的预期价值, 然后以无风险利率进行贴现, 即得到期权的当前价格 (设当前为零时刻) 为

$$V = \mathrm{e}^{-rT}\, \mathbb{E}\left[\max(S(T) - K, 0)\right]. \tag{3.1}$$

除此以外, 通过对冲原理, 建立各种头寸的线性组合, 然后在市场有效的条件下, 利用风险中性原理, 就可得到衍生品满足的偏微分方程, 最后通过偏微分方程的各种求解技巧, 或者有限差分方法、有限元及蒙特卡罗等数值方法得到衍生品的价格.

3. 二叉树定价法

二叉树定价法 (binomial pricing method)(也称为**二叉树方法**) 是一种离散时间的定价方法. 基本原理是将时间划分为多个小的时间段, 在每个时间段内, 标的资产的未来价格只有两种可能的变化: 上涨或下跌. 通过构建二叉树模型, 逐步计算衍生品在每个节点的价值, 最终得到衍生品的当前价格. 例如对于欧式期权, 首先确定标的资产价格在每个时间段的上涨和下跌幅度, 然后根据期权的到期日和执行价格, 逐步计算期权在二叉树各个价格节点的价值. 最后通过反向递推, 从到期日的节点逐步推回到当前时间点, 得到期权的当前价格.

4. 有限差分方法

有限差分方法 (finite difference method) 可以看成是二叉树方法的拓展, 提供比二叉树方法更灵活的计算格式, 达到更高效的目的. 尽管有限差分方法的思路是建立在偏微分方程的离散格式而来的, 与二叉树方法建立的出发点不同, 但是两者的表达形式比较相似.

5. 蒙特卡罗方法

蒙特卡罗方法 (Monte Carlo method) 也称为**蒙特卡罗模拟法**, 是一种基于随机模拟的定价方法. 基本原理是通过随机生成大量的标的资产价格路径, 然后计算金融衍生品在每条路径上的价值. 最后对所有路径上的价值进行平均, 得到衍生品的预期价值, 再进行贴现, 得到衍生品的当前价格.

这些定价方法各有优缺点, 在实际应用中, 需要根据金融衍生品的特点和市场情况选择合适的定价方法. 同时, 由于金融市场的复杂性和不确定性, 定价结果可能存在一定的误差.

3.2 欧式期权定价的蒙特卡罗方法

3.2.1 欧式期权介绍

欧式期权 (European option) 是指买入期权的一方必须在期权到期日当天才能买入或者卖出行使的期权. 与美式期权不同, 欧式期权的持有人只能在到期日这一特定时间行使权利, 而美式期权可以在到期日之前的任何时间行使.

如果在到期日, 标的资产的市场价格对期权买方有利, 买方就会选择行使期权, 获得相应的收益; 如果不利, 买方可以选择不行使期权, 损失仅限于购买期权时支付的期权金.

可以利用欧式期权来对冲汇率、商品价格等风险. 例如, 一家进口企业预计未来要支付一定数量的外币货款, 可以买入相应的欧式外汇期权, 以锁定未来的支付成本.

期权也可以进行投资组合管理: 投资者可以将欧式期权作为投资组合的一部分, 以增加收益或降低风险. 例如, 投资者可以买入股票的欧式看涨期权, 在股票价格上涨时获得更高的收益, 同时在股票价格下跌时损失仅限于期权金.

金融机构可以设计和发行各种欧式期权产品, 满足不同客户的投资需求. 例如, 银行可以推出与黄金价格挂钩的欧式期权理财产品, 为投资者提供更多的投资选择.

欧式期权的优点: 首先是确定性较高. 由于只能在到期日行使权利, 欧式期权的价格相对更容易预测和计算, 为投资者提供了一定的确定性. 其次与美式期权相比, 欧式期权的交易成本通常较低, 因为其灵活性较低, 对期权卖方的风险相对较小.

欧式期权缺点: 首先缺乏灵活性. 欧式期权的持有人只能在到期日行使权利, 不能在到期日之前根据市场情况调整投资策略. 其次可能错过有利时机. 如果在到期日之前标的资产的市场价格已经出现了对期权买方有利的变化, 但买方只能在到期日行使权利, 就可能错过有利的交易时机.

3.2.2　欧式期权定价的蒙特卡罗方法

欧式期权定价的蒙特卡罗方法的是在大数定律的保证下, 通过模拟资产在合约到期日价格来计算期权价格的近似方法. 基本思路是通过模拟标的资产价格的随机路径, 来估计期权在到期日的收益平均值, 进而确定期权的当前价格. 其核心思想是基于风险中性定价原理, 即在风险中性世界中, 所有资产的预期收益率都等于无风险利率. 对于欧式期权, 在风险中性条件下, 期权的当前价格如 (3.1) 式表示的, 等于其未来收益的预期值以无风险利率贴现后的现值. 蒙特卡罗方法可以通过增加模拟次数来提高定价的精确性.

下面介绍蒙特卡罗方法的具体步骤.

1. 模拟标的资产价格路径

首先确定标的资产价格的模型, 为简单起见假设标的资产价格在风险中性下服从几何布朗运动, 即标的资产价格满足随机微分方程:

$$dS(t) = rS(t)dt + \sigma S(t)dW_t, \tag{3.2}$$

其中 $S(t)$ 表示标的资产价格, r 是无风险利率, σ 是波动率, W_t 是标准布朗运动.

令 $f(S) = \ln S$, 则 $f'(S) = \dfrac{1}{S}$, $f''(S) = -\dfrac{1}{S^2}$, 从而由 1.4.5 小节的伊藤公式并利用 (3.2) 式, 可得

$$\mathrm{d}\ln S(t) = \left(r - \frac{1}{2}\sigma^2\right)\mathrm{d}t + \sigma\mathrm{d}W_t.$$

最后从 0 到 T 积分, 即得随机微分方程 (3.2) 的解为

$$S(T) = S(0)\exp\left[\left(r - \frac{\sigma^2}{2}\right)T + \sigma W_T\right], \tag{3.3}$$

利用第 2 章有关的随机数生成器产生大量的 $W_T = \sqrt{T}\,Z$ 的样本 (Z 为标准正态分布), 即可模拟出标的资产在期权有效期末 T 的价格样本.

2. 计算期权在每个样本上的收益

对于看涨期权, 在到期日每条价格路径上的收益为

$$\max(S^{(j)}(T) - K, 0),$$

其中 T 是期权到期时间, K 是期权执行价格, $S^{(j)}(T)$ 是到期日标的资产价格的第 j 条模拟样本值. 对于看跌期权, 收益为 $\max(K - S(T), 0)$.

3. 估计期权价格

将每个样本的收益进行算术平均, 得到期权收益的近似值. 再将这个近似值以无风险利率贴现到当前时刻, 即得到欧式期权的估计价格. 计算公式为

$$\bar{V} = \mathrm{e}^{-rT}\frac{1}{N}\sum_{j=1}^{N}V^{(j)} = \mathrm{e}^{-rT}\frac{1}{N}\sum_{j=1}^{N}(S^{(j)}(T) - K)^+,$$

其中 $\bar{V}$ 是欧式看涨期权价格的近似, N 是模拟样本数, $V^{(j)}$ 是第 j 个样本的期权到期收益.

上面蒙特卡罗求解方法的金融含义为: 设计 N 个资产可能的值 (场景), 然后据此获得 N 个可能的收益值, 最后取算术平均, 即得期权的价值.

若记风险中性下的看涨期权价格由公式 (3.1) 表示, 则由中心极限定理 (1.47), 上述蒙特卡罗模拟方法的误差在分位数 α 的意义下, 满足误差

$$|\bar{V} - V| < Z_{\alpha/2}\frac{\sigma}{\sqrt{N}}. \tag{3.4}$$

由此可知, 随着模拟次数 N 的增加, 样本平均收敛到期权价格, 并且是半阶收敛的.

在上述模拟过程中的第 1 步, 由模型可以解析地解出资产价格表达式, 对于欧式期权的定价来说, 只需模拟出资产价格在期末的样本即可. 反之, 如果模型满足一般的**随机微分方程** (stochastic differential equation)

$$\mathrm{d}S(t) = \mu(t, S(t))\mathrm{d}t + \sigma(t, S(t))\mathrm{d}W_t, \quad 0 < t \leqslant T, \tag{3.5}$$

以及初始条件 $S(t_0) = S_0$, 其中 W_t 为一维标准布朗运动, $W(0) = 0$, $\mu(t, x)$ 和 $\sigma(t, x)$ 为给定的确定性函数, 分别称为**漂移项**和**波动项**, 由于一般情况下无法求出资产价格的解析表达式, 上述模拟过程需要利用第 7 章的近似数值方法, 例如欧拉离散方法、Milstein 离散方法, 求出资产价格期末的近似值即可. 值得指出的是, 此时的误差除了与模拟次数 N 有关以外, 还与随机微分方程的离散步长有关.

蒙特卡罗方法的优点是适用性广泛, 可以处理复杂的标的资产价格模型和各种类型的期权, 包括路径依赖期权等复杂衍生品. 容易理解和实现, 也不需要复杂的数学推导. 主要依赖随机模拟技术, 易于并行化编程实现, 也适用于多资产的期权定价问题 (高维计算问题). 通过增加模拟次数来提高蒙特卡罗方法定价的精确性.

蒙特卡罗方法的缺点是计算量较大. 为了获得较为准确的估计结果, 通常需要模拟大量的价格路径, 计算时间较长, 因此蒙特卡罗方法的收敛速度较慢. 与解析方法相比, 基于蒙特卡罗方法的风险管理较复杂.

尽管上述的模拟过程是以欧式看涨 (看跌) 期权为例说明, 其实对多资产的一篮子期权、带跳扩散的 Merton 模型等也是适用的. 只需模拟出不同模型下的资产在期末的价格即可. 对于路径依赖的亚式期权、障碍期权、回望期权等, 只需对模拟过程稍加修改即可 (见下面 "路径依赖期权的蒙特卡罗方法" 一节的内容).

例 3.1　设无风险利率 $r = 0.05$, 欧式看涨期权的到期时间为 1 年, 敲定价格 $K = 110$ 元, 当前的股票价格为 100 元. 分别假设股票波动率为 $\sigma = 0.2$ 及 $\sigma = 0.4$ 两种不同情形, 用蒙特卡罗方法模拟次数分别为 1000, 10000, 100000 的期权价格的近似值. 并与精确值比较相应的误差, 计算结果精确到小数点 4 位.

解　由风险中性下欧式看涨期权定价公式 (3.1) 及几何布朗运动下股票价格 (3.3), 可得

$$\begin{aligned}
V &= \mathrm{e}^{-rt}\mathbb{E}\left[\max(S(T) - K, 0)\right] \\
&= \mathrm{e}^{-rT}\int_{-\infty}^{\infty}\max\left(S(0)\exp\left[\left(r - \frac{\sigma^2}{2}\right)T + \sigma\sqrt{T}x\right] - K, 0\right) \cdot \frac{1}{\sqrt{2\pi}}\mathrm{e}^{-\frac{x^2}{2}}\mathrm{d}x \\
&= S(0)N(d_1) - K\mathrm{e}^{-rT}N(d_2), \tag{3.6}
\end{aligned}$$

其中

$$d_1 = \frac{\ln S(0)/K + (r + \sigma^2/2)T}{\sigma\sqrt{T}}, \quad d_2 = d_1 - \sigma\sqrt{T}.$$

利用给定的参数, 即得如表 3.1 的计算结果, 其中分子为蒙特卡罗计算的期权近似值, 分母为误差.

表 3.1 蒙特卡罗方法计算欧式期权与误差结果

N	1000	10000	100000	精确值
$\sigma = 0.2$	10.4238 / 0.0151	10.4132 / 0.0045	10.4103 / 0.0016	10.4187
$\sigma = 0.4$	18.0789 / 0.0493	18.0476 / 0.0180	18.0370 / 0.0074	18.0296

综上所述, 无论波动率 σ 取 0.2 还是 0.4, 随着模拟次数 N 的增加, 蒙特卡罗方法计算得到的欧式看涨期权价格的近似值越来越接近精确值, 误差逐渐减小 (每一行的分母随着 N 的增加越来越小), 并且期权价格与股票的波动率成正比.

3.3 新型期权定价的蒙特卡罗方法

除了欧式期权以外的期权都称为**新型期权** (exotic option), 包含路径依赖期权 (亚式期权、障碍期权、巴黎期权等)、美式期权、百慕大期权等. 一般地有如下的定义.

路径依赖期权 (path-dependent option) 是指期权价格不仅取决于合约期末标的资产价格, 还受到标的资产价格变化路径的影响.

3.3.1 路径依赖期权的蒙特卡罗方法

路径依赖期权蒙特卡罗方法的思路, 就是根据模型假设的条件模拟出许多条标的价格变化的路径, 然后对每一条路径根据期权合约的条款来计算期权的收益大小. 当资产价格路径足够多时, 收益贴现的算术平均值也就对应了当前期权的近似价格. 在大数定律的保证下, 离散平均逼近随机变量的期望值.

对于路径依赖期权, 蒙特卡罗方法的优势在于能够将多维复杂的问题简单化, 在处理非线性资产价格模型、多资产和具有路径依赖特征的衍生品时表现出色. 例如, 在为亚式期权、回望期权以及随机波动率模型下的期权定价时, 蒙特卡罗方法通过模拟大量可能的股价路径来为期权定价.

与欧式期权的蒙特卡罗方法相比, 路径依赖期权的蒙特卡罗方法不仅仅需要模拟出资产在合约期末的价格, 还需模拟出资产在可能的路径上的价格.

下面分别对几种典型期权或者衍生品叙述其蒙特卡罗模拟方法.

1. 亚式期权的定价的蒙特卡罗方法

亚式期权 (Asian option) 的价值取决于标的资产价格在一段时间内的平均值. 通过蒙特卡罗方法, 可以生成大量的标的资产价格路径, 并计算出每个路径上的平均价格, 进而确定期权的收益. 下面仍然以几何布朗运动模型 (3.2) 为例说明计算过程.

算术平均亚式期权定价的蒙特卡罗方法的具体步骤.

1) 模拟标的资产价格路径在给定时间节点上的值

将时间区间 $[0, T]$ 分成 n 个小时间段 $[t_i, t_{i+1}]$, $t_i = i\dfrac{T}{n}$, $i = 0, 1, \cdots, n-1$, 每个时间段长度为 $\dfrac{T}{n}$. 对于每个模拟路径, 根据几何布朗运动模型, 得到

$$S^{(j)}(t_i) = S^{(j)}(t_{i-1})\exp\left[\left(r - \frac{\sigma^2}{2}\right)\Delta t + \sqrt{\Delta t}\, Z_i^j\right], \tag{3.7}$$

其中 Z_i^j $(i = 1, 2, \cdots, n,\ j = 1, 2, \cdots, N)$ 是相互独立的服从标准正态分布的随机变量. 从而得到标的资产价格路径 $\{S(t_1),\ S(t_2), \cdots, S(t_n)\}$.

2) 计算看涨亚式期权每一条路径的收益

对于每条路径, 计算标的资产在该路径上的平均价格:

$$\bar{S}_A^{(j)} = \frac{1}{n}\sum_{i=1}^{n} S^{(j)}(t_i).$$

3) 估计亚式期权价格

将每个路径的期权收益进行算术平均, 得到收益的近似值. 再将这个近似值以无风险利率贴现到当前时刻, 即得到欧式期权的估计价格. 计算公式为

$$\bar{V}_A = \mathrm{e}^{-rT}\frac{1}{N}\sum_{j=1}^{N}(\bar{S}_A^{(j)} - K)^+,$$

其中 $\bar{V}_A$ 是亚式看涨期权价格的近似, N 是模拟路径数.

为了提高蒙特卡罗方法在亚式期权定价中的效率和精确性, 可以采用一些蒙特卡罗方法的加速技术, 如控制变量法、重点取样方法以及使用低偏差序列的拟蒙特卡罗方法等.

2. 障碍期权定价的蒙特卡罗方法

障碍期权 (barrier option) 是一种特殊类型的路径依赖期权, 其价值取决于标的资产价格在期权有效期内是否达到特定的障碍水平. 具体来说, 障碍期权又可以分敲出和敲入期权.

(1) **敲出期权** (knock-out option): 当标的资产价格达到预先设定的障碍水平时, 期权自动失效. 例如, 向上敲出看涨期权, 若标的资产价格在期权有效期内上涨至特定的障碍价格之上, 该期权就会被敲出, 不再具有价值.

敲出期权的投资者通常预期标的资产价格会在一定范围内波动, 但不希望价格突破某个特定水平时使用.

(2) **敲入期权** (knock-in option): 当标的资产价格达到预先设定的障碍水平时, 期权才开始生效. 例如, 向下敲入看跌期权, 只有当标的资产价格在期权有效期内下跌至特定的障碍水平之下, 该期权才会被敲入并具有价值.

敲入期权适用于投资者认为标的资产价格可能会突破某个特定水平, 从而触发期权生效的情况.

一般来说, 障碍期权的价格比相同标的、相同到期日的普通期权价格更低. 这使得投资者可以以较低的成本参与市场, 同时也为投资者提供了更多的投资策略选择. 障碍期权同样具有高杠杆效应以及管理投资组合的风险.

除了敲出、敲入期权, 市场上还有双向的障碍期权 (同时包含敲出和敲入条款的期权).

与欧式期权相比, 障碍期权的蒙特卡罗方法需要将期权的有效期划分为多个时间节点, 对于每条价格路径的时间节点上, 判断是否触发了障碍水平, 并根据期权的条款计算相应的收益.

障碍期权的蒙特卡罗方法 (以向下敲出看涨期权为例)

1) 模拟标的资产每一条路径的给定时间节点上的价格

同亚式期权, 将整个期权期限 $[0, T]$ 平均分为 n 份, 得到时间节点 $t_i = i\dfrac{T}{n}$ 上的每一条路径相应的标的资产价格 $\{S^{(j)}(t_1),\ S^{(j)}(t_2),\cdots,S^{(j)}(t_n)\}_{j=1,\cdots,N}$.

2) 计算每一条路径的收益值

对于每条路径, 如果标的资产价格在有效期内从未超过障碍水平, 则根据期权类型计算收益. 例如, 对于向下敲出看涨期权, 如果第一步模拟的标的资产价格 $S^j(t_i)$ 均大于障碍值 B, 则本次路径的收益为 $V_B^{(j)} = \max(S^{(j)}(T) - K,\ 0)$; 否则收益为 0.

3) 估算障碍期权的值

同亚式期权, 将第二步得到的每一条路径的收益贴现值平均

$$\bar{V}_A = \mathrm{e}^{-rT} \frac{1}{N} \sum_{j=1}^{N} V_B^{(j)},$$

即得障碍期权的近似值.

3.3.2　美式期权定价的蒙特卡罗方法*

美式期权 (American option) 是一种在到期日前任何时间都可以行使的期权. 由于在每时刻都需要判断当前实施期权是否是最优的, 因此其定价较复杂. 传统的数值方法有二叉树方法 (binomial tree method)、有限差分法 (finite difference method)、蒙特卡罗方法. 前面两种方法在一维或者低维情形下计算效率较高 (将在后面第 4 章讨论). 但是对于多资产和复杂结构的期权定价问题, 蒙特卡罗方法的计算效率可能优于前两者. 美式期权定价的蒙特卡罗方法的代表性工作是基于朗斯塔夫·施瓦茨 (Longstaff-Schwartz) 的最小二乘蒙特卡罗 (least square Monte Carlo, LSM) 方法.

美式期权的定价问题通常可以描述为一个最优停时问题. 在风险中性世界中, 假设多资产价格向量 $S(t)$ 满足如下的随机微分方程 (SDE):

$$\mathrm{d}S(t) = rS(t)\mathrm{d}t + [S(t)][\sigma]\mathrm{d}W_t, \tag{3.8}$$

其中 r 是市场无风险利率, W_t 是 d 维标准布朗运动. $[S(t)]$ 是以 $S(t)$ 为对角元素的对角矩阵, $[\sigma]$ 是波动率矩阵. 为叙述简单起见, 假设 r 和波动率都是常数. 设 $h_t(S(t))$ 是 t 时刻美式期权的贴现收益函数, 比如对于单资产的美式看跌期权, $h_t(S(t)) = \mathrm{e}^{-rt}\max(K - S(t), 0)$. 令 $V_t(S(t))$ 是 t 时刻美式期权的贴现价值, τ 是实施区间 $[0, T]$ 内的一个停时, 则美式期权的定价问题可以描述为寻找最优停时问题:

$$V_0(S_0) = \sup_{\tau \in [0,T]} \mathbb{E}[h_\tau(S(\tau))]. \tag{3.9}$$

除了最优停时描述, 美式期权的定价问题还可以写成其他形式, 如自由边界问题、变分不等式问题、线性互补问题、积分方程问题、偏微分方程的惩罚函数问题等. 具体采用何种形式, 取决于拟选取的数值方法. 如可以采用有限差分、有限元等方法求解变分不等式问题. 而二叉树方法和蒙特卡罗方法则采用动态规划原理来求解最优停时问题.

由于实际问题 (包括多资产、随机利率、随机波动率等情况) 通常维度较高, 此时确定性方法遇到了本质的困难, 蒙特卡罗方法几乎成为唯一可行的办法 (神经网络方法除外). 蒙特卡罗方法简单易行, 不受维度限制, 但是收敛速度慢. 常用于美式期权定价的蒙特卡罗方法有最小二乘、随机网格、随机树以及对偶方法等.

Longstaff-Schwartz[6] 蒙特卡罗方法可以描述如下: ① 首先将美式期权的合约期限分为若干小区间与允许提前实施的时间节点, 此时美式期权近似为所谓的百慕大期权 (Bermudan option), 此期权的价值介于美式期权和欧式期权之间; ② 其次基于资产价格满足的随机微分方程生成大量的标的资产价格路径;

③ 然后在每个可能提前实施的时间点上, 把持有价值看作是下一时刻期权价值关于当前状态的回归, 使用最小二乘回归方法来估计继续持有期权的价值与当前标的资产价格之间的关系; ④ 最后根据回归结果确定最优行使策略以及期权价值. 由于在求解持有价值时, 采用了最小二乘法进行回归, 从而该方法被称为**最小二乘蒙特卡罗法**, 简称 **LSM 方法**. 目前该方法成为定价美式期权的重要范本. 具体步骤如下.

将时间变量 t_i 简记为下标 i, 即 $S(t_i) = S_i$, $h_{t_i} = h_i$, $V_{t_i} = V_i$. 记 $A = [\sigma][\sigma]^{\mathrm{T}}$, 则在假设 (3.8) 下, $S_{i+1} = S_i \mathrm{e}^{(r - \frac{1}{2}\mathrm{diag}(A))\Delta t + [\sigma]\sqrt{\Delta t} Z_i}$, 其中 Z_i 为相互独立的标准正态分布. 美式期权的价值则可通过逐步倒推的方法进行:

$$\begin{cases} V_n(S_n) = h_n(S_n), \\ V_i(S_i) = \max\left(h_i(S_i), \mathbb{E}\left[V_{i+1}(S_{i+1})|S_i\right]\right), & i = n-1, \cdots, 1, 0. \end{cases} \tag{3.10}$$

即首先由美式期权的收益函数确定最后一层 $t = T$ 的期权价值函数:

$$V_n(S_n) = h_n(S_n) = \mathrm{e}^{-rT}(K - S_n)^+,$$

再根据上式依次确定时间 $t = t_{n-1}$, 即 $n-1$ 层期权价值函数 $V_{n-1}(S_{n-1})$, $\cdots$, $V_1(S_1)$, 最后确定初始时刻的期权价值 $V_0(S_0)$. 上式中 $\mathbb{E}\left[V_{i+1}(S_{i+1})|S_i\right]$ 表示第 i 层期权继续持有的价值, 表达式

$$\max\left(h_i(S_i), \mathbb{E}\left[V_{i+1}(S_{i+1})|S_i\right]\right)$$

表示在第 i 个时间节点上, 期权的持有人有权选择继续持有期权或提前实施期权, 并且期权价值和实施策略分别为

$$V_i(S_i) = h_i(S_i), \qquad 若\ h_i(S_i) \geqslant \mathbb{E}\left[V_{i+1}(S_{i+1})|S_i\right],$$
$$V_i(S_i) = \mathbb{E}\left[V_{i+1}(S_{i+1})|S_i\right], \qquad 若\ h_i(S_i) < \mathbb{E}\left[V_{i+1}(S_{i+1})|S_i\right].$$

蒙特卡罗方法利用随机数模拟标的资产的演化过程 (路径), 计算继续持有价值和期权价值. 利用蒙特卡罗定价美式期权通常会得到高偏估计和低偏估计, 高偏是因为在动态规划中利用了未来的信息来决定是否实施[4], 低偏是因为使用了次优的实施准则[7].

为了求出上面递推公式 (3.10) 中的期望表达式 $\mathbb{E}\left[V_{i+1}(S_{i+1})|S_i\right]$, 采用最小二乘方法结合资产价格模拟数据进行. 假设标的资产的个数为 d, $t = t_i$ 时资产状态为 $S_i = x \in \mathbb{R}^d$, 持有价值函数可以写成

$$C_i(x) = \mathbb{E}[V_{i+1}(S_{i+1})|S_i = x], \quad i = n-1, \cdots, 0. \tag{3.11}$$

所谓回归方法即是假设可以用一些基函数 $\psi_k(x) : \mathbb{R}^d \to \mathbb{R}$ 的线性组合

$$\tilde{C}_i(x) = \sum_{k=1}^{m} \beta_{ik} \psi_k(x)$$

作为持有价值 $C_i(x)$ 的近似. 其中基函数 $\psi_k(x)$ 预先给定, 比如说幂函数等, 系数 β_{ik} 待定.

若记 $\beta_i = (\beta_{i1}, \cdots, \beta_{im})^{\mathrm{T}}, \psi = (\psi_1, \cdots, \psi_m)^{\mathrm{T}}$, 将之写成向量形式为

$$C_i(x) \approx \tilde{C}_i(x) = \beta_i^{\mathrm{T}} \psi(x).$$

系数 β_i 可以由回归方法算出, 具体如下: 首先模拟出 Markov 过程 S_i 的 N 条独立路径 $S_0, S_1^{(j)}, \cdots, S_n^{(j)}, j = 1, \cdots, N$ 在到期日期权价值为 $\hat{V}_{nj} = h_n(S_n^{(j)})$. 在 t_{n-1} 时刻, 由 (3.11) 得到持有价值 $C_{n-1}(S_{n-1}^{(j)})$ 的一个近似值为 $\hat{V}_n^{(j)}$. 然后求解下面的最小二乘问题:

$$\min_{\beta_{n-1}} \sum_{j=1}^{N} \left(\hat{V}_n^{(j)} - \beta_{n-1}^{\mathrm{T}} \psi(S_{n-1}^{(j)}) \right)^2, \tag{3.12}$$

得到回归系数 $\hat{\beta}_{n-1}$. 把 $\hat{C}_{n-1,j} = \hat{\beta}_{n-1}^{\mathrm{T}} \psi(S_{n-1}^{(j)})$ 作为持有价值的估计值, 再得期权价值估计值:

$$\hat{V}_{n-1}^{(j)} = \max\{h_{n-1}(S_{n-1}^{(j)}), \hat{C}_{n-1,j}\}.$$

在 $t_{n-2}, \cdots, t_1$ 时刻重复上述过程可得每一层上的回归系数和估计值. 在 t_0 时刻, 最后令 $\hat{C}_0 = \dfrac{1}{N} \sum_{j=1}^{N} \hat{V}_1^{(j)}$, 得到期权价值估计值 $\hat{V}_0 = \max\{h_0(S_0), \hat{C}_0\}$. 这是一个高偏估计[4]. 可以证明当 $N \to \infty$ 时, 估计值是收敛的.

Longstaff 和 Schwartz[6] 改进了该算法, 他们只对具有非零现金流的状态进行回归, 这样更符合实际情形, 并减少了计算量. 具体地, 在 $t_i(i = n-1, \cdots, 1)$ 时刻, 当 $h_i(S_i^{(j)}) = 0$ 时, 继续持有期权, 期权价值估计值为 $\hat{V}_i^{(j)} = \hat{V}_{i+1}^{(j)}$. 当 $h_i(S_i^{(j)}) > 0$ 时, 求解问题

$$\min_{\beta_i} \sum_{j \in \{1,2,\cdots,N \mid h_i(S_i^{(j)}) > 0\}} \left(\hat{V}_{i+1}^{(j)} - \beta_i^{\mathrm{T}} \psi(S_i^{(j)}) \right)^2. \tag{3.13}$$

得到回归系数 $\hat{\beta}_i$, 计算对应节点上的持有价值 $\hat{C}_{ij} = \hat{\beta}_i^{\mathrm{T}} \psi(S_i^{(j)})$, 并使用如下的估计值:

$$\hat{V}_i^{(j)} = \begin{cases} h_i(S_i^{(j)}), & h_i(S_i^{(j)}) \geqslant \hat{C}_{ij}, \\ \hat{V}_{i+1}^{(j)}, & h_i(S_i^{(j)}) < \hat{C}_{ij}. \end{cases} \tag{3.14}$$

Clément 等[7] 说明这是一个低偏估计, 并证明了 LSM 方法的收敛性. 如果不考虑回归方法的计算量, 则 LSM 方法的计算量为 $O(nN)$, 从而可用于求解实施次数较多的美式期权问题.

回归方法的成功依赖于基函数的选取. Longstaff 和 Schwartz 选取了 5—20 个 Laguerre 多项式基函数, 对各种实例的数值试验有力地证明了 LSM 方法的有效性. 为了使得持有价值的线性组合表示更精确, 需要选取更多的基函数. 通常多项式类型的基函数的个数关于问题的维数呈指数增长.

在线性回归过程中, Longstaff 和 Schwartz 采用了最小二乘法, 此外还可以使用加权最小平方, 归一化的最小平方或者广义矩估计方法 (generalized method of moments, GMM) 等.

总结以上计算过程, 算法描述如下:

(1) 将时间区间 $[0, T]$ 离散, 有 $0 = t_0 < t_1 < \cdots < t_n = T$;

(2) 模拟股票价格 $S(t)$ 在时间节点 t_i 处的价格 $S_i^{(j)}$, $j = 1, 2, \cdots, N$ 表示模拟路径的序号, i 表示时间节点;

(3) 从 t_{n-1} 开始, 将每一时间层贴现后的价格作为同一条路径, 上一个对应时间节点的期权样本值, 再使用回归过程或者最小二乘方法, 构造出每一时间层的期权持有价格函数 $C_i(S)$ 和期权价格 $V_i(S_i)$ $(i = n - 1, \cdots, 0)$;

(4) 最后得到初始时刻 $t = 0$, 当股票价格为 S_0 时的期权价格.

注记 3.1 由以上的推导可见, 如果将百慕大期权看成为美式期权的精确值, 则 LSM 方法的误差取决于模拟路径数目 N 及基函数个数 m; 如果将百慕大期权看成为美式期权的近似, 则 LSM 方法的误差取决于路径数 N, 基函数个数以及时间区间 $[0, T]$ 分割数目 n. 另外基函数的选择也会影响模拟效率, 特别在多资产情形, 如果采用普通的多项式作为基函数, 则基函数的个数与资产数 d 是指数关系, 因此会导致所谓的 "维数灾难" 困境. 因此采用与维数无关的基函数势在必行. 例如可以采用径向基函数、高斯基函数等.

例 3.2 考虑一个单资产美式看跌期权. 假设股价服从几何布朗运动, 初始值为 $S_0 = 100$, 波动率为 $\sigma = 0.4$, 没有分红. 市场无风险利率为 $r = 0.06$, 期权敲定价为 $K = 100$, 到期日为 $T = 1$.

解 用离散型的百慕大看跌期权代替美式期权的求解, 在到期日 $T = 1$ 之前, 期权持有人在时刻 $t_i = i/5(i = 0, \cdots, 5)$ 可以实施. 其他参数同上, 计算结果如表 3.2.

表 3.2 美式看跌期权的数值结果

	精确	高偏估计/误差	低偏估计/误差
期权价值	13.1464	13.2224/0.0681	13.1144/0.0669
计算时间 (s)	6.4375	10.7500	10.7500

表 3.2 中二叉树 (精确) 表示对时间层离散 10000 步以作为精确值的参考. 回归方法选取的基函数是 $\{1, x, x^2, x^3, x^4, \max(K - x, 0)\}$, 对 50000 条样本路径使用最小二乘方法回归, 重复 25 次得到高偏估计和低偏估计, 括号中数值分别表示它们的标准差. 随机网格方法采用平均密度函数权重, 高偏估计和低偏估计的样本数分别为 1600, 6400, 再取 25 个网格的平均值作为最后估计值. 显然此时蒙特卡罗模拟比二叉树的计算速度慢.

在以上回归方法的基础上, 近年来还有学者提出了随机树方法和随机网格方法等, 以进一步提高模拟效率.

3.4 利率衍生品定价的蒙特卡罗方法*

3.4.1 利率及期限结构

1. 利率的概念

利率 (interest rate) 是指一定时期内利息额与本金的比率. 它是衡量资金成本和投资收益的重要指标. 在金融市场中, 利率的高低受到多种因素的影响, 如宏观经济状况、货币政策、物价、市场供求关系等. 同时国际利率水平也会对国内利率水平产生影响. 例如当国内利率水平高于国际利率水平时, 外国资本会流入国内, 从而对本国的资本市场及利率水平产生反馈作用; 反之, 国内资本可能流向国外.

2. 利率的意义

利率在金融领域具有极其重要的地位. 它不仅是资金的价格, 更是调节金融市场和宏观经济的重要杠杆.

(1) 对于个人而言, 利率直接影响着储蓄和投资决策. 较高的利率会鼓励人们增加储蓄, 因为能获得更多的利息收益. 比如, 当银行存款利率上升时, 人们可能会将更多的资金存入银行以获取更高的回报. 同时, 利率也影响着个人的借贷成本. 低利率环境下, 购房、购车等贷款的成本降低, 促进了消费和投资.

(2) 在企业层面, 利率影响着融资成本和投资决策. 高利率会增加企业的融资成本, 可能导致企业减少投资和扩张计划. 相反, 低利率则降低了企业的融资门槛, 有助于企业扩大生产、研发创新. 例如, 一家制造企业在利率较低时, 可能更倾向于贷款购置新设备, 以提高生产效率.

(3) 对于金融市场, 利率的变动对债券、股票等资产价格产生重大影响. 利率上升通常导致债券价格下跌, 因为新发行的债券提供了更高的收益率; 而对于股票市场, 利率上升可能增加企业的资金成本, 从而影响企业的盈利预期和股票价格.

(4) 在宏观经济层面, 利率是央行调控经济的重要工具. 当经济过热、通货膨胀率上升时, 央行会提高利率, 收紧信贷, 以抑制经济过度增长. 反之, 当经济衰退、通货紧缩时, 央行会降低利率, 刺激经济复苏.

3. 利率的期限结构

所谓利率的**期限结构** (term structure of interest rate) 是指在某一时间点上, 不同期限资金的收益率与到期期限之间的关系. 它反映了不同期限的资金在市场上的供求状况和风险特征.

按利率的期限结构利率可分为

短期利率 (short-term interest rate): 通常指一年以内的资金借贷利率.

中长期利率 (medium and long-term interest rate): 通常指一年以上的资金借贷利率.

利率的期限结构具有如下的特征解释.

(1) 利率期限结构的形状——向上倾斜

当短期利率低于长期利率时, 利率期限结构呈现向上倾斜的形状 (图 3.1(1)). 这通常表明市场预期未来经济增长和通货膨胀率上升, 或者投资者对长期债券的风险要求更高的回报.

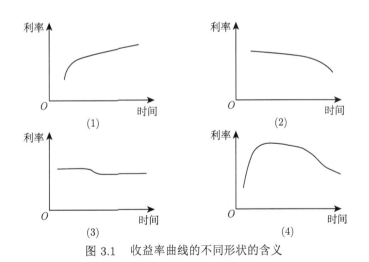

图 3.1   收益率曲线的不同形状的含义

(2) 利率期限结构的形状——向下倾斜

当短期利率高于长期利率时, 利率期限结构呈现向下倾斜的形状 (图 3.1(2)). 这可能意味着市场预期未来经济衰退和通货膨胀率下降, 或者投资者对短期债券的需求增加, 导致短期利率下降.

(3) 利率期限结构的形状——水平形状

当短期利率和长期利率大致相等时, 利率期限结构呈现水平形状 (图 3.1(3)). 这可能是市场对未来经济状况的不确定性较高, 或者投资者对不同期限债券的需求相对平衡.

利率期限结构的预期理论认为, 长期利率是未来短期利率的预期平均值. 如果市场预期未来短期利率上升, 长期利率就会高于短期利率, 利率期限结构向上倾斜; 如果市场预期未来短期利率下降, 长期利率就会低于短期利率, 利率期限结构向下倾斜.

市场分割理论认为, 不同期限的债券市场是相互分割的, 投资者和借款者根据自己的需求和偏好选择不同期限的债券. 长期债券市场的供求关系决定了长期利率, 短期债券市场的供求关系决定了短期利率, 两者之间没有必然的联系.

流动性偏好理论是预期理论和市场分割理论的综合. 该理论认为, 投资者在选择债券时, 不仅考虑预期收益, 还考虑债券的流动性. 由于长期债券的流动性较差, 投资者要求更高的回报, 因此长期利率通常高于短期利率. 同时, 市场预期也会影响利率期限结构, 如果市场预期未来短期利率上升, 长期利率会更高, 利率期限结构向上倾斜.

4. 利率期限结构的应用

(1) 债券定价

利率期限结构是债券定价的重要依据. 通过对不同期限债券的收益率进行分析, 可以确定债券的合理价格.

(2) 投资决策

投资者可以根据利率期限结构来制定投资策略. 例如, 当利率期限结构向上倾斜时, 投资者可以考虑增加长期债券的投资比例, 以获取更高的收益; 当利率期限结构向下倾斜时, 投资者可以考虑增加短期债券的投资比例, 以降低风险.

(3) 货币政策制定

中央银行可以通过观察利率期限结构来判断市场对经济前景的预期, 从而制定相应的货币政策. 例如, 如果利率期限结构向上倾斜, 表明市场预期经济增长和通货膨胀率上升, 中央银行可能会采取紧缩性货币政策; 如果利率期限结构向下倾斜, 表明市场预期经济衰退和通货膨胀率下降, 中央银行可能会采取宽松性货币政策.

总之, 利率的期限结构是金融市场中的一个重要概念, 它反映了不同期限资金的供求关系和风险特征, 对债券定价、投资决策和货币政策制定等方面都具有重要的影响.

3.4.2 利率模型

1. 利率模型的分类

为方便起见, 假设零票息债券 (称为零息票) 到期日 T 时获收益 1 (单位面值). t 时刻的零息票价值用 $B(t,T)$ 表示. 显然 $B(T,T)=1$.

短期利率 若利率为常数, 则 $B(t,T)=\mathrm{e}^{-r(T-t)}$, 从而 $r=-\dfrac{\ln B(t,T)}{T-t}$. 一般地定义

$$R(t,T)=-\frac{1}{T-t}\ln B(t,T)$$

为债券在 $[t,T]$ 内的**平均回报率** (average return rate 或者 internal rate of return), 此时债券价格也可用平均回报率表示:

$$B(t,T)=\mathrm{e}^{-R(t,T)(T-t)}.$$

从上可看出, 零息票 $B(t,T)$ 可看成是现金流从 T 到 t 的贴现因子. 令 $T\to t$, 则有

$$r_t=\lim_{T\to t}R(t,T)=-\frac{1}{B(t,T)}\frac{\partial}{\partial T}B(t,T)\mid_{T=t}$$

称为**短期利率** (short rate) 或**即期点利率** (instantaneous spot rate).

远期利率 远期利率定义为

$$f(t,T_1,T_2)=-\frac{1}{T_2-T_1}\ln\frac{B(t,T_2)}{B(t,T_1)}=-\frac{\ln B(t,T_2)-\ln B(t,T_2)}{T_2-T_1}.$$

易得

$$B(t,T_2)=B(t,T_1)\mathrm{e}^{-f(t,T_1,T_2)(T_2-T_1)},$$

即远期利率 $f(t,T_1,T_2)$ 表示在 t 时刻, 未来 $[T_1,T_2]$ 内的利率水平.

令 $T_2,T_1\to T$ 即得**远期利率** $F(t,T)$:

$$F(t,T)=f(t,T;T)=-\frac{1}{B(t,T)}\frac{\partial}{\partial T}B(t,T),$$

表示 t 时刻, 未来 T 的短期利率. 显然有

$$r_t=F(t,t)=f(t,t,t).$$

市场银行账户 市场银行账户 $M(t)$ 定义为

$$\frac{\mathrm{d}M(t)}{\mathrm{d}t}=r_tM(t),\quad M(0)=1,$$

从而解出

$$M(t) = \exp\left[\int_0^t r_u \mathrm{d}u\right].$$

表示初始时刻 $t=0$ 时为单位值, 在任意 t 时刻的货币市场价值.

2. 利率模型的期限结构

期望理论　利率的期限结构区间 $[t, T]$ 的平均回报率与短期利率有如下关系:

$$R(t, T) = \frac{1}{T-t}\int_t^T \mathbb{E}_t[r_u]\mathrm{d}u. \tag{3.15}$$

在风险中性测度 Q 下, 利率衍生产品的价值为

$$V_t = \mathbb{E}_t^Q\left[\mathrm{e}^{-\int_t^T r_u \mathrm{d}u}h(T)\middle|\ r_t\right]. \tag{3.16}$$

其中 $h(T)$ 表示衍生品的**收益函数** (payoff function), 例如零息债券 (单位面值) 的价值为

$$B(t, T) = \mathbb{E}_t^Q\left[\mathrm{e}^{-\int_t^T r_u \mathrm{d}u}\middle|\ r_t\right]. \tag{3.17}$$

由此可见, 利率模型是用于描述利率随时间变化的数学模型. 在金融领域中, 利率模型对于债券定价、衍生品定价、风险管理等方面都具有重要意义. 常见的短期利率模型有如下几类.

3. 单因子利率模型

Vasicek 模型 (由 O. A. Vasicek 在 1977 年提出)　假设短期利率 r_t 服从均值回复过程:

$$\mathrm{d}r_t = \alpha(\beta - r_t)\mathrm{d}t + \rho\mathrm{d}W_t, \quad \alpha, \beta > 0. \tag{3.18}$$

显然上述随机微分方程可以写成等价形式:

$$\mathrm{d}r_t + \alpha r_t\mathrm{d}t = \alpha\beta\mathrm{d}t + \rho\mathrm{d}W_t,$$

在等式两边同时乘 $\mathrm{e}^{\alpha t}$, 便得

$$\mathrm{d}(\mathrm{e}^{\alpha t}r_t) = \alpha\beta\mathrm{e}^{\alpha t}\mathrm{d}t + \rho\mathrm{e}^{\alpha t}\mathrm{d}W_t,$$

将变量 t 换成 u, 并从 t 到 T 积分, 即可解出随机微分方程 (3.18) 的解

$$r_T = \beta + (r_t - \beta)\mathrm{e}^{-\alpha(T-t)} + \rho\int_t^T \mathrm{e}^{-\alpha(T-u)}\mathrm{d}W_u, \quad t < T,$$

$$\mathbb{E}[r_T|r_t] = \beta + (r_t - \beta)\mathrm{e}^{-\alpha(T-t)}, \quad t < T,$$

$$\mathrm{Var}[r_T \mid r_t] = \frac{\rho^2}{2\alpha}(1 - \mathrm{e}^{-2\alpha(T-t)}). \quad t < T.$$

显然满足

$$\mathbb{E}[r_T|r_t] \longrightarrow \beta, \quad \mathrm{Var}[r_T \mid r_t] \longrightarrow \frac{\rho^2}{2\alpha}, \quad \text{当 } T \longrightarrow \infty,$$

故称 Vasicek 模型为均值回归模型, β 为长期均值. 模型中漂移项 $\alpha(\beta - r_t)$ 具有均值回归特性. 该模型的优点是数学形式简单, 易于计算和分析. 但缺点是假设利率的波动率为常数, 与实际市场情况可能不符.

Cox-Ingersoll-Ross 模型 (由 John Cox, Jonathan Ingersoll 和 Stephen Ross 于 1985 年提出, 简称 CIR 模型)　CIR 模型也假设短期利率服从均值回复过程, 但与 Vasicek 模型不同的是, CIR 模型假设利率的波动率与利率的平方根成正比:

$$\mathrm{d}r_t = \alpha(\beta - r_t)\mathrm{d}t + \rho\sqrt{r_t}\mathrm{d}W_t, \tag{3.19}$$

其中 α, $\beta, \rho > 0$ 为常数, 且满足 Feller 条件: $2\alpha\beta > \rho^2$, 此条件保证如果初始利率 $r_0 > 0$, 则有 $r_t > 0$. 虽然 CIR 模型在一定程度上更符合实际市场情况, 特别是在表示违约风险强度的模型中也有应用, 但该模型的计算复杂度相对较高, 无法解析地求出解的表达式. 此时 r_T 的概率密度为

$$g(r_T|r_t) = C\mathrm{e}^{-u-v}\left(\frac{u}{v}\right)^{q/2} I_q(2(uv)^{1/2}).$$

其中 $C = \dfrac{2\alpha}{\rho^2(1 - \mathrm{e}^{-\alpha(T-t)})}$, $u = Cr_t\mathrm{e}^{-\alpha(T-t)}$, $v = Cr_t$, $q = \dfrac{2\alpha\beta}{\rho^2} - 1$. $I_q(x)$ 为 Bessel 级数型特殊函数, 并且期望和方差分别为

$$\mathbb{E}[r_T|r_t] = r_t\mathrm{e}^{-\alpha(T-t)} + \beta(1 - \mathrm{e}^{-\alpha(T-t)}),$$

$$\mathrm{Var}[r_T|r_t] = r_t\frac{\rho^2}{\alpha}(\mathrm{e}^{-\alpha(T-t)} - \mathrm{e}^{-2\alpha(T-t)}) + \frac{\beta\rho^2}{2\alpha}(1 - \mathrm{e}^{-\alpha(T-t)})^2.$$

显然满足

$$\mathbb{E}[r_T|r_t] \longrightarrow \beta, \quad \mathrm{Var}[r_T \mid r_t] \longrightarrow \frac{\beta\rho^2}{2\alpha}, \quad \text{当 } T \longrightarrow \infty.$$

故 CIR 模型也是均值回归模型, β 为长期均值.

4. 多因子利率模型

多因子随机波动率利率模型 (H. G. Fong 和 O. A. Vasicek 于 1991 年提出)

$$\begin{cases} \mathrm{d}r_t = \alpha(\bar{r} - r_t)\mathrm{d}t + \sqrt{v_t}\mathrm{d}W_r, \\ \mathrm{d}v_t = \gamma(\bar{v} - v_t)\mathrm{d}t + \xi\sqrt{v_t}\mathrm{d}W_v, \end{cases}$$

$\alpha, \bar{r}, \gamma, \bar{v}, \xi$ 为常数, $(\mathrm{d}W_r, \mathrm{d}W_v) = \rho_0\mathrm{d}t$, 相关性系数 $|\rho_0| \leqslant 1$.

　　随机波动率模型是一种用于描述股票价格的模型, 但也可以应用于利率建模. 该模型假设利率的波动率是随机的, 并且与利率水平相关. 该模型在一定程度上能够捕捉到利率市场中的波动率微笑现象, 即利率期权隐含波动率与利率之间呈现出的一种非对称的、类似微笑形状的关系.

　　其他类似的随机波动率模型还有 SABR 模型等, 它假设利率的波动率与利率水平和时间相关. SABR 模型在拟合利率市场数据方面具有较好的效果.

5. 期限结构模型

广义 Hull-White 模型

$$\mathrm{d}r_t = (\phi(t) - \alpha(t)r_t)\mathrm{d}t + \sigma(t)r_t^\beta\mathrm{d}W_t.$$

若 $\beta = 0$, 则为通常的 Hull-White 模型; 特别若 $\beta = 0$, $\phi(t)$, $\alpha(t)$, $\sigma(t)$ 为常数, 即退化为 Vasicek 模型; 若 $\beta = 1/2$, $\phi(t)$, $\alpha(t)$, $\sigma(t)$ 为常数, 即为 CIR 模型; 若 $\alpha(t) = 0$, $\beta = 0$, $\sigma(t) = \sigma$ 为常数, 则为 **Ho-Lee 模型** (1986 年提出的第一个期限结构利率模型) :

$$\mathrm{d}r = \phi(t)\mathrm{d}t + \sigma\mathrm{d}W_t,$$

其中 $\sigma > 0$ 常数, $\phi(t)$ 为待定.

　　可以看到, 上面的 Hull-White 模型或者是简单的 Ho-Lee 模型, 均含有一个待定的函数 $\phi(t)$, 其作用是由此模型, 导出的利率期限结构 $R(t, T)$ (见 (3.15) 式) 可以与债券市场采集得到的期限结构数据保持一致. 因此称此两模型为期限结构模型. 具体步骤如下:

　　(1) 先利用选定的短期利率模型求出零息票价格 $B(t, T)$ 表达式;

　　(2) 其次利用公式 $R(t, T) = -\dfrac{1}{T - t}\ln B(t, T)$, 求出期限结构 $R(t, T)$ 的表达式;

　　(3) 最后将实际市场采集的期限结构 $\hat{R}(t, T)$ 与上述理论期限结构相比较, 再利用最小二乘法, 从而确定待定函数 $\phi(t)$. 最后一步也可看成是一个反问题——利用市场的信息确定待定的函数 $\phi(t)$.

以上短期利率下的债券定价方法将在本章 3.4.3 节讲述.

希思-贾罗-莫顿 (Heath-Jarrow-Morton) 模型 (简称 **HJM 模型**)   HJM 模型是一种无套利框架下的多因素利率模型. 它通过对远期利率的建模, 推导出债券价格和利率衍生品价格的表达式. HJM 模型具有较高的理论价值. 除此以外, 还是基于无套利原理建立的 LIBOR、SHIBOR 市场利率模型. 由于这几类模型较复杂, 实际应用中需要进行大量的数值计算. 这里不作介绍了.

总而言之, 在选择利率模型时, 需要考虑以下几个因素.

(1) 模型的准确性: 模型应该能够准确地描述利率的动态变化, 并且能够较好地拟合历史市场数据.

(2) 计算复杂度: 模型的计算复杂度应该在可接受的范围内, 以便在实际应用中能够快速地进行定价和风险管理.

(3) 模型的可解释性: 模型应该具有一定的可解释性, 以便投资者和风险管理人员能够理解模型的假设和结果.

(4) 市场适用性: 模型应该适用于所研究的市场环境, 并且能够考虑到市场中的特殊因素和约束条件.

以上各种不同的利率模型具有不同的特点和适用范围. 在实际应用中, 需要根据具体情况选择合适的利率模型, 并结合实际市场数据进行验证和调整.

利率模型在金融领域中的应用非常广泛, 主要包括债券定价、利率衍生品定价、风险管理及资产负债管理.

3.4.3 仿射期限结构利率模型与债券定价方法

本节主要介绍国内市场中债券的分类、作用及其面临的风险, 然后在上节短期利率模型的基础上, 建立基于仿射结构下的零息票定价方法, 最后叙述一般债券与零息债券价格的关系.

1. 债券的分类

债券 (bond) 属于固定收益类金融品种, 是发行人向投资者发行的一种债务凭证, 通常由政府、金融机构或企业发行. 债券具有以下特征.

(1) 收益固定: 债券在发行时就确定了票面利率, 投资者可以根据票面利率定期获得固定的利息收入.

(2) 到期还本: 债券在到期时, 发行人会按照约定的本金金额向投资者偿还本金.

(3) 风险相对较低: 因为债券的收益相对稳定, 且在发行人破产清算时, 债券持有者的债权优先于股东权益得到清偿. 因此与股票等权益类金融品种相比, 债券的风险相对较低.

债券根据发行主体进行分类.

(1) 政府债券: 由政府发行, 包括国债、地方政府债券等. 政府债券通常具有较高的信用等级和较低的风险.

(2) 金融债券: 由金融机构发行, 如银行、证券公司等. 金融债券的风险相对较低, 收益也较为稳定.

(3) 公司债券: 由企业发行, 公司债券的风险和收益取决于发行企业的信用状况和经营业绩.

债券按债券期限进行分类.

(1) 短期债券: 期限在一年或一年以内的债券.

(2) 中期债券: 期限在一年以上、十年以下的债券.

(3) 长期债券: 期限在十年或以上的债券.

债券按利息支付方式分类.

(1) 零息债券: 在债券存续期间不支付任何利息, 到期时一次性支付本金.

(2) 附息债券: 在债券存续期间定期支付利息, 到期时偿还本金及最后一次利息.

(3) 息票累积债券: 在债券存续期间不支付利息, 利息累积在债券本金上, 到期时一次性支付本金和利息.

2. 债券的作用与风险

债券在金融市场中的作用主要有以下功能.

(1) 融资功能: 债券是发行人筹集资金的重要方式之一. 发行人通过发行债券, 可以获得长期稳定的资金来源, 满足其投资和经营的需要.

(2) 投资功能: 债券是投资者进行资产配置的重要工具之一. 投资者可以根据自己的风险偏好和投资目标, 选择不同类型的债券进行投资, 以获得稳定的收益.

(3) 宏观调控功能: 政府可以通过发行国债等债券来调节货币供应量和利率水平, 实现宏观经济调控的目标.

总之, 债券作为一种固定收益类金融品种, 具有收益固定、到期还本、相对较低风险等特征, 在金融市场中发挥着重要的融资、投资和宏观调控功能.

影响债券的收益主要有如下因素.

(1) 票面利率: 票面利率越高, 债的利息收益就越高. 票面利率在债券发行时就已确定, 一般由发行人根据市场利率水平、债券期限、信用评级等因素来确定. 例如, 当市场利率较低时, 发行人可能会发行票面利率相对较高的债券以吸引投资者.

(2) 市场利率: 市场利率的变动对债券收益有重要影响. 当市场利率下降时, 债券价格通常会上涨, 投资者可以通过卖出债券获得资本利得, 从而提高整体收益; 反之, 当市场利率上升时, 债券价格可能下跌, 导致资本损失, 降低收益. 比如, 投资者以面值购买了票面利率为 4% 的债券, 若市场利率下降至 3%, 债券价格可能上涨, 此时投资者卖出债券就能获得额外收益.

(3) 债券期限: 一般来说, 债券期限越长, 票面利率通常越高, 以补偿投资者因持有期限较长而面临的更多不确定性风险. 但同时, 长期债券受市场利率波动的影响也更大. 例如, 30 年期的债券可能比 5 年期的债券票面利率高, 但在市场利率上升时, 其价格下跌幅度也可能更大.

(4) 信用评级: 信用评级高的债券通常风险较低, 但收益也相对较低. 信用评级机构会根据发行人的财务状况、偿债能力等因素对债券进行评级. 例如, AAA 级债券的信用风险较低, 票面利率可能相对较低; 而 BBB 级债券信用风险稍高, 可能需要提供较高的票面利率来吸引投资者.

债券的风险主要有如下几个.

(1) 信用风险: 发行人的信用状况是影响信用风险的主要因素. 如果发行人出现财务困难、违约等情况, 投资者可能无法按时获得本金和利息. 例如, 一些经营不善的企业发行的债券可能存在较高的信用风险. 投资者可以通过关注发行人的财务报表、信用评级等信息来评估信用风险.

(2) 利率风险: 如前所述, 市场利率的变动会影响债券价格, 从而带来利率风险. 长期债券的利率风险通常高于短期债券. 例如, 当市场利率上升时, 长期债券价格下跌幅度可能较大, 投资者面临的损失也可能更大.

(3) 流动性风险: 流动性较差的债券在市场上交易不活跃, 投资者可能难以在需要时以合理的价格迅速卖出债券. 一些小众的企业债券或低评级债券可能流动性较差, 而国债等通常具有较高的流动性.

(4) 通货膨胀风险: 如果通货膨胀率上升, 债券的实际收益可能会被侵蚀. 虽然债券有固定的票面利率, 但通货膨胀会降低货币的实际购买力. 例如, 若通货膨胀率为 3%, 而债券票面利率为 4%, 在不考虑其他因素的情况下, 实际收益率仅为 1%.

(5) 再投资风险: 债券到期或提前赎回后, 投资者需要将本金和利息进行再投资. 如果此时市场利率下降, 再投资的收益可能会低于原债券的票面利率, 从而产生再投资风险. 例如, 投资者持有债券到期后, 市场利率从原来的 4% 下降至 3%, 再投资的收益就会降低.

自 1981 年我国财政部恢复发行第一支国债以来, 呈现出规模不断扩大、市场结构日益丰富、发行品种不断丰富、活跃度逐渐提升等特点.

3. 零息票满足的偏微分方程

零息票债券 (zero-coupon bond, 简称**零息票**) 是一种以低于面值的价格发行,在到期时按面值兑付的债券, 其间不支付任何票息. 票息是债券发行人承诺向债券持有人支付的利息, 通常以票面金额的一定比例表示. 为方便起见, 下面先讨论不考虑违约风险以及流通性等风险的零息票价格. 关于可违约债券的问题将在下节讨论.

所谓利率的**仿射期限结构模型** (affine term struction model) 是指其对应的债券有一种的特殊表达式的模型. 下面分别假设短期利率服从 Vasicek 和 CIR 两类仿射期限结构的短期利率模型下讨论零息票的价值.

设短期利率满足随机微分方程

$$\mathrm{d}r_t = u(r_t, t)\mathrm{d}t + \rho(r_t, t)\mathrm{d}W_t,$$

$u(r, t), \rho(r, t)$ 为已知函数, 分别称为短期利率的漂移项与波动率. W_t 为标准布朗运动.

下面推导零息债券价格 $B(r, t; T)$ 满足的方程. 首先利用伊藤公式, 得到

$$\mathrm{d}B = \left(\frac{\partial B}{\partial t} + u\frac{\partial B}{\partial r} + \frac{\rho^2}{2}\frac{\partial^2 B}{\partial r^2}\right)\mathrm{d}t + \rho\frac{\partial B}{\partial r}\mathrm{d}W_t.$$

从而

$$\frac{\mathrm{d}B}{B} = \mu_B(r, t; T)\mathrm{d}t + \sigma_B(r, t; T)\mathrm{d}W_t,$$

其中

$$\mu_B(r, t; T) = \frac{1}{B}\left(\frac{\partial B}{\partial t} + u\frac{\partial B}{\partial r} + \frac{\rho^2}{2}\frac{\partial^2 B}{\partial r^2}\right),$$

$$\sigma_B(r, t; T) = \frac{\rho}{B}\frac{\partial B}{\partial r}.$$

其次利用风险中性条件: $\mu_B(r, t) = r$, 得到 B 满足的偏微分方程

$$\frac{\partial B}{\partial t} + \frac{\rho^2}{2}\frac{\partial^2 B}{\partial r^2} + u\frac{\partial B}{\partial r} - rB = 0. \tag{3.20}$$

下面再利用对冲原理推导一般的无套利条件下债券价格 $B(r, t; T)$ 满足的偏微分方程. 取不同期限 T_1, T_2 的任意利率衍生产品的各一份, 组成投资组合

$$\Pi = V_1 B(r, t; T_1) - V_2 B(r, t; T_2).$$

由上面的推导结果, 易得

$$\mathrm{d}\Pi = [V_1\mu_B(r, t; T_1) - V_2\mu_B(r, t; T_2)]\,\mathrm{d}t + [V_1\sigma_B(r, t; T_1) - V_2\sigma_B(r, t; T_2)]\,\mathrm{d}W_t.$$

若取 $V_1\sigma_B(r,t;T_1)=V_2\sigma_B(r,t;T_2)$, 则 Π 无风险, 并且由无套利原理,

$$\mathrm{d}\Pi=r\Pi\mathrm{d}t.$$

则有

$$V_1\mu_B(r,t;T_1)-V_2\mu_B(r,t;T_2)=r\left(V_1B(r,t;T_1)-V_2B(r,t;T_2)\right),$$

消去 V_1,V_2, 即得

$$\frac{\mu_B(r,t;T_1)-r}{\sigma_B(r,t;T_1)}=\frac{\mu_B(r,t;T_2)-r}{\sigma_B(r,t;T_2)}=\lambda(r,t),$$

$\lambda(r,t)$ 称为市场的风险价格, 表示承担单位风险获得的额外收益率, $\lambda(r,t)$ 与任意债券的期限无关. 最后由

$$\frac{\mu_B(r,t)-r}{\sigma_B(r,t)}=\lambda(r,t)$$

及

$$\mu_B(r,t)=\frac{1}{B}\left(\frac{\partial B}{\partial t}+u\frac{\partial B}{\partial r}+\frac{\rho^2}{2}\frac{\partial^2 B}{\partial r^2}\right)$$

推得

$$\begin{cases}\frac{\partial B}{\partial t}+\frac{\rho^2}{2}\frac{\partial^2 B}{\partial r^2}+(u-\lambda\rho)\frac{\partial B}{\partial r}-rB=0,\quad 0\leqslant t<T,-\infty<r<\infty,\\ B(r,T;T)=1.\end{cases}\quad(3.21)$$

从而可解出 $B(r,t;T)$ (假设 $\lambda(r,t)$ 为已知). 特别在风险中性下, 即风险资产不要求额外的风险收益, 则可取 $\lambda=0$, 上面利用对冲原理推导结果退化为风险中性下推导的偏微分方程模型. 下面的推导均假设市场风险价格 $\lambda(r,t)=0$.

4. 零息票价格的仿射结构解

为求解零息票的价值, 设零息票具有仿射结构解:

$$B(r_t,t;T)=\mathrm{e}^{a(t,T)-b(t,T)r_t}.\quad(3.22)$$

代入 B 满足的偏微分方程 (3.20) 中, 比较关于 r 的系数, 并利用条件 $B(r_T,T;T)=1$, 可得

$$\begin{cases}\frac{\partial a(t,T)}{\partial t}-\left[1+\frac{\partial b(t,T)}{\partial t}\right]r-u(r,t)b(t,T)\\ \qquad+\frac{\rho^2(r,t)}{2}b^2(t,T)=0,\quad 0\leqslant t<T,\\ a(T,T)=b(T,T)=0.\end{cases}\quad(3.23)$$

若 $u(r,t)$ 和 $\rho(r,t)$ 为一般的关于 r,t 的函数, 上述方程无法求出解析形式的 a, b. 若取 u, ρ 为关于 r 的特殊的仿射结构形式:

$$u(r,t) = u_0(t) - u_1(t)r, \quad \rho^2(r,t) = a_0(t) + a_1(t)r,$$

则上面问题 (3.23) 中方程等价于

$$\frac{\partial a(t,T)}{\partial t} - u_0(t)b(t,T) + \frac{a_0^2(t)}{2}b^2(t,T)$$
$$- \left[\frac{\partial b(t,T)}{\partial t} + u_1(t)b(t,T) - \frac{1}{2}a_1(t)b^2(t,T) + 1 \right] r = 0.$$

上式成立的充分必要条件是关于变量 r 常数项和一次项皆为零, 从而问题 (3.23) 等价于:

$$\begin{cases} \dfrac{\partial b(t,T)}{\partial t} + u_1(t)b(t,T) + \dfrac{1}{2}a_1(t)b^2(t,T) + 1 = 0, & b(T,T) = 0, \\ \dfrac{\partial a(t,T)}{\partial t} - u_0(t)b(t,T) + \dfrac{1}{2}a_0^2(t)b^2(t,T) = 0. & a(T,T) = 0, \end{cases} \tag{3.24}$$

上面第一个方程是关于待定函数 b 的非线性 Ricatti 方程, 一般无法求出解析形式的 $b(t,T)$, 从而也无法求出相应的解析形式的 $a(t,T)$. 下面介绍几个可求出解析解的特例.

5. Vasicek 模型下的零息票定价公式

若短期利率 r_t 满足 Vasicek 模型 (3.18), 则由 (3.24), 函数 a, b 满足下列常微分方程组:

$$\begin{cases} \dfrac{\mathrm{d}a}{\mathrm{d}t} - \alpha\beta b + \dfrac{1}{2}\rho^2 b^2 = 0, & t < T, \\ \dfrac{\mathrm{d}b}{\mathrm{d}t} - \alpha b + 1 = 0, & t < T, \end{cases}$$

以及条件 $a(T,T) = b(T,T) = 0$. 可解出 a, b, 再代入 $B(r,t;T)$ 的仿射结构解表达式 (3.22), 即得

$$B(r,t;T) = \exp\left(\frac{1}{\alpha}\left[1 - \mathrm{e}^{-\alpha(T-t)}\right](R_\infty - r) - R_\infty(T-t) - \frac{\rho^2}{4\alpha^2}\left[1 - \mathrm{e}^{-\alpha(T-t)}\right]^2 \right),$$

其中 $R_\infty = \beta - \dfrac{\rho\lambda}{\alpha} - \dfrac{\rho^2}{2\alpha^2}$.

6. CIR 模型的零息票定价公式

若短期利率 r_t 满足 CIR 模型:

$$\mathrm{d}r_t = \alpha(\beta - r_t)\mathrm{d}t + \rho\sqrt{r_t}\mathrm{d}W_t,$$

与 Vasicek 模型下零息票价格的推导类似, 同样可得 CIR 利率模型下零息票的仿射结构解 $B(t,r;T) = \mathrm{e}^{a(t,T)-b(t,T)r_t}$, 其中待定的函数 a,b 应满足下列常微分方程组:

$$
\begin{cases}
\dfrac{\mathrm{d}a}{\mathrm{d}t} - \alpha\beta b = 0, & t < T, \\[2mm]
\dfrac{\mathrm{d}b}{\mathrm{d}t} - (\alpha + \lambda\rho)b - \dfrac{1}{2}\rho^2 b^2 + 1 = 0, & t < T,
\end{cases}
$$

以及条件 $a(T,T) = b(T,T) = 0$. 若取市场风险价格 λ 为常数, 则可解出

$$a(t,T) = \frac{2\alpha}{\beta\rho^2}\ln\left(\frac{2\theta \mathrm{e}^{(\theta+\psi)(T-t)/2}}{(\theta+\psi)[\mathrm{e}^{\theta(T-t)}-1]+2\theta}\right),$$

$$b(t,T) = \frac{\alpha[\mathrm{e}^{\theta(T-t)}-1]}{(\theta+\psi)[\mathrm{e}^{\theta(T-t)}-1]+2\theta},$$

$$\psi = \alpha + \lambda\rho, \quad \theta = \sqrt{\psi^2 + 2\rho^2}.$$

注记 3.2 对于一般的有票息的债券, 在任意 t 时刻的价格 P_t, 可看成由多个不同期限的零息票构成, 因此可得

$$P_t = \sum_{i=1}^{N} C_i B(r,t;T_i) + FB(r,t;T),$$

其中 T_i 表示付票息时间点, C_i 为票息值, T 表示债券期限, F 为债券面值.

3.4.4 利率衍生品定价的蒙特卡罗方法

1. 利率衍生品的定义与分类

利率衍生品 (interest rate derivative) 是指以利率或利率的载体为基础的金融衍生产品. 常见的利率衍生品包括利率期货、利率互换、利率期权、远期利率协议等.

利率期货 (interest rate futures) 是以长期、短期政府债券、货币市场基金或者其他市场整体利率的变化为基础, 确定期货合约到期日价格的期货合约. 例如, 我国陆续推出了 5 年期国债期货、10 年期国债期货和 2 年期国债期货.

利率互换 (interest rate swap) 是利用金融工具在双方间交换现金流, 以达到风险管理、资金投资、成本降低和风险提取等目的的金融衍生品. 支付项和回报一般按固定利率或浮动支付利率进行结算.

利率期权 (interest rate option) 是一种与利率变化挂钩的期权, 用于管理利率风险、进行投机交易、优化资产配置以及寻找套利机会. 投资者可以对冲利率波动带来的风险, 利用市场预期获利, 调整投资组合的风险收益特征, 以及利用市场价格不一致性获取利润.

远期利率 (forward interest rate) 协议是一种远期合约, 买卖双方商定将来一定时间点开始的一定期限的协议利率, 并规定以何种利率为参照利率, 在将来利息起算日, 按规定的协议利率、期限和本金额, 由当事人一方向另一方支付协议利率与参照利率利息差的贴现额.

利率衍生品具有风险对冲、现货替代、久期调整、价格发现等功能, 能够帮助投资者管理利率风险、降低融资成本、优化资产配置等. 我国的利率衍生品市场在近年来发展迅速, 交易日趋活跃. 2023 年, 银行间本币衍生品市场共成交 31.9 万亿元, 其中利率互换共成交 31.5 万亿元, 同比增长 50.2%; 国债期货共成交 52.4 万亿元, 同比增长 12.8%. 同时, 市场参与者队伍不断扩大, 产品体系不断丰富.

2. 利率衍生品定价的蒙特卡罗方法

蒙特卡罗方法是一种基于随机模拟的数值计算方法, 在金融领域中被广泛应用于利率衍生品的定价.

蒙特卡罗方法通过随机模拟利率的未来路径, 然后根据这些路径计算衍生品的预期收益, 并通过贴现得到当前的价格. 其基本思想是利用随机数生成器来模拟利率的不确定性, 从而得到大量可能的利率路径. 对于每个利率路径, 计算衍生品在该路径下的收益, 再贴现到当前时刻, 并对所有路径的收益贴现进行平均, 就得到了衍生品的价格估计.

需要注意的是, 此时的随机利率既与未来的衍生品收益有关, 同时又作为贴现因子出现.

具体步骤如下.

(1) 建立利率模型

首先选择合适的利率模型, 如 Vasicek 模型、Cox-Ingersoll-Ross(CIR) 模型等. 这些模型通常描述了短期利率的动态变化过程, 包括均值回复、波动率等参数. 其次根据历史数据或其他方法估计利率模型的参数.

(2) 生成随机利率路径

使用随机数生成器, 根据利率模型生成大量的随机利率路径. 每条路径代表了一种可能的利率未来走势. 随机路径可以采用多种方法生成, 如**欧拉方法** (Euler method)、**米尔斯坦方法** (Milstein method) 等.

(3) 计算衍生品收益

对于每条利率路径, 根据衍生品的合约条款计算在该路径下的收益. 例如, 对于利率互换, 需要计算固定利率支付与浮动利率支付之间的差额; 对于利率期权, 需要计算期权在不同利率情况下的收益.

(4) 贴现并平均收益

先将每条路径上的衍生品收益按照无风险利率进行贴现, 得到当前时刻的价值. 再对所有路径的贴现后收益进行平均, 得到衍生品的价格的近似值.

类似地, 上面关于利率衍生品的蒙特卡罗方法也可以处理随机利率下期权定价问题. 此时随机因素除了利率以外, 还有标的资产, 而且两者之间存在相关性.

3.4.5 随机利率环境下期权定价的蒙特卡罗方法

在传统的期权定价理论中, 通常假设利率是固定的. 然而在实际金融市场中, 利率是随机波动的. 此时传统的期权定价方法, 如 Black-Scholes 模型, 在随机利率环境下不再适用. 通常随机利率与标的资产价格之间可能还存在相关性. 在无法求出期权解析形式的情形下, 蒙特卡罗方法是一种有效的数值计算方法, 它通过生成大量的随机样本, 模拟标的资产价格和利率的未来路径, 然后根据这些路径计算期权的预期收益, 并通过贴现得到当前的价格. 具体步骤如下:

(1) 选择模型. 选择合适的随机利率模型, 如 Vasicek 模型、CIR 模型等. 这些模型通常描述了短期利率的动态变化过程. 均值回复、波动率等参数可以根据历史数据或其他方法估计.

(2) 生成标的资产价格和利率的随机路径. 使用随机数生成器, 根据标的资产价格模型 (如几何布朗运动) 和随机利率模型, 同时生成大量的标的资产价格和利率的未来路径. 随机路径可以采用欧拉方法、米尔斯坦方法等生成.

(3) 计算期权收益. 对于每条标的资产价格和利率的路径, 根据期权的合约条款计算在该路径下的收益. 例如, 对于欧式看涨期权, 收益为 $\max(S(T) - K, 0)$, 其中 $S(T)$ 是标的资产在到期日的价格, K 是执行价格.

(4) 贴现并平均收益. 将每条路径上的期权收益按照随机利率进行贴现, 得到当前时刻的价值. 再对所有路径的贴现后收益进行平均, 得到期权价值的近似值.

与利率衍生品不同的是, 此时的随机利率仅仅以贴现因子的方式出现的, 但是标的资产的价格往往与利率具有相关性.

下面以 Vasicek 随机利率模型下的欧式看涨期权为例, 说明其蒙特卡罗定价方法. 假设标的资产服从几何布朗运动

$$dS(t) = r_t S(t)dt + \sigma S(t)dW_t^{(1)}, \quad \sigma > 0, \tag{3.25}$$

其中短期利率 r_t 服从 Vasicek 模型:

$$\mathrm{d}r_t = \alpha(\beta - r_t)\mathrm{d}t + \rho\,\mathrm{d}W_t^{(2)}, \quad \alpha, \beta, \rho > 0, \tag{3.26}$$

$W_t^{(1)}$ 和 $W_t^{(2)}$ 满足相关性假设: $(\mathrm{d}W_t^{(1)}, \mathrm{d}W_t^{(2)}) = \rho_0\mathrm{d}t$. 蒙特卡罗方法的计算过程如下.

将时间区间 $[0,\ T]$ 离散: $0 = t_0 < t_1 < \cdots < t_n = T$, $t_i = i\dfrac{T}{n}$. 为了模拟 $\{S(t_i),\ r_{t_i}\}$ 的路径, 首先由几何布朗运动模型 (3.25), 可推出

$$\mathrm{d}\left[\ln S(t)\right] = \left(r_t - \frac{1}{2}\sigma^2\right)\mathrm{d}t + \mathrm{d}W_t^{(1)},$$

从 t_i 到 t_{i+1} 积分, 即得

$$S(t_{i+1}) = S(t_i)\mathrm{e}^{\int_{t_i}^{t_{i+1}}\left(r_t - \frac{\sigma^2}{2}\right)\mathrm{d}t + \sigma\left(W_{t_{i+1}}^{(1)} - W_{t_i}^{(1)}\right)}$$

$$\approx S(t_i)\mathrm{e}^{\left(r_{t_i} - \frac{\sigma^2}{2}\right)\Delta t + \sigma\sqrt{\Delta t}Z_i^{(1)}}. \tag{3.27}$$

同理, 由 Vasicek 模型 (3.26) 式, 可得

$$r_{t_{i+1}} - r_{t_i} = \alpha\int_{t_i}^{t_{i+1}}(\beta - r_t)\mathrm{d}t + \rho(W_{t_{i+1}}^{(2)} - W_{t_i}^{(2)})$$

$$\approx \alpha(\beta - r_{t_i})\Delta t + \rho\sqrt{\Delta t}Z_i^{(2)}. \tag{3.28}$$

由布朗运动 $W_t^{(1)}$ 和 $W_t^{(2)}$ 的相关性假设, 可知标准正态分布 $Z_i^{(1)}, Z_i^{(2)}$ 相关性系数为 ρ_0, 从而由第 2 章可知, 存在与 $Z_i^{(1)}$ 独立的标准正态分布 $\epsilon_i \sim \mathscr{N}(0,1)$, 使得

$$Z_i^{(2)} = \rho_0 Z_i^{(1)} + \sqrt{1 - \rho_0^2}\ \epsilon_i. \tag{3.29}$$

这样便得如下的随机利率下的期权定价的蒙特卡罗方法.

(1) 每一条路径随机数的取样. 从相互独立的标准正态分布 $Z_i^{(1)}$ 和 ϵ_i ($i = 1, 2, \cdots, n$) 中独立地取得样本, 再由 (3.29) 式, 得到 $Z_i^{(1)}$ 和 $Z_i^{(2)}$ 的样本;

(2) 计算标的资产及随机利率每一条路径的样本. 将第 1 步得到 $Z_i^{(1)}$ 和 $Z_i^{(2)}$ 的样本值, 代入表达式 (3.27), (3.28) 两式, 通过迭代法得到样本 $\{S(t_i),\ r_{t_i}\}, i = 1, 2, \cdots, n$;

(3) 计算每一条路径的期权收益的贴现值. 将第 (2) 步得到的每一条资产及利率路径的样本值 $\{S(t_i),\ r_{t_i}\}$, 代入期权的贴现收益中,

$$\mathrm{e}^{-\sum\limits_{i=1}^{n} r_{t_i}\Delta t}\max(S(T) - K,\ 0),$$

再将 N 条路径的贴现收益求平均值, 即得随机利率下期权的近似值.

注记 3.3 需要指出, 关于 Vasicek 模型下的标准欧式期权的定价, 文献 [8] 利用计价单位变换, 引入新的计价单位变量, 得到了解析形式的解. 但对于 CIR 利率模型下的欧式期权, 或者一些具有复杂结构的期权, 一般没有解析解.

3.4.6 可违约债券定价的蒙特卡罗方法

可违约债券 (defaultable bond) 是一种在特定条件下可能发生违约的债券. 当债券发行人出现财务困境或其他违约事件时, 债券持有人可能无法获得全部本金和利息支付. 对可违约债券进行定价需要考虑违约风险. 常见的可违约债券定价模型有结构化模型与约化模型.

结构化模型是从公司资产价值的角度出发来分析债券的违约风险. 假设公司的资产价值遵循一个随机过程, 当公司资产价值低于某一阈值时, 公司发生违约. 代表模型有**默顿** (Merton) **模型**和**首次到达时间模型** (first passage time model).

Merton 模型是最经典的结构化模型. 在该模型中, 公司资产价值被假设为遵循几何布朗运动. 通过求解公司资产价值的随机过程, 可以得到债券在不同时间点的价值以及违约概率. 其优点是能够直观地反映公司资产与债券违约之间的关系. 不足之处是对违约事件假设仅仅在合约期末发生, 而且对一些非上市公司的资产价值难以准确确定. 对于具有复杂的公司资本结构和债券条款债券的处理能力也有限.

首次到达模型的基本想法: 假设债券发行人的资产价值遵循某种随机过程, 通常假设为几何布朗运动. 定义一个违约边界, 当资产价值首次到达该边界时, 即发生违约, 获得债券约定的偿付. 其中关键点: ① 违约边界的设置, 决定了债券何时被视为违约, 通常与公司的负债水平、资产结构等因素有关; ② 违约发生时的偿付.

虽然可违约债券不属于期权类产品, 但由于其定价方式与期权类产品有所类似, 因此下面具体叙述几种典型模型下的蒙特卡罗定价方法.

在首次到达模型中, 违约概率和可违约债券的价格可以通过计算资产价值首次到达违约边界的分布及违约损失率得到. 可以使用解析方法、偏微分方程方法及蒙特卡罗等方法得到.

设公司资产价值为 $S(t)$, B 为给定的阈值, 即当资产价值低于该阈值, 则违约发生, 此时面值为 F 的债券的实际赔付后价值为 $(1-\delta)F$ (也称为按面值赔付, 也可以考虑按现值赔付的模型), 其中 δ 称为**违约损失率**.

如果 t 时刻公司价值为 $S(t)=x$, 引入首次到达时间 (也称为首次违约时间):

$$\tau_D^x = \min\{\, t > 0 \mid S(t) = B,\ S(t) = x > B\,\},$$

则面值为 F 的可违约零息债券的价值可以表示为

$$V(x,t) = \mathbb{E}\left[\mathrm{e}^{-r(T-t)}F \cdot I_{\tau_D^x > T} + (1-\delta)\mathrm{e}^{-r(\tau_D^x - t)}F \cdot I_{\tau_D^x \leqslant T}|S(t) = x\right].$$

上式第一项 $\tau_D^x > T$ 表示在资产价格从 t 到 T 的演变过程中, 不触发阈值 B, 第二项 $\tau_D^x \leqslant T$ 表示违约时刻 τ_D^x 发生在期末 T 之前. $I_{\{\}}$ 为示性函数.

以上可违约债券的价值以及违约概率 $P\{\tau_D^x < T\}$ 均可以通过蒙特卡罗方法实现.

首次到达模型下可违约债券的蒙特卡罗方法

可违约债券的蒙特卡罗模拟过程与障碍期权的过程类似, 只需将资产价格的路径模拟出来, 当资产价值首次下跌到该阈值以下时, 视为发生违约事件, 根据违约损失率等参数, 计算违约时间前的票息收入贴现值和赔付值, 并以无风险利率贴现到当前时间, 得到该路径下的债券价值.

(1) 对于未发生违约的路径, 根据债券的票面利率和本金支付, 计算到期时的现金流, 并以无风险利率贴现到当前时间, 得该路径下的债券价值;

(2) 对于每条模拟路径, 记录违约时间 (如果发生违约) 或到期时间 (如果未发生违约);

(3) 算出 N 条路径的债券价值的平均值, 即得债券价值的近似, 同时触发阈值的百分比即为违约概率的近似值.

尽管在资产价格满足几何布朗运动, 其他市场参数为常数的情形下可以通过概率或者偏微分方程的方法求出解析解, 但是对于一般的高维风险资产价格模型或者赔付条款较复杂的情形, 用蒙特卡罗方法同样可以简单地统一处理.

约化模型 (reduced model, 也称为**简约模型**) 不直接考虑公司的资产价值, 而是将违约看作是一个外生的随机事件 (通常用一个随机过程来描述), 通过设定违约强度等参数来描述违约发生概率与可违约债券的价格. 代表模型有**贾罗-特恩布尔** (Jarrow-Turnbull) **模型**, 在 Jarrow-Turnbull 模型中, 违约强度是一个随时间变化的参数. 通过估计违约强度, 可以计算出债券的违约概率和预期损失, 进而确定可违约债券的价格.

约化模型的优点是模型相对简单, 易于计算和参数估计, 能够较好地处理复杂的债券结构和市场情况. 由于不依赖于公司的资产价值数据, 因此特别适于非上市公司. 其局限性是缺乏对公司基本面的深入分析, 违约强度的估计可能存在一定的主观性. 其蒙特卡罗算法可以将时间分成若干节点, 判断是否违约进行处理.

除了结构化模型和约化模型, 还有**混合模型**. 混合模型结合了结构模型和简化模型的优点, 既考虑公司的资产价值等基本面因素, 又引入违约强度等外生参数来描述违约风险. 通过综合两种模型的结果, 可以得到更准确的可违约债券价格估计. 代表模型是 CreditGrades 模型.

等级 (CreditGrades) 模型将结构模型和简化模型相结合, 利用市场数据和公司财务信息来估计违约概率和债券价格. 其优点是能够充分利用不同模型的优势, 提高定价的准确性和可靠性, 局限性是模型的复杂性较高, 参数估计和计算过程相对繁琐.

为了提高 CreditGrades 模型在债券定价中的准确性和适用性, 有许多优化的方法. 一方面, 可以进一步完善模型所考虑的因素, 纳入更多反映债券发行人真实信用状况的指标. 另一方面, 可以结合大数据和人工智能技术, 对模型进行更精确的训练和调整. 例如利用深度学习算法挖掘隐藏在大量数据中的关键信息, 以优化模型对违约概率的预测.

约化模型或者混合模型的蒙特卡罗方法的基础是利用市场中易于观测到的公司违约率、信用等级变动以及债券信用利差等市场数据来进行定价: ① 首先通过建立违约强度模型来模拟违约事件的发生时间点. 例如, 使用马尔可夫链模型来描述违约强度在不同状态之间的转移; ② 其次根据违约时间是否发生在期限 T 之前的百分比, 得到债券的违约概率, 进而根据债券在不同时间点的本金、利息支付以及违约时的回收价值, 得到预期现金流; ③ 将 N 条路径的预期现金流的现值的平均即可得到可违约债券的价格.

3.5 蒙特卡罗方法的方差减小技术

在蒙特卡罗方法中, **方差减小技术** (variance reduction technique) 是用来提高模拟效率和准确性的重要手段. 常用方法分别有**控制变量技术** (control variate technique)、**重要性取样** (importance sampling)、**对偶变量法** (dual variable method)、**条件取样法** (conditional sampling method) 等. 这些方差减小技术可以单独使用, 也可以结合使用, 以进一步提高蒙特卡罗方法的效率和准确性. 在实际应用中, 需要根据具体问题的特点和要求选择合适的方差减小技术.

3.5.1 控制变量方法

1. 控制变量方法的理论基础与推导

在蒙特卡罗方法中, 控制变量方差减小技术是一种简单、有效的手段, 它利用与被估计量相关的辅助变量来降低估计的方差. 具体来说, 直接求期望 $\mathbb{E}[Y]$ 的模拟方法为

$$\overline{Y} = \frac{1}{N}(Y^{(1)} + Y^{(2)} + \cdots + Y^{(N)}),$$

其中 $Y^{(j)}$ 为 Y 的相互独立的第 j 个样本. 显然

$$\mathbb{E}[\bar{Y}] = \mathbb{E}[Y], \quad \mathrm{Var}[\bar{Y}] = \frac{1}{N}\mathrm{Var}[Y].$$

设控制变量 X 为与 Y 有相关性的随机变量, 且 $\mathbb{E}[X]$ 为已知量. 为提高求解期望 $\mathbb{E}[Y]$ 的效率, 作辅助的随机变量

$$Y_b = Y - b(X - \mathbb{E}[X]), \quad \forall\, b \in \mathbb{R}. \tag{3.30}$$

显然对任意的参数 $b \in \mathbb{R}$, 有

$$\mathbb{E}[Y_b] = \mathbb{E}[Y], \tag{3.31}$$

即 Y_b 为期望值 $\mathbb{E}[Y]$ 的一个无偏估计量. 若用 Y_b 代替 Y 作为一个新的估计量

$$\bar{Y}_b = \frac{1}{N}(Y_b^{(1)} + Y_b^{(2)} + \cdots + Y_b^{(N)}), \tag{3.32}$$

显然 $\mathbb{E}[\bar{Y}_b] = \mathbb{E}[Y_b] = \mathbb{E}[Y]$, 且方差 $\mathrm{Var}[\bar{Y}_b] = \frac{1}{N}\mathrm{Var}[Y_b]$.

希望选择合适的参数 b, 使得 $\mathrm{Var}[Y_b] < \mathrm{Var}[Y]$.

直接计算便得

$$\begin{aligned}
\mathrm{Var}[Y_b] &= \mathrm{Var}[Y - b(X - \mathbb{E}[X])] = \mathrm{Var}[Y - bX] \\
&= \mathrm{Var}[Y] - 2b\,\mathrm{Cov}(X, Y) + b^2 \mathrm{Var}[X].
\end{aligned}$$

显然当 $b = b^* = \dfrac{\mathrm{Cov}(X, Y)}{\mathrm{Var}[X]}$ 时, $\mathrm{Var}[Y_b]$ 有最小值, 且

$$\min_{b \in R}\mathrm{Var}[Y_b] = \mathrm{Var}[Y_b^*] = (1 - \rho_{XY}^2)\mathrm{Var}[Y] \leqslant \mathrm{Var}[Y], \tag{3.33}$$

上式中 ρ_{XY}^2 表示随机变量 X, Y 的相关性系数, 表明了增加了控制变量 X 后, 新的估计量 Y_b^* 的方差比原有的 Y 的方差小.

由 (3.30) 式, 可知控制变量方法可以看成是随机变量 Y 对于 X 的回归, b 为最佳回归系数.

从以上的结果可知, 辅助变量 X 的选择是控制变量法的关键. 辅助变量应该与被估计量 Y 具有较高的相关性, 并且其期望值 $\mathbb{E}[X]$ 是已知的或者可以相对更容易估计. X 的选择是问题依赖的, 没有统一的方法. 例如, 在金融实际市场中, 如果要估计某个复杂金融衍生品的价格, Y 为对应期权的贴现收益, 可以选择一

个结构相似但更容易定价的金融产品作为控制变量. 下面以几种常见期权的蒙特卡罗方法为例, 说明其辅助变量 X 的选择以及方差减小的效果.

若选取一个随机变量 $X \approx Y$, 此时, $b^* \approx 1$. 此时新的估计量 Y_b^* 可看成两部分: $b\mathbb{E}[X]$ 表示期望 $\mathbb{E}[Y]$ 的一个近似值, 非随机的, 第一部分 $Y - bX$ 看成是分解后的小方差 (小波动) 的随机量.

上面常数 b^* 的计算公式中需要知道随机量 X 的方差以及与 Y 的协方差, 而通常情况下是做不到的, 因此常用样本数据来估计方差以及协方差值, 并通过优化算法找到使方差最小的常数 b^*.

实际问题中, 为了进一步加快模拟的速度, 还可以建立多元控制变量 (multiple control variables) 的蒙特卡罗方法. 其基本想法是选取合适的一组控制变量 X_i 以及一组常数 b_i, 使得新的无偏统计量

$$Y_b = Y - \sum_{i=1}^{n} b_i(X_i - \mathbb{E}[X_i])$$

的方差最小. 为得到最优的一组常数 b_i, 只需求解一个线性方程组即可.

例 3.3 设股票价格满足几何布朗模型 (3.2), 参数 $r = 0.05, \sigma = 0.3, T = 1$, $S(0) = 50$. 当敲定价格分别为 $K = 40, 50, 60, 70$, 试用基于控制变量的蒙特卡罗方法算出结果.

解 由风险中性下的欧式期权定价公式 (3.1),

$$V = \mathrm{e}^{-rT} \mathbb{E} \left[\max(S(T) - K, 0)\right]$$

表示初始时刻的期权价格, 其中 $S(T) = S(0)\exp\left[\left(r - \dfrac{\sigma^2}{2}\right)T + \sigma\sqrt{T}Z\right]$, $Z \sim \mathcal{N}(0,1)$. 如果取控制变量 $X = S(T)$, $Y = \mathrm{e}^{-rT}(S(T) - K)^+$, 则敲定价格取不同值的模拟结果如表 3.3. 表格的第二行表示当敲定价格分别取不同值时, 随机变量 $X = S(T)$ 与 $Y = \mathrm{e}^{-rT}(S(T) - K)^+$ 的相关性系数. 由 (3.33) 可知 $1 - \rho_{XY}^2$ 表示控制变量蒙特卡罗方法的方差与经典蒙特卡罗方法的方差之比, 因此由第三行的结果可知当敲定价格分别取不同值时, 控制变量蒙特卡罗方法模拟的方差 (误差) 分别占经典蒙特卡罗方法的 0.01, 0.20, 0.54, 0.92. 也即当 K 较大时, 方差减小的效果越来越不明显.

表 3.3 基于控制变量的欧式期权定价的蒙特卡罗方法

K	40	50	60	70
ρ_{XY}	0.995	0.895	0.604	0.286
$1 - \rho_{XY}^2$	0.01	0.20	0.54	0.92

需要特别指出的是, 上面的两个随机变量 X, Y 中包含的随机变量 Z 在取样时, 其样本必须保持一致, 才能保证随机变量 X, Y 有较大的相关性.

2. 一篮子期权的控制变量方法

一篮子期权包含多个标的资产, 这些资产可以是不同的股票、商品、货币等. 这种多样性使得一篮子期权能够反映市场的走势, 为投资者提供更广泛的投资机会. 例如市场上的 ETF 指数期权可看成一篮子期权. 设 $\omega_i \geqslant 0$, $\sum_{i=1}^{n} \omega_i = 1$, 一篮子看涨期权的收益函数为

$$V_T = \left(\sum_{i=1}^{n} \omega_i S_i(T) - K \right)^+,$$

其中 $S_i(T)$ 表示第 i 个标的资产在期末 $t = T$ 的价格, K 为一篮子期权的敲定价格.

假设资产价格服从几何布朗运动

$$\frac{\mathrm{d}S_i(t)}{S_i(t)} = r\mathrm{d}t + \sigma_i \mathrm{d}W_{it}, \quad i = 1, 2, \cdots, n,$$

其中 r 为无风险利率, $\sigma_i > 0$ 为第 i 个股票的波动率. 布朗运动 W_{it} 满足相关性条件:

$$\mathrm{Cov}(\mathrm{d}W_{it}, \mathrm{d}W_{jt}) = \rho_{ij}\mathrm{d}t.$$

设 $S = (S_1, S_2, \cdots, S_n)^{\mathrm{T}}$, 则一篮子看涨期权定价公式为

$$V(t, S) = \mathrm{e}^{-rT} \mathbb{E}\left[\left(\sum_{i=1}^{n} \omega_i S_i(T) - K \right)^+ \bigg| S_i(0) = S_{i0} \right].$$

控制变量可取

$$X_c(t, S) = \left(\prod_{i=1}^{n} S_i^{\omega_i}(T) - K \right)^+. \tag{3.34}$$

定义新的估计量

$$V_b(t, S) = \mathrm{e}^{-r(T-t)} \left[\left(\sum_{i=1}^{n} \omega_i S_i(T) - K \right)^+ - bX_c(t, S) \right] + b\mathrm{e}^{-r(T-t)} \mathbb{E}[X_c(t, S)].$$

这里关键是利用了几何布朗运动的几何加权平均仍然是对数正态分布, 从而 $\mathbb{E}[X_c(t, S)]$ 有显式的表达式 (见习题 10), 以及不同股票价格的几何平均和算术平均之间有较大的相关性.

3. 亚式期权的控制变量方法

假设资产价格满足几何布朗运动 (3.2), K 为敲定价格, 则风险中性下亚式期权价格可表示为

$$V(t, S) = \mathrm{e}^{-rT} \mathbb{E}\left[\left(\sum_{i=1}^{n} \omega_i S(t_i) - K\right)^+ \Bigg| S(t) = S\right], \quad \sum_{i=1}^{n} \omega_i = 1,$$

其中 $S(t_i)$ 表示股票价格在事先给定的时间节点 t_i 处的值, $0 \leqslant t_0 < t_1 < \cdots < t_n \leqslant T$.

虽然此时资产个数为一个, 但是取样点数较大时, 期权定价是一个高维问题. 算术平均取样亚式期权价格没有解析形式的表达式. 此时控制变量可取

$$X_c(t, S) = \mathrm{e}^{-rT}\left(\prod_{i=1}^{n} S^{\omega_i}(t_i) - K\right)^+, \tag{3.35}$$

新的估计量

$$V_b(t, S) = \mathrm{e}^{-rT}\left[\left(\sum_{i=1}^{n} \omega_i S(t_i) - K\right)^+ - bX_c(t, S)\right] + b\mathrm{e}^{-rT}\mathbb{E}[X_c(t, S)].$$

这里关键是利用了几何平均与算术平均之间有较大的相关性, 以及期望值 $\mathbb{E}[X_c(t, S)]$ 有显式的表达式 (为方便, 取 $\omega_i = 1/n, \ i = 1, 2, \cdots, n$) (见习题 11):

$$V = S_0 \Psi(d_1) - K\mathrm{e}^{-rT}\Psi(d_2), \tag{3.36}$$

其中

$$d_1 = \frac{\ln S_0/K + \left(r + \dfrac{1}{2}\sigma_A\right)T}{\sigma_A T},$$

$$d_2 = d_1 - \sigma_A T, \quad \sigma_A = \frac{\sigma}{\sqrt{3}}.$$

为显示不同控制变量的模拟效果, 取模型参数: $r = 0.05$, $T = 2$, $\sigma = 0.3$, $S_0 = 100$, $K = 90$, 亚式期权的观察点数为 $n = 20$, 分别取 $X = \mathrm{e}^{-rT}(S(T) - K)^+$ 以及 (3.35) 中 X_c 作为控制变量, 计算结果如表 3.4.

从表格 3.4 可看出: ① 随着模拟次数的增加, 无论是经典的蒙特卡罗方法、用欧式期权收益作为控制变量还是用几何平均亚式期权作为控制变量的蒙特卡罗方

法均收敛; ② 用欧式期权作为控制变量的误差大概减少一半, 而用几何平均亚式期权作为控制变量, 误差可以减少到原来的约 6%—8%. 由此可知用几何平均亚式期权作为控制变量的蒙特卡罗方法的方差减小效果非常显著.

表 3.4　不同控制变量下的模拟效果

模拟次数	经典蒙特卡罗/均方差	控制变量 X/均方差	控制变量 X_c/均方差
$N = 10^3$	18.5613	17.6039	17.9862
	0.6755	0.3657	0.0544
$N = 10^4$	16.9462	17.0572	17.0419
	0.0642	0.0330	0.0037
$N = 10^5$	16.9393	17.0014	17.0311
	0.0202	0.0105	0.0012

4. Heston 随机波动率模型下的欧式期权的控制变量方法

赫斯顿 (Heston) 随机波动率模型是一种典型的随机波动率模型, 其联合转移密度通常没有解析形式表达式. 下面介绍一种基于控制变量技术的蒙特卡罗方法, 可以显著提高模拟的效率和精度.

设股票价格满足随机波动率模型

$$\begin{cases} \dfrac{\mathrm{d}S(t)}{S(t)} = r\mathrm{d}t + \sigma_t \mathrm{d}W_t, \quad \sigma_t = g(Y(t)), \\ \mathrm{d}Y(t) = \mu(t, Y(t))\mathrm{d}t + \hat{\sigma}_Y(t, Y(t))\mathrm{d}Z_t, \end{cases} \tag{3.37}$$

其中 $S(t)$, σ_t 分别为股票价格和波动率, $Y(t)$ 为与股票价格有相关性的另一个随机过程, μ 为波动率的漂移项, $\hat{\sigma}_Y > 0$ 是 $Y(t)$ 的波动项. W_t 和 Z_t 是两个相关的布朗运动, 满足 $\mathrm{Cov}(\mathrm{d}W_t, \mathrm{d}Z_t) = \rho\mathrm{d}t$. 风险中性下的欧式看涨期权价格可表示为

$$V(t, S, y) = \mathrm{e}^{-r(T-t)}\mathbb{E}\left[(S(T) - K)^+ | S(t) = S, \ Y(t) = y\right].$$

控制变量取为

$$X_c(t, S) = (S_c(T) - K)^+,$$

虚拟资产 $S_c(t)$ 由下列确定性波动率模型决定 (注意其中 $Y_c(t)$ 为确定性时间 t 函数):

$$\begin{cases} \dfrac{\mathrm{d}S_c(t)}{S(t)} = r\mathrm{d}t + g(Y_c(t))\mathrm{d}W_t, \\ \mathrm{d}Y_c(t) = \mu(t, Y_c(t))\mathrm{d}t. \end{cases} \tag{3.38}$$

取上述微分方程的初值为 $S(0) = S_0$, $Y_c(0) = Y_0$, 则新的估计量

$$V_b(t, S, y) = \mathrm{e}^{-r(T-t)}\left[(S(T) - K)^+ - bX_c(t, S)\right] + b\mathrm{e}^{-rT}\mathbb{E}[X_c(t, S)].$$

这里关键利用了股票价格 $S(t)$ 与虚拟资产价格 $S_c(t)$ 有较大的相关性, 从而 $(S_T - K)^+$ 和 $(S_c(T) - K)^+$ 也有较大的相关性, 以及 $\mathbb{E}[X_c(t,S)]$ 有显式表达式.

例 3.4 设股票价格满足如下的 Heston 模型 (3.37), 其中 $\sigma_t = \sqrt{Y(t)}$, $Y(t)$ 满足几何布朗运动:

$$\frac{\mathrm{d}Y(t)}{Y(t)} = \mu\mathrm{d}t + \hat{\sigma}_Y\mathrm{d}W_{2t}. \tag{3.39}$$

建立 Heston 模型下方差互换的基于控制变量技术的蒙特卡罗模拟方法. 方差互换是一种路径依赖衍生品, 收益函数为

$$V|_{t=T} = \sum_{i=1}^{N} \frac{1}{T}\left(\ln\left(\frac{S_i}{S_{i-1}}\right)\right)^2 - K_{\mathrm{Var}}^2 \triangleq h(S_0, S_1, \cdots, S_N).$$

其中 $S_i = S(t_i)$ $(i = 0, 1, \cdots, N)$ 表示给定时间节点上的股票价格, K_{Var} 为给定的正常数, $\mu(t, Y) = 0.15\,Y$. $\hat{\sigma}^Y(t, Y) = 0.05Y$ 取参数: $r = 0.05$, $T = 1$, $S_0 = 10$, $Y_0 = 0.0225$, $K_{\mathrm{Var}} = 0, N = 5$, 观察不同模拟次数下的计算效果.

解 控制变量设为 $h(S_c(t_0), S_c(t_1), \cdots, S_c(T))$, 其中 $S_c(t)$ 由 (3.38) 确定. 则 Heston 模型基于控制变量的模拟结果如表 3.5, 其中方差之比定义为: $R =$ 经典蒙特卡罗方法模拟方差/加控制变量的蒙特卡罗模拟方差, 即 R 值越大, 方差减小的效果越好. 由表格的结果可知控制变量蒙特卡罗方法与经典蒙特卡罗方法相比, 方差减小的效果大约在 86—104 倍.

表 3.5 不同模拟次数下方差互换的价格和方差减小倍数

模拟次数	R	方差互换价格
100	103.9356	23.3627
400	90.2941	23.3695
1000	91.4448	23.3659
8000	86.8550	23.3647

3.5.2 对偶方法

蒙特卡罗对偶方法 (Monte Carlo duality approach) 是一种通过利用分布的对称性来减少模拟方差的方法. 在期权定价中, 对偶变量技术可以通过同时模拟标的资产的价格路径和其对偶路径, 然后取平均来减少估计方差:

$$\bar{V} = \frac{1}{2N}\sum_{i=1}^{N}\left[f(X^{(j)}) + f(\hat{X}^{(j)})\right],$$

这里 N 表示模拟的路径数, $f(X^{(j)})$ 表示第 j 条路径的期权贴现收益, $f(\hat{X}^{(j)})$ 为其对偶路径的期权贴现收益值.

例如对于几何布朗运动模型 (3.2) 或者 (3.3) 下欧式期权定价问题, $X = Z$, 即期权价值可以写成正态分布函数的期望. 对于路径依赖的亚式期权定价问题, 由 (3.7) 式, $X = (Z_1, Z_2, \cdots, Z_n)^{\mathrm{T}}$, 其中随机变量 Z 及 Z_i 均为标准正态分布.

如果随机向量 X 分量均为标准正态分布, 则对偶向量可取 $\hat{X} = -X$. 显然, 如果期权的贴现收益函数 $f(X)$ 为 X 的偶函数, 即 $f(-X) = f(X)$, 则对偶方法失效. 如果随机向量的分量为均匀分布, 则可取 $\hat{X}_i = 1 - X_i$. 可以证明: 如果满足条件 $\mathrm{Cov}[f(X), f(\hat{X})] < 0$, 则对偶蒙特卡罗方法可以有效提高模拟效率 (习题 13).

例如对于几何布朗运动模型 (3.2) 下欧式看跌期权, 取参数: $r = 0.04$, $\sigma = 0.3$, $T = 1$, $K = 5$, $S_0 = 4$. 由 Black-Scholes 公式得期权价格的精确值为 1.020686. 取样本数 $N = 10000$, 则经典蒙特卡罗方法和对偶蒙特卡罗方法的效果如下:

经典蒙特卡罗方法的近似值为 1.0191, 估计量的方差为 0.7118.

用对偶蒙特卡罗的近似值为 1.0208, 估计量的方差为 0.0203. 即用对偶蒙特卡罗方法的方差减小为经典方法的 1/35. 考虑到对偶蒙特卡罗方法的计算量比经典方法大约增加了一倍, 实际模拟效率提高了约 17.5 倍.

3.5.3　重点取样方法

设随机向量 $X = (X_1, X_2, \cdots, X_n)^{\mathrm{T}}$ 服从 n-维标准正态分布. 希望求出期望值 $\mathbb{E}[h(X)]$. 为此取样本 $\{X^{(j)}\}_{j=1}^{N}$, 代入函数表达式 $h(X^{(j)})$ 中, 再求平均值

$$\bar{h} = \frac{1}{N} \sum_{j=1}^{N} h(X^{(j)}).$$

由于 $\bar{h}$ 是期望 $\mathbb{E}[h(X)]$ 的一个无偏估计量, $\mathbb{E}[\bar{h}] = \mathbb{E}[h]$, 因此误差依赖于方差值:

$$\mathrm{Var}[\bar{h}] = \frac{1}{N}\mathrm{Var}[h].$$

为了减少模拟的误差, 设 $\mu = (\mu_1, \cdots, \mu_n)^{\mathrm{T}}$ 为一组待定的参数, 定义一般正态分布密度

$$g_\mu(x) = \frac{1}{(\sqrt{2\pi})^n} \mathrm{e}^{-\frac{\|x-\mu\|^2}{2}},$$

其中 $x = (x_1, x_2, \cdots, x_n)^{\mathrm{T}}$. 显然当 $\mu = 0$ 时, $g_0(x)$ 即为标准正态分布概率密度, 即期望值 $\mathbb{E}_{g_0}[h] = \mathbb{E}[h]$. 作概率密度变换 (测度变换):

$$\mathbb{E}_{g_0}[h] = \mathbb{E}_{g_0}\left[\frac{h}{g_\mu} \cdot g_\mu\right] = \mathbb{E}_{g_\mu}\left[\frac{h \cdot g_0}{g_\mu}\right],$$

在新的测度 g_μ 下, 选择最佳的参数 μ^*, 使得方差达到最小值

$$\text{Var}_{g_{\mu^*}}\left[\frac{h \cdot g_0}{g_{\mu^*}}\right] = \min_\mu \text{Var}_{g_\mu}\left[\frac{h \cdot g_0}{g_\mu}\right] < \text{Var}_{g_0}[h],$$

即在新的正态分布下取样作平均, 其方差比原来模拟的方差要小, 从而达到方差减小的目的. 注意上述求最小方差的参数 μ 中, $\mu = 0$ 也在允许集合中. 从而上面最后一个不等式成立.

与控制变量不同的是, 如果参数 μ 选取不当, 新的测度下的方差反而可能增大.

重点取样蒙特卡罗方法在金融深度虚值期权 (对于看涨期权来说, 如果当前的股票市场价格 $S(t) \ll K$, K 为看涨期权的敲定价格, 则称为深度虚值的) 定价以及估计小概率的违约事件的估计中特别有用.

例 3.5 设随机变量 Z 服从标准正态分布, $h(Z) = \exp(-(Z - \beta)^2)$, 当参数 β 取 2, 5 时, 分别用经典蒙特卡罗方法和重点蒙特卡罗方法计算期望值 $I = \mathbb{E}[h(Z)]$.

解 令

$$g_\mu = \frac{1}{\sqrt{2\pi}} \mathrm{e}^{-\frac{1}{2}(z-\mu)^2},$$

I_{MC} 和 I_{ISMC} 分别表示经典蒙特卡罗方法和 $\mu = \beta$ 的重点取样蒙特卡罗方法的计算结果, Var_{MC} 和 Var_{ISMC} 分别表示对应的模拟方差. 则计算结果如表 3.6.

表 3.6 重点取样计算结果

β	$I_{\text{MC}}/\text{Var}_{\text{MC}}$	$I_{\text{ISMC}}/\text{Var}_{\text{ISMC}}$
2	0.1548/0.0687	0.1536/0.0079
5	1.9029E-4/3.5567E-5	1.3931E-4/6.9016E-9

与此可见, 随着 β 值的增加, 重点取样蒙特卡罗方法方差减小的效果愈加明显.

3.5.4 条件取样方法

设 X, Y 为两个任意的随机变量, 则条件取样蒙特卡罗方法可以有效地减少模拟的方差, 从而提高模拟效率. 其基础原理来源于下列等式 (见本书 1.4.4 节):

$$\mathbb{E}[X] = \mathbb{E}[\mathbb{E}[X|Y]],$$

$$\text{Var}[X] = \text{Var}[\mathbb{E}[X|Y]] + \mathbb{E}[\text{Var}[X|Y]] \geqslant \text{Var}\mathbb{E}[X|Y].$$

由此可得结论:

(1) 直接通过样本平均值 $\dfrac{1}{N}\sum\limits_{j=1}^{N} X^{(j)}$ 模拟 $\mathbb{E}[X]$ 的误差为 $\dfrac{\mathrm{Var}[X]}{\sqrt{N}}$;

(2) 给定 $g(Y) = \mathbb{E}[X|Y]$, 通过计算条件样本平均值 $\dfrac{1}{N}\sum\limits_{j=1}^{N} g^{(j)}(Y)$ 来模拟

$$\mathbb{E}[X] = \mathbb{E}[\mathbb{E}[X|Y]] = \mathbb{E}[g(Y)]$$

的方差为

$$\frac{\mathrm{Var}[g(Y)]}{N} = \frac{\mathrm{Var}[\mathbb{E}[X|Y]]}{N} < \frac{\mathrm{Var}[X]}{N}.$$

一般地, 用条件取样蒙特卡罗方法以提高模拟效率的前提条件是条件期望 $g(Y) = \mathbb{E}[X|Y]$ 有显式的表达形式. 条件取样的示意图见图 1.6. 方差减小的大小依赖于条件 Y 的选择, 需要指出的是条件取样中随机量 Y 的选择没有统一的方法, 只能根据具体问题而获得.

习　题　3

1. 利用几何布朗运动下股票价格的表达式 (公式 (3.3))

$$S(T) = S(0)\mathrm{e}^{(r-\frac{\sigma^2}{2})T+\sigma W_T},$$

关系式 $W_T = \sqrt{T}\varepsilon, \varepsilon \sim \mathscr{N}(0,1)$, 以及风险中性下的期权价格

$$V = \mathrm{e}^{-rT}\mathbb{E}[(K - S(T))^+|S(0)],$$

分别推导欧式看涨与看跌期权价格的精确表达式.

2. 对于欧式看跌期权, 取参数 $r = 0.03$, $\sigma = 0.2$, $S_0 = 10$, $T = 1$, $N = 10^5$, 用蒙特卡罗模方法分别算出 $K = 20, 10, 5, 1$ 情形下的期权价格及相对误差.

3. 设两资产价格模型为

$$\mathrm{d}S_i(t) = rS_i(t)\mathrm{d}t + \sigma_i S_i(t)\mathrm{d}W_t^i, \quad i = 1, 2,$$

其中 r 为无风险利率, σ_i 为资产的波动率, 标准布朗运动 $W_t^i(i = 1, 2)$ 满足相关性条件

$$(\mathrm{d}W_t^1, \mathrm{d}W_t^2) = \rho\mathrm{d}t, \quad |\rho| \leqslant 1.$$

(1) 试建立一篮子看涨期权价格的蒙特卡罗计算格式;

(2) 分别对相关性系数 $\rho = 0, -\dfrac{1}{2}, \dfrac{1}{2}$ 计算欧式看涨期权价格;

(3) 讨论 (2) 中计算结果的金融意义.

参数设置如下: $r = 0.03, \sigma_1 = \sigma_2 = 0.2, S_0^1 = S_0^2 = 10, K = 10, T = 1$, 收益函数

$$V_T = \left(\frac{S_1(T) + S_2(T)}{2} - K\right)^+.$$

4. 设股票价格满足几何布朗运动 (3.2), 下跌敲出障碍期权的收益函数为

$$V_T = (S(T) - K)^+ 1_{S_t > B},$$

即一旦股票价格小于阈值 B, 期权值为零, 否则到终值 $t = T$ 时, 有权实施期权, 其中 K 为敲定价格, $B < S(0)$ 为障碍期权触发阈值, 即当股票价格下跌到 B 值时, 期权作废.

(1) 试用 Δ-对冲原理建立障碍期权满足的偏微分方程及终值、边界条件;

(2) 推导下跌敲出障碍期权的价格公式.

5. 设下跌敲出期权的设定如上题.

(1) 试建立上述下降敲出期权的蒙特卡罗计算格式;

(2) 当参数 $S(0) = 10, K = 12, r = 0.3, \sigma = 0.2, T = 1$, B 分别取 10, 8, 6, 4, 2, 1 时, 期权价格的关系;

(3) 说明 (2) 中计算结果的金融意义.

6. 证明 Vasicek 利率模型 (3.18) 下, 短期利率 r_T 可解出

$$r_T = \beta + (r_t - \beta)\mathrm{e}^{-\alpha(T-t)} + \rho \int_t^T \mathrm{e}^{-\alpha(T-t)}\mathrm{d}W_t, \quad t < T,$$

并且期望和方差分别为

$$\mathbb{E}[r_T|r_t] = \beta + (r_t - \beta)\mathrm{e}^{-\alpha(T-t)}, \quad t < T,$$

$$\mathrm{Var}[r_T \mid r_t] = \frac{\rho^2}{2\alpha}(1 - \mathrm{e}^{-2\alpha(T-t)}), \quad t < T.$$

7. 证明 CIR 利率模型 (3.19) 下, 短期利率 r_T 的期望和方差分别为

$$\mathbb{E}[r_T|r_t] = r_t\mathrm{e}^{-\alpha(T-t)} + \beta(1 - \mathrm{e}^{-\alpha(T-t)}),$$

$$\mathrm{Var}[r_T|r_t] = r_t\frac{\rho^2}{\alpha}(\mathrm{e}^{-\alpha(T-t)} - \mathrm{e}^{-2\alpha(T-t)}) + \frac{\beta\rho^2}{2\alpha}(1 - \mathrm{e}^{-\alpha(T-t)})^2.$$

8. 假设债券面值为 F, 期限为 T, 期末的贴现收益为

$$P = \mathrm{e}^{-rT}\mathbb{E}[\min\{F, S_T\}],$$

即当公司价值 $S_T > F$ 时, 债券获得面值 F, 当公司价值小于公司价值 $S_T > F$, 则债券获得公司净值. 假设公司价值 S_t 满足几何布朗运动

$$\mathrm{d}S_t = \mu S_t \mathrm{d}t + \sigma S_t \mathrm{d}W_t,$$

μ, σ 为常数且 $\sigma > 0$, S_0 已知. 推导模型在风险中性下的零息债券价格.

9. 将上面第 2 题中的蒙特卡罗格式修正为重点取样蒙特卡罗方法.

(1) 建立重点取样蒙特卡罗计算格式;

(2) 对重点取样中的参数 μ 分别取不同的值, 观察计算结果的相对误差, 模拟次数 $M = 10^5$.

(3) 能否求出重点取样的最佳测度变换系数 μ?

10. 若 n 个股票价格均满足以下的几何布朗运动

$$\mathrm{d}S_i(t) = rS_i(t)\mathrm{d}t + \sigma_i S_i(t)\mathrm{d}W_t^i, \quad i = 1, 2, \cdots, n,$$

无风险利率 r 和股票波动率 $\sigma_i > 0$.

(1) 证明股票 $S_i(t)$ 的几何加权平均 $S_c(t) = S_1^{\omega_1}(t) \cdots S_n^{\omega_n}(t)$ 仍为对数正态分布 (即 $S_c(t)$ 的对数 $\ln S_c(t)$ 服从正态分布), 其中离散权数 $\omega_i \geqslant 0$, $\sum\limits_{i=1}^{n} \omega_i = 1$.

(2) 推导虚拟资产 $S_c(t)$ 对应的欧式看涨期权表达式 (3.36). 此时收益函数为

$$V_T = (S_c(t) - K)^+.$$

11. 设股票价格满足几何布朗运动 (3.2), $0 = t_0 < t_1 < \cdots < t_N = T, t_i = i\tau, \tau = \dfrac{T}{N}$, 几何平均亚式看涨期权期末的收益函数为

$$V_T = \left((S(t_1)S(t_2) \cdots S(t_N))^{\frac{1}{N}} - K\right)^+.$$

(1) 证明股票价格在 t_i 处满足递推关系式:

$$S(t_{i+1}) = S(t_i)\mathrm{e}^{(r - \frac{\sigma^2}{2})\tau + \sigma(W_{t_{i+1}} - W_{t_i})},$$

标准布朗运动的增量

$$\varepsilon_i = W_{t_{i+1}} - W_{t_i} \sim \mathcal{N}(0, \tau).$$

(2) 推导几何平均亚式看涨期权价格 $\mathbb{E}[V_T]$ 的解析表达式.

12. 假设欧式看涨期权的收益函数为 $V_T(S_T)$, 股票价格 S_t 满足几何布朗运动 (3.2).

(1) 建立最佳重点取样参数向量 μ 满足的条件;

(2) 证明上述参数向量 μ 的存在唯一性.

13. 利用对偶方法计算 $Y = h(X)$ 的期望值

$$\mathbb{E}[Y_{AV}] = \mathbb{E}\left[\frac{h(X) + h(-X)}{2}\right],$$

其中 X 为 n 维标准正态分布, $X \sim \mathcal{N}(0, I_n)$, I_n 为单位矩阵. 证明以下两个结论:

(1) Y_{AV} 是期望值 $\mathbb{E}[h(X)]$ 的无偏估计;

(2) 当满足条件 $\mathrm{Cov}(h(X), h(-X)) < 0$ 时, 对偶方法能减少模拟方差.

14. 若随机变量 $X \sim U(0,1)$, 建立期望值 $\mathbb{E}[h(X)]$ 的对偶方法的计算格式.

第 4 章　金融衍生物 (期权) 定价的二叉树方法与有限差分方法

本章主要介绍期权定价问题的两种数值方法: 二叉树方法和有限差分方法. 首先我们来回顾一下期权的概念.

期权 (option) 是一种金融合同, 赋予其持有人在约定的期限内, 按照事先确定的价格买入或卖出一定数量某种特定标的资产的权利, 但不承担必须要买卖的义务.

期权具有以下几个核心要素.

标的资产 (underlying asset)　这是期权合约所关联的基础资产, 可以是股票、商品、货币、指数等. 例如, 上证 50ETF 期权的标的资产就是上证 50ETF (股票代码 510050). 为方便起见, 本章涉及期权的标的资产均以股票作为代表.

行权价格 (strike price)　也称为**执行价格**或**敲定价格**, 一般用 K 表示, 是期权合约中规定的, 持有者可以买入或卖出标的资产的预设价格. 到期日时, 若标的资产价格与行权价格的关系对持有者有利, 持有者就可能选择行权, 否则不实施权利.

到期日 (expiring date)　期权合约有效的最后日期, 一般用 T 表示, 过了这个日期, 期权合约就会失效, 持有者将不再拥有相应的权利. 投资者可以选择在到期日履行合同, 也可以在到期日之前将期权转让出去.

期权按合约中的买/卖股票时间点来划分有

欧式期权 (European option)　赋予期权持有者只能在确定日期当日执行合约.

美式期权 (American option)　赋予期权持有者可以在确定日期之前任何一日 (包括到期日当天) 执行合约.

百慕大期权 (Bermudan option)　介于欧式期权和美式期权之间, 不仅仅在到期末可以执行合约, 也可以在到期日之间的有限个时间节点执行合约.

权利类型 分为看涨期权和看跌期权. **看涨期权** (call option) 赋予持有者在未来特定时间以执行价格买入标的资产的权利; **看跌期权** (put option) 赋予持有者在未来特定时间以执行价格卖出标的资产的权利.

期权金 (premium) 也称为权利金, 是期权合约的价格, 即期权的买方为获取期权合约赋予的权利 (收益) 而向期权卖方支付的费用.

　　下面通过简单的例子来理解期权金以及期权赋予持有者的权利而带来的可能盈利. 假设分别持有某公司股票的欧式看涨期权和看跌期权, 期权从现在起的 20 天后到期, 执行价是 88 元. 如果今日的股价是 84 元. 为简单起见, 下面例子中不考虑现金的时间价格.

　　(1) 假设到期日的股票价格是 95 元, 那么执行看涨期权将收益:

$$95 - 88 = 7(元),$$

如果期权金小于 7 元, 则购买看涨期权都会有利润. 对于看跌期权, 显然会放弃执行, 否则没有盈利, 且还损失了购买期权的费用 (期权金).

　　(2) 假设到期日的股票价格低于 88 元, 比如 85 元, 那么执行看跌期权将盈利:

$$88 - 85 = 3(元).$$

如果期权金只要小于 3 元, 则购买看跌期权将会有利润. 对于看涨期权, 则持有人一定是放弃该期权的执行, 此时无任何盈利, 且还要损失购买期权的费用 (期权金).

　　假如用 S_t 表示一股票在时刻 t 的股价, 则期权持有人在到期日 T 的收益是

欧式看涨: $(S_T - K)^+$,

欧式看跌: $(K - S_T)^+$,

其中函数 $x^+ = \max\{x, 0\}$.

　　假设我们分别持有某公司的美式看涨期权和看跌期权, 该期权从今日起 15 天后到期, 执行价是 35 元. 如果今日的股价是 33 元.

　　(1) 假设在这 15 天里, 股票价格是在 26 元—39 元之间波动, 那么期权持有人最理想的执行期权是: 在 39 元时, 执行看涨期权, 此时的盈利是

$$39 - 35 = 4(元),$$

如此看涨期权的期权金只要小于 4 元, 购买期权会有利润. 而在股价为 26 元时, 执行看跌期权, 将盈利

$$35 - 26 = 9(元),$$

如此看跌期权的期权金只要小于 9 元, 购买期权会有盈利.

　　(2) 假设在这 15 天里股票价格是在 26 元—34 元之间波动, 那么期权持有人放弃看涨期权的执行, 此时不仅没有盈利, 且还要损失购买期权的费用. 而执行看跌期权, 则会有盈利.

　　美式期权持有人在 $t \leqslant T$ 执行期权时的盈利是

美式看涨: $(S_t - K)^+$,

美式看跌: $(K - S_t)^+$.

那么如何给予这些期权一个合理定价? 使得人们都可以接受, 这就是期权定价问题.

期权作为一种金融衍生产品, 它的定价取决于股票价格的变化. 由于股票是一种风险资产, 它的价格是随机的, 由此产生的期权的价格变化也一定是随机的. 从金融市场的视角看, 一旦股票价格确定下来, 那么作为它的衍生品 (期权) 的价格也将随之确定了. 用数学语言来描述就是: 若在 t 时刻股票价格为 S_t, 期权价格为 V_t, 则存在一个确定性的二元函数 $V(S,t)$, 使得

$$V_t = V(S_t, t).$$

因此所谓**期权定价问题**就是求出两元函数 $V(S,t)$ $(0 \leqslant S < \infty, 0 \leqslant t < T)$, 并且满足

$$V_T = V(S,T) = \begin{cases} (S_T - K)^+, & \text{看涨期权}, \\ (K - S_T)^+, & \text{看跌期权}. \end{cases}$$

特别是在期权生效日 $t = 0$ 时, 求其期权金

$$p = V(S_0, 0).$$

4.1 欧式期权定价的二叉树方法

我们先看一个简单的欧式看涨期权定价的例子.

假设某公司股票 S 在 $t = 0$ 时刻的价格为 40 元, 一个月后 $t = T$ 时的可能价格是 45 元 (上涨) 或 35 元 (下跌).

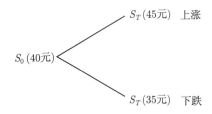

若在 t 时刻购买一张一个月到期, 执行价为 40 元的欧式看涨期权. 假设在一个月 $[0,T]$ 内无风险利率为 $r = 5\%$ (年利率), 问期权金为多少?

由于看涨期权在到期日 $t = T$ 的收益为

$$c_T = (S_T - K)^+,$$

因此在到期日 $t = T$ 时刻, 期权价格也有两种可能: 若 S 上涨至 45 元, 则 $c_T = (45 - 40)^+ = 5$, 若 S 下跌至 35 元, 则 $c_T = (35 - 40)^+ = 0$. 于是构造投资组合:

$$\Phi_t = S_t - 2c_t,$$

即购买一份股票 (称为做多), 出售 2 份看涨期权 (称为做空). 对于该投资, 其在 $t = T$ 时的价格为

若 S 上涨,

$$\Phi_T = 45 - 2 \times 5 = 35,$$

若 S 下跌,

$$\Phi_T = 35 - 2 \times 0 = 35.$$

即该投资组合无论 S 上涨还是下跌, 其在 $t = T$ 时刻均有确定的值 $\Phi_T = 35$.

如果在初始时刻 $t = 0$, 把 35 元的贴现 $B_0 = \dfrac{35}{1 + rT} = \dfrac{35}{1 + 0.05/12} = 34.85$ 存入银行, 一个月后它的价值为

$$B_T = 34.85 \times (1 + rT) = 35.$$

因此两个投资组合在期末的收益相同: $\Phi_T = B_T$, 根据第 3 章的无套利原理, 两者在初始投资额也应该相同

$$\Phi_0 = B_0,$$

即

$$S_0 - 2c_0 = B_0 = 34.85,$$

用 $S_0 = 40$ 代入, 解之 $c_0 = 2.58$, 即期权金为 2.58 元.

这个例子告诉我们:

(1) 由 S 和 c 形成的适当的投资策略 (即买入一份股票 S, 再出售两张看涨期权, 或购入两张看跌期权) 是无风险的, 这是一种对冲的思想.

(2) 求得的期权价格 $c_0 = 2.58$ 元与每个投资人对未来股价的期望 (即不管是上涨到 45 元还是下跌到 35 元) 无关. 因此这个价格是人人可以接受的, 或者说是一种 "公平" 价格.

下面我们利用二叉树方法对一般的期权进行定价, 其基本原理是基于无套利原理 (见第 3 章内容). 该方法将期权的有效期划分为多个离散的时间间隔, 在每个时间间隔内, 标的资产 (例如股票) 价格的变化只有两种可能: 上涨或下跌. 通过构建标的资产价格的二叉树来模拟资产价格的随机运动, 从而基于无套利原理确定期权在每个节点上的价值. 这种简单的二叉分支结构可以方便地计算期权价格.

下面先从最基本的两个时间节点的单时段-双状态模型开始讨论期权定价问题, 利用对冲原理及无套利原理建立了两个节点的期权价格公式. 然后基于多个时间节点模型的二叉树方法构建不同时间节点、不同股票状态期权价格公式. 最后将二叉树方法推广至考虑股票分红的期权定价及更复杂的情形.

4.1.1 单时段-双状态模型

所谓单时段是指交易只在时段 $[0, T]$ 的初始时刻 $t = 0$ 和 $t = T$ 上进行; 双状态是指风险资产 S 在未来时刻的值 S_T 只有二种可能: 上涨 S_T^u 和下跌 S_T^d, 这是一种最简单的模型.

定价问题: 假设在 $t = 0$ 时风险资产的价格为 S_0, 在未来 $t = T$ 时刻的价格可能为 $S_T^u = uS_0$ 和 $S_T^d = dS_0 (u > 1 > d > 0)$. 现要推出一张到期日为 T, 执行价为 K 的欧式看涨期权 V, 在 $[0, T]$ 内, 假设无风险资产 B 的年利率为 r, 问该期权金 $V_0 =$?

由题意, 股票在时间节点 $0, T$ 时的价格如图 4.1 所示.

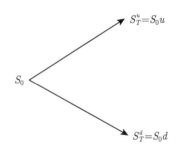

图 4.1 股票价格的单时段-双状态模型

而在到期日 $t = T$ 时刻, 看涨期权的价格为 $V_T = (S_T - K)^+$. 因此期权价格相应地如图 4.2 所示.

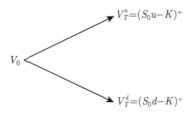

图 4.2 期权价格的单时段-双状态模型

对冲 由于股票的期权价格是随机的, 因此卖出一张期权, 出售方必然面临风险. 为了规避这样的风险, 出售方可以买进适当份额的股票与出售期权带来的风险对冲, 以期所形成的投资组合是无风险的, 这就是 Δ-对冲的思想.

对于给定的一份 (出售) 期权 V, 在相反方向上交易 (买进)Δ 份额的股票 S, 使得构成的投资组合

$$\Pi_t = \Delta S_t - V_t \tag{4.1}$$

无风险, 这称为 Δ-**对冲**. 需要注意的是, 上式中 Δ 与股票价格 S_t 之间是两个量的乘积关系, 而不是一个整体.

下面将利用对冲给出期权定价公式. 由于 Π 是无风险的, 在 $t = T$ 时刻的价格

$$\Pi_T = \Delta S_T - V_T$$

也是无风险的. 根据无套利原理设, Π_t 的投资增长率为无风险利率 r, 因此 Π_T 为其原投资 Π_0 的 ρ 倍, 即

$$\Pi_T = \rho \Pi_0,$$

其中 $\rho = 1 + rT$ (不计复利). 于是可得

$$\Delta S_T - V_T = \rho \Pi_0.$$

由于 S_T, V_T 都是随机变量, 因此在 $t = T$ 时刻, 有两种可能:

若 S 上涨,

$$\Delta S_0 u - V_T^u = \rho(\Delta S_0 - V_0),$$

若 S 下跌,

$$\Delta S_0 d - V_T^d = \rho(\Delta S_0 - V_0),$$

其中的未知量是 Δ 和 V_0. 联立上面两式可解得

$$\Delta = \frac{V_T^u - V_T^d}{S_0(u - d)}, \tag{4.2}$$

$$V_0 = \frac{1}{\rho}(V_T^u - (u - p)\Delta S_0) = \frac{1}{\rho}\left(\frac{\rho - d}{u - d}V_T^u + \frac{u - \rho}{u - d}V_T^d\right). \tag{4.3}$$

也就是说, 当买进股票 S 的份额为式 (4.2) 表示的 Δ 时, 投资组合 (4.1) 的资产价值无论是对应风险资产的上涨, 还是下跌, 在 $t = T$ 时刻是相等的, 即成立

$$\Pi_T^u = \Delta S_T^u - V_T^u = \Delta S_T^d - V_T^d = \Pi_T^d.$$

假设

$$d < \rho < u, \tag{4.4}$$

注意到 ρ 是无风险资产的复合增长率, 而 u, d 则是风险资产 S 的上涨倍数和下跌倍数, 因此这一假设是合理的. 事实上, 这一条件等价于市场无套利 (见习题 1). 如此我们可以定义新的概率测度 Q:

$$q_u = \text{Prob}_Q\{S_T = S_T^u\} = \frac{\rho - d}{u - d}, \tag{4.5}$$

$$q_d = \text{Prob}_Q\{S_T = S_T^d\} = \frac{u - \rho}{u - d}, \tag{4.6}$$

其中

$$0 < q_u, q_d < 1, \quad q_u + q_d = 1.$$

于是

$$V_0 = \frac{1}{\rho}(q_u V_T^u + q_d V_T^d) = \frac{1}{\rho}\mathbb{E}^Q[V_T], \tag{4.7}$$

这里 $\mathbb{E}^Q[V_T]$ 表示在概率测度 Q 下的随机变量 V_T 的数学期望. 上式表明期权金 V_0 是风险资产 V_T 数学期望的贴现.

下面我们进一步考察概率测度 Q 的意义. 设 B_t 是无风险资产, 则 $B_T = \rho B_0$, 于是

$$\mathbb{E}^Q\left(\frac{S_T}{B_T}\right) = \frac{1}{\rho B_0}(q_u S_T^u + q_d S_T^d) = \frac{1}{\rho B_0}\left(\frac{\rho - d}{u - d}S_0 u + \frac{u - \rho}{u - d}S_0 d\right) = \frac{S_0}{B_0},$$

即

$$\frac{\mathbb{E}^Q(S_T) - S_0}{S_0} = \frac{\frac{B_T}{B_0}S_0 - S_0}{S_0} = \frac{B_T - B_0}{B_0},$$

表明在概率测度 Q 下, 风险资产 S 在 $t = T$ 时刻的期望回报率与无风险资产的回报率是一样的. 我们称具有该性质的金融市场为**风险中性市场**, 而 (4.5)、(4.6) 两式定义的概率测度 Q 称为**风险中性测度**, 在风险中性测度意义下的期权定价称为**风险中性价格**.

注记 4.1 风险中性测度 Q 与真实的概率度量 (称为物理 P 测度) 一般是不一样的. 其实这里完全没有提到股票上涨的概率和下跌的概率, 从而风险中性测度与物理测度无关.

上面我们是利用 Δ-对冲技巧导出了期权价格, 同样也可以利用所谓的**资产复制**来推导期权价格. 设 S_t 和 B_t 分别是风险资产和无风险资产, 若存在投资组合

$$\Phi_t = \alpha S_t + \beta B_t,$$

其中 α, β 为常数, 使得在 $t = T$ 时, 投资组合 Φ_t 的价值与期权 V_t 的价值相同, 即

$$\alpha S_T + \beta B_T = V_T,$$

则称 Φ_t 是期权 V_t 的复制. 此时我们定义期权价格为

$$V_0 = \Phi_0 = \alpha S_0 + \beta B_0.$$

注意到 Φ_T 和 V_T 都是随机量, 因此在 $t = T$ 时, 有两种状态: 若是上涨状态, 则有

$$\alpha S_T^u + \beta B_T = V_T^u,$$

若是下跌状态, 则有

$$\alpha S_T^d + \beta B_T = V_T^d,$$

注意到 $S_T^u = u S_0, S_T^d = d S_0, B_T = \rho B_0$, 如此可以解出

$$\alpha = \frac{V_T^u - V_T^d}{S_0(u - d)}, \quad \beta = \frac{1}{\rho B_0} \frac{u V_T^d - d V_T^u}{u - d},$$

于是

$$V_0 = \frac{V_T^u - V_T^d}{S_0(u - d)} S_0 + \frac{1}{\rho B_0} \frac{u V_T^d - d V_T^u}{u - d} B_0 = \frac{1}{\rho} \left(\frac{\rho - d}{u - d} V_T^u + \frac{u - \rho}{u - d} V_T^d \right),$$

这与式 (4.3) 是完全一样的.

上述的分析与结果写成定理形式.

定理 4.1　若市场是无套利的, 即条件 (4.4) 成立, 则存在由式 (4.5)、(4.6) 定义的风险中性测度 Q, 使得定价公式 (4.7) 成立.

4.1.2　欧式期权定价的二叉树方法——不支付红利

假设欧式看涨期权有效期为 $[0, T]$, 把其划分为 N 个小区间 $I_n = [t_n, t_{n+1}]$ $(n = 0, 1, \cdots, N - 1)$, 其中

$$0 = t_0 < t_1 < \cdots < t_N = T.$$

假设股票价格 S 的变化在每一个小区间 I_n 适合单时段-双状态模型, 如此随机变量 S 在 $[0, T]$ 的变化构成了一个二叉树图形 (如图 4.3).

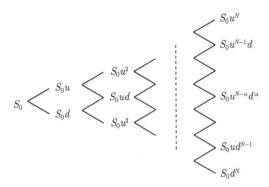

图 4.3 股票价格的二叉树演变

设 S 在初始时刻 $t_0 = 0$ 的价格为 S_0, 则在时刻 $t = t_n$ 的可能价格有 $n+1$ 个, 记为 S_k^n, $k = 0, 1, \cdots, n$. 现在我们假设在每一个小区间 I_n 内股票价格的上涨倍数是常数 u, 下跌倍数也是常数 d, 且满足 (4.4). 如此我们不难得到这 $n+1$ 个股价为

$$S_k^n = S_0 u^{n-k} d^k, \quad k = 0, 1, \cdots, n, \quad 0 \leqslant n \leqslant N. \tag{4.8}$$

对于固定时刻 $t = t_n$, 股票有 $n+1$ 的可能值 S_k^n. k 越小, 股价 S_k^n 的值越大. 相应地期权价格在时刻 $t = t_n$ 也对应有 $n+1$ 值, 记为

$$V_k^n = V(S_k^n, t_n), \quad k = 0, 1, \cdots, n.$$

对于看涨期权, 在到期时 $t = T$ 的价格 $V_T = (S_T - K)^+$ 是一个随机量, 可能的取值为 $V_k^N = (S_0 u^{N-k} d^k - K)^+, k = 0, 1, \cdots, N$. 记

$$\hat{k} = \max \left\{ k \,|\, S_0 u^{N-k} d^k - K \geqslant 0, 0 \leqslant k \leqslant N \right\}.$$

如此期权在 $t = T$ 时刻可能取到的值为

$$V_k^N = S_0 u^{N-k} d^k - K = S_k^N - K, \quad k = 0, 1, \cdots, \hat{k} \tag{4.9}$$

和

$$V_k^N = 0, \quad k = \hat{k} + 1, \cdots, N.$$

现在的问题是: 如何利用上述已知的值 $V_k^N (k = 0, 1, \cdots, N)$, 确定 $V_k^{N-j} (k = 0, \cdots, N-j, j = 0, 1, \cdots, N)$, 特别是确定初始时刻期权金 $V_0^0 = V(S_0, t_0)$.

利用前面单时段-双状态模型, 我们可以反向地逐层求出 V_k^{N-j}, 直至初始时刻的价格 V_0.

首先在第 N 层 (即对应到期日 $t = t_N = T$), 已知 V_k^N, $k = 0, \cdots, N$, 可求出第 $N-1$ 层的 V_k^{N-1}, $k = 0, \cdots, N-1$. 由 (4.7) 可得

$$V_k^{N-1} = \frac{1}{\rho}\left(q_u V_k^N + (1-q_u)V_{k+1}^N\right), \quad k = 0, \cdots, N-1, \tag{4.10}$$

其中 $q_u = \dfrac{\rho-d}{u-d}$, $1-q_u = \dfrac{u-\rho}{u-d}$ 是中性测度 Q 意义下的上涨概率和下跌概率.

其次再次利用单时段-双状态模型, 利用第 $N-1$ 层的期权价值 V_k^{N-1} 可得到第 $N-2$ 层的 V_k^{N-2}:

$$V_k^{N-2} = \frac{1}{\rho}\left(q_u V_k^{N-1} + (1-q_u)V_{k+1}^{N-1}\right), \quad k = 0, \cdots, N-2,$$

再把 (4.10) 代入, 有

$$V_k^{N-2} = \frac{1}{\rho}\left[q_u \frac{1}{\rho}\left(q_u V_k^N + (1-q_u)V_{k+1}^N\right) + (1-q_u)\frac{1}{\rho}\left(q_u V_{k+1}^N + (1-q_u)V_{k+2}^N\right)\right]$$

$$= \frac{1}{\rho^2}\left[q_u^2 V_k^N + 2q_u(1-q_u)V_{k+1}^N + (1-q_u)^2 V_{k+2}^N\right]$$

$$= \frac{1}{\rho^2}\sum_{l=0}^{2} C_2^l q_u^{2-l}(1-q_u)^l V_{k+l}^N,$$

其中 $C_2^l = \dfrac{2!}{l!(2-l)!}$ 是组合数.

最后利用递推公式

$$V_k^{N-j} = \frac{1}{\rho}\left(q_u V_k^{N-j+1} + (1-q_u)V_{k+1}^{N-j+1}\right), \quad k = 0, \cdots, N-j \tag{4.11}$$

及归纳法, 可以得到一般第 $N-j$ 层的期权值 V_k^{N-j}:

$$V_k^{N-j} = \frac{1}{\rho^j}\sum_{l=0}^{j} C_j^l q_u^{j-l}(1-q_u)^l V_{k+l}^N, \quad k = 0, \cdots, N-j,$$

其中 $C_j^l = \dfrac{j!}{l!(j-l)!}$ 是组合数. 特别当 $j = N$, 即得初始时刻的期权价格

$$V_0 = \frac{1}{\rho^N}\sum_{l=0}^{N} C_N^l q_u^{N-l}(1-q_u)^l V_l^N, \tag{4.12}$$

其中 $V_l^N = (S_l^N - K)^+$.

根据 $\hat{k}$ 的定义 (4.9), 当 $k \leqslant \hat{k}$ 时, 期权价值也可以简略地写成

$$V_k^{N-j} = \frac{1}{\rho^j}\sum_{l=0}^{\hat{k}-k} C_j^l q_u^{j-l}(1-q_u)^l\left(S_{k+l}^N - K\right),$$

而在 $k > \hat{k}$ 时, $V_k^{N-j} = 0$.

下面我们进一步改写 V_k^{N-j} 的表达式. 注意到 (4.8), 有 $S_{k+1}^N = S_k^{N-j} u^{j-l} d^l$, 并令 $\hat{q} = \dfrac{uq_u}{\rho}$. 注意到 $q_u = \dfrac{\rho - d}{u - d}$, 故有 $1 - \hat{q} = \dfrac{d}{\rho}(1 - q_u)$, 因此当 $k \leqslant \hat{k}$ 时,

$$V_k^{N-j} = S_k^{N-j} \sum_{l=0}^{\hat{k}-\hat{k}} C_j^l \frac{1}{\rho^j} q_u^{j-l}(1-q_u)^l u^{j-l} d^l - \frac{K}{\rho^j} \sum_{l=0}^{\hat{k}-k} C_j^l q_u^{j-l}(1-q_u)^l$$

$$= S_k^{N-j} \sum_{l=0}^{\hat{k}-\hat{k}} C_j^l \hat{q}^{j-l}(1-\hat{q})^l - \frac{K}{\rho^j} \sum_{l=0}^{\hat{k}-\hat{k}} C_j^l q_u^{j-l}(1-q_u)^l.$$

在 $k > \hat{k}$ 时, $V_k^{N-j} = 0$. 引进函数

$$\Phi(n, m, p) = \sum_{l=0}^{n} C_m^l p^{m-l}(1-p)^l, \tag{4.13}$$

若 $n < 0$, 则理解成 $\Phi(n, m, p) = 0$. 于是有

$$V_k^{N-j} = S_k^{N-j} \Phi(\hat{k} - k, j, \hat{q}) - \frac{K}{\rho^j} \Phi(\hat{k} - k, j, q_u). \tag{4.14}$$

称其为**欧式看涨期权 (不支付红利) 的定价公式**, 其中 $0 \leqslant j \leqslant N, 0 \leqslant k \leqslant N - j$. 特别地初始时刻的期权金为

$$V_0 = V(S_0, 0) = S_0 \Phi(\hat{k}, N, \hat{q}) - \frac{K}{\rho^N} \Phi(\hat{k}, N, q_u). \tag{4.15}$$

下面给出具体的例子, 利用二叉树方法给欧式看涨期权价格.

例 4.1 假设市场是无套利的, 现有一份欧式看涨期权, 有效期是 [0, 3], 其标的股票现价为 $S_0 = 100$ 元, 执行价 $K = 105$ 元. 现划分 [0, 3] 为三个时间段

$$0 = t_0 < t_1 = 1 < t_2 = 2 < t_3 = 3,$$

在每一时间段 $I_n = [t_n, t_{n+1}]$ 里, 股价的上涨与下跌倍数分别为 $u = 1.1, d = 0.9$, 而无风险利率为 $r = 0.05$. 问该期权金为多少?

解 首先利用单时段-双状态的结构, 股价的变化形成了一个二叉树图, 见图 4.4.

其次利用看涨期权定义, 可得期权在期末的价格 $V_k^3 = (S_k^3 - K)^+, k = 0, 1, 2, 3$, 见图 4.5.

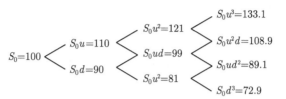

图 4.4　股票价格的二叉树图

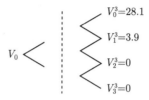

图 4.5　期权到期日的价格

直接利用定价公式 (4.15) 来计算期权金. 此时的参数为 $\hat{k} = 1, \rho = 1 + r = 1.05, q_u = \dfrac{\rho - d}{u - d} = 0.75, \hat{q} = \dfrac{u q_u}{\rho} = 0.7857$, 计算过程中保留 4 位小数. 于是有

$$V_0 = S_0 \sum_{l=0}^{1} C_3^l \hat{q}^{3-l} (1 - \hat{q})^l - \frac{K}{\rho^3} \sum_{l=0}^{1} C_3^l q_u^{3-l} (1 - q_u)^l = 11.6604 \text{ (元)}.$$

即这样一份欧式看涨期权金为 11.6604 元.

　　我们也可以利用单时段-双状态的递推公式 (4.11) 来计算每一个时间节点上的期权价格. 首先计算出在 $t = 2$ 处的期权价格

$$V_k^2 = \frac{1}{\rho} \left(q_u V_k^3 + (1 - q_u) V_{k+1}^3 \right), \quad k = 0, 1, 2,$$

具体计算数据见图 4.6. 同样再利用 (4.11) 计算出在 $t = 1$ 处的价格 V_k^1 $(k = 0, 1)$ 和初始时刻的期权金 $V_0^0 = 11.6618$ (计算过程也保留 4 位小数). 与直接利用公式计算出的值 11.6604 稍稍有些不同, 这是由于计算过程中不同的计算公式引起的舍入误差所引起的.

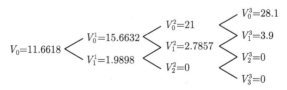

图 4.6　期权价格的二叉树图

基于同样的方法, 可以推导欧式看跌期权的定价公式. 然后下面介绍一种新的思路: 基于**欧式看涨-看跌期权的平价公式**来更方便地进行计算.

分别记 c_t, p_t 为欧式看涨期权和看跌期权 t 在时刻时的价格, 假设无风险利率为常数 r.

定理 4.2 若市场是无套利的, 则成立

$$c_t + K\mathrm{e}^{-r(T-t)} = p_t + S_t, \tag{4.16}$$

其中 K 是期权执行价, 到期日为 T.

证明 在 $t = 0$ 时刻, 构造两个投资组合:

$$\Phi_{1t} = c_t + K\mathrm{e}^{-rT}, \quad \Phi_{2t} = p_t + S_t,$$

其在 $t = T$ 时刻的价值分别是

$$\Phi_{1T} = c_T + K = (S_T - K)^+ + K = \max\{S_T, K\},$$

$$\Phi_{2T} = p_T + S_T = (K - S_T)^+ + S_T = \max\{S_T, K\},$$

即 $\Phi_{1T} = \Phi_{2T}$, 由于市场无套利, 故 $\Phi_{1t} = \Phi_{2t}$, 即成立 (4.16). □

公式 (4.16) 中的因子 $\mathrm{e}^{-r(T-t)}$ 称为**贴现因子** (连续状态下计算复利), 其意义在于若要在 $t = T$ 时刻获得 1 元钱, 则在 t 时刻 $(t < T)$ 时刻需要存入银行 $\mathrm{e}^{-r(T-t)}$ 元钱.

对于二叉树模型, 由于交易时间是在离散时刻 $t = t_n$ 进行, 因此贴现因子也是离散的.

假设在 $t_0 = 0$ 时刻有 B_0 元钱, 放入银行后, 则在 $t = t_1 < t_2 < \cdots < t_n < \cdots < t_N = T$ 时刻的钱分别为

$$B_1 = B_0(1 + r\Delta t),$$

$$B_2 = B_1(1 + r\Delta t) = B_0(1 + r\Delta t)^2,$$

$$\cdots\cdots$$

$$B_n = B_{n-1}(1 + r\Delta t) = \cdots = B_0(1 + r\Delta t)^n,$$

$$\cdots\cdots$$

$$B_N = B_0(1 + r\Delta t)^N = B_n(1 + r\Delta t)^{N-n},$$

其中时间间隔 $\Delta t = t_{n+1} - t_n$ 是常数. 因此贴现的关系即为

$$B_n = \frac{B_N}{(1 + r\Delta t)^{N-n}}.$$

其意义在于若要在 $t_N = T$ 时刻获得 $B_N = 1$ 元钱, 则在 t_n $(t_n < T)$ 时刻需要存入银行 $B_n = \dfrac{1}{(1 + r\Delta t)^{N-n}}$ 元钱. 因此离散时刻的贴现因子是 $\dfrac{1}{(1 + r\Delta t)^{N-n}}$, 记 $\rho = 1 + r\Delta t$ 为时段 $[t_n, t_{n+1}]$ 上无风险资产的复合增长率.

根据 (4.16), 离散情形下的平价公式应是

$$c_k^{N-j} + \frac{K}{\rho^j} = p_k^{N-j} + S_k^{N-j}, \tag{4.17}$$

把 (4.14) 代入上式的 c_k^{N-j}, 有

$$p_k^{N-j} = c_k^{N-j} + \frac{K}{\rho^j} - S_k^{N-j} = S_k^{N-j}[\Phi(\hat{k} - k, j, \hat{q}) - 1] + \frac{K}{\rho^j}[1 - \Phi(\hat{k} - k, j, q_u)].$$

根据函数 $\Phi(n, m, p)$ 的定义 (4.13), 由于

$$\Phi(m, m, p) = \sum_{l=0}^{m} C_m^l p^{m-l}(1-p)^l = (p + (1-p))^m = 1,$$

于是

$$1 - \Phi(\hat{k} - k, j, q_u) = \Phi(j, j, q_u) - \Phi(\hat{k} - k, j, q_u) = \sum_{l=\hat{k}-k+1}^{j} C_j^l q_u^{j-l}(1-q_u)^l.$$

记函数

$$\Psi(n, m, p) = \sum_{l=n+1}^{m} C_m^l p^{m-l}(1-p)^l, \quad m \geqslant n+1, \tag{4.18}$$

于是我们得到**欧式看跌期权的定价公式**

$$p_k^{N-j} = \frac{K}{\rho^j}\Psi(\hat{k} - k, j, q_u) - S_k^{N-j}\Psi(\hat{k} - k, j, \hat{q}), \tag{4.19}$$

其中 $0 \leqslant k \leqslant N - j, 0 \leqslant j \leqslant N$. 特别初始时刻的期权金为

$$p_0 = \frac{K}{\rho^N}\Psi(\hat{k}, N, q_u) - S_0\Psi(\hat{k}, N, \hat{q}). \tag{4.20}$$

例 4.2 利用例 4.1 的数据, 计算欧式看跌期权初始时刻的价格.

解 利用平价公式 (4.17), 我们可以得到

$$p_0 = c_0 - S_0 + \frac{K}{\rho^3} = 11.7589 - 100 + \frac{105}{1.05^3} = 2.4618.$$

4.1.3 欧式期权定价的二叉树方法——支付红利

现在我们就来推导标的资产在有红利情况下的期权定价. 假设红利是以连续形式支付的. 与不考虑红利模型不同的是, 发放红利对资产价格和期权价格均有影响: 由无套利原理, 红利的发放会使标的资产价格下跌, 因为红利支付是资产价值的一部分现金流出, 所以在构建二叉树时需要对资产价格的变化路径进行调整. 同样考虑到无套利原理, 期权的价值对标的资产由于红利的发放而引起的下跌不变.

定价问题: 假设在 $t = 0$ 时风险资产的价格为 S_0, 在未来 $t = T$ 时刻的价格可能上涨到 S_T^u 或下跌到 S_T^d, 而在该时段风险资产获取红利率为 q (单位时间, 单位股票价格的现金大小). 现要推出一张到期日为 T, 执行价为 K 的欧式看涨期权. 在 $[0, T]$ 内, 假设无风险资产 B_t 的年利率为 r. 问该期权金 $V_0 =$?

我们只需考虑在 $[t, t + \Delta t]$ 单时段-双状态情形下的定价, 假设风险资产 S 的上涨倍数为 $u > 1$, 下跌倍数为 $d < 1$.

根据题意, 若不考虑红利率, 风险资产价格 S_t 在 $[t, t + \Delta t]$ 时段内的变化为图 4.7.

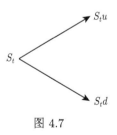

图 4.7

但由于 S_t 在 $[t, t + \Delta t]$ 时段内有红利, 因此风险资产 S_t 的实际价值在 $[t, t + \Delta t]$ 内的变化为图 4.8.

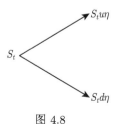

图 4.8

其中 $\eta = 1 + q\Delta t$. 相应地, 期权的变化为图 4.9.

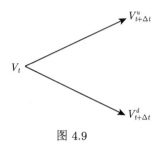

图 4.9

我们还是采用 Δ-对冲的策略, 即选取 Δ 份额的风险资产 S, 并出售一份期权 V, 使得投资组合

$$\Phi = \Delta S - V$$

在 $[t, t + \Delta t]$ 时段内是无风险的. 因此 $\Phi_{t+\Delta t}$ 为其原 Φ_t 的 ρ 倍, 即

$$\Phi_{t+\Delta t} = \rho \Phi_t,$$

其中 $\rho = 1 + r\Delta t$ (不计复利). 于是可得

$$\Phi_{t+\Delta t} = \Delta S_{t+\Delta t} - V_{t+\Delta t} = \rho \Phi_t = \rho \Delta S_t - V_t, \tag{4.21}$$

由于 $S_{t+\Delta t}, V_{t+\Delta t}$ 都是随机变量, 因此在 $t + \Delta t$ 时刻,

$$\Phi_{t+\Delta t} = \Delta S_{t+\Delta t} - V_{t+\Delta t} = \begin{cases} \Delta S_t u\eta - V_{t+\Delta t}^u, & \text{标的资产上涨}, \\ \Delta S_t d\eta - V_{t+\Delta t}^d, & \text{标的资产下跌}. \end{cases} \tag{4.22}$$

求解关于未知量 Δ 和 V_t 的方程组 (4.21) 和 (4.22), 可得 $\Delta = \dfrac{V_{t+\Delta t}^u - V_{t+\Delta t}^d}{S_t \eta (u - d)}$ 和

$$V_t = \frac{1}{\rho} \left(\hat{q}_u V_{t+\Delta t}^u + \hat{q}_d V_{t+\Delta t}^d \right), \tag{4.23}$$

其中

$$\hat{q}_u = \frac{\rho/\eta - d}{u - d}, \quad \hat{q}_d = \frac{u - \rho/\eta}{u - d}.$$

假设 $d\eta < \rho < u\eta$, 于是有

$$0 < \hat{q}_u, \hat{q}_d < 1, \quad \hat{q}_u + \hat{q}_d = 1,$$

$$V_t = \frac{1}{\rho} \left(\hat{q}_u V_{t+\Delta t}^u + \hat{q}_d V_{t+\Delta t}^d \right) = \frac{1}{\rho} \mathbb{E}^Q \left[V_{t+\Delta t} \right].$$

这是在单时段 $[t, t+\Delta t]$ 双状态下欧式看涨 (支付红利) 期权的定价. 类似于不支付红利情形的推导, 利用归纳法可以导出多时段欧式看涨期权 (支付红利) 的定价公式:.

$$V_k^{N-j} = V\left(S_k^{N-j}, t_{N-j}\right) = \frac{S_k^{N-j}}{\eta^j}\Phi\left(\hat{k}-k, j, \tilde{q}_u\right) - \frac{K}{\rho^j}\Phi\left(\hat{k}-k, j, \hat{q}_u\right). \quad (4.24)$$

其中 $0 \leqslant k \leqslant N-j$, $0 \leqslant j \leqslant N$, $\tilde{q}_u = \dfrac{u\hat{q}_u\eta}{\rho}$, $\hat{k}$ 的定义见 (4.9) , 函数 Φ 的定义见 (4.13). 特别可得初始时刻的期权金为

$$V_0 = V\left(S_0, t_0\right) = \frac{S_0}{\eta^N}\Phi\left(\hat{k}, N, \tilde{q}_u\right) - \frac{K}{\rho^N}\Phi\left(\hat{k}, N, \hat{q}_u\right). \quad (4.25)$$

与不支付红利情形类似地可得欧式看跌期权 (支付红利) 的定价公式:

$$p_k^{N-j} = \frac{K}{\rho^j}\Psi\left(\hat{k}-k, j, \hat{q}_u\right) - \frac{S_k^{N-j}}{\eta^j}\Psi\left(\hat{k}-k, j, \tilde{q}_u\right), \quad (4.26)$$

其中 Ψ 的定义见 (4.18).

4.2 美式期权定价的二叉树方法

美式期权具有提前实施的条款. 在什么情况下考虑提前实施呢? 如果看涨期权的价值满足

$$C_t > (S_t - K)^+,$$

即在 t 时刻期权的价值大于实施所带来的收益, 显然此时去提前实施是不明智的. 那么是否会出现 $C_t < (S_t - K)^+$? 回答是不可能的. 事实上对于看涨期权 C 和看跌期权 P, 有下面的定理.

定理 4.3 若市场是无套利的, 则对任意 $t \in [0, T]$, 成立

$$C_t \geqslant (S_t - K)^+, \quad (4.27)$$

$$P_t \geqslant (K - S_t)^+. \quad (4.28)$$

证明 以看涨期权为例证明 (4.27). 反证, 若有 $t \in [0, T]$, $C_t < (S_t - K)^+$, 由于 $C_t \geqslant 0$, 故

$$0 \leqslant C_t < (S_t - K)^+ = S_t - K. \quad (4.29)$$

于是投资人可以在 t 时刻用 C_t 的钱购入一张美式看涨期权, 然后马上实施该期权, 即支付 K 现金购入一份股票, 并在金融市场抛出该股票, 得款 S_t. 注意到 (4.29), 如此投资人即刻获得现金

$$S_t - K - C_t > 0,$$

其是无风险收益, 即存在套利, 与无套利市场假设矛盾.　　　　　　　　　□

由于不支付红利的美式看涨期权和欧式的相同 (证明过程见参考文献 [8] 中的定理 2.5), 因此我们仅考虑美式看跌期权.

下面我们用二叉树方法来定价美式期权. 由于美式期权可以在到期日之前的任何时间行权. 因此要求在二叉树的每个节点上都要判断提前行权是否为最优策略. 从而在构建二叉树图并倒推计算期权价值时, 每个节点的期权价值取继续持有期权的价值和立即行权的价值中的最大值. 其交易策略, 即是否提前实施期权依赖于以上两者的大小关系: 如果继续持有期权的价值大于立即行权的价值, 则继续持有期权; 否则立即实施期权. 由此可见, 对美式期权来说, 其是否提前实施期权与期权的价值是密不可分的.

首先看一个具体例子.

例 4.3　采用例 4.1 的全部数据, 利用二叉树的单时段-双状态结构, 为美式看跌期权定价.

解　股票价格的演变还是如同欧式期权的股票价格的二叉树图 4.4. 而在到期日的看跌期权价格为 $V_k^3 = \left(K - S_k^3\right)^+$, $k = 0, 1, 2, 3$, 见图 4.10.

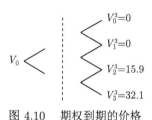

图 4.10　期权到期的价格

注意到美式期权具有提前实施的条款, 即在任何时刻成立 (4.28), 且在离散情形下的每一节点 $(N - j, k)$ 上有

$$V_k^{N-j} \geqslant \left(K - S_k^{N-j}\right)^+, \quad k = 0, 1, \cdots, N-j, \ j = 0, 1, \cdots, N. \tag{4.30}$$

因此在每一时段里按 (4.11) 进行反向递推计算后的值, 还须与 $\left(K - S_k^{N-j}\right)^+$ 值进行比较, 取两者中大的一个值作为 V_k^{N-j}, 即

$$V_k^{N-j} = \max\left\{\frac{1}{\rho}\left(q_u V_k^{N-j+1} + (1 - q_u) V_{k+1}^{N-j+1}\right), \left(K - S_k^{N-j}\right)^+\right\},$$

$$k = 0, \cdots, N-j, \tag{4.31}$$

其中 $q_u = \dfrac{\rho - d}{u - d}$. 由此递推公式, 可以计算出 $t = 2$ 层上的期权值

$$V_0^2 = \max\left\{ \frac{1}{\rho}\left(q_u V_0^3 + (1-q_u)V_1^3\right), \left(K - S_0^2\right)^+ \right\}$$

$$= \max\left\{ \frac{1}{1.05}(0.75 \times 0 + 0.25 \times 0), (105 - 121)^+ \right\} = 0,$$

$$V_1^2 = \max\left\{ \frac{1}{\rho}\left(q_u V_1^3 + (1-q_u)V_2^3\right), \left(K - S_1^2\right)^+ \right\} = 6,$$

$$V_2^2 = \max\left\{ \frac{1}{\rho}\left(q_u V_2^3 + (1-q_u)V_3^3\right), \left(K - S_2^2\right)^+ \right\} = 24.$$

进一步可计算出 $t = 1$ 层上的期权值和最后的期权金

$$V_0^1 = 1.4286, \quad V_1^1 = 15, \quad V_0 = 4.5919.$$

图 4.11 是美式期权价格的二叉树图. 由于美式期权有了提前实施的条款, 因此期权金自然比欧式期权金 2.4618 的要贵.

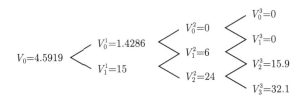

图 4.11　美式期权价格的二叉树图

下面我们用二叉树方法来导出一般美式看跌期权的定价公式.

由于美式期权具有提前实施的条款, 因此在每时段中满足递推公式 (4.31). 进行反向递推, 将递推计算得到的值与 $\left(K - S_k^{N-j}\right)^+$ 值进行比较, 取两者中大的一个值即可. 具体过程如下:

N 层时,

$$V_k^N = \left(K - S_k^N\right)^+, \quad k = 0, 1, \cdots, N.$$

$N - 1$ 层时,

$$V_k^{N-1} = \max\left\{ \frac{1}{\rho}\left(q_u V_k^N + (1-q_u)V_{k+1}^N\right), \left(K - S_k^{N-1}\right)^+ \right\}, \quad k = 0, \cdots, N-1.$$

一般地, 利用递推公式 (4.31), 最终可推出 $j = N$ 时, 即初始时刻的期权金 V_0. (4.31) 称为**美式看跌期权的定价公式** (不支付红利).

无论是看涨看跌, 还是支付红利与否, 欧式期权的价格都有一个显式表达式 (4.14)、(4.19) 或 (4.24)、(4.26), 因而期权金也可以直接由 (4.15) 或 (4.20) 或 (4.25) 得到. 而美式期权则没有这样的显式表达式, 得到的只是递推形式的公式 (4.31).

下面我们来分析美式期权的性质. 为叙述方便, 假设 $ud = 1$, 即 $d = u^{-1}$, 从而由 (4.8) 式确定的股票价格 $S_k^n = S_0 u^{n-k} d^k = S_0 u^{n-2k}$　$(k = 0, 1, \cdots, n)$. 每一层标的资产价格可简单表示为

$$S_j = S_0 u^j, \quad j = n, n-2, \cdots, -n+2, -n.$$

不妨假设 $S_0 = 1$. 在 (S, t) 平面上形成一个 (S_j, t_n) 的网格如图 4.12.

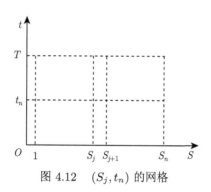

图 4.12　(S_j, t_n) 的网格

$$0 < \cdots < S_j < S_{j+1} < \cdots,$$
$$0 = t_0 < \cdots < t_n < \cdots < t_N = T,$$

其中网格线 $S_j = u^j, j = 0, \pm 1, \cdots, t_n = n\Delta t, \quad n = 0, 1, \cdots, N, \quad \Delta t = \dfrac{T}{N}$. 现记 $V_j^n = V(S_j, t_n)$. 于是若把定价递推公式 (4.31) 中的 V_k^{N-j} 记为 V_j^n, 则 (4.31) 可改写成

$$V_j^n = \max\left\{ \frac{1}{\rho}\left(q_u V_{j+1}^{n+1} + (1-q_u)V_{j-1}^{n+1}\right), \varphi_j \right\}, \quad j = 0, \pm 1, \cdots, \pm n, \quad (4.32)$$

其中 $\varphi_j = (K - S_j)^+$.

定理 4.4　美式看跌期权的价格 V_j^n, $n = 0, 1, \cdots, N; j = 0, \pm 1, \cdots$ 满足

$$V_j^n \geqslant V_{j+1}^n, \tag{4.33}$$

$$V_j^{n-1} \geqslant V_j^n. \tag{4.34}$$

即美式看跌期权的价格关于时间是单调递减的, 关于股票价格也是单调递减的.

证明 关于 n 用倒向归纳法来证明, 先证 (4.33).

当 $n = N$ 时, 由于 $S_j = u^j (u > 1)$ 是 j 的递增函数, 因此 $V_j^N = (K - S_j)^+$ 关于 j 是非增函数, 结论成立.

设 $n = k + 1$ 成立, 则 $n = k$ 时, 由 (4.32),

$$
\begin{aligned}
V_j^k &= \max \left\{ \frac{1}{\rho} \left(q_u V_{j+1}^{k+1} + (1 - q_u) V_{j-1}^{k+1} \right), \varphi_j \right\} \\
&\geqslant \max \left\{ \frac{1}{\rho} \left(q_u V_{j+2}^{k+1} + (1 - q_u) V_j^{k+1} \right), \varphi_{j+1} \right\} = V_{j+1}^k,
\end{aligned}
$$

即 (4.33) 成立.

再证 (4.34), 当 $n = N$ 时, 由于看跌期权价在任何时刻都不低于收益 (见 (4.28)), 故 $V_j^{N-1} \geqslant \varphi_j = V_j^N$, 结论成立. 同样假设 $n = k + 1$ 成立, 则 $n = k$ 时, 由 (4.32),

$$
V_j^k \geqslant \max \left\{ \frac{1}{\rho} \left(q_u V_{j+1}^{k+2} + (1 - q_u) V_{j-1}^{k+2} \right), \varphi_j \right\} = V_j^{k+1},
$$

所以 (4.34) 成立. $\qquad \square$

(4.33) 的金融意义是明确的, 即相同的时间节点上, 标的资产越高 $S_{j+1} \geqslant S_j$, 则看跌期权价值越小. 而 (4.34) 的金融意义是: 对同样的标的资产价格, 时间越接近于到期日 $t_N = T$, 则看跌期权价值越小, 或者说越接近于收益函数 $V_j^N = (K - S_j)^+$. 注意到看跌期权在任何时刻都是满足 $V_j^n \geqslant (K - S_j)^+$ 的.

定理 4.5 对每一时刻 $t_n (0 \leqslant n \leqslant N)$, 存在 $j = j_n$, 使得

$$
\begin{cases}
V_j^n = \varphi_j, & j \leqslant j_n, \\
V_j^n > \varphi_j, & j = j_n + 1, \\
V_j^n \geqslant \varphi_j, & j \geqslant j_n + 2
\end{cases}
$$

且 $j_0 \leqslant \cdots \leqslant j_k \leqslant j_{k+1} \leqslant \cdots \leqslant j_N$.

证明比较长, 基本思想也是关于 n 用反向归纳, 详见文献 [8] 中定理 3.5 的证明.

我们着重分析美式看跌期权满足上述性质的金融意义.

在时间区间 $[0, T]$ 上, 利用股价 S 在时间节点 $t_n = n\Delta t$ 上的值 $S_{j_n} = u^{j_n}$ 在 (S, t) 平面上构造一条折线 (曲线) $S = S_\Delta(t)$:

$$
S_\Delta(t) = \begin{cases}
u^{j_n}, & t = t_n, \\
\dfrac{u^{j_{n+1}}}{t_{n+1} - t_n} (t - t_n) + \dfrac{u^{j_n}}{t_n - t_{n+1}} (t - t_{n+1}), & t_n < t < t_n,
\end{cases}
$$

注意到 j_n 的性质, 该曲线如图 4.13.

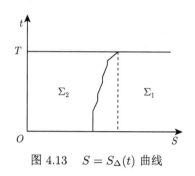

图 4.13 $S = S_\Delta(t)$ 曲线

曲线 $S = S_\Delta(t)$ 把区域 $\Omega = \{(S,t) \mid 0 \leqslant S < \infty, 0 \leqslant t \leqslant T\}$ 分成了两部分: Σ_1 和 Σ_2, 其中 Σ_1 区域内的节点 (S_j, t_n) 满足 $j > j_n$, $0 \leqslant n \leqslant N$. Σ_2 区域内的节点 (S_j, t_n) 满足 $j < j_n, 0 \leqslant n \leqslant N$, 其中 $S_j = u^j$.

根据定理 4.5, 在 Σ_1 内的节点上,

$$V_j^n \geqslant \varphi_j,$$

而且在绝大多数节点上 (在曲线 $S = S_\Delta(t)$ 的右侧),

$$V_j^n = \frac{1}{\rho} \left(q_u V_{j+1}^{n+1} + (1 - q_u) V_{j-1}^{n+1} \right) > \varphi_j.$$

而在 Σ_2 内的节点上,

$$V_j^n = \varphi_j,$$

由 (4.32),

$$V_j^n \geqslant \frac{1}{\rho} \left(q_u V_{j+1}^{n+1} + (1 - q_u) V_{j-1}^{n+1} \right).$$

由于在区域 Σ_1 内期权的价值大于 (等于) 实施期权所获得的收益, 因此持有人应该继续持有这张期权, 而不要急于实施, 所以我们就把区域 Σ_1 称为**持有区域**. 而在区域 Σ_2 内, 由于

$$q_u V_{j+1}^{n+1} + (1 - q_u) V_{j-1}^{n+1} \leqslant \rho V_j^n,$$

这表明在区域 Σ_2 内的节点上, 期权的期望收益率不超过无风险利率, 因此持有人应终止该期权, 立即实施. 所以我们称区域 Σ_2 为**实施区域**.

而这两个区域的分界线即为曲线 $S = S_\Delta(t)$, 在金融上我们就称之为**最佳实施边界**. 在理论上, 若能找到这样的最佳实施边界就显得相当有意义.

4.3 欧式期权定价的有限差分方法

本节以欧式期权为例, 介绍有限差分方法求解期权定价的基本原理和过程. 然后在后续的章节中分别介绍美式期权、障碍期权和亚式期权定价的有限差分方法.

有限差分方法求解期权价格的基本思路如下.

(1) 利用第 3 章提到的衍生品定价的无套利原理以及对冲技巧, 推导期权价格满足的偏微分方程.

(2) 对偏微分方程中的导数进行离散化处理: 将连续的时间和价格区间划分成若干个小的时间步长和价格步长, 在网格点上近似计算期权价格的偏导数, 得到离散的差分方程. 从而可以使用数值方法进行求解.

(3) 根据期权的特点确定边界条件及终值条件, 并进行离散化处理.

(4) 从期权到期日的终值条件开始. 按照时间的逆序. 利用差分方程逐步计算每个网格点上的期权价格. 直到得到当前时刻的期权价格. 如果想要得到特定标的资产价格下的期权价格, 可以通过插值或直接在网格中找到对应的价格值.

下面先利用 Δ-对冲及无套利原理推导欧式期权满足的 Black-Scholes 方程, 其基本思路与本章 4.1.1 节的二叉树的对冲方法类似. 但是对于连续模型来说, 资产价格满足一个随机微分方程, 因此计算连续时间的期权价格微分时需要用到第 1 章 1.4.5 节学过的**伊藤微分公式**.

基本假设

(1) 标的资产价格满足如下的几何布朗运动:

$$\frac{\mathrm{d}S(t)}{S(t)} = (\mu - q)\mathrm{d}t + \sigma \mathrm{d}W_t, \tag{4.35}$$

其中 μ 为**期望回报率** (expected return rate), q 为 **红利率** (dividend rate), σ 为 **波动率** (volatility), W_t 为**标准布朗运动** (standard Brownian motion).

(2) 无风险利率 r 和股票红利率 q 皆为常数.

(3) 原生资产不支付股息.

(4) 不支付**交易费用** (transaction cost) 和**税收** (tax).

(5) 不存在套利机会.

设 (S,t) 的两元函数 $V = V(S,t)$ 是欧式期权的价格, 则显然在期权的到期日 $t = T$ 时,

$$V(S,T) = \begin{cases} (S-K)^+, & \text{看涨期权,} \\ (K-S)^+, & \text{看跌期权,} \end{cases}$$

这里 K 是期权的敲定价格.

下面利用 Δ-对冲, 给出期权价格满足的偏微分方程. 为此在时刻 t 构造投资组合:

$$\Pi_t = V_t - \Delta S(t),$$

其中 Δ 表示标的资产的份额, V_t 表示随机过程: $V_t = V(S(t), t)$, $\Delta S(t)$ 前的负号 "−" 表示 Δ 份股票是做空的. 因此当股票价格从 $S(t)$ 变为 $S(t + \Delta t)$ 时, 由此而获得的收益为

$$-\Delta(S(t + \Delta t) - S(t)).$$

希望选取合适的 Δ 使得在 $(t, t + dt)$ 时段内, Π_t 是无风险的.

假设在时段 $(t, t + dt)$ 内, 不改变份额 Δ, 由于 Π_t 是无风险的, 因此由无套利原理, 在时刻 $t + \Delta t$, 投资组合的在单位时间的回报率应为 r:

$$\Pi_{t+dt} - \Pi_t = r\Pi_t dt,$$

注意到市场股票红利的存在, 因此股票持有者在 $t + dt$ 时刻价值: $S(t + dt) + qS(t)dt$, 即得

$$dV_t - \Delta(dS(t) + qS(t)dt) = r\Pi_t dt = r(V_t - \Delta S(t))dt. \tag{4.36}$$

由于

$$V_t = V(S(t), t),$$

其中 $S(t)$ 是由随机微分方程 (4.35) 确定的随机过程, 因此由 1.4.5 节介绍的伊藤微分公式,

$$dV_t = \left(\frac{\partial V}{\partial t} + \frac{1}{2}\sigma^2 S^2 \frac{\partial^2 V}{\partial S^2} + (\mu - q)S\frac{\partial V}{\partial S}\right)dt + \sigma S\frac{\partial V}{\partial S}dW_t.$$

把它代入 (4.36) 得

$$\left(\frac{\partial V}{\partial t} + \frac{1}{2}\sigma^2 S^2 \frac{\partial^2 V}{\partial S^2} + (\mu - q)S\frac{\partial V}{\partial S} - \Delta(\mu - q)S\right)dt - q\Delta S dt$$

$$+ \sigma S\left(\frac{\partial V}{\partial S} - \Delta\right)dW_t = r(V - \Delta S)dt. \tag{4.37}$$

由于上面等式右端是无风险的, 为了使得等式成立, 左端的随机项 dW_t 的系数必为 0, 即

$$\Delta = \frac{\partial V}{\partial S}. \tag{4.38}$$

再将它代入 (4.37), 并消去 dt 得到

$$\frac{\partial V}{\partial t} + \frac{1}{2}\sigma^2 S^2 \frac{\partial^2 V}{\partial S^2} + (r-q)S\frac{\partial V}{\partial S} - rV = 0.$$

这就是期权价格 $V(S,t)$ 满足的偏微分方程——**Black-Scholes 方程**.

将以上的推导总结如下, 期权价格 $V(S,t)$ 在期权合约有效期内及所有股票价格形成的区域

$$\Omega = \{(S,t) \mid 0 < S < \infty, \ 0 \leqslant t < T\}$$

内满足下列偏微分方程定解问题:

$$\begin{cases} \dfrac{\partial V}{\partial t} + \dfrac{1}{2}\sigma^2 S^2 \dfrac{\partial^2 V}{\partial S^2} + (r-q)S\dfrac{\partial V}{\partial S} - rV = 0, & (S,t) \in \Omega, \quad (4.39\text{a}) \\ V|_{t=T} = \begin{cases} (S-K)^+, & \text{看涨期权}, \\ (K-S)^+, & \text{看跌期权}. \end{cases} & (4.39\text{b}) \end{cases}$$

(4.39a) 是一个**变系数倒向抛物型方程**, 而定解问题 (4.39a)—(4.39b) 是一个终值定解问题: 即在 $0 \leqslant t < T$ 时段内求解 $V = V(S,t)$, 使它适合方程 (4.39a) 和终值条件 (4.39b).

下面求解定解问题 (4.39). 为了求解方便, 先作自变量替换 $x = \ln S$, 则上述终值问题成为常系数的偏微分方程的终值问题:

$$\begin{cases} \dfrac{\partial V}{\partial t} + \dfrac{\sigma^2}{2}\dfrac{\partial^2 V}{\partial x^2} + \left(r-q-\dfrac{\sigma^2}{2}\right)\dfrac{\partial V}{\partial x} - rV = 0, & (x,t) \in \Omega_1, \quad (4.40\text{a}) \\ V(x,T) = \varphi(x), & (4.40\text{b}) \end{cases}$$

经过自变量变换后, 求解区域变成 $\Omega_1 = \{-\infty < x < \infty, 0 < t \leqslant T\}$. 对于看涨期权, $\varphi(x) = (\mathrm{e}^x - K)^+$, 对于看跌期权, $\varphi(x) = (K - \mathrm{e}^x)^+$.

下面用差商来离散化上述终值问题.

4.3.1 显格式

首先对求解区域 Ω_1 进行网格剖分: 选取适当步长 Δx 和 $\Delta t = \dfrac{T}{N}$, 用直线 $x_m = m\Delta x, \ m = 0, \pm 1, \pm 2, \cdots$ 和 $t_n = n\Delta t, \ n = 0, 1, \cdots, N$ 划分区域 Ω_1, 记 $V_m^n = V(x_m, t_n)$.

其次在节点 (x_m, t_{n+1}) 处离散方程 (4.40a) 中的各阶导数和终值条件 (4.40b). 对一阶导数项 $\dfrac{\partial V}{\partial t}$, 用后差商离散逼近, 对 x 的一阶导数和二阶导数项用中心差

商逼近, 得

$$
\begin{cases}
\dfrac{V_m^{n+1} - V_m^n}{\Delta t} + \dfrac{\sigma^2}{2} \dfrac{V_{m+1}^{n+1} - 2V_m^{n+1} + V_{m-1}^{n+1}}{\Delta x^2} + \left(r - q - \dfrac{\sigma^2}{2} \right) \dfrac{V_{m+1}^{n+1} - V_{m-1}^{n+1}}{2\Delta x} \\
\quad - rV_m^{n+1} = 0, \\
V_m^N = \varphi\left(x_m \right).
\end{cases}
$$

由第 1 章差商离散的截断误差分析可知, 向后差商离散 t 的一阶导数的截断误差为 $O(\Delta t)$, 中心差商离散 x 的一阶和二阶导数的截断误差都是 $O\left(\Delta x^2 \right)$, 也即近似上述方程的截断误差界为 $O\left(\Delta t + \Delta x^2 \right)$.

考虑到稳定性的要求, 进一步把上面离散方程等式左边的最后一项 V_m^{n+1} 用 V_m^n 替代, 可得

$$
\dfrac{V_m^{n+1} - V_m^n}{\Delta t} + \dfrac{\sigma^2}{2} \dfrac{V_{m+1}^{n+1} - 2V_m^{n+1} + V_{m-1}^{n+1}}{\Delta x^2} + \left(r - q - \dfrac{\sigma^2}{2} \right) \dfrac{V_{m+1}^{n+1} - V_{m-1}^{n+1}}{2\Delta x} - rV_m^n = 0,
$$
$$
\tag{4.41}
$$

由于用 V_m^n 替代 V_m^{n+1} 的截断误差为 $O(\Delta t)$, 因此 (4.41) 近似 (4.40a) 的截断误差阶仍然是 $O\left(\Delta t + \Delta x^2 \right)$. 注意到 (4.40) 是一个终值问题, 因此对于离散问题的求解次序是: 已知在第 $n+1$ 层上的值 V_m^{n+1}, 要求解第 n 层上的值 V_m^n. 于是由 (4.41) 得到

$$
V_m^n = \frac{1}{1 + r\Delta t} \left[\left(1 - \frac{\sigma^2 \Delta t}{\Delta x^2} \right) V_m^{n+1} + \left(\frac{\sigma^2 \Delta t}{2\Delta x^2} + \frac{1}{2} \left(r - q - \frac{\sigma^2}{2} \right) \frac{\Delta t}{\Delta x} \right) V_{m+1}^{n+1} \right.
$$
$$
\left. + \left(\frac{\sigma^2 \Delta t}{2\Delta x^2} - \frac{1}{2} \left(r - q - \frac{\sigma^2}{2} \right) \frac{\Delta t}{\Delta x} \right) V_{m-1}^{n+1}, \right.
$$
$$
n = N - 1, \cdots, 0, \ m = 0, \pm 1, \pm 2, \cdots .
\tag{4.42}
$$

利用已知的终值条件 $V_m^N = \varphi(x_m)$, 我们可以逐层求出每一层上的值. 称 (4.42) 为求解 (4.40) 的**倒向差分显格式**.

根据前面的分析, 格式 (4.42) 的截断误差阶为 $O\left(\Delta t + \Delta x^2 \right)$. 关于此格式的稳定性, 我们有下列定理.

定理 4.6　记 $\gamma = \dfrac{\sigma^2 \Delta t}{\Delta x^2}$, 则当 $\gamma \leqslant 1$, 以及

$$
1 - \frac{1}{\sigma^2} \left| r - q - \frac{\sigma^2}{2} \right| \Delta x \geqslant 0
\tag{4.43}
$$

时, 格式 (4.42) 是稳定的, 即每层计算传递到下一层的误差是可控的.

证明 记

$$V^{(n)} = \left(\cdots, V_{-m}^n, \cdots, V_{-1}^n, V_0^n, V_1^n, \cdots, V_m^n, \cdots\right)^{\mathrm{T}}, V_*^n = \max_{-\infty < m < \infty} |V_m^n|.$$

按照稳定性要求, 我们只要证对任意 $0 \leqslant n < N$,

$$V_*^n \leqslant \frac{1}{1+r\Delta t} V_*^{n+1}$$

即可.

注意到在条件 (4.43) 下, 格式 (4.42) 等号右边的系数都是非负的, 于是

$$|V_m^n| \leqslant \frac{1}{1+r\Delta t}\left[(1-\gamma)\left|V_m^{n+1}\right| + \frac{\gamma}{2}\left(1 + \frac{1}{\sigma^2}\left(r - q - \frac{\sigma^2}{2}\right)\Delta x\right)\left|V_{m+1}^{n+1}\right| \right.$$

$$\left. + \frac{\gamma}{2}\left(1 - \frac{1}{\sigma^2}\left(r - q - \frac{\sigma^2}{2}\right)\Delta x\right)\left|V_{m-1}^{n+1}\right| \right]$$

$$\leqslant \frac{1}{1+r\Delta t}\left[(1-\gamma) + \frac{\gamma}{2} + \frac{\gamma}{2\sigma^2}\left(r - q - \frac{\sigma^2}{2}\right)\Delta x \right.$$

$$\left. + \frac{\gamma}{2} - \frac{\gamma}{2\sigma^2}\left(r - q - \frac{\sigma^2}{2}\right)\Delta x\right]V_*^{n+1}$$

$$= \frac{1}{1+r\Delta t}V_*^{n+1}.$$

所以格式是稳定的. □

注意到使得显格式 (4.42) 稳定是有条件的, 即时间和资产价格方向的步长必须满足一定条件, 因此称格式 (4.42) 是**条件稳定**的. 由于 Δx 可以取得充分小, 因此条件 (4.43) 总可以满足. 所以使得显格式 (4.42) 稳定的本质条件是 $\gamma \leqslant 1$ (称 γ 为步长比).

边界条件的处理 在实际计算时, 不可能在每一层上去计算无数个 $V_m^n, m = 0, \pm 1, \pm 2, \cdots$, 而只能是计算有限个值, 即计算 $V_m^n, m = 0, \pm 1, \pm 2, \cdots \pm M$, 那么 M 取多少为宜?

我们从金融意义上来考虑. 以看涨期权为例, 显然, 当标点资产 $S = 0$ 时, 期权是没有价值的, 因此 $V = 0$, 即 $V(0, t) = 0$; 而当 $S \to +\infty$, 期权价值也无限增大, 即 $V \to +\infty$, 因此当 $S \to +\infty$ 时, 可以认为 $V(S, t)$ 与 S 是等价量的, 如此我们可以在原来终值问题 (4.39), 加上边界条件:

$$\begin{cases} V(0, t) = 0, & 0 \leqslant t \leqslant T, \\ \lim_{S \to +\infty} \dfrac{V(S, t)}{S} = 1, & 0 \leqslant t \leqslant T. \end{cases}$$

在变量替换 $x = \ln S$ 下, 有

$$
\begin{cases}
V(-\infty, t) = 0, & 0 \leqslant t \leqslant T, \\
\lim\limits_{x \to +\infty} \dfrac{V(x,t)}{\mathrm{e}^x} = 1, & 0 \leqslant t \leqslant T.
\end{cases}
$$

于是可取适当大的 $X > 0$, 得到近似边界条件:

$$
\begin{cases}
V(-X, t) = 0, & 0 \leqslant t \leqslant T, \\
V(X, t) = \mathrm{e}^X, & 0 \leqslant t \leqslant T.
\end{cases}
$$

这样 (4.40) 的求解区域为 $\Omega_X = \{-X \leqslant x \leqslant X, 0 \leqslant t < T\}$. 离散节点 (x_m, t_n), 其中 $x_m = m\Delta x$, $m = 0, \pm 1, \pm 2, \cdots, \pm M$, $\Delta x = \dfrac{X}{M}$ 和 $t_n = n\Delta t, n = 0, 1, \cdots, N, \Delta t = \dfrac{T}{N}$.

如此我们得到终值问题 (4.40) 数值计算的**差分显格式**.

对 $n = N-1, N-2, \cdots, 1, 0$, 逐层计算

$$
V_m^n = \frac{1}{1 + r\Delta t} \left[\left(1 - \frac{\sigma^2 \Delta t}{\Delta x^2} \right) V_m^{n+1} + \left(\frac{\sigma^2 \Delta t}{2\Delta x^2} + \frac{1}{2} \left(r - q - \frac{\sigma^2}{2} \right) \frac{\Delta t}{\Delta x} \right) V_{m+1}^{n+1} \right.
$$
$$
\left. + \left(\frac{\sigma^2 \Delta t}{2\Delta x^2} - \frac{1}{2} \left(r - q - \frac{\sigma^2}{2} \right) \frac{\Delta t}{\Delta x} \right) V_{m-1}^{n+1}, \quad m = 0, \pm 1, \pm 2, \cdots, \pm(M-1), \right.
$$

其中终值条件变成第 N 层的值

$$
V_m^N = (\mathrm{e}^{x_m} - K)^+, \quad m = 0, \pm 1, \pm 2, \cdots, \pm M, \tag{4.44}
$$

边界条件是 (看涨期权)

$$
V_{-M}^n = 0, \ V_M^n = \mathrm{e}^X, \quad n = 0, 1, \cdots, N. \tag{4.45}
$$

对于看跌期权, 当标点资产 $S = 0$ 时, 由于在 $t = T$ 时刻以 K 元卖出股票得收益 K 元, 因此在 t 时刻, 期权的价值为 $V(0,t) = K\mathrm{e}^{-r(T-t)}$, 而当 $S \to +\infty$, 期权无价值, 即 $V \to 0$, 因此看跌期权终值问题 (4.39) 的边界条件为

$$
\begin{cases}
V(0, t) = K\mathrm{e}^{-r(T-t)}, & 0 \leqslant t \leqslant T, \\
\lim\limits_{S \to +\infty} V(S, t) = 0, & 0 \leqslant t \leqslant T.
\end{cases}
$$

在变量替换 $x = \ln S$ 下, 有

$$\begin{cases} \lim\limits_{x \to -\infty} V(x,t) = Ke^{-r(T-t)}, & 0 \leqslant t \leqslant T, \\ \lim\limits_{x \to +\infty} V(x,t) = 0, & 0 \leqslant t \leqslant T. \end{cases}$$

于是可取适当大的 $X > 0$, 得到近似边界条件:

$$\begin{cases} V(-X,t) = Ke^{-r(T-t)}, & 0 \leqslant t \leqslant T, \\ V(X,t) = 0, & 0 \leqslant t \leqslant T. \end{cases}$$

离散后的边值条件为

$$V_{-M}^n = Ke^{-r(T-n\Delta t)}, \quad V_M^n = 0, \quad n = 0,1,\cdots,N. \tag{4.46}$$

终值条件为

$$V_m^N = (K - e^{x_m})^+, \quad m = 0,\pm 1, \pm 2, \cdots, \pm M. \tag{4.47}$$

4.3.2 隐格式

为建立一个无条件稳定的计算格式, 在节点 (x_m, t_n) 处, 离散方程 (4.40a) 时, 对 t 的一阶导数改用向前差商离散, 关于 x 的一阶导数和二阶导数仍用中心差商离散, 则有

$$\begin{cases} \dfrac{V_m^{n+1} - V_m^n}{\Delta t} + \dfrac{\sigma^2}{2} \dfrac{V_{m+1}^n - 2V_m^n + V_{m-1}^n}{\Delta x^2} \\ \quad + \left(r - q - \dfrac{\sigma^2}{2}\right) \dfrac{V_{m+1}^n - V_{m-1}^n}{2\Delta x} - rV_m^n = 0, \\ V_m^N = \varphi(x_m). \end{cases} \tag{4.48}$$

上式的第一个方程可写成

$$(1 + \gamma + r\Delta t)V_m^n - \frac{1}{2}\left[\gamma + \left(r - q - \frac{\sigma^2}{2}\right)\frac{\Delta t}{\Delta x}\right]V_{m+1}^n$$

$$- \frac{1}{2}\left[\gamma - \left(r - q - \frac{\sigma^2}{2}\right)\frac{\Delta t}{\Delta x}\right]V_{m-1}^n = V_m^{n+1},$$

若记

$$a = 1 + \gamma + r\Delta t, \ b = \frac{1}{2}\left[\gamma + \left(r - q - \frac{\sigma^2}{2}\right)\frac{\Delta t}{\Delta x}\right], \ c = \frac{1}{2}\left[\gamma - \left(r - q - \frac{\sigma^2}{2}\right)\frac{\Delta t}{\Delta x}\right],$$

则得

$$-cV_{m-1}^n + aV_m^n - bV_{m+1}^n = V_m^{n+1}, \quad m = 0, \pm 1, \cdots, \pm(M-1). \tag{4.49}$$

同样, 已知在第 $n+1$ 层上的值 V_m^{n+1}, 要求解出第 n 层上的值 V_m^n. 注意到对于固定的 m, 式 (4.49) 含有三个未知量 $V_m^n, V_{m+1}^n, V_{m-1}^n$ 要确定, 因此无法直接求出. 为此写成方程组形式. 于是在第 n 层上, (4.49) 对应的方程组为

$$AV^{(n)} = f^{(n)}, \tag{4.50}$$

其中未知向量 $V^{(n)} = \left(V_{-(M-1)}^n, \cdots, V_{-1}^n, V_0^n, V_1^n, \cdots, V_{M-1}^n\right)^{\mathrm{T}}$, 系数矩阵 A 是一个 $2M-1$ 阶的三对角矩阵

$$A = \begin{pmatrix} a & -b & 0 & \cdots & 0 & 0 \\ -c & a & -b & \cdots & 0 & 0 \\ 0 & -c & a & \cdots & 0 & 0 \\ \vdots & \vdots & \vdots & & \vdots & \vdots \\ 0 & 0 & 0 & \cdots & a & -b \\ 0 & 0 & 0 & \cdots & -c & a \end{pmatrix}, \tag{4.51}$$

向量 $f^{(n)} = \left(V_{-(M-1)}^{n+1} + cV_{-M}^n, V_{-(M-2)}^{n+1}, \cdots, V_0^{n+1}, \cdots, V_{M-2}^{n+1}, V_{M-1}^{n+1} + bV_M^n\right)^{\mathrm{T}}$.

综上, 先由 (4.44) 式或者 (4.47) 式确定第 N 层的值 V_m^N, 其次注意到线性方程组 (4.50) 的右端向量的分量要么是第 $n+1$ 层已经求出的值 V_m^{n+1}, 要么是第 n 层已知的边界值 V_{-M}^n, V_M^n. 最后容易看出, 在条件 (4.43) 下, 三对角矩阵 (4.51) 中的元素 a, b, c 都是非负的, 且满足

$$|a| > |b| + |c|.$$

即方程组 (4.50) 的系数矩阵 (4.51) 是一个严格对角占优矩阵, 因此利用线性方程组理论可知线性方程组 (4.50) 的解是存在且唯一.

同显格式一样, 隐格式 (4.48) 的截断误差阶也是 $O\left(\Delta t + \Delta x^2\right)$. 但是与显格式不同的是, 这里求解时对步长之比没有定理 4.6 中的限制 $\gamma \leqslant 1$, 这是隐格式的优点. 隐格式的缺点是每层倒向计算时, 需要求解一个线性方程组, 因此计算量与显格式相比稍大.

下面我们分析隐格式 (4.48) 或等价形式 (4.49) 的稳定性, 设 (4.49) 有精确解 V_m^n 及近似解 $\hat{V}_m^n$ (初始计算导致有误差的解). 令

$$e_m^n = \hat{V}_m^n - V_m^n$$

为求解过程的误差. 由于 V_m^n 及 $\hat{V}_m^n$ 均满足 (4.49) 式, 两式相减, 考虑到边界值 V_{-M}^n, V_M^n 无误差, 即得

$$ae_m^n - be_{m+1}^n - ce_{m-1}^n = e_m^{n+1}. \tag{4.52}$$

下面分析第 n 层的误差与第 $n+1$ 层误差之间的传递关系. 为此设

$$\epsilon_*^n = \max_{-(M-1)\leqslant m \leqslant M-1} |e_m^n|$$

为第 n 层的最大误差. 由式 (4.52) 可得对任意的 m,

$$\begin{aligned}
a|\epsilon_m^n| &= |b\epsilon_{m+1}^n + c\epsilon_{m+1}^n + \epsilon_m^{n+1}| \\
&\leqslant b|\epsilon_{m+1}^n| + c|\epsilon_{m+1}^n| + |\epsilon_m^{n+1}| \\
&\leqslant b|\epsilon_*^n| + c|\epsilon_*^n| + |\epsilon_*^{n+1}|.
\end{aligned}$$

上面推导过程中利用了当步长满足 (4.43) 时, 参数 $a, b, c > 0$. 由于上面最后一个不等式右端与 m 无关, 故可推出

$$a|\epsilon_*^n| \leqslant b|\epsilon_*^n| + c|\epsilon_*^n| + |\epsilon_*^{n+1}|.$$

最后考虑到 $a - b - c = 1 + r\Delta t$, 即得

$$\epsilon_*^n \leqslant \frac{1}{1 + r\Delta t}\epsilon_*^{n+1}.$$

从而计算格式 (4.48) 的误差是逐层减少的, 即是稳定的.

定理 4.7 隐格式 (4.48) 是无条件稳定的.

4.3.3 二叉树方法与有限差分方法的联系*

在一定条件下, 二叉树方法与差分显格式是等价的. 为此我们先导出 Black-Scholes 方程在原变量 (S,t) 下的离散形式.

作自变量变换: $x = \ln S$. 记 $u = e^{\Delta x}$, 则对应于节点 $x_m = m\Delta x$, $S_m = e^{x_m} = e^{m\Delta x} = u^m$. 因此对应于 (x, t) 平面上区域 $\Omega_1 = \{-\infty < x < +\infty, 0 \leqslant t < T\}$ 的网格

$$x_m = m\Delta x, \quad m = 0, \pm 1, \pm 2, \cdots,$$

$$t_n = n\Delta t, \quad n = 0, 1, \cdots, N.$$

在 (S,t) 平面上区域 $\Omega = \{0 < S < \infty, 0 \leqslant t < T\}$ 的网格为 (参见图 4.12)

$$S_m = u^m, \quad m = 0, \pm 1, \pm 2, \cdots,$$

$$t_n = n\Delta t, \quad n = 0, 1, \cdots, N,$$

此时 S 方向的节点之间是变步长的: $\Delta S_m = S_{m+1} - S_m = u^m(u-1)$.

于是 (4.42) 具有形式:

$$V_m^n = \frac{1}{1+r\Delta t} \left[(1-\gamma)V_m^{n+1} + \left(\frac{\gamma}{2} + \frac{\sqrt{\gamma}}{2\sigma} \left(r - q - \frac{\sigma^2}{2} \right) \sqrt{\Delta t} \right) V_{m+1}^{n+1} \right.$$

$$\left. + \left(\frac{\gamma}{2} - \frac{\sqrt{\gamma}}{2} \left(r - q - \frac{\sigma^2}{2} \right) \sqrt{\Delta t} \right) V_{m-1}^{n+1} \right], \tag{4.53}$$

其中 $V_m^n = V\left(S_m, t_n\right), \gamma = \dfrac{\sigma^2 \Delta t}{(\ln u)^2}$. 终值条件是 $V_m^N = \varphi\left(S_m\right)$. 特别当 $\gamma = 1$ 时, (4.53) 为

$$V_m^n = \frac{1}{1+r\Delta t} \left[\frac{1}{2} \left(1 + \frac{\sqrt{\Delta t}}{\sigma} \left(r - q - \frac{\sigma^2}{2} \right) \right) V_{m+1}^{n+1} \right.$$

$$\left. + \frac{1}{2} \left(1 - \frac{\sqrt{\Delta t}}{2} \left(r - q - \frac{\sigma^2}{2} \right) \right) V_{m-1}^{n+1} \right]. \tag{4.54}$$

另一方面, 在 (S,t) 平面上的网格 $S_m = S_0 u^m$, $m = 0, \pm 1, \pm 2, \cdots, t_n = n\Delta t, n = 0, 1, \cdots, N$ 下, 欧式期权定价的二叉树格式 (4.23) 可写成

$$V_m^n = \frac{1}{\rho} \left(\hat{q}_u V_{m+1}^{n+1} + \hat{q}_d V_{m-1}^{n+1} \right), \tag{4.55}$$

其中 $\rho = 1 + r\Delta t, \eta = 1 + q\Delta t, \hat{q}_u = \dfrac{\rho/\eta - d}{u - d}, \hat{q}_d = \dfrac{u - \rho/\eta}{u - d}$.

可证明在忽略 Δt 的高阶无穷小量时, 可以得到参数间的关系 (留作业):

$$\hat{q}_u = \frac{1}{2} \left(1 + \frac{\sqrt{\Delta t}}{\sigma} \left(r - q - \frac{\sigma^2}{2} \right) \right),$$

$$\hat{q}_d = \frac{1}{2} \left(1 - \frac{\sqrt{\Delta t}}{\sigma} \left(r - q - \frac{\sigma^2}{2} \right) \right).$$

代入 (4.55), 即为差分显格式 (4.54).

定理 4.8 假设 $ud = 1$, 且在不计 Δt 的高阶无穷小量时, 欧式期权定价的二叉树方法 (4.55) 与 Black-Scholes 方程的有限差分显式格式 (4.54) 等价.

由于有限差分显式格式是 Black-Scholes 方程终值问题 (4.39) 的近似, 截断误差阶为 $O(\Delta t + \Delta x^2)$, 因此这里忽略 Δt 的高阶无穷小量不影响整体截断误差阶, 从这个意义上说, 等价性是合理的. 而由差分显式格式的稳定性条件 (见定理 4.6), 二叉树方法也是稳定的.

4.4 美式期权定价的有限差分方法*

本节我们介绍美式期权定价的有限差分方法. 由于美式期权价格一般没有解析表达式, 因此数值方法对于美式期权就显得尤为重要. 下面我们就美式看跌期权的变分不等式模型 (不支付红利), 利用差分方法来得到数值计算格式. 而基于自由边界模型的数值方法可以参考文献 [8].

美式看跌期权的变分不等式模型 (不支付红利) 为

$$\begin{cases} \min\left\{-\left[\dfrac{\partial V}{\partial t} + \dfrac{1}{2}\sigma^2 S^2 \dfrac{\partial^2 V}{\partial S^2} + rS\dfrac{\partial V}{\partial S} - rV\right], V - (K-S)^+\right\} = 0, & (S,t) \in \Omega, \\ V(S,T) = (K-S)^+, & 0 < S < \infty, \end{cases}$$

其中 $\Omega = \{0 < S < \infty, 0 \leqslant t < T\}$.

注记 4.2 对于连续支付红利率为 q 的美式看跌期权, 只需用 $(r-q)S\dfrac{\partial V}{\partial S}$ 替代上述项 $rS\dfrac{\partial V}{\partial S}$ 即可.

作变量替换 $x = \ln\dfrac{S}{K}, v(x,t) = \dfrac{1}{K}V(S,t)$, 则上述方程成为

$$\begin{cases} \min\left\{-\left[\dfrac{\partial v}{\partial t} + \dfrac{1}{2}\sigma^2 \dfrac{\partial^2 v}{\partial x^2} + \left(r - \dfrac{\sigma^2}{2}\right)\dfrac{\partial v}{\partial x} - rv\right], v - (1 - e^x)^+\right\} = 0, \\ \qquad (x,t) \in \Omega_1, \\ v(x,T) = \varphi(x) = (1 - e^x)^+, \quad -\infty < x < \infty. \end{cases} \tag{4.56}$$

其中 $\Omega_1 = \{-\infty < x < \infty, 0 < t \leqslant T\}$.

同样对求解区域 Ω_1 进行网格剖分: 用直线 $x_m = m\Delta x, m = 0, \pm 1, \pm 2, \cdots$ 和 $t_n = n\Delta t$, $n = 0, 1, \cdots, N$, $\Delta t = \dfrac{T}{N}$ 划分区域 Ω_1, 记 $v_m^n = v(x_m, t_n)$, $\varphi_m = \varphi(x_m)$.

类似于欧式期权的处理方式, 对时间 t 方向导数的不同离散, 导致有限差分分为显格式和隐格式.

4.4.1　显格式

在节点 (x_m, t_{n+1}) 处离散: 关于 t 的一阶导数, 用向后差商, 关于 x 的一阶导数和二阶导数都用中心差商离散:

$$\begin{cases} \min \left\{ -\left[\dfrac{v_m^{n+1} - v_m^n}{\Delta t} + \dfrac{\sigma^2}{2} \dfrac{v_{m+1}^{n+1} - 2v_m^{n+1} + v_{m-1}^{n+1}}{\Delta x^2} \right.\right. \\ \qquad \left.\left. + \left(r - \dfrac{\sigma^2}{2} \right) \dfrac{v_{m+1}^{n+1} - v_{m-1}^{n+1}}{2\Delta x} - rv_m^{n+1} \right], v_m^n - \varphi_m \right\} = 0, \\ v_m^N = \varphi_m. \end{cases} \tag{4.57}$$

注意到对任意的数 A 与 B,

$$\min(A, B) = 0 \iff \min(kA, B) = 0$$

对任意正常数 $k > 0$ 成立, 将离散格式方括弧中的最后一项用 v_m^n 代替 v_m^{n+1} (不影响截断误差的阶). 计算过程是已知第 $n+1$ 层上的值 v_m^{n+1}, 要求解第 n 层上的值 v_m^n. 于是可上述离散形式 (4.57) 可写成:

$$\min \left\{ (1 + r\Delta t)v_m^n - (1 - \gamma)v_m^{n+1} - \left(\dfrac{\gamma}{2} + \left(r - \dfrac{\sigma^2}{2} \right) \dfrac{\Delta t}{2\Delta x} \right) v_{m+1}^{n+1} \right.$$
$$\left. - \left(\dfrac{\gamma}{2} - \left(r - \dfrac{\sigma^2}{2} \right) \dfrac{\Delta t}{2\Delta x} \right) v_{m-1}^{n+1}, v_m^n - \varphi_m \right\} = 0,$$

其中 $\gamma = \dfrac{\sigma^2 \Delta t}{\Delta x^2}$ 为步长比. 记

$$a = \dfrac{\gamma}{2} + \left(r - \dfrac{\sigma^2}{2} \right) \dfrac{\Delta t}{2\Delta x}, \quad c = \dfrac{\gamma}{2} - \left(r - \dfrac{\sigma^2}{2} \right) \dfrac{\Delta t}{2\Delta x} = \gamma - a, \tag{4.58}$$

则有

$$\min \left\{ v_m^n - \dfrac{1}{1 + r\Delta t} \left[(1 - \gamma)v_m^{n+1} + av_{m+1}^{n+1} + cv_{m-1}^{n+1} \right], v_m^n - \varphi_m \right\} = 0.$$

不难证明

$$\min(C - A, \ C - B) = 0 \iff C = \max(A, B), \tag{4.59}$$

于是我们得到

$$\begin{cases} v_m^n = \max \left\{ \dfrac{1}{1 + r\Delta t} \left[(1 - \gamma)v_m^{n+1} + av_{m+1}^{n+1} + cv_{m-1}^{n+1} \right], \varphi_m \right\}, \\ \qquad m = 0, \pm 1, \pm 2, \cdots, \\ v_m^N = \varphi_m. \end{cases} \tag{4.60}$$

与欧式期权类似, 在实际计算时为了减少计算量, 可以附加边界条件以减少求解区域的范围. 对于美式看跌期权, 当标的资产 $S \to 0$ 时, 应当立即执行, 故当 S 很小时有 $V(S,t) = (K-S)^+ = K - S$, 而当 $S \to +\infty$, 期权无价值, 即 $V \to 0$. 在变量 $x = \ln \dfrac{S}{K}$, $v(x,t) = \dfrac{1}{K} V(S,t)$ 下, 当 $x \to -\infty$ 时, $v(x,t) = 1 - \mathrm{e}^x$; 而 $\lim\limits_{x \to +\infty} v(x,t) = 0$. 于是可取适当大 $X > 0$, 使得

$$
\begin{cases}
v(-X,t) = 1 - \mathrm{e}^{-X}, & 0 \leqslant t \leqslant T, \\
v(X,t) = 0, & 0 \leqslant t \leqslant T.
\end{cases} \tag{4.61}
$$

于是离散后的边界值为

$$
V_{-M}^n = 1 - \mathrm{e}^{-M\Delta x}, \quad V_M^n = 0, \quad n = 0,1,\cdots,N,
$$

其中 $X = M\Delta x$. 从而可以得到美式看跌期权的显格式:

对 $n = N-1, \cdots, 1, 0$,

$$
\begin{cases}
v_m^n = \max \left\{ \dfrac{1}{1+r\Delta t} \left[(1-\gamma)v_m^{n+1} + av_{m+1}^{n+1} + cv_{m-1}^{n+1} \right], \varphi_m \right\}, \\
\qquad m = 0, \pm 1, \pm 2, \cdots, \pm(M-1), \\
v_m^N = (1 - \mathrm{e}^{x_m})^+, \quad m = 0, \pm 1, \pm 2, \cdots, \pm(M-1), \\
v_{-M}^n = 1 - \mathrm{e}^{-M\Delta x}, \ v_M^n = 0,
\end{cases}
$$

其中 $\Delta x = \dfrac{X}{M}$, a, c 由 (4.58) 给出.

由于美式期权是一个非线性问题, 差分格式的稳定性分析是较困难的. 但可以证明, 在满足一定条件下, 差分格式的解收敛于原变分不等式模型问题 (4.56) 的解.

4.4.2 二叉树方法与有限差分方法的联系

类似于欧式期权, 在一定条件下, 美式期权定价的二叉树方法与差分显格式也是等价的. 在 (S,t) 平面上的区域 $\Omega = \{0 < S < \infty, 0 \leqslant t < T\}$ 生成非均匀网格 (见图 4.12):

$$
S_m = S_0 u^m, \quad m = 0, \pm 1, \pm 2, \cdots,
$$

$$
t_n = n\Delta t, \quad n = 0, 1, \cdots, N.
$$

记 $v_m^n = V(S_m, t_n)$, 于是 (4.60) 具有形式:

$$v_m^n = \max\left\{ \frac{1}{1+r\Delta t}\left[(1-\gamma)v_m^{n+1} + \left(\frac{\gamma}{2} + \frac{\sqrt{\gamma}}{2\sigma}\left(r - \frac{\sigma^2}{2}\right)\sqrt{\Delta t}\right)v_{m+1}^{n+1} \right.\right.$$
$$\left.\left. + \left(\frac{\gamma}{2} - \frac{\sqrt{\gamma}}{2\sigma}\left(r - \frac{\sigma^2}{2}\right)\sqrt{\Delta t}\right)v_{m-1}^{n+1}\right], \varphi_m \right\}, \tag{4.62}$$

其中 $\gamma = \dfrac{\sigma^2 \Delta t}{\Delta x^2}$, 终值条件是 $v_m^N = \varphi(S_m)$. 特别当 $\gamma = 1$ 时, (4.62) 为

$$v_m^n = \max\left\{ \frac{1}{1+r\Delta t}\left[\frac{1}{2}\left(1 + \frac{\sqrt{\Delta t}}{\sigma}\left(r - \frac{\sigma^2}{2}\right)\right)v_{m+1}^{n+1} \right.\right.$$
$$\left.\left. + \frac{1}{2}\left(1 - \frac{\sqrt{\Delta t}}{2}\left(r - \frac{\sigma^2}{2}\right)\right)v_{m-1}^{n+1}\right], \varphi_m \right\}. \tag{4.63}$$

而在此网格下, 美式期权定价的二叉树格式 (4.32) 可写成

$$V_j^n = \max\left\{ \frac{1}{\rho}\left(q_u V_{j+1}^{n+1} + (1-q_u)V_{j-1}^{n+1}\right), \varphi_j \right\}, \tag{4.64}$$

其中 $\rho = 1 + r\Delta t$, $q_u = \dfrac{\rho - d}{u - d}$. 同样可以证明 (习题 11): 在忽略 Δt 的高阶无穷小量时,

$$q_u = \frac{1}{2}\left(1 + \frac{\sqrt{\Delta t}}{\sigma}\left(r - \frac{\sigma^2}{2}\right)\right).$$

代入 (4.64) 式, 即为 (4.63) 式, 因此我们有

定理 4.9　假设 $ud = 1$, 且在不计 Δt 的高阶无穷小量时, 美式期权定价的二叉树方法 (4.64) 与变分不等方程的显式差分格式 (4.63) 等价.

4.4.3　隐格式

美式看跌期权的变分不等式模型 (不支付红利)(4.56), 在数学上也可以写成

$$\begin{cases} -\dfrac{\partial v}{\partial t} - \dfrac{1}{2}\sigma^2\dfrac{\partial^2 v}{\partial x^2} - \left(r - \dfrac{\sigma^2}{2}\right)\dfrac{\partial v}{\partial x} + rv \geqslant 0, & (4.65\text{a}) \\[3mm] v(x,t) \geqslant \varphi(x), & (4.65\text{b}) \\[3mm] \left[-\dfrac{\partial v}{\partial t} - \dfrac{1}{2}\sigma^2\dfrac{\partial^2 v}{\partial x^2} - \left(r - \dfrac{\sigma^2}{2}\right)\dfrac{\partial v}{\partial x} + rv\right](v(x,t) - \varphi(x)) = 0, & (4.65\text{c}) \end{cases}$$

其中 $\varphi(x) = (1 - e^x)^+$, 终值条件是 $v(x,T) = (1 - e^x)^+$.

同样我们需要边界条件 (4.61), 在求解区域 $\Omega_X = \{-X \leqslant x \leqslant X; 0 \leqslant t < T\}$ 形成网格:

$$(x_m, t_n), \quad m = 0, \pm 1, \pm 2, \cdots, M, n = 0, 1, \cdots, N,$$

其中 $x_m = m\Delta x$, $\Delta x = \dfrac{2X}{M}$, $t_n = n\Delta t$, $\Delta t = \dfrac{T}{N}$. 记 $v_m^n = v(x_m, t_n)$.

在节点 (x_m, t_n) 处离散方程 (4.65a). 与显格式不同的是关于 t 的一阶导数, 现用向前差商离散, 关于 x 的一阶导数和二阶导数仍用中心差商离散. 则 (4.65a) 有离散形式:

$$-\frac{v_m^{n+1} - v_m^n}{\Delta t} - \frac{\sigma^2}{2}\frac{v_{m+1}^n - 2v_m^n + v_{m-1}^n}{\Delta x^2} - \left(r - \frac{\sigma^2}{2}\right)\frac{v_{m+1}^n - v_{m-1}^n}{2\Delta x} + rv_m^n \geqslant 0,$$

记 $\gamma = \dfrac{\sigma^2\Delta t}{\Delta x^2}$. 于是把上述整理成

$$-av_{m+1}^n + bv_m^n - cv_{m-1}^n \geqslant v_m^{n+1},$$

其中

$$\begin{cases} a = \dfrac{\gamma}{2} + \dfrac{\gamma}{2\sigma^2}\left(r - \dfrac{\sigma^2}{2}\right)\Delta x, \\[2mm] b = 1 + \gamma + r\Delta t, \\[2mm] c = \dfrac{\gamma}{2} - \dfrac{\gamma}{2\sigma^2}\left(r - \dfrac{\sigma^2}{2}\right)\Delta x = \gamma - a. \end{cases} \tag{4.66}$$

类似地离散 (4.65b) 和 (4.65c), 可以得到变分不等式模型 (4.65) 的离散形式 (加之边界条件和终值条件):

$$\begin{cases} -cv_{m+1}^n + bv_m^n - cv_{m-1}^n \geqslant v_m^{n+1}, \\ v_m^n \geqslant \varphi_m, \\ \left(-cv_{m+1}^n + bv_m^n - cv_{m-1}^n - v_m^{n+1}\right)(v_m^n - \varphi_m) = 0, \\ V_{-M}^n = 1 - e^{-M\Delta x}, \\ V_M^n = 0, \\ v_m^N = \varphi_m, \end{cases} \tag{4.67}$$

其中 $\varphi_m = \varphi(x_m)$, $n = 0, 1, \cdots, N-1$, $m = 0, \pm 1, \pm 2, \cdots, \pm(M-1)$.

数学上, 把 (4.67) 称之为**线性互补问题**. 为了求解方便, 把 (4.67) 写成矩阵形式

$$\begin{cases} AV^n \geqslant f^n, & (4.68a) \\ V^n \geqslant \Phi, & (4.68b) \\ (AV^n - f^n)_m (V^n - \Phi)_m = 0, & m = 0, \pm 1, \cdots, \pm(M-1), \quad (4.68c) \end{cases}$$

其中

$$A = \begin{pmatrix} b & -c & 0 & \cdots & 0 \\ -a & b & -c & \cdots & 0 \\ & \ddots & \ddots & \ddots & \\ & & & b & -c \\ 0 & 0 & 0 & -a & b \end{pmatrix},$$

$$V^n = \begin{pmatrix} v_{M-1}^n \\ \vdots \\ v_{-M+1}^n \end{pmatrix}, \quad f^n = \begin{pmatrix} f_{M-1}^n \\ \vdots \\ f_{-M+1}^n \end{pmatrix}, \quad \Phi = \begin{pmatrix} \varphi_{M-1} \\ \vdots \\ \varphi_{-M+1} \end{pmatrix}.$$

注意到边界条件, 所以右端项的元素

$$f_{M-1}^n = v_{M-1}^{n+1}, \quad f_m^n = v_m^{n+1}, \quad m = 0, \pm 1, \cdots, \pm(M-2), \quad f_{-M+1}^n = v_{-M+1}^{n+1} + c\varphi_{-M}.$$

求解线性补问题 (4.68) 可以用直接法, 也可以用迭代法. 下面我们介绍一个直接法, 其基本思想就是高斯消去法, 通过消元与回代把解逐个求出.

首先我们假设取 Δx 充分小, 使得

$$1 - \frac{1}{\sigma^2}\left|r - \frac{\sigma^2}{2}\right|\Delta x > 0,$$

如此有 $a > 0, c > 0$.

我们把 (4.68a) 写成分量形式:

$$\begin{cases} bv_{M-1}^n - cv_{M-2}^n \geqslant f_{M-1}^n, & (4.69a) \\ -av_{M-1}^n + bv_{M-2}^n - cv_{M-3}^n \geqslant f_{M-2}^n, & (4.69b) \\ -av_{M-2}^n + bv_{M-3}^n - cv_{M-4}^n \geqslant f_{M-3}^n, & (4.69c) \\ \quad\quad\cdots\cdots \\ -av_{-M+2}^n + bv_{-M+1}^n \geqslant f_{-M+1}^n, \end{cases}$$

先消去 (4.69b) 中的 v_{M-1}^n, 为此用正数 $\dfrac{a}{b}$ 乘 (4.69a) 再加到 (4.69b), 不等号仍成立, 有

$$\left(b - \frac{ac}{b}\right)v_{M-2}^n - cv_{M-3}^n \geqslant f_{M-2}^n + \frac{a}{b}f_{M-1}^n \equiv \tilde{f}_{M-2}^n,$$

记 $b_{M-2} = b - \dfrac{ac}{b}$, 于是 (4.69b) 成为

$$b_{M-2}v_{M-2}^n - cv_{M-3}^n \geqslant \tilde{f}_{M-2}^n. \tag{4.70}$$

注意到

$$b_{M-2} = \frac{1}{b}\left(b^2 - ac\right) > \frac{1}{b}\left[(1+\alpha)^2 - \frac{\alpha^2}{4}\right] > 0,$$

接下来利用 (4.70) 再消去 (4.60c) 中的 v_{M-2}^n, 为此用正数 $\dfrac{a}{b_{M-2}}$ 乘 (4.70) 再加到 (4.69c), 不等号仍成立, 有

$$\left(b - \frac{ac}{b_{M-2}}\right)v_{M-3}^n - cv_{M-4}^n \geqslant f_{M-3}^n + \frac{a}{b_{M-2}}\tilde{f}_{M-2}^n \equiv \tilde{f}_{M-3}^n,$$

于是 (4.69c) 变成

$$b_{M-3}v_{M-3}^n - cv_{M-4}^n \geqslant \tilde{f}_{M-3}^n,$$

其中 $b_{M-3} = b - \dfrac{ac}{b_{M-2}}$. 如此可以一直做下去, 即经过 $2M-2$ 步的消元, 最后我们可以得到如下的线性补问题:

$$\begin{cases} bv_{M-1}^n - cv_{M-2}^n \geqslant f_{M-1}^n, \\ b_{M-2}v_{M-2}^n - cv_{M-3}^n \geqslant \tilde{f}_{M-2}^n, \\ b_{M-3}v_{M-3}^n - cv_{M-4}^n \geqslant \tilde{f}_{M-3}^n, \\ \qquad \cdots\cdots \\ b_{-M+1}v_{-M+1}^n \geqslant \tilde{f}_{-M+1}^n, \end{cases} \tag{4.71}$$

其中 $b_{k-1} = b - \dfrac{ac}{b_k}$, $\tilde{f}_{k-1}^n = f_{k-1}^n + \dfrac{a}{b_k}\tilde{f}_k^n$. 注意到以上消元过程中必须要保证所有的 $b_{k-1} > 0$, 如此才能确保 (4.71) 的不等号成立. 事实上可以证明下列结论.

定理 4.10 如果 $b^2 - 4ac > 0$, 则序列 $\{b_k\}$ 满足

$$0 < \beta \leqslant b_{k-1} < b_k,$$

其中 $\beta = \dfrac{1}{2}\left(b - \sqrt{b^2 - 4ac}\right)$.

证明　我们用反向归纳法证. 记 $b_{M-1} = b$.

$k = M - 1$ 时, $b_{M-2} = b - \dfrac{ac}{b_{M-1}} = b - \dfrac{ac}{b} < b = b_{M-1}$, 且

$$b_{M-2} - \beta = b - \frac{ac}{b} - \frac{1}{2}b + \frac{1}{2}\sqrt{b^2 - 4ac} = \frac{1}{2b}\left(b^2 - 2ac + b\sqrt{b^2 - 4ac}\right) > 0,$$

故结论成立. 设 k 时结论成立, 即成立 $0 < \beta \leqslant b_k < b_{k+1}$, 则 $k - 1$ 时,

$$b_{k-1} - b_k = b - \frac{ac}{b_k} - \left(b - \frac{ac}{b_{k+1}}\right) = ac\left(\frac{b_k - b_{k+1}}{b_k b_{k+1}}\right) < 0,$$

即 $b_{k-1} < b_k$. 而

$$b_{k-1} - \beta = b - \frac{ac}{b_k} - \beta > b - \frac{ac}{\beta} - \beta = \frac{1}{\beta}\left(b\beta - ac - \beta^2\right),$$

由于 $\beta = \dfrac{1}{2}\left(b - \sqrt{b^2 - 4ac}\right)$ 是二次方程 $x^2 - bx + ac = 0$ 的根, 故

$$b_{k-1} - \beta > \frac{1}{\beta}\left(b\beta - ac - \beta^2\right) = 0.$$

如此完成了证明.　　　　　　　　　　　　　　　　　　　　　　□

进一步我们验证 $b^2 - 4ac > 0$ 是成立的. 由 (4.67), 记 $\delta = \left(r - \dfrac{\sigma^2}{2}\right)\dfrac{\sqrt{\gamma}}{2\sigma}$, 则 $a = \dfrac{\gamma}{2} + \delta\sqrt{\Delta t}$, $c = \dfrac{\gamma}{2} - \delta\sqrt{\Delta t}$, 于是

$$b^2 - 4ac = (1 + \gamma + r\Delta t)^2 - 4\left(\frac{\gamma^2}{4} - \delta^2 \Delta t\right) > 0.$$

因此 (4.69a) 可以通过消元化成 (4.71). 把 (4.71) 写成矩阵形式:

$$\tilde{A}V^n \geqslant \tilde{f}^n,$$

其中

$$\tilde{A} = \begin{pmatrix} b_{M-1} & -c & 0 & 0 & \cdots & 0 \\ 0 & b_{M-2} & -c & 0 & & \vdots \\ 0 & & b_{M-3} & -c & & \\ \vdots & & \ddots & \ddots & \ddots & 0 \\ & & & 0 & b_{-M+2} & -c \\ 0 & \cdots & 0 & 0 & 0 & b_{-M+1} \end{pmatrix}, \quad \tilde{f}^n = \begin{pmatrix} \tilde{f}^n_{M-1} \\ \vdots \\ \tilde{f}^n_{-M+1} \end{pmatrix}.$$

进一步可以证明

$$\left(\tilde{A}V^n - \tilde{f}^n\right)_m (V^n - \Phi)_m = 0, \quad m = 0, \pm 1, \cdots, \pm(M-1)$$

仍然成立. 于是线性补问题 (4.68) 等价于

$$\begin{cases} \tilde{A}V^n \geqslant \tilde{f}^n, \\ V^n \geqslant \Phi, \\ \left(\tilde{A}V^n - \tilde{f}^n\right)_m (V^n - \Phi)_m = 0, \quad m = 0, \pm 1, \cdots, \pm(M-1). \end{cases} \tag{4.72}$$

由于系数矩阵 $\tilde{A}$ 已是一个上二对角矩阵, 该线性补问题的解容易得到. 首先考察 (4.72) 式中最后一行 (即 $m = -M+1$) 元素的关系式:

$$\begin{cases} b_{-M+1}v^n_{-M+1} \geqslant \tilde{f}^n_{-M+1}, \\ v^n_{-M+1} \geqslant \varphi_{-M+1}, \\ \left(b_{-M+1}v^n_{-M+1} - \tilde{f}^n_{-M+1}\right)(v^n_{-M+1} - \varphi_{-M+1}) = 0, \end{cases}$$

其等价于

$$\min\left\{v^n_{-M+1} - \frac{1}{b_{-M+1}}\tilde{f}^n_{-M+1}, v^n_{-M+1} - \varphi_{-M+1}\right\} = 0.$$

于是 (见 (4.59) 式)

$$v^n_{-M+1} = \max\left\{\frac{1}{b_{-M+1}}\tilde{f}^n_{-M+1}, \varphi_{-M+1}\right\}.$$

代入 (4.72) 式的倒数第二行 (即 $m = -M+2$) 的元素关系式, 有

$$\begin{cases} b_{-M+2}v^n_{-M+2} - cv^n_{-M+1} \geqslant \tilde{f}^n_{-M+2}, \\ v^n_{-M+2} \geqslant \varphi_{-M+2}, \\ (b_{-M+2}v^n_{-M+2} - cv^n_{-M+1} - \tilde{f}^n_{-M+2})(v^n_{-M+2} - \varphi_{-M+2}) = 0. \end{cases}$$

同理可以解得

$$v^n_{-M+2} = \max\left\{\frac{1}{b_{-M+2}}\left(cv^n_{-M+1} + \tilde{f}^n_{-M+2}\right), \varphi_{-M+2}\right\}.$$

以此类推, 从下到上可以逐个求得

$$v^n_m = \max\left\{\frac{1}{b_m}\left(cv^n_{m-1} + \tilde{f}^n_m\right), \varphi_m\right\}, \quad m = -M+2, -M+3, \cdots, M-1.$$

4.5　障碍期权、亚式期权的二叉树方法与有限差分方法*

欧式期权和美式期权的一个共同特点是它们的最终收益只依赖于期权到期日标的资产当天的价格, 而与它的路径无关. 事实上还有与路径有关的期权, 该期权的最终收益不仅依赖于期权到期日标的资产的价格, 而且与整个期权有效期内标的资产价格的变化过程有关.

障碍期权 (也称为**关卡期权**) 是这样一张欧式期权, 它的最终收益除了依赖于期权到期日标的资产的价格, 还与标的资产价格在整个期权有效期内是否达到某一规定价格 (称之为**关卡值**, 一般记作 S_B) 有关.

障碍期权分成两大类: 一类是**敲出期权**, 其特征是当标的资产价格 S 达到规定关卡值时, 期权终止有效. 若在期权有效期内标的资产价格大于关卡值, 则称为**下跌敲出期权**, 即当 $S < S_B$ 时, 期权终止有效; 若在期权有效期内标的资产价格小于关卡值, 则称为**上涨敲出期权**, 即当 $S > S_B$ 时, 期权终止有效. 另一类是**敲入期权**, 其特征是当标的资产价格达到规定关卡值时, 期权开始生效. 按上述区分, 也有**下跌敲入期权** (即当 $S < S_B$ 时, 期权开始生效) 和**上涨敲入期权** (即当 $S > S_B$ 时, 期权开始生效). 加上看涨看跌共形成了八种不同类型的障碍期权.

亚式期权是这样一张期权合约, 在期权到期日的收益依赖于期权有效期内标的资产所经历的价格平均值. 这里的平均值有两种形式:

算术平均　$J_t = \dfrac{1}{t} \displaystyle\int_0^t S_\tau \mathrm{d}\tau,$

几何平均　$J_t = \mathrm{e}^{\frac{1}{t}\int_0^t \ln S_\tau \mathrm{d}\tau}.$

因此相应地有**算术亚式期权**和**几何亚式期权**. 而按到期日的收益 (以看涨期权为例) 又有两种不同类型:

固定敲定价格的收益为 $(J_T - K)^+,$

浮动敲定价格的收益为 $(S_T - J_T)^+.$

另外亚式期权按实施情况也可分为**欧式亚式期权**和**美式亚式期权**. 如此可以派生出许多种类型的亚式期权.

4.5.1　障碍期权的二叉树方法与有限差分方法

我们以下跌敲出的欧式看涨期权为例, 利用二叉树方法和有限差分建立期权定价的数值计算格式.

1. 二叉树方法

假设欧式看涨障碍期权有效期为 $[0, T]$, 把其划分为 N 个小区间 $I_n = [t_n, t_{n+1}](n = 0, 1, \cdots, N-1)$, 其中

$$0 = t_0 < t_1 < \cdots < t_N = T.$$

执行价为 K, 市场无风险利率为 r. 假设股票价格 S 的变化在每一个小区间 I_n 适合单时段-双状态模型, 上涨倍数和下跌倍数分别为 u 和 d, 并且满足 $d < \rho < u$, 其中 $\rho = 1 + r\Delta t$, $\Delta t = \dfrac{T}{N}$. 假设关卡值为 S_B, 若 $S < S_B$ 时, 则该期权有效终止. 问这样一张期权金为多少? 不考虑支付红利.

首先股票价格 S 在 $[0, T]$ 的变化构成了一个二叉树结构 (如图 4.3), 所不同的是在图上某处可以画一条横虚线 $S = S_B$, 见图 4.14.

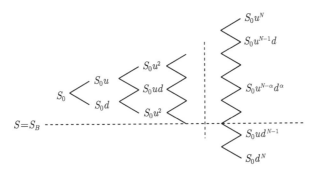

图 4.14   设置关卡值的股票价格二叉树图

在 N 层上,
$$V_k^N = \left(S_k^N - K\right)^+, \quad k = 0, 1, \cdots, N.$$

考虑在一般 $N - j$ 层 $(j = 0, 1, \cdots, N)$ 上, 则按单时段-双状态期权价格公式 (4.7) 有

$$V_k^{N-j} = \frac{1}{\rho}\left(q_u V_k^{N-j+1} + (1 - q_u)V_{k+1}^{N-j+1}\right), \quad k = 0, \cdots, N-j,$$

其中 $q_u = \dfrac{\rho - d}{u - d}$. 由于当 $S_k^{N-j} < S_B$ 时, 期权有效终止, 即 $V_k^{N-j} = 0$, 因此下跌敲出期权的价格公式如下:

$$V_k^{N-j} = \begin{cases} \dfrac{1}{\rho}\left(q_u V_k^{N-j+1} + (1 - q_u)V_{k+1}^{N-j+1}\right), & S_k^{N-j} \geqslant S_B, \\ 0, & S_k^{N-j} < S_B. \end{cases}$$

例 4.4   仍采用例 4.1 的数据, 利用二叉树的单时段双状态结构, 为下跌敲出看涨期权 V 定价, 其中关卡值 $S_B = 95$.

解　股票价格的演变还是如同图 4.4, 但在价格为 95 处增加一条虚线, 见图 4.15.

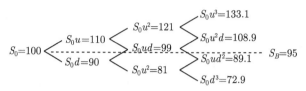

图 4.15　设置关卡值的股票价格二叉树图

期权到期日价格仍然是 $V_k^3 = \left(S_k^3 - K\right)^+$, $k = 0, 1, 2, 3$, 见图 4.16.

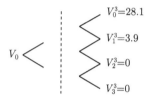

图 4.16　下跌敲出期权的到期日价格图

在每一时段里, 利用公式 (4.7), 逐一计算出每一时段的期权价格. 图 4.17 是下跌敲出期权价格二叉图.

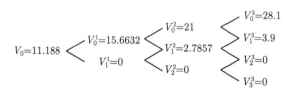

图 4.17　下跌敲出期权的二叉树价格图

比较上面例子的计算结果与例 4.1 可见, 由于下跌敲出条款的存在, 使得看涨障碍期权的期权金要比一般欧式看涨期权的期权金要低一些. 我们也可以用下列方法来验证这一敲出期权的期权金. 我们用 u 和 d 来描述股票价格的上涨和下跌路线, 如 duu 表示股票价格的路径是下跌 → 上涨 → 上涨.

按下跌敲出的约定, 股票价格始终在关卡值之上的路径有 uuu, uud, udu, 沿这些路径的期权在期末时价格分别为 $28.1, 3.9$ 和 3.9. 而路径 uuu 发生的概率为 (保留 4 位小数):

$$\text{Prob}[uuu] = q_u^3 = 0.75^3 = 0.4219,$$

$$\text{Prob}[uud] = \text{Pr}[udu] = q_u^2(1 - q_u) = 0.75^2 \times 0.25 = 0.1406,$$

而期权金应是期权期末价格的数学期望的贴现 (见 (4.7) 式):

$$V_0 = \frac{1}{\rho}(0.4219 \times 28.1 + 2 \times 0.1406 \times 3.9) = \frac{12.9521}{1.05} \approx 12.3353.$$

我们从该例中也可以清晰地看出期权的最终收益, 不仅取决于股票最终的价格, 而且与股票价格的变化路径有关. 如股票价格的变化路径是 uud 或 udu, 达到了期末价格为 108.9, 如此持有该期权在最后收益为 3.9. 但如股票价格的变化路径是 duu, 虽然最终的期末价格也是 108.9, 但由于期间股票价格 S 出现过 $S < S_B = 95$, 根据该期权的约定, 该期权终止, 因此收益为零.

2. 有限差分方法

下跌敲出的欧式看涨期权 (支付红利) 的数学模型是在区域

$$\Omega = \{S_B < S < +\infty, 0 \leqslant t < T\}$$

求解终值边值问题:

$$\begin{cases} \dfrac{\partial V}{\partial t} + \dfrac{1}{2}\sigma^2 S^2 \dfrac{\partial^2 V}{\partial S^2} + (r - q)S\dfrac{\partial V}{\partial S} - rV = 0, (S,t) \in \Omega, \\[2mm] V(S,T) = \varphi(S) = (S - K)^+, S_B \leqslant S < \infty, \\[2mm] V(S_B, t) = 0, 0 \leqslant t < T, \end{cases}$$

其中 S_B 是关卡值. 作变量替换 $x = \ln \dfrac{S}{S_B}$, $v(x,t) = \dfrac{1}{S_B}V(S,t)$, 则上述问题变成

$$\begin{cases} \dfrac{\partial v}{\partial t} + \dfrac{1}{2}\sigma^2\dfrac{\partial^2 v}{\partial x^2} + \left(r - q - \dfrac{\sigma^2}{2}\right)\dfrac{\partial v}{\partial x} - rv = 0, \ (x,t) \in \Omega_1, & (4.73\text{a}) \\[3mm] v(x,T) = \varphi(x) = (\mathrm{e}^x - K_B)^+, \ \ 0 \leqslant x < \infty, & (4.73\text{b}) \\[3mm] v(0,t) = 0, \ 0 \leqslant t \leqslant T, & (4.73\text{c}) \end{cases}$$

其中 $\Omega_1 = \{0 < x < \infty, 0 \leqslant t < T\}$, $K_B = \dfrac{K}{S_B}$. 为了离散求解上述方程, 我们需要在 x 较大处 (即对应于股价 S 较大) 加上一个边界条件. 根据金融实际意义, 可取适当大的 $X > 0$, 产生边界条件:

$$v(X,t) = \mathrm{e}^X, \quad 0 \leqslant t \leqslant T. \tag{4.74}$$

如此我们可以在区域 $\Omega_X = \{0 < x < X, 0 < t \leqslant T\}$ 进行数值求解. 用直线 $x_m = m\Delta x$, $m = 0, 1, 2, \cdots, M$, $\Delta x = \dfrac{X}{M}$ 和 $t_n = n\Delta t$, $n = 0, 1, \cdots, N$, $\Delta t = \dfrac{T}{N}$ 划分区域 Ω_X, 记 $v_m^n = v(x_m, t_n)$.

我们建立显格式. 为此在节点 (x_m, t_{n+1}) 处离散方程 (4.73a), 关于 t 的一阶导数, 用向后差商离散, 关于 x 的一阶导数和二阶导数都用中心差商离散:

$$\frac{v_m^{n+1} - v_m^n}{\Delta t} + \frac{\sigma^2}{2} \frac{v_{m+1}^{n+1} - 2v_m^{n+1} + v_{m-1}^{n+1}}{\Delta x^2} + \left(r - q - \frac{\sigma^2}{2}\right) \frac{v_{m+1}^{n+1} - v_{m-1}^{n+1}}{2\Delta x} - r v_m^{n+1} = 0,$$

同样在上述等式左边的最后一项 v_m^{n+1} 可以用 v_m^n 替代. 于是我们可以得到

$$v_m^n = \frac{1}{1 + r\Delta t} \left[\left(1 - \frac{\sigma^2 \Delta t}{\Delta x^2}\right) v_m^{n+1} + \left(\frac{\sigma^2 \Delta t}{2\Delta x^2} + \frac{1}{2}\left(r - q - \frac{\sigma^2}{2}\right)\frac{\Delta t}{\Delta x}\right) v_{m+1}^{n+1} \right.$$

$$\left. + \left(\frac{\sigma^2 \Delta t}{2\Delta x^2} - \frac{1}{2}\left(r - q - \frac{\sigma^2}{2}\right)\frac{\Delta t}{\Delta x}\right) v_{m-1}^{n+1}, \right.$$

终值条件 (4.73b) 的离散形式是 $v_m^N = \varphi(x_m) = (\mathrm{e}^{x_m} - K_B)^+$, 边界条件 (4.73c) 和 (4.74) 的离散形式是 $v_0^n = 0, v_M^n = \mathrm{e}^X$.

记 $\gamma = \dfrac{\sigma^2 \Delta t}{\Delta x^2}, a = 1 - \gamma, b = \dfrac{1}{2}\left[\gamma - \left(r - q - \dfrac{\sigma^2}{2}\right)\dfrac{\Delta t}{\Delta x}\right], c = \gamma - b$. 则下跌敲出的欧式看涨期权 (支付红利) (4.73) 的数值计算 (显) 格式为

对 $n = N - 1, N - 2, \cdots, 1, 0$, 有

$$v_m^n = \frac{1}{1 + r\Delta t} \left(a v_m^{n+1} + b v_{m+1}^{n+1} + c v_{m-1}^{n+1}\right), \quad m = 0, 1, \cdots, (M-1),$$

其中

$$v_m^N = (\mathrm{e}^{x_m} - K_B)^+, \quad m = 0, 1, 2, \cdots, M,$$

$$v_0^n = 0, \quad v_M^n = \mathrm{e}^X, \quad n = 0, 1, \cdots, N.$$

该格式的截断误差阶也是 $O\left(\Delta t + \Delta x^2\right)$. 关于格式的稳定性, 也可以得到类似于定理 4.6 的结论.

关于下跌敲出的欧式看跌期权, 由于也成立看涨-看跌的平价公式, 因此借助于上述下跌敲出欧式看涨期权数值计算格式, 容易导出下跌敲出欧式看跌期权数值计算格式.

4.5.2　亚式期权的有限差分方法

由于几何平均的欧式亚式期权有解析的表达式. 因此下面建立算术平均的欧式亚式期权定价的有限差分格式. 通过一个自变量的变换, 将亚式期权定价的模型从二维标的资产模型降为一个空间一维的模型[11], 可以大大地减少计算量.

具有固定敲定价的算术平均欧式亚式看涨期权 (支付红利) 的数学模型是在区域 $\Omega = \{0 < S < \infty, 0 \leqslant J < \infty, 0 \leqslant t < T\}$ 上, 求解

$$
\begin{cases}
\dfrac{\partial V}{\partial t} + \dfrac{S - J}{t}\dfrac{\partial V}{\partial J} + \dfrac{\sigma^2}{2}S^2\dfrac{\partial^2 V}{\partial S^2} + (r - q)S\dfrac{\partial V}{\partial S} - rV = 0, (S, J, t) \in \Omega, \\
V(S, J, T) = \varphi(S, J) = (J - K)^+, 0 \leqslant S < \infty, 0 \leqslant J < \infty.
\end{cases}
$$

若取 $\varphi(S, J) = (J - K)^+$ 或 $\varphi(S, J) = (K - J)^+$ 即为固定敲定价格的看涨期权或看跌期权. 若取 $\varphi(S, J) = (S - J)^+$ 或 $\varphi(S, J) = (J - S)^+$, 则分别为具有浮动敲定价格的看涨和看跌期权. 下面以固定敲定价的看涨期权为例加以说明, 其他三种情形可以通过类似的变换对模型做简化处理.

作变量替换 $x = \dfrac{TK - tJ}{S}, v(x, t) = \dfrac{T}{S}V(S, J, t)$, 如此上述方程变成

$$
\begin{cases}
\dfrac{\partial v}{\partial t} + \dfrac{1}{2}\sigma^2 x^2\dfrac{\partial^2 v}{\partial x^2} - [(r - q)x + 1]\dfrac{\partial v}{\partial x} - qv = 0, (x, t) \in \tilde{\Omega}, & \text{(4.75a)} \\
v(x, T) = (-x)^+, -\infty < x < \infty, & \text{(4.75b)}
\end{cases}
$$

其中 $\tilde{\Omega} = \{-\infty < x < \infty, 0 \leqslant t < T\}$.

这是一变系数方程, 我们同样可以通过离散化进行数值求解.

对区域 $\tilde{\Omega} = \{-\infty < x < \infty, 0 \leqslant t < T\}$ 进行网格划分: 取适当步长 Δx, 用直线 $x_m = m\Delta x$, $m = 0, \pm 1, \pm 2, \cdots$ 和 $t_n = n\Delta t$, $n = 0, 1, \cdots, N$, $\Delta t = \dfrac{T}{N}$ 划分区域 $\tilde{\Omega}$, 记 $v_m^n = v(x_m, t_n)$.

为建立显式有限差分格式. 在节点 (x_m, t_{n+1}) 处离散方程 (4.75) , 关于 t 的一阶导数, 用向后差商离散, 关于 x 的一阶导数和二阶导数都用中心差商离散:

$$
\frac{v_m^{n+1} - v_m^n}{\Delta t} + \frac{\sigma^2}{2}x_m^2\frac{v_{m+1}^{n+1} - 2v_m^{n+1} + v_{m-1}^{n+1}}{\Delta x^2}
$$

$$
- [(r - q)x_m + 1]\frac{v_{m+1}^{n+1} - v_{m-1}^{n+1}}{2\Delta x} - qv_m^{n+1} = 0,
$$

同样在上述等式左边的最后一项 v_m^{n+1} 用 v_m^n 替代. 对于终值问题是: 已知在第 $n + 1$ 层上的值 v_m^{n+1}, 求解第 n 层上的值 v_m^n. 于是我们得到

$$
v_m^n = \frac{1}{1 + q\Delta t}\left[\left(1 - \frac{\sigma^2\Delta t}{\Delta x^2}x_m^2\right)v_m^{n+1} + \left[\frac{\sigma^2\Delta t}{2\Delta x^2}x_m^2 - \frac{1}{2}((r - q)x_m + 1)\frac{\Delta t}{\Delta x}\right]v_{m+1}^{n+1}\right.
$$

$$
\left. + \left[\frac{\sigma^2\Delta t}{2\Delta x^2}x_m^2 + \frac{1}{2}((r - q)x_m + 1)\frac{\Delta t}{\Delta x}\right]v_{m-1}^{n+1},\right.
$$

离散的终值条件是 $v_m^N = (-x_m)^+$.

注意到 $x_m = m\Delta x$, 重新整理上述系数, 最终得到下列具有固定敲定价的算术平均欧式亚式看涨期权 (支付红利) 的数值计算显格式:

对 $n = N-1, N-2, \cdots, 1, 0$, 有

$$v_m^n = \frac{1}{1+q\Delta t}\left[(1-a\cdot m^2)v_m^{n+1} + \left(\frac{a}{2}m^2 - b\cdot m + c\right)v_{m+1}^{n+1}\right.$$
$$\left. + \left(\frac{a}{2}m^2 + b\cdot m + c\right)v_{m-1}^{n+1}\right], \quad m = 0, \pm1, \pm2, \cdots, \pm M, \cdots,$$
$$v_m^N = (-x_m)^+, \quad m = 0, \pm1, \pm2, \cdots, \pm M, \cdots,$$

其中系数 $a = \sigma^2\Delta t, b = \dfrac{r-q}{2}\Delta t, c = \dfrac{\Delta t}{2\Delta x}$. 该格式的截断误差阶也是 $O(\Delta t + \Delta x^2)$.

习　题　4

1. 假设市场无套利, 则
$$d < \rho < u$$
成立, 其中 ρ 是无风险资产在区间 $[0, T]$ 的复合增长率 $\rho = 1 = rT$, r 是无风险利率, 而 u, d 则是风险资产 S 在区间 $[0, T]$ 的上涨倍数和下跌倍数.

(提示: 用反证法, 构造一个投资组合, 如果结论不成立, 则存在套利机会.)

2. 设风险中性测度下的二叉树模型中, 股票在初始时刻的价格为 S_0, 每一个时间节点的下一个时刻上涨和下跌的倍数分别为 u, d, 上涨和下跌的概率分别为 q_u, q_d. 证明在最后一个时刻 $t = t_N = T$, 到达 $S_l^N = S_0 u^{N-l} d^l$ 的路径数为组合数 C_N^l, 概率大小为 $C_N^l q_u^{N-l} q_d^l$. 从而利用风险中性下的定价原理, 得初始时刻的欧式看涨期权价格为 (见公式 (4.12))

$$V_0 = \mathbb{E}^Q[(S_T - K)^+] = \frac{1}{\rho^N}\sum_{l=0}^{N} C_N^l q_u^{N-l}(1-q_u)^l(S_l^N - K)^+.$$

3. 股票的当前价格为 40 元, 已知在一个月后股票的价格将可能变为 42 元或 38 元, 无风险利率为每年 8%(连续复利), 执行价格为 39 元. 求 1 个月期限的欧式看涨期权的价值是多少?

4. 已知股票当前价格为 50 元, 若在 6 个月后股票的价格将可能变为 45 元或 55 元, 无风险利率为每年 10% (连续复利), 执行价格为 50 元. 求 6 个月期限的欧式看跌期权的价值是多少?

5. 股票的当前价格为 100 元, 在今后每 6 个月, 股票价格可能会或上涨 10% 或下跌 10%, 无风险利率为每年 8%(连续复利), 执行价格为 100 元. 1 年期的欧式看涨期权的价格是多少?

6. 某股票的当前价格为 50 元, 在今后的 6 个月的每 3 个月时间内, 股票价格都可能会或上涨 6%, 或下跌 5%, 无风险利率为每年 5% (连续复利). 执行价格为 51 元. 则 6 个月期限的欧式看涨期权的价值为多少?

7. 考虑上题中的情形, 执行价格为 51 元, 6 个月欧式看跌期权的价值为多少? 验证看跌-看涨期权平价关系式的正确性. 如果看跌期权为美式期权, 在二叉树的某些节点上提前行使期权会是最优吗?

8. 设美式股票看涨期权, 股票价格为 50 元, 期权期限为 15 个月, 无风险利率为每年 8%, 执行价格为 55 元, 波动率为 25%. 股票在 4 个月与 10 个月时预计各有 1.5 元的股息. 证明在两个除息日行使期权不会是最佳选择, 并计算期权价格.

9. 所谓的百慕大期权, 是指按合约规定在 N 个事先规定时间点 $t_n(0 < t_1 < \cdots < t_N < T)$, 期权可以提前实施. 试写出期权定价模型, 并当 $N = 1$, $t_1 = \dfrac{T}{2}$ 时, 给出百慕大期权金 (即初始时刻的期权价格) 的表达式.

10. 股票离散分红的期权定价模型: 若按合约规定, 在 N 个规定时间 $t_n(0 < t_1 < \cdots < t_N < T)$, 每份股票可得 Q 元红利. 试写出离散分红期权的定价模型, 并当 $N = 1, t_1 = \dfrac{T}{2}$ 时, 给出期权金表达式.

11. 证明: 在二叉树公式 (4.23) 中, 当时间分割步长 Δt 为无穷小量时, 上涨概率和下跌概率分别可以表示为

$$\hat{q}_u = \frac{1}{2}\left(1 + \frac{\sqrt{\Delta t}}{\sigma}\left(r - \frac{\sigma^2}{2}\right)\right) + O(\Delta t^{3/2}),$$

$$\hat{q}_d = \frac{1}{2}\left(1 - \frac{\sqrt{\Delta t}}{\sigma}\left(r - \frac{\sigma^2}{2}\right)\right) + O(\Delta t^{3/2}).$$

从而可推出二叉树方法与几何布朗运动下期权定价的有限差分方法的等价性 (两种方法得到的解相差一个 $O(\sqrt{\Delta t})$) 无穷小量.

12. 离散观察点的亚式期权, 是指按合约规定设置 N 个固定时间点 $t_n(0 < t_1 < \cdots < t_N \leqslant T)$, 以及这 N 个时间股价的算术平均值 $J_T = \dfrac{1}{N}\sum\limits_{i=1}^{N} S(t_i)$. 以算术平均值 J_T 代替 S_T, 得一个新的看涨期权: 即在到期日 $t = T$ 时,

$$\text{收益} = (J_T - K)^+.$$

试写出离散观察点亚式期权的定价模型, 以及当 $N = 2, t_1 = \dfrac{T}{2}, t_2 = T$ 时, 给出期权金的表达式.

13. 复合期权是一类期权的期权. 所谓看涨期权的复合期权是指: 复合期权持有人有权在 $t = T_1$ 时刻以一定价格 $\hat{K}$ 购买 (出售) 在日后 $t = T_2$ $(T_1 < T_2)$ 到期实施敲定价格为 K 的看涨期权. 试证明: 在 $t = T_1$ 时刻有权购买看涨期权的复合期权在初始时刻解的表达式为

$$V_{co}(S, 0) = Se^{-qT_2}M\left(a_1, b_1; \sqrt{\frac{T_1}{T_2}}\right) - Ke^{-rT_2}M\left(a_2, b_2; \sqrt{\frac{T_1}{T_2}}\right) - e^{rT_1}\hat{K}N(a_2),$$

其中

$$a_1 = \frac{\ln\dfrac{S}{S^*} + \left(r - q + \dfrac{\sigma^2}{2}\right)T_1}{\sigma\sqrt{T_1}}, \quad a_2 = a_1 - \sigma\sqrt{T_1},$$

$$b_1 = \frac{\ln\dfrac{S}{K} + \left(r - q + \dfrac{\sigma^2}{2}\right)T_2}{\sigma\sqrt{T_2}}, \quad b_2 = b_1 - \sigma\sqrt{T_2},$$

S^* 为下面方程的根:

$$\hat{K} = S^*\mathrm{e}^{-q(T_2-T_1)}N\left(\frac{\ln\dfrac{S^*}{K} + \left(r - q + \dfrac{\sigma^2}{2}\right)(T_2 - T_1)}{\sigma\sqrt{T_2 - T_1}}\right)$$

$$- K\mathrm{e}^{-r(T_2-T_1)}N\left(\frac{\ln\dfrac{S^*}{K} + \left(r - q - \dfrac{\sigma^2}{2}\right)(T_2 - T_1)}{\sigma\sqrt{T_2 - T_1}}\right),$$

$M(a, b; \rho)$ 是二维联合正态分布函数:

$$M(a, b; \rho) = \mathrm{Prob}\{X \leqslant a,\ Y \leqslant b\},$$

其中 $X \sim \mathscr{N}(0, 1)$, $Y \sim \mathscr{N}(0, 1)$ 都是标准正态分布, $\mathrm{Cov}(X, Y) = \rho\ (-1 < \rho < 1)$.

若 $f(x, y)$ 表示它的联合概率密度函数, 即

$$f_{(X,Y)}(x, y) = \frac{1}{2\pi\sqrt{1 - \rho^2}}\exp\left\{-\frac{x^2 - 2\rho xy + y^2}{2(1 - \rho^2)}\right\},$$

则

$$M(a, b; \rho) = \int_{-\infty}^{a}\mathrm{d}x\int_{-\infty}^{b}f(x, y)\mathrm{d}y.$$

14. 选择期权可看作是一类特殊的复合期权. 期权持有人拥有这样的权利: 可以在 $t = T_1$ 时刻, 把这张期权转化为一张敲定价格为 K_1, 到期日为 T_2 的看涨期权或者一张敲定价格为 K_2, 到期日为 $\hat{T}_2$ 的看跌期权 $(T_2, \hat{T}_2 > T_1 > 0)$. 求出这个选择期权的价格.

(提示: 这里有四个风险资产, 包括标的资产 (如股票), 标的资产的看涨期权 (如股票期权; 敲定价 K_1, 到期日 T_2), 标的看跌期权 (如股票期权; 敲定价 K_2, 到期日 $\hat{T}_2$) 以及选择期权. 记

$$V_c(S, t)\ \text{为标的资产看涨期权价格},$$

$$V_p(S, t)\ \text{为标的资产看跌期权价格}.$$

它们都由 Black-Scholes 公式给出解的表达式.

为了在 $\Sigma_1\{0 \leqslant S < \infty,\ 0 \leqslant t < T_1\}$ 上给出选择期权的定价 $V_{ch}(S, t)$, 需要求解以下定解问题:

$$\begin{cases} \dfrac{\partial V}{\partial t} + \dfrac{1}{2}\sigma^2 S^2\dfrac{\partial^2 V}{\partial S^2} + (r - q)S\dfrac{\partial V}{\partial S} - rV = 0, \quad 0 \leqslant t < T, 0 < S < \infty, \\ V\mid_{t=T_1} = \max\{V_c(S, T_1), V_p(S, T_1)\}. \end{cases}$$

若标的资产看涨与看跌期权 V_c 与 V_p 具有相同的敲定价格 K 与到期日 T_2, 那么由平价公式:

$$V_p(S, T_1) = V_c(S, T_1) + Ke^{-r(T_2-T_1)} - Se^{-q(T_2-T_1)},$$

故

$$V|_{t=T_1} = \max(V_c(S, T_1), V_p(S, T_1))$$
$$= V_c(S, T_1) + e^{-q(T_2-T_1)}(Ke^{-(r-q)(T_2-T_1)} - S)^+.$$

从而由线性方程的叠加原理, 推得

$$V_{ch}(S, t) = V_c(S, t) + e^{-q(T_2-T_1)}\hat{V}(S, t),$$

其中 $\hat{V}(S, t)$ 是到期日为 T_1, 敲定价格为 $Ke^{-(r-q)(T_2-T_1)}$ 的看跌期权价格的 $e^{-q(T_2-T_1)}$ 倍.)

第 5 章 随机优化与最优投资组合选择

本章首先介绍投资组合选择问题, 涵盖了投资组合收益的期望与方差, 有效边界的构建及最优投资组合的选取标准. 紧接着, 深入分析了马科维茨 (Markowitz) 投资组合理论的模型与求解方法. 随后, 本章介绍随机优化的基础理论, 重点讲解**样本均值逼近** (sample average approximation, SAA) 与**随机逼近** (stochastic approximation, SA) 两种常用方法的基本概念及其应用. 最后, 本章介绍基于蒙特卡罗方法的最优投资组合求解方案, 为处理更复杂的投资组合优化问题提供了新思路.

5.1 投资组合选择

本节我们将概述投资组合选择的核心概念和方法, 重点探讨如何评估投资组合的期望收益与风险, 进而构建有效边界并选择最优的投资组合. 通过对期望收益和方差的深入分析, 帮助读者理解如何在风险与收益之间寻求最佳平衡, 从而实现更优的投资决策.

5.1.1 投资组合的期望收益与方差

在投资组合分析中, 期望收益与方差是衡量组合表现的两个核心指标. 期望收益反映了组合的潜在回报, 而方差则衡量了组合的风险水平. 通过分析各资产的期望收益和协方差, 可以推导出投资组合的整体期望收益与方差, 从而评估其风险与回报.

假设有 n 种资产, 其收益率分别为 $r_1, r_2, \cdots, r_n$, 对应的期望收益率为

$$\mathbb{E}[r_1] = \bar{r}_1, \quad \mathbb{E}[r_2] = \bar{r}_2, \quad \cdots, \quad \mathbb{E}[r_n] = \bar{r}_n.$$

假设每个资产在投资组合中的权重为 w_i $(i = 1, 2, \cdots, n)$, 则投资组合的总收益 r 可以表示为各资产收益率的加权和

$$r = \sum_{i=1}^{n} w_i r_i.$$

根据期望值的线性性质, 投资组合的期望收益为

$$\mathbb{E}[r] = \sum_{i=1}^{n} w_i \mathbb{E}[r_i].$$

这一公式表明, 投资组合的期望收益等于各资产期望收益的加权平均值. 通过调整资产的权重, 投资者可以调控组合的整体收益.

接下来, 讨论投资组合的风险. 用方差衡量风险, 记 σ_i^2 为第 i 种资产的方差, σ^2 表示投资组合收益的方差, σ_{ij} 为第 i 和第 j 种资产之间的协方差, 我们简单计算如下:

$$\begin{aligned}
\sigma^2 &= \mathbb{E}\left[(r-\bar{r})^2\right] \\
&= \mathbb{E}\left[\left(\sum_{i=1}^{n} w_i r_i - \sum_{i=1}^{n} w_i \bar{r}_i\right)^2\right] \\
&= \mathbb{E}\left[\left(\sum_{i=1}^{n} w_i(r_i-\bar{r}_i)\right)\left(\sum_{j=1}^{n} w_j(r_j-\bar{r}_j)\right)\right] \\
&= \mathbb{E}\left[\sum_{i=1}^{n}\sum_{j=1}^{n} w_i w_j(r_i-\bar{r}_i)(r_j-\bar{r}_j)\right] \\
&= \sum_{i,j=1}^{n} w_i w_j \sigma_{ij}.
\end{aligned}$$

这一公式表明, 投资组合的方差不仅依赖于单个资产的方差, 还取决于各资产之间的协方差. 如果资产之间的协方差较小, 投资组合的整体风险将随之降低, 这为投资组合的多样化 (分散化) 提供了理论依据.

例 5.1(两资产的投资组合) 假设有两项资产, 其期望收益率分别为 $\bar{r}_1 = 0.20$ 和 $\bar{r}_2 = 0.10$, 方差分别为 $\sigma_1^2 = 0.25^2$ 和 $\sigma_2^2 = 0.20^2$, 协方差为 $\sigma_{12} = 0.02$. 我们构造一个权重分别为 $w_1 = 0.70$ 和 $w_2 = 0.30$ 的投资组合, 则可以计算该投资组合的期望收益和方差.

解 投资组合的期望收益为

$$\mathbb{E}[r] = 0.70 \times 0.20 + 0.30 \times 0.10 = 0.17.$$

方差计算为

$$\sigma^2 = (0.70)^2 \times (0.25)^2 + (0.30)^2 \times (0.20)^2 + 2 \times 0.70 \times 0.30 \times 0.02.$$

计算得

$$\sigma^2 = 0.030625 + 0.0036 + 0.0084 = 0.042625.$$

因此, 投资组合的标准差为

$$\sigma_r = \sqrt{0.042625} \approx 0.2065.$$

这一例子展示了如何通过组合不同资产的收益和风险, 从而计算出整个投资组合的期望收益与风险.

1. 分散化

分散化是一种通过持有多种资产来降低整体风险的策略. 其基本原理可以用一句话概括: "不要把所有鸡蛋放在一个篮子里." 当投资组合中的资产收益不完全正相关时 (相关系数小于 1), 整体的投资组合风险 (即方差) 会低于单一资产的风险.

分散化的效果可以结合方差的公式用数量表示. 假设某投资组合有许多资产, 它们之间互不相关, 即任何一项资产与组合内的其他任何资产都不相关. 假设每项资产的期望收益率为 m, 方差为 σ^2, 并且投资组合中各项资产权重相等, 即 $w_i = \dfrac{1}{n}\ (i = 1, \cdots, n)$, 于是投资组合的总收益率为

$$r = \frac{1}{n} \sum_{i=1}^{n} r_i.$$

于是可得出均值 $\bar{r} = m$, 与 n 无关. 相应的方差为

$$\mathrm{Var}[r] = \frac{1}{n^2} \sum_{i=1}^{n} \sigma^2 = \frac{\sigma^2}{n}.$$

这一公式展示了, 通过分散化策略, 随着资产数量 n 的增加, 投资组合的方差逐渐减少, 从而有效降低风险.

这里我们假设各资产的收益率不相关. 可以看到, 随着 n 增加, 投资组合的方差迅速下降, 如图 5.1(a) 所示 (当 $\sigma^2 = 1$ 时). 图中表明方差是资产数量 n 的函数, 且只要持有六项互不相关的资产, 风险就会显著降低.

如果资产的收益是相关的, 情况则有所不同. 举一个简单的例子, 假设各资产的期望收益和方差均为 m 和 σ^2, 且每两项资产的协方差为 $\mathrm{Cov}[r_i, r_j] = 0.3\sigma^2\ (i \neq j)$. 我们构造一个等权重的投资组合, 则组合的方差为

$$\mathrm{Var}[r] = \mathbb{E}\left[\left(\frac{1}{n} \sum_{i=1}^{n} (r_i - \bar{r}) \right)^2 \right],$$

展开并简化后得

$$\mathrm{Var}[r] = \frac{1}{n^2} \sum_{i=1}^{n} \sum_{j=1}^{n} \sigma_{ij} = \frac{1}{n^2} \left(\sum_{i=j} \sigma_{ij} + \sum_{i \neq j} \sigma_{ij} \right),$$

代入 $\sigma_{ij} = 0.3\sigma^2$, 得到

$$\mathrm{Var}[r] = \frac{1}{n^2} \left(n\sigma^2 + 0.3\sigma^2(n^2 - n) \right) = \frac{\sigma^2}{n} + 0.3\sigma^2 \left(1 - \frac{1}{n} \right).$$

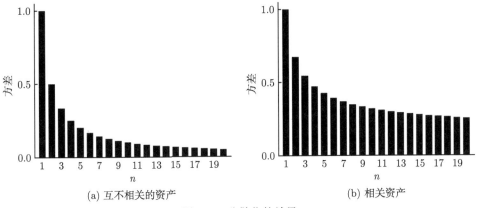

(a) 互不相关的资产　　　　　　(b) 相关资产

图 5.1　分散化的效果

如图 5.1(b) 所示, 这一结果表明, 在这种情况下, 无论 n 取多大, 方差都不可能降至低于 $0.3\sigma^2$.

虽然上述分析假设了所有资产的期望收益相同, 但实际上, 分散化通常在降低方差的同时也会降低期望收益. 大多数投资者愿意接受较小幅度的期望收益降低, 以换取更大幅度的风险降低. 正是这一点激励了马科维茨发展均值-方差分析方法, 强调了收益和风险之间的权衡.

从上述例子中, 我们可以得出一个重要结论: 只要资产之间的收益率不相关, 随着 n 增加, 分散化可以将投资组合的方差大幅降低接近于零. 相反, 如果资产收益率高度相关, 分散化的效果将会显著减弱, 方差的降低幅度也较小.

2. 投资组合的收益-标准差图像

假设在一个收益-标准差图像中有两项资产, 由这两项资产以一定的权重组合成一个投资组合——一项新的资产. 这项新的资产收益率的均值及标准差可以由原来的两项资产收益率的均值、方差及协方差计算得出.

　　然而, 由于协方差在图像中没有体现, 因此由原来的两项资产所在的位置不能确定新资产点的精确位置. 新资产点的位置有多种可能性, 它们取决于两项资产收益率的协方差.

　　我们分析如下. 图 5.2 给出了代表原来两项资产的点 1 和点 2. 通过引入变量 α, 我们定义一篮子投资组合, 规定权重为 $w_1 = 1 - \alpha$, $w_2 = \alpha$. 因此, 当 α 在 0 到 1 之间变化时, 投资组合从仅含有资产 1 到同时含有资产 1 和资产 2 的组合, 再到仅含有资产 2. 若取 $\alpha \in [0,1]$ 以外的值, 则表示一个权重为负, 相当于卖空此项资产.

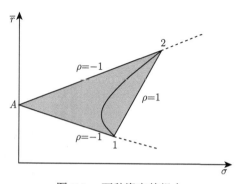

图 5.2　两种资产的组合

　　随着 α 的变化, 新的投资组合描绘出一条包含了资产 1 和资产 2 的曲线. 这条曲线看起来有点像图 5.2 所绘出曲线的形状, 但它的确切形状取决于 σ_{12} 的值. 曲线的实线部分表示两项资产的权重均为正的组合, 虚线部分表示卖空某项资产 (实线另一端点所代表的资产). 实际上我们可以证明, 曲线的实线部分一定位于图中的闭合域内, 即一定位于以顶点 1, 2 及纵轴上的点 A 为顶点的三角形区域内.

　　我们正当地描述了这一性质, 但并不要求读者在第一遍阅读时就理解所有的细节. 这仅仅是为了帮助理解曲线的一般形状.

　　定理 5.1　由资产 1 和资产 2 组成的非负投资组合的 $\bar{r}$-σ 曲线位于图像中表示原来资产的两点以及纵轴上的点 A 确定的三角形区域内, 其中纵轴上 A 点的高度为 $\dfrac{\bar{r_1}\sigma_2 + \bar{r_2}\sigma_1}{\sigma_1 + \sigma_2}$.

　　证明　以 α 来定义的投资组合的收益率是 $r(\alpha) = (1 - \alpha)r_1 + \alpha r_2$, 均值是

$$\bar{r}(\alpha) = (1 - \alpha)\bar{r_1} + \alpha\bar{r_2},$$

这表明 $\bar{r}(\alpha)$ 在初始均值 $\bar{r_1}$ 与 $\bar{r_2}$ 之间, 与两个资产所占的比率成正比. 比如说, 若两项资产各占 50%, 则新均值正好位于 $\bar{r_1}$ 与 $\bar{r_2}$ 的中间值.

现在让我们来计算投资组合的标准差. 利用上一节给出的一般公式, 我们有

$$\sigma(\alpha) = \sqrt{(1-\alpha)^2\sigma_1^2 + 2\alpha(1-\alpha)\sigma_{12} + \alpha^2\sigma_2^2},$$

利用相关系数的定义 $\rho = \dfrac{\sigma_{12}}{\sigma_1\sigma_2}$, 则上面的公式可以写成

$$\sigma(\alpha) = \sqrt{(1-\alpha)^2\sigma_1^2 + 2\alpha(1-\alpha)\rho\sigma_1\sigma_2 + \alpha^2\sigma_2^2}.$$

这个表达式较为复杂. 但是可以确定它的边界. 我们知道 ρ 的取值只可在 -1 到 1 之间. 若 $\rho=1$, 我们有标准差上限为

$$\begin{aligned}\sigma(\alpha)^* &= \sqrt{(1-\alpha)^2\sigma_1^2 + 2\alpha(1-\alpha)\sigma_1\sigma_2 + \alpha^2\sigma_2^2} \\ &= \sqrt{[(1-\alpha)\sigma_1 + \alpha\sigma_2]^2} \\ &= (1-\alpha)\sigma_1 + \alpha\sigma_2.\end{aligned}$$

若 $\rho=-1$, 我们类似地可以得到标准差下限为

$$\begin{aligned}\sigma(\alpha)_* &= \sqrt{(1-\alpha)^2\sigma_1^2 - 2\alpha(1-\alpha)\sigma_1\sigma_2 + \alpha^2\sigma_2^2} \\ &= \sqrt{[(1-\alpha)\sigma_1 - \alpha\sigma_2]^2} \\ &= |(1-\alpha)\sigma_1 - \alpha\sigma_2|.\end{aligned}$$

注意: 标准差上限的表达式是 α 的线性表达式, 均值的表达式类似. 由这两个线性表达式, 我们推理出, 在 $\rho=1$ 的前提下, 随着 α 从 0 到 1 的变化, 均值和标准差都随 α 线性变化. 也就是说, 随着 α 从 0 到 1 的变化, 代表投资组合的点沿着 $\alpha=0$ 及 $\alpha=1$ 的两点之间的一条直线运动, 即图 5.2 中所给的点 1 与点 2 之间的直线段.

若不考虑绝对值符号, 标准差下限的表达式也是线性的. 当 α 比较小时, 绝对值符号内的表达式为正, 所以下限等于 $(1-\alpha)\sigma_1 - \alpha\sigma_2$. 这个式子在 $\alpha < \dfrac{\sigma_1}{\sigma_1+\sigma_2}$ 时, 均为正. 而在 $\alpha > \dfrac{\sigma_1}{\sigma_1+\sigma_2}$ 时, 表达式变号, 下限变成 $\alpha\sigma_2 - (1-\alpha)\sigma_1$, 在命题中所提及的点 A 就是绝对值符号内表达式为 0 时的点 $\left(\text{即 } \alpha = \dfrac{\sigma_1}{\sigma_1+\sigma_2} \text{ 时}\right)$. 上面的两个线性表达式连同均值的线性表达式使得标准差下限的轨迹是图 5.2 中所画出的折线. □

　　于是我们可以得出结论: 投资组合点的运动轨迹应该位于图中的阴影部分内, 并且在 ρ 取 -1 到 1 之间的值时, 投资组合点的运动轨迹与图中的曲线相似.

5.1.2　投资组合的有效边界

　　最优投资组合选择的过程就是投资者将收益期望最大化的过程. 然而, 在进行这一决策时, 投资者必须了解到, 投资组合中的不同资产不仅带来的是收益, 还有与之对应的风险. 投资者应该清楚市场中的金融资产各自的特征是什么. 虽然市场中的金融资产种类繁多, 但我们可以将这些资产分为两类: 无风险资产和风险资产.

　　市场中可能的资产组合有几种类型: 第一种是一种无风险资产和一种风险资产的组合, 第二种是两种风险资产的组合, 第三种是无风险资产和两种风险资产的组合. 我们将逐一分析在这三种市场环境下资产组合的收益—收益特征.

　　1. 一种无风险资产和一种风险资产的组合

　　当市场中只有一种无风险资产和一种风险资产时, 我们可以假设投资者投资到风险资产上的财富比例为 w, 投资到无风险资产上的财富比例为 $1-w$. 这样, 投资组合的收益可以写为

$$\tilde{r}_p = w\tilde{r} + (1-w)r_f,$$

其中 $\tilde{r}$ 为投资组合的收益, 是一个随机变量; r_f 为无风险资产的收益, 是一个常数.

　　这样, 资产组合的期望收益和标准差就可以写成如下形式:

$$\mathbb{E}[\tilde{r}_p] = w\mathbb{E}[\tilde{r}] + (1-w)r_f, \quad \sigma_p = w\sigma,$$

其中 σ 为风险资产的标准差.

　　根据以上两个公式, 我们可以消除投资权重 w, 并得到投资组合期望收益与标准差之间的关系:

$$\mathbb{E}[\tilde{r}_p] = r_f + \frac{\mathbb{E}[\tilde{r}] - r_f}{\sigma}\sigma_p. \tag{5.1}$$

　　当市场中只有一种无风险资产和一种风险资产时, (5.1) 式就是资产组合所有可能的风险-收益集合, 又称投资组合可行集. (5.1) 式在 "期望收益-标准差" 平面中是一条直线 (见图 5.3), 该直线通过代表无风险资产 r_f 和风险资产 $\tilde{r}$ 的点, 我们称这条直线为**资本配置线** (capital allocation line).

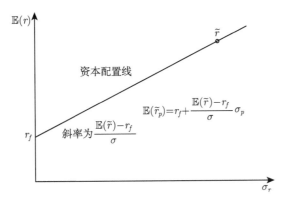

图 5.3   一种无风险资产和一种风险资产构成的投资组合可行集

随着投资者改变风险资产的投资权重 w, 资产组合就落在资本配置线上的不同位置. 具体来说, 如果投资者将全部财富都投资到无风险资产上 $(w = 1)$, 资产组合的期望收益和方差就是风险资产的期望收益和方差, 资产组合与风险资产重合; 如果投资者将全部财富都投资到无风险资产上 $(w = 0)$, 资产组合的期望收益和方差就是无风险资产的期望收益和方差, 资产组合与无风险资产重合. 风险资产 $\tilde{r}$ 和无风险资产 r_f 将资本配置线分为三段, 其中, 无风险资产和风险资产之间的部分意味着投资者投资在风险资产和无风险资产上的财富都是正值. 此时, $0 < w < 1$. 风险资产右侧的部分意味着投资者以无风险收益率借入部分资金, 然后将其全部财富和借入的资金一起投资到风险资产中. 此时, $w > 1$. 由于我们没有考虑卖空风险资产的问题, 所以不存在 $w < 0$ 的情况.

资本配置线的斜率等于资产组合每增加一单位标准差所增加的期望收益, 换句话说, 就是每单位额外风险的额外收益. 因此, 我们有时也将这一斜率称为**报酬与波动性比率**.

在资本配置线的推导中, 我们假设投资者能以无风险收益率借入资金. 然而, 在实际的资本市场中, 投资者在银行的存贷款利率是不同的. 一般来讲, 存款利率低于贷款利率. 因此, 如果把存款利率视为无风险收益率, 那么投资者的贷款利率就要高于无风险资产收益率. 在这种情况下, 资本配置线就变为一条折线. 我们可以假设无风险资产收益率为 r_f, 投资者向银行贷款的利率为 r'_f, 且 $r'_f > r_f$. 在这种情况下, 若投资者需要借入资金去投资到风险资产时, 资本配置线的斜率就应该等于 $\dfrac{\mathbb{E}[\tilde{r}] - r'_f}{\sigma}$, 该斜率值小于 $\dfrac{\mathbb{E}[\tilde{r}] - r_f}{\sigma}$. 此时, 在期望收益-标准差平面上, 资本配置线就变成如图 5.4 所示的形状. 其中, 资本配置线在风险资产右侧部分的斜率要小于其左侧部分.

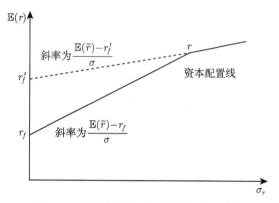

图 5.4　存贷款利率不同时的资本配置线

2. 两种风险资产的组合

当市场中的资产是两种风险资产时, 比如一只股票和一只公司债券, 且投资到股票上的财富比例为 w. 我们可以将该资产组合的收益写为

$$\tilde{r}_p = w\tilde{r}_S + (1-w)\tilde{r}_B.$$

此时, 资产组合的期望收益和标准差分别为

$$\mathbb{E}[\tilde{r}_p] = w\mathbb{E}[\tilde{r}_S] + (1-w)\mathbb{E}[\tilde{r}_B],$$

$$\sigma_p^2 = w^2\sigma_S^2 + (1-w)^2\sigma_B^2 + 2w(1-w)\mathrm{Cov}[\tilde{r}_S, \tilde{r}_B]$$
$$= w^2\sigma_S^2 + (1-w)^2\sigma_B^2 + 2w(1-w)\rho_{S,B}\sigma_S\sigma_B,$$

其中 $\rho_{S,B}$ 为股票和债券收益率的相关系数.

根据期望收益的表达式, 我们可以求出投资权重 w 为

$$w = \frac{\mathbb{E}[\tilde{r}_p] - \mathbb{E}[\tilde{r}_B]}{\mathbb{E}[\tilde{r}_S] - \mathbb{E}[\tilde{r}_B]},$$

将其代入标准差方程, 可以得到该资产组合期望收益和标准差之间的关系式:

$$\sigma_p^2 = a \times \mathbb{E}^2[\tilde{r}_p] - b \times \mathbb{E}[\tilde{r}_p] + c, \tag{5.2}$$

其中

$$a = \frac{\sigma_S^2 + \sigma_B^2 - 2\rho_{S,B}\sigma_S\sigma_B}{[\mathbb{E}(\tilde{r}_S) - \mathbb{E}(\tilde{r}_B)]^2},$$

$$b = \frac{2\mathbb{E}(\tilde{r}_B)\sigma_S^2 + 2\mathbb{E}(\tilde{r}_S)\sigma_B^2 - 2[\mathbb{E}(\tilde{r}_S) + \mathbb{E}(\tilde{r}_B)]\rho_{S,B}\sigma_S\sigma_B}{[\mathbb{E}(\tilde{r}_S) - \mathbb{E}(\tilde{r}_B)]^2},$$

$$c = \frac{\mathbb{E}^2(\tilde{r}_B)\sigma_S^2 + \mathbb{E}^2(\tilde{r}_S)\sigma_B^2 - \mathbb{E}(\tilde{r}_S)\mathbb{E}(\tilde{r}_B)\rho_{S,B}\sigma_S\sigma_B}{[\mathbb{E}(\tilde{r}_S) - \mathbb{E}(\tilde{r}_B)]^2}.$$

在市场中存在两种风险资产的情况下, (5.2) 式描述了资产组合所有可能的期望收益和标准差的组合. 当 $\rho_{S,B}$ 取不同的值时, 上述公式在期望收益-标准差平面中的形状也有所不同. 我们对此外的三种情形进行讨论.

(1) 情形一: $\rho_{S,B} = 1$

在这种情况下, 两种资产的收益率是完全正相关的. 此时, 标准差方程变为

$$\sigma_p^2 = [w\sigma_S + (1-w)\sigma_B]^2,$$

在不考虑卖空或者借贷的情况下 (即 $0 < w < 1$), 标准差方程可以写为

$$\sigma_p = w\sigma_S + (1-w)\sigma_B,$$

结合期望收益的表达式, 可以求出

$$\mathbb{E}[\tilde{r}_p] = \frac{\mathbb{E}[\tilde{r}_S] - \mathbb{E}[\tilde{r}_B]}{\sigma_S - \sigma_B} \times (\sigma_p - \sigma_B) + \mathbb{E}[\tilde{r}_B].$$

当两种风险资产完全正相关时, 上式是资产组合期望收益和标准差的关系式. 该关系式在期望收益-标准差平面中是一条通过 S 点和 B 点的线段 (见图 5.5).

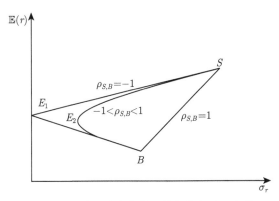

图 5.5　两种风险资产构成的投资组合可行集

(2) 情形二: $\rho_{S,B} = -1$

在这种情况下, 两种资产的收益率是完全负相关的. 此时, 方差方程变为

$$\sigma_p^2 = w\sigma_S - (1-w)\sigma_B^2,$$

该方程式对应着

$$\sigma_p = w\sigma_S - (1-w)\sigma_B, \quad 当\ w \geqslant \frac{\sigma_B}{\sigma_S + \sigma_B},$$

或者

$$\sigma_p = (1-w)\sigma_B - w\sigma_S, \quad 当\ w < \frac{\sigma_B}{\sigma_S + \sigma_B},$$

再结合期望收益的表达式, 可以求得资产组合期望收益和标准差之间的关系如下:

$$\mathbb{E}[\tilde{r}_p] = \begin{cases} \dfrac{\mathbb{E}[\tilde{r}_S] - \mathbb{E}[\tilde{r}_B]}{\sigma_S + \sigma_B} \times (\sigma_p + \sigma_B) + \mathbb{E}[\tilde{r}_B], & w \geqslant \dfrac{\sigma_B}{\sigma_S + \sigma_B}, \\ -\dfrac{\mathbb{E}[\tilde{r}_S] - \mathbb{E}[\tilde{r}_B]}{\sigma_S + \sigma_B} \times (\sigma_p - \sigma_B) + \mathbb{E}[\tilde{r}_B], & w < \dfrac{\sigma_B}{\sigma_S + \sigma_B}. \end{cases}$$

上式对应着两条斜率相反的折线 (见图 5.5), 折线的一部分通过 S 点和 E_1 点; 另一部分则通过 B 点和 E_1 点. 其中, E_1 的坐标为 $\left(0, \dfrac{\mathbb{E}[\tilde{r}_S]\sigma_B + \mathbb{E}[\tilde{r}_B]\sigma_S}{\sigma_S + \sigma_B}\right)$, 为 $\rho_{S,B} = -1$ 时投资组合可行集内的最小方差点.

(3) 情形三: $-1 < \rho_{S,B} < 1$

此时, (5.2) 式在期望收益-标准差平面中对应着两条双曲线. 考虑到经济含义, 我们只保留双曲线在第一象限的部分 (见图 5.5). 这条双曲线的顶点 E_2 是 $-1 < \rho_{S,B} < 1$ 时, 资产组合可行集内的最小方差点.

从图 5.5 中可以看出, 在情形二和情形三中, 我们可以根据最小方差点将可行集分为两个部分: 位于最小方差点上方的部分 (SE_1 和 SE_2) 及位于最小方差点下方的部分 (E_1B 和 E_2B). 很显然, 在最小方差点下方的可行集中, 期望收益随着标准差的增大而降低. 对于以风险规避的投资者而言, 这部分资产组合显然是无效率的, 投资者只会选择可行集中最小方差点上方的资产组合. 我们将这部分资产组合称为全部资产组合的**效率边界** (efficient frontier).

3. 一种无风险资产和两种风险资产的组合

前面分别考察了一种无风险资产和一种风险资产构成的资产组合以及两种风险资产构成的资产组合. 在此基础上, 我们将这两种情境进行融合, 进一步引入第三种资产组合, 即一种无风险资产和两种风险资产构成的资产组合. 下面, 我们将考察这种情况下投资组合可行集的状态.

我们首先假设两种风险资产的投资权重分别为 w_1 和 w_2, 这样一来, 无风险资产的投资权重就是 $1 - w_1 - w_2$. 由于我们可以将两种风险资产视为一种风险资产组合, 因此两种资产构成的投资组合可行集就等价于一种风险资产组合与一种无风险资产构成的可行集. 图 5.5 中所展示的情境与我们前面分析的情境略有不同, 随着 w_1 和 w_2 的变化, 风险资产组合的期望收益和标准差随权重变化而动态变化. 在期望收益-标准差平面中, 风险资产组合的位置也不再是图 5.3 中确定的点, 而是图 5.5 中的一点点相连的线上的一部分. 在线上, 与期望收益-标准差平面中无风险资产相关的组合应该与一种无风险资产组合相同的线段以及资本配置线 (如图 5.6 所示), 这条资本配置线就是在市场中存在两种资产时的投资组合可行集. 随着我们加入更多的风险资产, 投资组合的可行集也会变得更加复杂. 随着我们改变投资比例 k, 风险资产组合的位置就会发生变化, 资本配置线也相应发生变化.

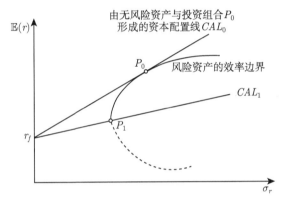

图 5.6   一种无风险资产和两种风险资产的投资组合可行集

从图 5.6 中可以看出, 两种风险资产组成的效率边界上的任何一点与无风险资产的连线都能构成一条资本配置线. 然而, 比较图 5.6 中的两条资本配置线 CAL_0 和 CAL_1 可以发现, 对于任一标准差, 资本配置线 CAL_0 上资产组合的期望收益率都比 CAL_1 上的高. 换句话说, 相对于 CAL_0 上的资产组合, CAL_1 上的资产组合是无效率的.

事实上, 我们可以很容易地发现, 在所有的资本配置线中, 斜率最高的资本配置线在相同标准差水平下拥有最大的期望收益率. 用几何角度讲, 这条资本配置线就是通过无风险资产并与风险资产组合的效率边界相切的一条线. 我们称这条资本配置线为**最优资本配置线**. 相应地, 切点组合 P_0 被称为**最优风险资产组合**. 因此, 当市场中有一种无风险资产和两种风险资产时, 有效的投资组合可行集就是通过无风险资产和风险资产组合, 且斜率达到最大的资本配置线.

5.1.3   最优投资组合选择

给定了市场中的投资可行集, 投资者接下来面临的问题就是如何在可行集中进行投资组合的选择. 在这一过程中, 投资者的个人偏好起着重要作用. 一般来说, 若投资者是风险规避型的, 他们会选择相对低风险的投资组合; 若投资者风险偏好较高, 则会选择高收益同时伴随较大风险的投资组合. 换句话说, 投资者会依据其对风险的态度来选择最优的投资组合. 下面, 我们将讨论几种不同市场环境下的最优投资组合的选择.

前面我们分析了不同市场环境下的投资可行集, 给定这些可行集, 投资者应根据在不同环境下的偏好进行最优组合的选择. 由于不同投资者的风险和收益偏好不同, 他们会选择不同的最优资产组合. 然而, 由于不同投资者的风险规避程度是不同的, 因此, 即便面对同一个投资可行集, 不同的投资者也会选择风险水平不同的资产组合, 而他们进行选择的标准就是使自身的效用水平达到最大.

由于投资可行集是定义在收益率的均值和标准差的基础上的, 因此, 我们这里也将效用定义成这两个变量的函数, 即

$$U = U(\mu, \sigma),$$

其中 $\mu = \mathbb{E}[\tilde{r}]$, $\sigma = \sqrt{\mathrm{Var}[\tilde{r}]}$.

给定效用水平 $\overline{U}$, 在期望收益-方差平面中, $\overline{U} = U(\mu, \sigma)$ 就是投资者的无差异曲线. 对于风险规避的投资者而言, 期望收益的增加会提高投资者的效用水平, 标准差或者风险水平的增加则会降低效用水平. 因此, 我们有

$$\frac{\partial U}{\partial \mu} > 0, \quad \frac{\partial U}{\partial \sigma} < 0.$$

这就意味着, 在期望收益-标准差平面中, 无差异曲线就是一条向右上方倾斜的曲线, 且向左上方倾斜的无差异曲线代表的效用水平要高于向右下方倾斜的无差异曲线的效用水平. 给定投资者的效用函数 $U(\mu, \sigma)$, 当风险和期望收益的边际替代率是递减的时候, 无差异曲线就是凸向原点的.

这样一来, 在给定投资者的无差异曲线和投资可行集的情况下, 最优资产组合的选择就变为寻找一条最靠近左上方并与可行集相切的无差异曲线. 切点就是在可行集范围内能够使投资者效用达到最大处的资产组合, 也就是我们寻找的最优资产组合.

1. 一种无风险资产和一种风险资产

此时, 投资组合可行集就是通过无风险资产和风险资产的资本配置线 (如图 5.7 所示).

如图 5.7 所示, 给定投资者 1 的效用函数, $\overline{U}_1^{(1)}, \overline{U}_2^{(1)}, \overline{U}_3^{(1)}$ 对应着投资者三个效用水平下的无差异曲线. 比较这三条无差异曲线可以发现, 在给定风险水平的情况下, $\overline{U}_3^{(1)}$ 上资产组合的期望收益最大, $\overline{U}_1^{(1)}$ 上资产组合的期望收益最小. 这意味着 $\overline{U}_3^{(1)}$ 代表的效用水平最大, $\overline{U}_1^{(1)}$ 代表的效用水平最小.

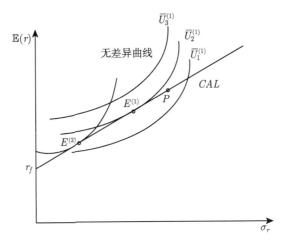

图 5.7   一种无风险资产和一种风险资产时最优资产组合的选择

在三条无差异曲线中, $\overline{U}_1^{(1)}$ 与资本配置线相交, $\overline{U}_2^{(1)}$ 与资本配置线相切, $\overline{U}_3^{(1)}$ 与资本配置线没有任何交集. 这意味着可行集中存在的资产组合能够使投资者达到 $\overline{U}_1^{(1)}$ 和 $\overline{U}_2^{(1)}$ 的效用水平, 而可行集中所有的资产组合都无法使投资者的效用达到 $\overline{U}_3^{(1)}$.

事实上, 对于投资者 1 来说, 在所有与资本配置线存在交集的无差异曲线中, 由于 $\overline{U}_2^{(1)}$ 与资本配置线相切, 因此 $\overline{U}_2^{(1)}$ 拥有最高的效用水平. 因此, $\overline{U}_2^{(1)}$ 和资本配置线的切点 $E^{(1)}$ 就是投资者 1 的最优投资组合.

不同投资者的风险规避程度是不相同的, 因而他们对于风险和收益的权衡也存在差异. 对于风险规避程度较高的投资者而言, 他们会将财富更多地投入无风险资产中, 从而获得较低风险水平的资产组合. 在图 5.7 中, 投资者 2 的风险规避程度较高, 在他选择的最优资产组合 $E^{(2)}$ 中, 无风险资产所占的比例较高. 与投资者 1 相比, 他的最优资产组合的风险水平相对较低.

2. 两种风险资产

当市场中存在两种风险资产时, 供投资者选择的有效资产组合就是图 5.5 中双曲线上的上半部分的效率边界 (这里主要考虑 $-1 < \rho_{S,B} < 1$ 的情况). 由于效率边界的上半部分是凸向 y 轴的 (根据 (5.2) 式可知), 而投资者无差异曲线是凸向 x 轴的, 因此随着无差异曲线向右上方移动, 两者就存在相切的可能, 而切点正是我们要求的最优资产组合.

同样, 不同投资者的无差异曲线的形状不同, 它们与效率边界的切点位置也不相同. 如图 5.8 所示, 对于风险规避程度较高的投资者而言, 他们会选择效率边界左侧, 风险较低的资产组合 (如点 E_1); 风险规避程度较低的投资者则会选择效率边界右侧, 风险较高的资产组合 (如点 E_2).

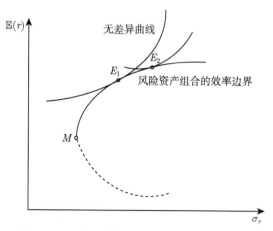

图 5.8   两种风险资产时最优资产组合的选择

3. 一种无风险资产和两种风险资产

当市场中存在一种无风险资产和两种风险资产时, 投资者会在两种风险资产构成的风险资产组合和无风险资产之间进行财富分配, 也就是在风险资产组合和无风险资产构成的资本配置线上选择待投资的资产组合. 由于所有通过无风险资产的资本配置线, 与效率边界相切的资本配置线在相同的风险水平下拥有最大的期望收益, 因此对于所有的投资者来说, 他们都会在这条资本配置线上进行最优资产组合的选择. 最优资产组合就是无差异曲线与资本配置线的切点 (如图 5.9 所示).

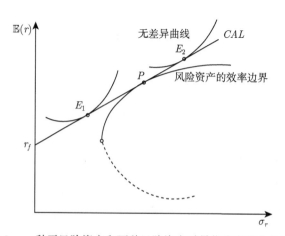

图 5.9   一种无风险资产和两种风险资产时最优资产组合的选择

从图 5.9 中可以看出, 当市场中存在无风险资产和多种风险资产时, 只要投资者是风险规避型的, 无论他具体的效用函数如何, 所选择的风险资产组合都是一样的, 也就是无风险资产与效率边界相切的 P 点, 投资者的效用函数或者说风险规避程度决定了他持有的无风险资产和风险资产组合 P 的比例. 它与其他有关的风险资产组合的比例有关, 这一性质就是所谓的**分离定理** (separation theorem).

根据这一定理, 投资组合的选择过程可以分为两个阶段, 投资者首先要根据各风险资产的期望收益、方差以及协方差确定最优的风险资产组合, 这完全是一个技术性工作. 在这一阶段, 投资者不需要考虑他的风险规避偏好, 而只需投入合适的风险资产. 事实上, 所有投资者在这个阶段选择的最优风险资产组合都是相同的. 在确定了最优风险资产组合的基础上, 投资者将根据自身的风险规避程度确定投资在最优风险资产组合和无风险资产上的比例, 从而得到最优资产组合.

分离定理在资产组合管理过程中具有重要意义. 如果市场由一种无风险资产和多种风险资产构成, 那么不管客户的风险规避程度有何差异, 资产组合管理公司给所有客户提供的风险资产组合都是相同的. 不同风险规避程度的客户可以通过选择分配在无风险资产上的财富比例来调节最优资产组合的风险水平, 这就大大提高了资产组合的管理效率, 并降低了管理的单位成本.

5.2 马科维茨投资组合理论

前面介绍了在市场中存在两种资产或三种资产时, 投资者进行投资组合选择的方法. 实际上, 这些方法完全可以推广到存在多种资产的市场环境中, Harry Markowitz 和 James Tobin 在这方面作出了卓著的贡献. Markowitz 在文献 [12] 给出了市场中存在 N 种风险资产时最优资产组合的选择模型; Tobin 则在文献 [13] 和 [14] 中在这一模型的基础上取消了全部证券都存在风险的假设, 从而提出了在市场中存在一种无风险资产的情况下, 最优资产组合的选择模型. 下面, 我们简要介绍一下这两个模型的主要思想.

5.2.1 马科维茨投资组合理论的假设与内涵

马科维茨资产组合选择模型考察的是市场中存在多种风险资产时, 投资者最优资产组合的选择. 在文献 [12] 以后, 不少文章在这个模型的基础上进行了些修改. 在此, 我们给出该模型的一般形式. 下面先给出两个概念的定义.

边界资产组合 (frontier portfolio) 如果一个资产组合在所有与其期望收益相同的资产组合中拥有最小的方差, 那么我们称其为边界资产组合.

投资组合边界 (portfolio frontier) 所有边界资产组合组成的投资组合构成一个投资组合边界.

边界资产组合是在投资可行集中每一风险水平下最优资产组合的集合. 有了这个定义后, 最优资产组合的选择就变成寻找资产组合边界的过程. 这是因为, 一旦给出投资组合边界, 投资者就可以根据自身的风险规避程度, 通过选择资产组合的标准差 (或者期望收益) 找到他所需要的最优资产组合. 下面, 我们就从马科维茨资产组合模型的假设开始介绍.

马科维茨资产组合选择模型中有如下假设.

(1) 市场中存在 $N \geqslant 2$ 种风险资产. 如果没有特别说明, 每种资产的方差都是有限的, 每种资产的期望收益率都不相等. 此外, 我们还假定任何一种资产的收益率都无法用其他资产收益率的线性组合来表示. 这一条件保证了资产的收益率**是线性独立的** (linearly independent), 同时, 所有资产收益率的方差-协方差矩阵是非奇异的.

(2) 投资者是风险规避的, 在收益相等的情况下, 投资者会选择风险最低的投资组合.

(3) 投资期为一期, 且期初时, 投资者按照效用最大化原则进行资产组合的选择.

(4) 市场是完备的, 无交易成本, 而且风险资产可以无限细分. 投资者可以对风险资产进行卖空操作.

(5) 投资者在最优资产组合的选择过程中, 只关心风险资产的均值、方差以及不同资产间的协方差. 值得注意的是, 这一条件是比较苛刻的. 一般而言, 在两种情况下这一条件可以得到满足. 第一种情况是对投资者效用函数的形式进行限制. 如果我们对投资者效用函数在期望收益 $\mathbb{E}(\tilde{r})$ 处进行泰勒展开就可以得到

$$U(\tilde{r}) = U[\mathbb{E}[\tilde{r}]] + U'[\mathbb{E}[\tilde{r}]][\tilde{r} - \mathbb{E}[\tilde{r}]] + \frac{1}{2}U''[\mathbb{E}[\tilde{r}]][\tilde{r} - \mathbb{E}[\tilde{r}]]^2$$
$$+ \sum_{n=3}^{\infty} \frac{1}{n!}U^{(n)}[\mathbb{E}[\tilde{r}]][\tilde{r} - \mathbb{E}[\tilde{r}]]^n.$$

在这种情况下, 风险资产的期望收益、标准差以及期望收益的高阶矩都对投资者的效用水平产生影响. 然而, 如果效用函数是收益率的二次函数, 即

$$U(\tilde{r}) = -a\tilde{r}^2 + b\tilde{r} + c,$$

则投资者的期望效用为

$$\mathbb{E}[U(\tilde{r})] = -a\mathbb{E}[\tilde{r}^2] + b\mathbb{E}[\tilde{r}] + c = -a[\mathbb{E}^2[\tilde{r}] + \sigma^2(\tilde{r})] + b\mathbb{E}[\tilde{r}] + c,$$

此时, 影响投资者期望效用的因素只有风险资产的期望和方差. 因此, 当效用函数是收益率的二次函数时, 投资者在进行投资决策时只需要考虑风险资产的期望和

方差. 然而, 这种效用函数也不是没有缺陷的. 二次型的效用函数当投资者的财富超过某一数值的时候, 财富的增加会降低投资者的效用水平. 此外, 二次型效用函数还意味着投资者的绝对风险规避系数随着财富的增加而递增. 这样一来, 对于拥有这种效用函数的投资者来说, 风险资产实质上就是一个劣等品. 这些推论违背了我们的经济学直觉.

除了对投资者的效用函数进行限制之外, 我们还可以通过限定风险资产收益率的分布来实现上述目标. 我们知道, 如果一个随机变量服从正态分布, 那么它的高阶矩就可以写成其均值和方差的函数. 因此, 如果我们假定风险资产的收益率**是多元正态分布的** (multivariate normal distribution), 那么它的统计特性就可以通过其均值和方差来刻画. 另一方面, 由于正态分布的可加性, 风险资产组合也是正态分布的. 这样一来, 投资者在进行最优资产组合的选择时就只需要考虑资产的均值和方差.

在以上假设条件下, 最优资产组合的选择问题就可以写成以下优化问题:

$$\min_{\{w\}} \quad \frac{1}{2} w^{\mathrm{T}} V w$$

$$\text{s.t.} \quad w^{\mathrm{T}} e = \mathbb{E}[\tilde{r}_P], \quad w^{\mathrm{T}} \mathbf{1} = 1,$$

其中 w 为风险资产组合中各资产的权重构成的向量; V 为风险资产收益率的方差-协方差矩阵; e 为风险资产组合中各资产期望收益率构成的向量; $\mathbf{1}$ 为单位向量.

最优化行为就是通过选择风险资产组合中各资产的权重, 最终找到一个最优的权重向量, 使得风险资产组合在保证期望收益率等于 $\mathbb{E}(\tilde{r}_p)$ 的前提下, 实现方差最小化. 具体的求解过程见本章附录. 可以证明, 当市场中有 N 种风险资产构成的时候, 投资组合边界在期望收益-标准差平面上还是一个抛物线的形状.

5.2.2 马科维茨模型的解

我们现在需要对最小方差的投资组合建立数学表达式. 假设有 n 种资产, 平均 (或期望) 收益率为 $\bar{r}_1, \bar{r}_2, \cdots, \bar{r}_n$, 协方差为 σ_{ij}, 其中 $i, j = 1, 2, \cdots, n$. 资产组合由 n 个权重 w_i $(i = 1, 2, \cdots, n)$ 定义, 且满足 $\sum_{i=1}^{n} w_i = 1$(允许 w_i 为负, 即允许卖空). 为了求得最小方差投资组合, 我们假定期望收益率固定为 $\bar{r}$(取任意值), 然后在所有符合这一均值的组合中, 找出方差最小的可行投资组合. 因此, 问题的数学表达如下:

$$\min \quad \frac{1}{2} \sum_{i,j=1}^{n} w_i w_j \sigma_{ij}$$

$$\text{s.t.} \quad \sum_{i=1}^{n} w_i \bar{r}_i = \bar{r}, \quad \sum_{i=1}^{n} w_i = 1.$$

在方差前的系数 $\dfrac{1}{2}$ 仅为简化计算, 使得最终结果更加整齐.

马科维茨问题是单期投资理论的基础, 它明确阐述了投资组合中期望收益率与方差之间的权衡. 一旦问题被建立起来, 通过代入具体数据可以得到数值解. 此外, 解析方法也十分有用, 因为我们可以从中推导出许多重要的结论.

我们可以通过**拉格朗日乘数法** (Lagrange multipliers) 来解决带有约束条件的最优化问题, 设拉格朗日乘数为 λ 和 μ. 构造拉格朗日函数:

$$L = \frac{1}{2} \sum_{i,j=1}^{n} w_i w_j \sigma_{ij} - \lambda \left(\sum_{i=1}^{n} w_i \bar{r}_i - \bar{r} \right) - \mu \left(\sum_{i=1}^{n} w_i - 1 \right),$$

然后对每个变量 w_i 求导, 并令导数等于 0.

如果对这类函数不熟悉, 求导过程可能有些复杂. 我们先从两个变量的情形出发, 再推广到 n 种资产的情形. 对于两个变量而言, 拉格朗日函数为

$$L = \frac{1}{2}(w_1^2 \sigma_1^2 + w_1 w_2 \sigma_{12} + w_2 w_1 \sigma_{21} + w_2^2 \sigma_2^2) - \lambda(\bar{r}_1 w_1 + \bar{r}_2 w_2 - \bar{r}) - \mu(w_1 + w_2 - 1)$$

于是得到导数:

$$\frac{\partial L}{\partial w_1} = \frac{1}{2}(2\sigma_1^2 w_1 + \sigma_{12} w_2 + \sigma_{21} w_2) - \lambda \bar{r}_1 - \mu,$$

$$\frac{\partial L}{\partial w_2} = \frac{1}{2}(\sigma_{12} w_1 + \sigma_{21} w_1 + 2\sigma_2^2 w_2) - \lambda \bar{r}_2 - \mu,$$

利用 $\sigma_{12} = \sigma_{21}$, 并令这两个导数等于 0, 我们可得

$$\sigma_1^2 w_1 + \sigma_{12} w_2 - \lambda \bar{r}_1 - \mu = 0,$$

$$\sigma_{21} w_1 + \sigma_2^2 w_2 - \lambda \bar{r}_2 - \mu = 0,$$

这给出两个方程, 再加上两个约束条件, 一共得到四个方程, 可以解出四个未知量 w_1, w_2, λ 和 μ.

推广到 n 个变量时, 得出的一般形式如下.

有效集方程 (equation for efficient set)　对于由 n 种资产组成的投资组合, 各项资产的权重为 $w_i(i = 1, 2, \cdots, n)$, 拉格朗日乘数 λ 和 μ 满足以下方程:

$$\sum_{j=1}^{n} \sigma_{ij} w_j - \lambda \bar{r}_i - \mu = 0 \quad (i = 1, 2, \cdots, n), \tag{5.3}$$

$$\sum_{i=1}^{n} w_i \bar{r}_i = \bar{r}, \tag{5.4}$$

$$\sum_{i=1}^{n} w_i = 1. \tag{5.5}$$

在式 (5.3) 中共有 n 个方程, 加上两个约束条件式 (5.4) 和式 (5.5), 总计 $n+2$ 个方程. 相应地, 我们有 $n+2$ 个未知数, 即 w_i $(i = 1, 2, \cdots, n)$, λ 和 μ. 这些方程的解给出了一个期望收益率为 $\bar{r}$ 的有效组合的各资产权重. 由于这些方程是线性的, 可以通过线性代数方法求解.

例 5.2(允许卖空的三项互不相关的资产) 假设有三种互不相关的资产, 方差均为 1, 均值分别为 $\bar{r}_1 = 1$, $\bar{r}_2 = 2$, $\bar{r}_3 = 3$. 这种情况下, 计算相对简单且均衡, 使得求显式解的过程更加直观.

解 首先, 由于 $\sigma_1^2 = \sigma_2^2 = \sigma_3^2 = 1$ 和 $\sigma_{12} = \sigma_{23} = \sigma_{31} = 0$, 因此, 式 (5.3) 到式 (5.5) 化为

$$w_1 - \lambda - \mu = 0,$$
$$w_2 - 2\lambda - \mu = 0,$$
$$w_3 - 3\lambda - \mu = 0,$$
$$w_1 + 2w_2 + w_3 = \bar{r},$$
$$w_1 + w_2 + w_3 = 1,$$

通过上面的方程组, 我们可以推导出 w_1, w_2 和 w_3 的表达式, 并代入两个约束方程, 得出

$$14\lambda + 6\mu = \bar{r},$$
$$6\lambda + 3\mu = 1,$$

解上述方程可得 $\lambda = \dfrac{\bar{r}}{2} - 1$ 和 $\mu = 2 \cdot \dfrac{1}{3} - \bar{r}$, 接下来有

$$w_1 = \frac{4}{3} - \frac{\bar{r}}{2},$$

$$w_2 = \frac{1}{3},$$

$$w_3 = \frac{\bar{r}}{2} - \frac{2}{3},$$

由于组合的标准差为 $\sigma = \sqrt{w_1^2 + w_2^2 + w_3^2}$, 直接代入上述式子可得

$$\sigma = \sqrt{\frac{7}{3} - 2\bar{r} + \frac{\bar{r}^2}{2}}.$$

通过对称性可知最小方差点出现在 $\bar{r} = 2$, 此时 $\sigma = \sqrt{3}/3 \approx 0.58$.

非负约束条件　在前面的推导中, w_i 的符号未受到限制, 意味着允许卖空. 如果我们限制 w_i 为非负, 则卖空被禁止, 这时马科维茨问题的另一种表达形式为

$$\min \quad \frac{1}{2} \sum_{i,j=1}^{n} \sigma_{ij} w_i w_j \tag{5.6}$$

$$\text{s.t.} \quad \sum_{i=1}^{n} \bar{r}_i w_i = \bar{r}, \tag{5.7}$$

$$\sum_{i=1}^{n} w_i = 1, \tag{5.8}$$

$$w_i \geqslant 0 \quad (i = 1, 2, \cdots, n). \tag{5.9}$$

这种情形下, 问题不能简化为一系列线性方程, 而是称为**二次规划问题** (quadratic programming), 其目标函数为二次形式, 而约束条件为线性方程与不等式. 此类问题可通过特殊的计算程序来求解, 但对于小规模或中等规模的问题, 通常可以使用电子表格程序进行计算. 在金融行业中, 有许多专门用于求解包含数百甚至上千种资产的马科维茨问题的专业的优化求解器.

两种表达形式的关键区别在于, 允许卖空时, 大部分 (如果不是全部的话) 权重 w_i 为非零 (可能为正或负), 意味着几乎所有资产都会被使用; 而在不允许卖空时, 许多权重通常等于零.

例 5.3 (禁止卖空的三项互不相关的资产)　我们再次考虑例 5.2 中的三种资产, 但这次禁止卖空.

解　有效集点可通过使用与上例相同的参数来求解式 (5.6). 在这种情况下, 我们不能将其简化为方程组, 但通过分析两两资产的组合, 可以求得有效边界. 在禁止卖空的情形下, 我们将解分为三种情况: 左边界、中间点和右边界. 其一般解如下:

	$1 \leqslant \bar{r} \leqslant \dfrac{4}{3}$	$\dfrac{4}{3} \leqslant \bar{r} \leqslant \dfrac{8}{3}$	$\dfrac{8}{3} \leqslant \bar{r} \leqslant 3$
ω_1	$2 - \bar{r}$	$\dfrac{4}{3} - \dfrac{\bar{r}}{2}$	0
ω_2	$\bar{r} - 1$	$\dfrac{1}{3}$	$3 - \bar{r}$
ω_3	0	$\dfrac{\bar{r}}{2} - \dfrac{2}{3}$	$\bar{r} - 2$
σ	$\sqrt{2\bar{r}^2 - 6\bar{r} + 5}$	$\sqrt{\dfrac{2}{3} - 2\bar{r} + \dfrac{\bar{r}^2}{2}}$	$\sqrt{2\bar{r}^2 - 10\bar{r} + 13}$

5.3 随机优化基础

许多金融问题的求解需要随机优化技术, 首先考虑如下的随机优化问题:

$$\min_{x\in\Theta} \quad f(x) = \mathbb{E}[Y(x,\xi)], \tag{5.10}$$

其中, $\Theta \subseteq \mathbb{R}^d$ 且 $d < \infty$, x 是优化问题的决策变量. 在随机优化问题中, 我们通常无法直接得到目标函数 $f(x)$ 的解析形式, 需要通过仿真计算得到目标函数的无偏估计量 $Y(x,\xi)$, 其中 ξ 是随机变量, 其分布与决策变量 x 无关, $Y(\cdot,\cdot)$ 为确定性的实值函数. 为保证 f 有定义且有限, 我们假设对于每一个固定的 $x \in \Theta$, 都有 $\mathbb{E}[Y(x,\xi)] < \infty$. Θ 是决策变量的可行范围, 也可以看作是决策变量的限定条件. 下面我们考虑一个具体的例子.

例 5.4 一个投资经理需要用 100 万元的资金构造一个一年期的投资组合, 该投资组合可以在 10 种不同的金融产品中选择, 金融产品 i 的年化收益率可以用随机变量 ξ_i 来表示, 投资经理的效用函数为

$$U(v) = 1 - e^{-v},$$

其中 v 是该投资组合的价值. 那么该投资经理该如何决定金融产品 i 的购买金额 x_i 呢?

解 该问题可以构造成如下的随机优化问题:

$$\min_x \quad \mathbb{E}\left[-U\left(\xi^{\mathrm{T}}x\right)\right] = \mathbb{E}\left[e^{-\xi^{\mathrm{T}}x} - 1\right]$$
$$\text{s.t.} \quad \mathbf{1}^{\mathrm{T}}x \leqslant 100,$$
$$x \geqslant 0,$$

其中 $\xi = (\xi_1, \xi_2, \cdots, \xi_{10})^{\mathrm{T}}$ 表示这 10 种金融产品的年化收益率, $x = (x_1, x_2, \cdots, x_{10})$ 表示这 10 种金融产品的投资金额. 目标函数是最小化投资的负效用 (即最大化投资的效用), 两个限定条件构造的可行范围表示投资的总金额最多为 100 万元, 且每种产品的投资不可卖空.

SAA 和 SA 是解决随机优化问题的两种核心技术, 在处理带有随机性和不确定性的模型时发挥着关键作用. SAA 通过样本均值近似期望目标函数, 将原问题转化为确定性优化问题, 而 SA 则采用迭代搜索的策略, 通过递归算法逐步逼近目标函数的最优解. 在随机优化的实际应用中, SAA 方法主要依赖于大量样本数据来获得较为稳定的优化结果, 适用于模型复杂且样本量充足的场景; 而 SA 方法

则更适合在实时环境或样本获取成本较高的情况下使用, 其优势在于计算效率高、适应动态变化的目标函数.

以下内容将分别介绍这两种方法的基本原理、主要特点、典型应用场景, 以及它们在解决随机优化问题中的具体实现. 希望读者通过阅读能够深入理解 SAA 和 SA 的核心思想, 并掌握其在随机优化中的典型应用.

5.3.1　样本均值逼近

本节探讨样本均值逼近 (SAA) 方法在随机优化问题中的应用原理. 我们将对该领域进行概述, 并介绍近期的一些重要进展, 帮助读者了解何时以及在何种情境下可以运用 SAA 来获得高质量的解. 此外, 我们将讨论通过 SAA 得到的解的一些关键理论属性, 并与随机逼近 (SA) 方法进行比较, 说明在相同计算资源下, 为何 SA 能够在渐近收敛意义上 "获胜". 同时, 我们会提及 SAA 的一个扩展版本——回顾性优化, 它在渐近收敛速率上与 SA 相匹敌, 至少可以达到乘法常数的水平.

SAA 方法通过将原本随机的问题转化为确定性问题, 再对确定性问题进行优化来近似求解. 接下来, 我们将详细介绍 SAA, 并通过实例和理论来阐释其特性. 我们考虑 (5.10) 式所表示的随机优化问题, 由于目标函数 $f(\cdot)$ 是不可直接观测或精确计算的, 只可以通过随机仿真来估计. 因此, 一个自然的想法是通过抽取独立同分布的样本 $\xi_1, \xi_2, \cdots, \xi_n$ 来逼近目标函数 $f(x)$, 并构造以下确定性问题的目标函数:

$$f_n(x) = \frac{1}{n} \sum_{i=1}^{n} Y(x, \xi_i).$$

由于样本 $\xi_1, \xi_2, \cdots, \xi_n$ 是已知且固定的, 因此 $f_n(\cdot)$ 也变成一个确定性函数. 接下来, 我们可以通过确定性优化算法来求解以下问题:

$$\min_{x \in \Theta} f_n(x). \tag{5.11}$$

使用 SAA 算法的步骤如下, 我们将上述问题 (5.11) 的解 x_n^* 视为原始随机优化问题 (5.10) 的一个估计解. 在不另行说明的情况下, 我们默认样本 $\xi_1, \xi_2, \cdots, \xi_n$ 是独立同分布 (i.i.d.) 的.

算法 1　样本均值逼近 (SAA) 方法伪代码

1: 初始化样本数量 n 和优化参数空间 Θ

2: 抽样生成 n 个独立同分布的样本 $\xi_1, \xi_2, \cdots, \xi_n$

3: 根据样本均值计算目标函数的估计:

$$f_n(x) = \frac{1}{n} \sum_{i=1}^{n} Y(x, \xi_i)$$

4: 利用确定性优化算法求解以下确定性优化问题:

$$x_n^* = \underset{x \in \Theta}{\operatorname{argmin}} \quad f_n(x)$$

5: 输出近似解 x_n^* 作为最终解

值得注意的是, 独立性假设在某些情况下可以被放宽, 尤其是在方差缩减技术或随机化准蒙特卡罗方法中.

例 5.5 根据例 5.4 的设定, 我们现在使用 SAA 算法对该问题进行求解. 假设 ξ 服从某一正态分布 $\mathcal{N}(\mu, \Sigma)$, 其中 μ 为收益率的均值向量, Σ 为收益率的协方差矩阵. 进一步, 我们假设该投资组合中的 10 种金融产品的年化收益率 ξ_i 服从均值为 $0.02i$, 标准差为 $0.02i$ 的正态分布, 即 $\xi_i \sim \mathcal{N}(0.02i, (0.02i)^2)$. 投资预算为 100 万元, 希望最大化投资的效用函数 $U(v) = 1 - \mathrm{e}^{-v}$.

解 参考 SAA 方法的伪代码, 我们利用 SAA 算法进行求解, 实验设定为一轮实验抽取 10000 个样本, 重复 100 轮, 得到金融产品投资金额的箱型图如图 5.10 所示.

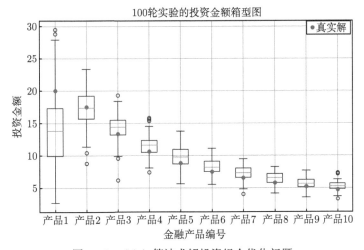

图 5.10　SAA 算法求解投资组合优化问题

值得注意的是, 在确定了相应的分布后, 我们可以将例 5.5 中的问题从随机优化问题转化为一个确定性优化问题, 具体形式为

$$\min_{x} \quad -\mu^{\mathrm{T}}x + \frac{1}{2}x^{\mathrm{T}}\Sigma x$$

$$\text{s.t.} \quad \mathbf{1}^{\mathrm{T}}x \leqslant 100,$$

$$x \geqslant 0.$$

通过采用一些确定性优化算法, 我们可以求解该问题的最优解. 因此, 在箱型图中, 我们将 SAA 仿真方法得到的结果与真实解进行比较, 以验证仿真方法的有效性.

以上的例子展示了 SAA 方法的强大之处, 即使在随机变量的分布未知或仅能通过样本观测的情况下, 该方法依然能够有效估计最优解. SAA 方法在实际应用中极具价值, 尤其是当解析求解困难或不可行时. 通过 SAA 方法, 我们可以利用生成的样本来近似估计期望值, 从而获得优化问题的近似解. 作为课后练习, 读者可以参考经典的报童问题, 并尝试使用 SAA 方法进行求解.

SAA 方法的适用性 SAA 方法的核心思想是通过样本均值来近似原始问题的期望值, 从而将一个随机优化问题转化为一个确定性优化问题. SAA 方法同时具备收敛性以及有效性, 其中收敛性体现在其解会随着样本量的增加而收敛到真实解, 保证了渐近最优性; 有效性则体现在 SAA 方法能够在有限样本下提供高质量的近似解, 并且具备良好的计算效率和广泛的适用性.

对于 SAA 的收敛性, 在 SAA 方法中, 我们期望通过求解 SAA 问题得到的解 x_n^* 能够收敛到真实问题的解 x^*. 这种收敛性的关键条件是大数定律的一致版本 (uniform version of the strong law of large numbers, ULLN), 其形式为

$$\sup_{x\in\Theta}|f_n(x)-f(x)| = \sup_{x\in\Theta}\left|\frac{1}{n}\sum_{i=1}^{n}Y(x,\xi_i)-\mathbb{E}[Y(x,\xi)]\right| \to 0, \quad \text{as } n\to\infty \text{ a.s..}$$

ULLN 确保 SAA 问题的最优目标值收敛于真实问题的目标值. 在额外条件下, SAA 的最优解也会收敛到真实的最优解.

对于凸函数 (最大化问题则为凹函数), 点值大数定律在紧致集上确保 ULLN 成立. 在许多实际问题中, 样本函数可能并不平滑, 甚至存在不连续性. 然而, 即便如此, 真实问题依然可能表现出较好的结构特性, 如平滑或凸性. 在这种情况下, 如果 ULLN 成立, 我们依然可以使用确定性优化技术有效地求解非平滑的样本均值问题, 从而得到一个较好的近似解.

对于 SAA 的有效性, 在样本均值逼近方法的背景下, 已经建立了一套完善的统计推断框架, 用于分析从该方法中获得的估计量. 通过该推断框架, 可以为所获得的解提供误差界限, 并通过选择合适的样本量 n 来达到指定的精度水平. 已有研究表明, 估计量 v_n^* 对最优值 v^* 具有负偏性, 且其期望值 $\mathbb{E}[v_n^*]$ 随着 n 的增加而单调递增. 这种 $\mathbb{E}[v_n^*]$ 的单调性特征非常重要, 因为它意味着随着样本量 n 的增加, 我们可以期望一个更为紧致的下界, 从而更接近真实值 v^*. 因此, 适当地增大样本量可以提高对 v^* 的近似精度, 从而提升 SAA 方法的有效性和可靠性.

SAA 方法的最优解 x_n^* 需要满足更强的条件集, 以实现与 v_n^* 相同的渐近性质. 当目标函数 f 是平滑的并且具有唯一解时, 在一些正则性条件下, SAA 问题的解 x_n^* 会以标准速率 $n^{-1/2}$ 收敛于真实问题的唯一解 x^*. 这种收敛性意味着在

适当的条件下, SAA 方法可以以可预测的速率逼近真实问题的最优解. 这一性质使得在确定样本量 n 时, 可以通过满足相应的条件来保证求解的精度, 从而提升 SAA 方法的可靠性. 有关 SAA 收敛速率的内容和详细论证, 请参考文献 [15] 的第 8 章.

SAA 是一种合理且有效的优化方法吗? 哪些问题适合使用确定性优化算法求解 (5.11)? 在给定计算资源的前提下, SAA 方法与其他优化方法相比, 能否保证近似解的质量? 这些问题在 SAA 早期的研究中已得到充分探讨. 我们在此强调 SAA 背后的直观理解, 并通过实例和理论探讨其概念.

SAA 主要用于求解无约束优化问题, 但其也可以用于求解带约束的优化问题, 即使约束条件需要通过仿真来评估. SAA 方法在实践中得到了广泛应用, 适用于多种情境, 包括机会约束、随机支配约束以及互补约束等复杂问题.

5.3.2 随机逼近

本节将介绍随机逼近 (SA) 方法及其在随机优化中的应用. SA 是一种迭代搜索算法, 可以视为确定性优化中最速下降法的随机版本. 我们将从经典的 Robbins-Monro (RM) 算法和 Kiefer-Wolfowitz (KW) 算法入手, 探讨 SA 算法在实际实施中的挑战. 除此之外, 我们还将介绍 SA 方法的多种变体, 例如 Kesten 步长规则、迭代平均法、可变边界法以及同时扰动随机逼近 (simultaneous perturbation stochastic approximation, SPSA) 等. 最后, 本节将讨论一些新近提出的改进算法, 包括尺度调整的 KW 法 (scaled-and-shifted Kiefer-Wolfowitz, SSKW)、鲁棒随机逼近 (robust stochastic approximation, RSA)、用于凸优化的加速随机逼近 (accelerated stochastic approximation, AC-SA) 以及割线切线平均随机逼近 (secant-tangent averaged stochastic approximation, STAR-SA).

1. 两种常用的随机逼近算法

随机逼近是一种递归算法, 可以看作是确定性优化中最速下降法的随机版本. 该方法最早由 Robbins 和 Monro 于 1951 年提出, 旨在解决带有噪声的根寻找问题, 并广泛应用于求解随机优化中的梯度零点问题. 随后, Kiefer 和 Wolfowitz 在 1952 年将 SA 扩展至无梯度设定. 如今, SA 已成为仿真优化领域中应用最为广泛且行之有效的算法之一.

我们考虑 (5.10) 式所表示的随机优化问题, SA 方法的目标是找到一个序列 $\{x_n\}$, 使其收敛于唯一的 (局部) 最优解 x^*, 即

$$x^* = \underset{x \in \Theta}{\operatorname{argmin}} \quad f(x),$$

该问题可通过以下迭代更新公式求解:

$$x_{n+1} = \Pi_\Theta \left(x_n - a_n \hat{\nabla} f(x_n) \right), \tag{5.12}$$

其中, $\Pi_\Theta(x)$ 为将 x 投影回可行区域 Θ 的投影算子; $a_n > 0$ 为步长或增益; $\hat\nabla f(x_n)$ 为目标函数梯度 $\nabla f(x_n)$ 的估计值; x_N 为算法迭代的最终结果, N 表示算法停止的时刻. 在约束优化问题中, 投影操作 Π_Θ 确保解始终保持在可行区域内.

RM 算法和 KW 算法是随机逼近中的两个经典算法. 它们分别采用无偏直接梯度估计和有限差分梯度估计来计算 $\nabla f(x_n)$. 其中, RM 算法最初是为了解决根寻找问题, 即解方程

$$M(x) = \alpha,$$

其中 $x \in \mathbb{R}$, $M(x)$ 为单调函数, $\alpha \in \mathbb{R}$, $\sum_{n=1}^\infty a_n = \infty$ 和 $\sum_{n=1}^\infty a_n^2 < \infty$. RM 算法随后被应用于随机优化的根寻找问题, 其中目标是通过设置 $M(x) = \nabla f(x)$ 和 $\alpha = 0$ 来优化一个随机目标函数 $f(x)$, RM 算法通过不断替换无偏估计量 $\hat\nabla f(x_n)$ 递推公式来逐步求解问题

$$x_{n+1} = x_n - a_n \hat\nabla f(x_n).$$

在 RM 算法中, 直接的梯度测量实际上是目标函数真实梯度的近似, 因为梯度估计 $\hat\nabla f(x_n)$ 包含零均值的噪声项, 即

$$\hat\nabla f(x_n) = \nabla f(x_n) + \epsilon_n,$$

其中 ϵ_n 表示具有零均值的噪声.

给定适当的参数设置, RM 算法的收敛速度可以达到 $O(n^{-1/2})$. 在 RM 算法的迭代过程中, 通常将最后一次迭代的结果 x_N^* 作为输出, 其中 N 为预设的停止时间.

RM 算法伪代码如下:

算法 2　Robbins-Monro (RM) 算法

输入: 初始值 $x_0 \in \mathbb{R}^d$, 步长序列 $\{a_n\}_{n=0}^\infty$, 最大迭代次数 N
输出: 近似解 x_N
1: **for** $n = 0, 1, \cdots, N-1$ **do**
2:　　计算梯度估计 $\hat\nabla f(x_n)$, 该值为目标函数梯度 $\nabla f(x_n)$ 的无偏估计
3:　　更新 x_{n+1}:
$$x_{n+1} = x_n - a_n \hat\nabla f(x_n)$$
4: **end for**
5: 输出 $x_N^* = x_N$

例 5.6　根据例 5.5 的设定, 使用 RM 算法求解投资组合优化问题.

解 我们进行 RM 算法的实验, 步长设置为 40, 重复 100 轮, 得到金融产品投资金额的箱型图如图 5.11 所示. 通过图 5.11 发现, RM 算法求得的投资金额的精度与 SAA 算法相近.

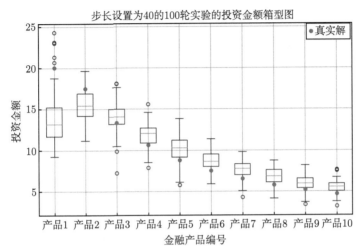

图 5.11 RM 算法求解投资组合优化问题

而 KW 随机逼近算法是一种无梯度方法, 也称为零阶方法, 因为它仅需要对目标函数的噪声测量值, 而不需要系统动力学或输入分布的额外信息. 在 KW 算法中, 梯度的估计使用对称有限差分的形式, 因此被认为是一种无梯度方法.

KW 算法的迭代公式为

$$x_{n+1} = x_n - a_n \frac{Y(x_n + c_n, \xi_n^+) - Y(x_n - c_n, \xi_n^-)}{2c_n},$$

其中 a_n 是步长序列, c_n 是有限差分步长, ξ_n^+ 和 ξ_n^- 表示噪声扰动.

在特定条件下, KW 算法可以达到渐近收敛速率 $O(n^{-1/3})$. 此外, 通过使用公共随机数 (common random numbers, CRN) 来降低估计的方差, KW 算法在某些情况下可以达到渐近收敛速率 $O(n^{-1/2})$.

该算法伪代码如下, 其核心特点在于其使用对称有限差分进行梯度估计, 因而在不需要系统信息的情况下, 提供了一种有效的随机优化方法.

算法 3 Kiefer-Wolfowitz (KW) 算法

输入: 初始决策向量 $x_0 \in \mathbb{R}^d$, 步长序列 $\{a_n\}_{n=0}^{N-1}$, 有限差分步长序列 $\{c_n\}_{n=0}^{N-1}$, 最大迭代次数 N

输出: 最优决策向量 x_N

1: **for** $n = 0, 1, \cdots, N-1$ **do**

2:　　　生成扰动噪声 ξ_n^+ 和 ξ_n^-

3:　　　计算目标函数在两个扰动点的值: $Y(x_n + c_n, \xi_n^+)$ 和 $Y(x_n - c_n, \xi_n^-)$

4:　　　计算梯度估计:

$$g_n = \frac{Y(x_n + c_n, \xi_n^+) - Y(x_n - c_n, \xi_n^-)}{2c_n}$$

5:　　　更新决策变量 x_{n+1}:

$$x_{n+1} = x_n - a_n \cdot g_n$$

6:　　　(可选) 对更新后的 x_{n+1} 进行约束处理

7: **end for**

8:　　输出最优决策向量 x_N

例 5.7　根据例 5.5 的设定, 使用 KW 算法求解投资组合优化问题.

解　我们将步长设置为 40, 重复 100 轮, 得到金融产品投资金额的箱型图如图 5.12 所示. 与 RM 算法类似, KW 算法求得的投资金额的精度要明显低于 SAA 算法和 RM 算法, 这主要是由于用差分方法近似梯度所带来的计算精度的损失.

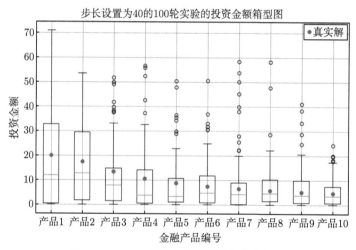

图 5.12　KW 算法求解投资组合优化问题

SA 方法经过不断发展, 研究者们提出了新的算法, 并对现有算法进行了多种改进. 此外, 关于 SA 的渐近特性和有限时间特性的研究也非常活跃, 特别是 RM 和 KW 及其变体的渐近收敛性质, 一直是研究的重点.

2. 步长选择与性能

虽然 SA 的递归公式 (5.12) 看似简单, 但步长序列 $\{a_n\}$、梯度估计 $\hat{\nabla} f(x_n)$、投影算子 Π_Θ 以及最终输出 x_N^* 的选择对算法性能有着至关重要的影响. 经典的 RM 和 KW 算法的实际性能高度依赖于步长序列 a_n 的选择, 若不进行调优, 往往表现较差. 当增益序列 a_n "过大" 时, 算法可能经历长时间的振荡, 迭代点在最优解 x^* 附近来回跳动, 而无法收敛到最优点 (如图 5.13(a) 所示); 如果 a_n 相对于梯度的大小 "过小", 则会导致收敛速度降低, 此时迭代点几乎不动 (如图 5.13(b) 所示, 只有 x_1 被标记, 因为其他迭代点都处于相同的位置).

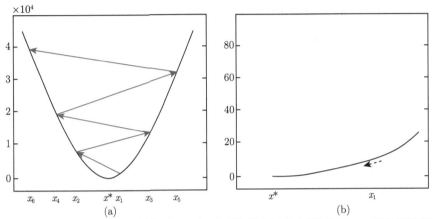

图 5.13　SA 对步长 a_n 的敏感性, 当 a_n 相对于梯度过大 ((a) 图) 和当 a_n 相对于梯度过小 ((b) 图) 时的表现

为了缓解步长敏感性, 研究人员提出了多种稳健的步长选择策略, 如自适应步长规则. 最早的尝试之一是 Kesten 法则, 该方法通过在迭代方向改变时减少步长来提高鲁棒性. 具体来说, 当迭代过程中方向发生改变时, 即 $(x_{n+1} - x_n)(x_n - x_{n-1}) < 0$ 时, 步长会减少. 该自适应步长策略的基本思想是, 如果迭代在相同方向上移动, 则有理由相信其尚未接近最优解, 因此不应减少动量. 后来, 这一思想得到了扩展, 通过在连续估计误差符号相同的情况下增大步长, 以加速收敛速度. 此外, SSKW 算法通过动态调整步长, 确保在有限时间内稳步朝最优解收敛.

另一种提高步长鲁棒性的方法是迭代平均法, 它通过取所有迭代点的平均作为输出, 从而降低了对最后一次迭代的依赖. 该方法对初始步长的选择不敏感, 并在适当条件下具有 $O(n^{-1/2})$ 的渐近收敛速率. 除此之外, RSA 算法通过在目标函数中引入正则化项, 防止下一次更新过度偏离当前解.

SA 的渐近理论最初主要集中在满足全局条件的情形下, 后来扩展到更广泛的设定. 在约束优化问题中, 投影算子 Π_Θ 是保证算法收敛于可行区域内的重要工具.

3. 梯度估计方法

梯度估计是随机逼近方法的核心组成部分. 最常见的梯度估计方法是有限差分法, 它仅需两个性能度量值即可近似梯度, 而不依赖于系统的其他信息. 然而,在高维情况下, 有限差分法的计算成本会随着维度的增加而显著上升. 为了解决这一问题, SPSA 提出了一种更为高效的策略, 能够仅通过两次目标函数评估来近似梯度, 且计算成本与参数维度无关.

SPSA 方法专门用于解决多维优化问题. 与传统的 KW 类算法相似, SPSA 仅需目标函数值来近似底层梯度, 无需显式计算梯度, 因此实现较为简单. 然而, 与 KW 类方法不同, SPSA 在每次迭代中无论参数空间的维度如何, 仅需两次函数评估. 这一特性使得 SPSA 在高维问题中展现出显著的计算效率优势.

SPSA 通过对向量 x 的所有方向同时施加扰动 (因此得名) 来估计梯度. 其梯度估计的第 i 个分量形式如下:

$$\hat{\nabla}_i f(x_n) = \frac{Y(x_n + c_n\Delta_n, \xi_n^+) - Y(x_n - c_n\Delta_n, \xi_n^-)}{2c_n\Delta_{n,i}},$$

其中 $\Delta_n = (\Delta_{n,1}, \cdots, \Delta_{n,d}) \in \mathbb{R}^d$ 为随机扰动向量, 通常假设其各分量相互独立且服从独立同分布 (i.i.d.). $c_n \in \mathbb{R}^+$ 为有限差分步长, ξ_n^+ 和 ξ_n^- 表示算法中的随机扰动. 值得注意的是, 公式中的分子部分仅包含两次函数评估, 与传统的全梯度计算相比, 其计算成本不随维度增加而变化 (除了生成 Δ_n 之外). 关于 SPSA 的更多详细内容, 请参考文献 [15] 的第 6 章.

算法 4　SPSA 算法

输入: 初始点 $x_1 \in \Theta$, 序列 $\{a_n\}$, $\{c_n\}$, 以及停止时间 N
1: 初始化 $n = 1$
2: **while** $n < N$ **do**
3:　　生成一个 d 维的随机扰动向量 Δ_n
4:　　通过以下公式估计 $\nabla f(x_n)$:

$$\hat{\nabla} f(x_n) = \frac{Y(x_n + c_n\Delta_n, \xi_n^+) - Y(x_n - c_n\Delta_n, \xi_n^-)}{2c_n} \begin{bmatrix} \Delta_{n,1}^{-1} \\ \vdots \\ \Delta_{n,d}^{-1} \end{bmatrix}$$

5:　　更新 $x_{n+1} = x_n - a_n\hat{\nabla}f(x_n)$
6:　　令 $n \leftarrow n+1$
7: **end while**
8: **return** x_N 作为最终输出.

最新的 SA 算法包括割线切线平均随机逼近算法 (secant-tangent averaged stochastic approximation, STAR-SA). STAR-SA 是一种用于估计梯度的混合估计方法, 通过凸组合的方式结合了对称有限差分法和两个直接梯度估计的均值.

STAR-SA 的梯度估计形式为

$$\hat{\nabla} f(x_n) = \alpha_n \frac{Y(x_n + c_n, \epsilon_n^+) - Y(x_n - c_n, \epsilon_n^-)}{2c_n}$$
$$+ (1 - \alpha_n) \frac{Y'(x_n + c_n, \delta_n^+) + Y'(x_n - c_n, \delta_n^-)}{2},$$

其中, $\epsilon_n^{\pm}$ 和 $\delta_n^{\pm}$ 表示随机扰动 (即 $f(x_n \pm c_n) = \mathbb{E}[Y(x_n \pm c_n, \epsilon_n^{\pm})]$ 且 $f'(x_n \pm c_n) = \mathbb{E}[Y'(x_n \pm c_n, \delta_n^{\pm})]$). 参数 $\alpha_n \in [0, 1]$, 并满足 $c_n \to 0$ 且 $\alpha_n \to 0$ 随 $n \to \infty$ 收敛.

STAR 梯度估计在每次迭代中需要对两个点 $x_n \pm c_n$ 进行函数和梯度的估计. 在能够获得直接梯度的情况下, 如果直接梯度受到较大噪声的影响, 则很难在 RM 和 KW 方法之间进行选择, 即使 RM 的收敛速度在渐近意义上优于 KW. 由于单一方法无法始终优于另一种方法, 因此 STAR 梯度结合了两者. STAR-SA 中的凸组合权重对其性能起着关键作用, 选择合适的权重可以最小化梯度估计的方差, 使其小于对称有限差分估计和直接梯度估计的方差.

若

$$\alpha_n^* = \frac{\sigma_g^2 c_n^2 + \rho \sigma_f \sigma_g c_n}{\sigma_f^2 + \sigma_g^2 c_n^2 + 2\rho \sigma_f \sigma_g c_n},$$

其中 $\mathrm{Var}[Y(x, \epsilon)] = \sigma_f^2$, $\mathrm{Var}[Y'(x, \xi)] = \sigma_g^2$, 且 $\mathrm{Corr}(Y(x, \epsilon), Y'(x, \xi)) = \rho$, 则 STAR-SA 在均方误差的意义下相对于 RM 和 KW 方法在某些特定条件下具有理论上的最优性. 尤其对于简单的二次函数, STAR 梯度的方差比 RM 和 KW 方法的梯度估计方差更小. 关于 STAR-SA 的更多详细内容, 请参考文献 [15] 的第 6 章.

综上所述, SA 是仿真优化中非常关键且有效的算法, 其性能依赖于步长选择、梯度估计和投影操作等多种因素.

5.4 基于蒙特卡罗方法的最优投资组合求解*

本节旨在为复杂的投资组合优化问题提供一种有效的求解思路. 在实际金融应用中, 许多投资模型由于其复杂性, 往往难以获得解析解. 尤其是在投资资产数量庞大且资产间的协方差矩阵复杂度增加的情况下, 传统的解析方法可能失效或失去其适用性. 此时, 基于蒙特卡罗方法的随机优化便成为解决这一问题的重要工具.

蒙特卡罗方法通过生成大量的随机样本进行仿真, 近似求解出最优的投资组合. 即便在无法通过解析法求解的条件下, 该方法仍能够提供近似的最优解. 这种方法不仅适用于经典的均值-方差模型 (mean-variance model), 还适用于更为复杂的模型, 如均值-分位数模型 (mean-quantile model). 通过仿真和随机优化, 蒙特卡罗方法为投资者提供了在复杂情况下求解最优投资组合的有效途径.

5.4.1 均值-方差模型

在投资组合优化的背景下, 均值-方差模型是经典的理论框架之一. 假设我们计划将初始资本 W_0 投资于 n 种资产上, 其中在第 i 个资产上的投资金额为 x_i, $i = 1, \cdots, n$. 每项资产的回报率在投资期内是不确定的, 因此在投资决策时, 投资者面临回报的随机性. 具体来说, 假设每项资产在一个投资期的回报率为 R_i, 但该回报率在我们做出决策时是未知的. 我们现在要解决的问题是, 如何最优地分配初始财富 W_0, 以在不确定性下实现最佳的回报与风险平衡.

投资期结束后, 总财富 W_1 可以表示为

$$W_1 = \sum_{i=1}^{n} \xi_i x_i,$$

其中 $\xi_i := 1 + R_i$. 该表达式表示最终财富是各资产投资金额与相应回报率之和. 为了确保总投资金额不超过初始资本 W_0, 我们引入了以下的平衡约束条件: $\sum\limits_{i=1}^{n} x_i \leqslant W_0$. 如果我们进一步假设其中一个可能的投资选择是现金, 这样可以使得投资组合中的某些部分保持为无风险资产, 则该约束条件可以简化为 $\sum\limits_{i=1}^{n} x_i = W_0$, 表示所有初始资本都已投资.

在均值-方差模型的框架下, 资产回报率 R_i 被视为随机变量, 因此投资者的目标是最大化投资组合的期望回报率. 在这一情境下, 投资组合优化可以通过以下优化问题来描述:

$$\begin{aligned} \max_{x \geqslant 0} \quad & \mathbb{E}[W_1] \\ \text{s.t.} \quad & \sum_{i=1}^{n} x_i = W_0. \end{aligned} \tag{5.13}$$

为了计算期望回报, 我们有以下关系:

$$\mathbb{E}[W_1] = \sum_{i=1}^{n} \mathbb{E}[\xi_i] x_i = \sum_{i=1}^{n} \mu_i x_i,$$

其中 $\mu_i := \mathbb{E}[\xi_i] = 1 + \mathbb{E}[R_i]$ 表示第 i 项资产的期望回报率, 且 $x = (x_1, \cdots, x_n) \in \mathbb{R}^n$ 表示投资组合的资产分配. 因此, 该优化问题有一个简单的最优解, 即将所有资金投资于期望回报率最大的资产上. 其最优值为 $\mu^* W_0$, 其中 $\mu^* := \max\limits_{1 \leqslant i \leqslant n} \mu_i$.

然而, 在实际投资中, 这样的最优解往往并不具有吸引力. 虽然最大化期望回报是重要的目标, 但将所有资金都投入到单一资产上存在极大的风险. 如果该资产的实际回报率表现不佳, 投资者可能会面临巨大的损失. 均值-方差模型的核心思想在于平衡风险与回报, 因此单一资产投资策略通常并不可取.

在均值-方差模型中, 不仅需要考虑期望回报, 还要通过控制投资组合的方差 (即波动性) 来管理风险. 虽然最大化期望回报可以作为目标, 但在高风险的情况下, 投资者可能会寻求多元化投资, 通过在多个资产之间分散资金, 从而在最大化期望回报的同时最小化风险. 基于这一模型, 投资者可以在风险与回报之间做出合理的权衡, 以实现更加稳健的投资策略.

另一种方法是通过最大化由凹的非递减效用函数 $U(W_1)$ 表示的财富的期望效用来进行优化. 这引出了以下优化问题:

$$
\begin{aligned}
\max_{x \geqslant 0} \quad & \mathbb{E}[U(W_1)] \\
\text{s.t.} \quad & \sum_{i=1}^{n} x_i = W_0.
\end{aligned}
\tag{5.14}
$$

该方法要求对效用函数做具体说明. 例如, 定义效用函数 $U(W)$ 如下:

$$
U(W) := \begin{cases} (1+q)(W-a), & W \geqslant a, \\ (1+r)(W-a), & W \leqslant a, \end{cases}
\tag{5.15}
$$

其中 $r > q > 0$ 且 $a > 0$. 我们可以解释这些参数: a 表示投资回报后必须支付的金额; q 表示当 $W > a$ 时, 额外财富 $W - a$ 的投资利率; 而 r 则表示当 $W < a$ 时, 必须借款的利率. 对于上述效用函数, 问题 (5.14) 可以转化为以下的两阶段随机线性规划问题:

$$
\begin{aligned}
\max_{x \geqslant 0} \quad & \mathbb{E}[Q(x, \xi)] \\
\text{s.t.} \quad & \sum_{i=1}^{n} x_i = W_0,
\end{aligned}
\tag{5.16}
$$

其中 $Q(x, \xi)$ 是以下问题的最优值:

$$
\begin{aligned}
\max_{y, z \geqslant 0} \quad & (1+q)y - (1+r)z \\
\text{s.t.} \quad & \sum_{i=1}^{n} \xi_i x_i = a + y - z.
\end{aligned}
\tag{5.17}
$$

我们可以将上述问题 (5.17) 视为第二阶段的规划. 给定随机数据 $\xi = (\xi_1, \cdots, \xi_n)$ 的一个实现, 通过求解相应的优化问题做出最优决策. 最优值 $Q(x, \xi)$ 是 $W_1 = \sum_{i=1}^{n} \xi_i x_i$ 的函数, 并且可以显式地表示为 $U(W_1)$.

另一种方法是在控制投资风险的同时最大化期望回报. 有几种形式化风险的方式, 例如我们可以通过 W 的方差来评估风险, 方差定义为 $\mathrm{Var}[W] = \mathbb{E}[W^2] - (\mathbb{E}[W])^2$. 由于 W_1 是随机变量 ξ_i 的线性函数, 我们有

$$\mathrm{Var}[W_1] = x^{\mathrm{T}}\Sigma x = \sum_{i,j=1}^{n} \sigma_{ij} x_i x_j,$$

其中 $\Sigma = [\sigma_{ij}]$ 是随机向量 ξ 的协方差矩阵. (注意, 随机向量 $\xi = (\xi_1, \cdots, \xi_n)$ 和 $R = (R_1, \cdots, R_n)$ 的协方差矩阵是相同的.) 这引出了以下优化问题, 即在最大化期望回报的同时控制风险:

$$
\begin{aligned}
\max_{x \geqslant 0} \quad & \sum_{i=1}^{n} \mu_i x_i \\
\mathrm{s.t.} \quad & \sum_{i=1}^{n} x_i = W_0, \\
& x^{\mathrm{T}}\Sigma x \leqslant \nu.
\end{aligned}
\tag{5.18}
$$

由于协方差矩阵 Σ 是半正定的, 约束 $x^{\mathrm{T}}\Sigma x \leqslant \nu$ 是凸二次约束, 因此问题 (5.18) 是一个凸优化问题. 注意, 问题 (5.18) 至少有一个可行解, 即将所有资金投资于现金的情况, 此时 $\mathrm{Var}[W_1] = 0$, 并且由于其可行集是紧的, 该问题有最优解. 此外, 由于问题 (5.18) 是凸的, 并且满足 Slater 条件, 因此此问题及其对偶问题之间没有对偶间隙.

对偶问题可以写为

$$\min_{\lambda \geqslant 0} \max_{x \geqslant 0} \left\{ \sum_{i=1}^{n} \mu_i x_i - \lambda \left(x^{\mathrm{T}}\Sigma x - \nu \right) \right\}.
\tag{5.19}$$

因此, 存在拉格朗日乘子 $\bar{\lambda} \geqslant 0$, 使得问题 (5.18) 等价于以下问题:

$$
\begin{aligned}
\max_{x \geqslant 0} \quad & \sum_{i=1}^{n} \mu_i x_i - \bar{\lambda} x^{\mathrm{T}}\Sigma x \\
\mathrm{s.t.} \quad & \sum_{i=1}^{n} x_i = W_0.
\end{aligned}
\tag{5.20}
$$

上述等价性意味着问题 (5.18) 的最优值等于问题 (5.20) 的最优值加上常数 $\bar{\lambda}\nu$, 并且问题 (5.18) 的任何最优解也是问题 (5.20) 的最优解. 如果问题 (5.20) 有唯一最优解 $\bar{x}$, 那么 $\bar{x}$ 也是问题 (5.18) 的最优解. 相应的拉格朗日乘子 $\bar{\lambda}$ 可以通

过对偶问题 (5.19) 的最优解得出. 我们可以将此问题的目标函数视为在期望回报与通过方差度量的风险之间进行权衡.

另一种可能的方法是最小化 $\mathrm{Var}[W_1]$, 同时确保期望回报 $\mathbb{E}[W_1]$ 在某个指定的值 τ 以上. 即

$$\min_{x \geq 0} \quad x^{\mathrm{T}} \Sigma x$$
$$\mathrm{s.t.} \quad \sum_{i=1}^{n} x_i = W_0, \tag{5.21}$$
$$\sum_{i=1}^{n} \mu_i x_i \geq \tau.$$

对于适当选择的常数 ν、$\bar{\lambda}$ 和 τ, 问题 (5.18)—(5.21) 是等价的. 问题 (5.20) 和 (5.21) 是标准的二次规划问题, 而问题 (5.18) 可以表述为锥形二次问题. 这些优化问题都可以高效地解决. 最后需要注意的是, 这些优化问题基于随机数据 ξ 的第一阶和第二阶矩, 并且不要求完全了解 ξ 的概率分布.

5.4.2 均值-分位数模型

在经典的投资组合优化问题中, 均值-方差模型被广泛应用, 它通过控制投资组合的方差来平衡期望收益与风险. 然而, 均值-方差模型有一个潜在问题, 它将风险简单地等同于收益的波动性, 而没有考虑到投资者在面对极端不利情况下的风险承受能力. 因此, 针对那些希望确保在一定概率下其投资不会低于某一特定水平的投资者而言, 均值-分位数模型提供了一种更加精确的风险控制方法.

均值-分位数模型通过在优化问题中引入机会约束 (chance constraint), 使投资组合的最终财富在一定的置信水平下不低于一个指定的门槛值. 这种方式不仅可以最大化期望收益, 还能同时限制在极端情境下的潜在损失. 具体地, 考虑以下优化问题:

$$\max_{x \geq 0} \quad \sum_{i=1}^{n} \mu_i x_i$$
$$\mathrm{s.t.} \quad \sum_{i=1}^{n} x_i = W_0, \tag{5.22}$$
$$\mathbb{P}\left(\sum_{i=1}^{n} \xi_i x_i \geq b\right) \geq 1 - \alpha.$$

这里的约束条件意味着, 在至少 $1 - \alpha$ 的概率下, 投资组合的最终财富 $W_1 = \sum_{i=1}^{n} \xi_i x_i$ 不会低于某个指定的金额 b. α 表示投资者愿意承受的风险水平, 通常称

为风险概率. 例如, 如果 $\alpha = 0.05$, 意味着投资者允许在 5% 的情况下, 财富可能低于目标值 b. 这种机会约束反映了投资者对极端不利情况的关注, 使得均值-分位数模型能够更好地满足实际需求.

假设随机变量 $\xi = (\xi_1, \cdots, \xi_n)$ 服从多元正态分布 $\mathcal{N}(\mu, \Sigma)$, 那么 W_1 服从均值 $\sum_{i=1}^{n} \mu_i x_i$ 和方差 $x^\mathrm{T}\Sigma x$ 的正态分布. 根据正态分布的性质, 我们可以将机会约束重写为如下形式:

$$b - \sum_{i=1}^{n} \mu_i x_i + z_\alpha \sqrt{x^\mathrm{T}\Sigma x} \leqslant 0, \tag{5.23}$$

其中 $z_\alpha := \Phi^{-1}(1 - \alpha)$ 是标准正态分布的 $(1 - \alpha)$ 分位数. 这个条件确保了在极端情况下, 投资组合的表现仍然可以得到控制. 约束条件中的 z_α 反映了投资者对置信水平的要求, α 越小, 意味着投资者容忍的风险越低, 对应的 z_α 越大, 这会增加对投资组合方差的限制.

在实际的金融应用中, 均值-分位数模型提供了一种衡量投资组合在极端市场情况下表现的有效工具. 它相比均值-方差模型而言更加适合应对尾部风险, 也就是在市场出现罕见、极端波动时, 投资组合可能遭遇严重亏损. 均值-分位数模型通过控制投资组合的在险价值 (value at risk, VaR) 来减少这种风险. 具体而言, 左侧 $(1 - \alpha)$ 分位数, 也就是投资组合损失的最大容忍值, 定义为

$$\mathrm{VaR}_\alpha(Y) := H^{-1}(1 - \alpha),$$

其中 $H(\cdot)$ 是随机变量 Y 的累积分布函数.

进一步地, 机会约束可以重新表述为在险价值的约束:

$$\mathrm{VaR}_\alpha\left(b - \sum_{i=1}^{n} \xi_i x_i\right) \leqslant 0.$$

在这种框架下, 均值-分位数模型适合那些特别关注下行风险的投资者, 尤其是在经济危机、金融市场动荡等极端事件发生时, 这些投资者希望他们的资产组合在不利条件下依然能够有一个最低的保障. 通过引入机会约束或在险价值约束, 均值-分位数模型能够提供一个更加稳健的投资策略.

尽管这种模型在风险控制方面有其优越性, 正态分布的假设仍然存在一定的局限性. 现实中的金融数据通常表现出重尾现象或非对称性, 而正态分布的对称性可能低估了极端情况的发生概率. 因此, 投资者在应用均值-分位数模型时, 可能需要结合更贴近实际市场波动的分布假设 (例如重尾分布) 来增强模型的适用性.

习 题 5

1. (两项相关资产) 已知资产 A 和资产 B 之间的相关系数为 $\rho = 0.1$, 其他数据如表 5.1 所示, 其中 $\rho = \dfrac{\sigma_{AB}}{\sigma_A \sigma_B}$, σ_{AB} 是资产 A 和 B 的协方差, σ_A 和 σ_B 分别是资产 A 和 B 的标准差.

表 5.1 资产数据

资产	$\bar{r}$	σ
A	10.0%	12.0%
B	20.0%	25.0%

(1) 找出由资产 A 和 B 构建而成的最小标准差投资组合中, 资产 A 的权重 α 和资产 B 的权重 $1 - \alpha$.

(2) 求出最小标准差的值.

(3) 此投资组合的期望收益率是多少?

2. (两只股票) 现可以购买两只股票, 相应的期望收益率为 $\bar{r}_1$ 和 $\bar{r}_2$, 方差为 σ_1^2 和 σ_2^2, 协方差为 σ_{12}. 为了最小化投资组合收益率的方差, 我们应该分别在两只股票上投入多少比例的资金? 并求此投资组合的期望收益率.

3. 我们现在有三种可得资产的收益率分别是 r_1, r_2 和 r_3, 协方差矩阵和期望收益率如下所示:

$$\Sigma = \begin{pmatrix} 4 & 2 & 0 \\ 2 & 4 & 1 \\ 0 & 1 & 4 \end{pmatrix}, \quad \bar{r} = \begin{pmatrix} 0.4 \\ 0.6 \\ 0.6 \end{pmatrix},$$

其中 Σ 是协方差矩阵, $\bar{r}$ 是期望收益率向量.

(1) 求最小方差投资组合. (提示: 利用对称性 $w_1 = w_3$.)

(2) 令 $\lambda = 1, \mu = 0$, 求另一有效组合.

(3) 如果无风险收益率 $r_f = 0.3$, 求出风险资产的有效组合.

4. 假设市场中有无限多种风险资产, 每种资产的年波动率 (标准差) 都等于 30%, 而且任意两种资产的协方差等于 0.05. 市场中无风险资产的收益率为 10%.

(1) 该市场的系统性风险水平为多少?

(2) 假设市场是完美的 (没有交易成本、允许卖空等等), 那么市场中不同资产的期望收益率是否可能不同?

5. 假设市场中只有两只股票 A 和 B (没有无风险资产), 而且股票 A 和 B 的相关系数为 -0.2. 两只股票的标准差和期望收益率如表 5.2 所示.

表 5.2

股票	期望收益率	标准差
A	10%	15%
B	12%	20%

(1) 是否有人会有兴趣投资股票 B?

(2) 如果将资金的 30% 投资在股票 A 上, 将资金的 70% 投资在股票 B 上, 则该投资组合的期望收益和标准差分别等于多少?

(3) 假设某投资者希望购买一个最小标准差的投资组合, 他应该如何分配自己的资金?

(4) 现在引入一种无风险资产, 其收益率为 5%. 那么, 对应着某个常数水平的标准差你能获得的最大收益率是多少?

(5) 利用上一步的结论, 如果希望获得 10% 的收益率, 应如何分配自己的资金?

6. 假设市场中只有股票 A 和 B, 它们的期望收益率分别等于 10% 和 15%, 标准差分别为 20% 和 30%, 股票 A 和 B 的相关系数为 0.5.

(1) 求最优风险资产组合.

(2) 如果引入一种无风险资产, 其收益率等于 10%, 某投资者的效用函数为 $U(r, \sigma) = r^{\frac{1}{2}} - \sigma^2$, 求该投资者的最优资产组合.

7. SAA 应用案例–报童问题: 在连续报童问题中, 假设以单位成本 $c > 0$ 购买商品数量 x, 并观测需求随机变量 ξ, 通过单价 $s > c$ 售出商品. 目标是确定一个最佳的购买量 x, 以最大化利润. 使用 SAA (样本平均近似) 方法对该问题进行仿真分析, 进而估算最佳采购决策 (参数分布自拟).

8. SA 应用案例——RM 算法: 我们考虑一个期望损失最小化问题, 其中目标是通过 RM 算法最小化带有随机噪声的函数,

$$f(x) = \mathbb{E}[h(x, \xi)],$$

其中, $h(x, \xi)$ 是一个关于 x 和随机变量 ξ 的函数, ξ 是一个独立同分布的随机变量, 且其期望值对我们来说是不可直接计算的. 假设损失函数为

$$h(x, \xi) = (x - \xi)^2,$$

并且 ξ 服从标准正态分布, 即 $\xi \sim \mathcal{N}(0, 1)$. 我们要通过 RM 算法估计 x 的最优值, 使得 $f(x)$ 最小.

(1) 计算目标函数 $f(x)$ 的解析形式, 并给出最优解 x^*.

(2) 使用 RM 算法求解最优解. 考虑如下的递推公式:

$$x_{k+1} = x_k - \alpha_k \hat{g}(x_k),$$

其中 $\hat{g}(x_k)$ 是在点 x_k 处的梯度估计, x_0 为初始值, α_k 为学习率, 通常随着迭代次数逐渐减小. 你可以通过样本估计梯度:

$$\hat{g}(x_k) = \frac{1}{n} \sum_{i=1}^{n} \nabla h(x_k, \xi_i),$$

计算出每一步的更新方向, 并解释算法如何收敛.

(3) 假设学习率 $\alpha_k = \frac{1}{k}$, 并从初始值 $x_0 = 5$ 开始, 模拟 100 次迭代. 使用 Python 或其他编程语言实现 RM 算法, 绘制 x_k 随着迭代次数变化的图像, 观察其收敛情况.

(4) 如果我们知道 $f(x) = x^2 + 1$, 在什么情况下 RM 算法可以收敛到最优解 $x^* = 0$?

(5) 证明 RM 算法的渐近收敛性, 给出合适的条件.

$$\left(\text{提示: 可以通过样本平均近似来估计期望值 } \hat{f}_n(x) = \frac{1}{n} \sum_{i=1}^{n} h(x, \xi_i).\right)$$

9. SA 应用案例——KW 算法: 我们考虑一个期望损失最小化问题, 其中目标是通过 KW 算法最小化带有随机噪声的函数:

$$f(x) = \mathbb{E}[h(x, \xi)],$$

其中 $h(x, \xi)$ 是一个关于 x 和随机变量 ξ 的函数, ξ 是一个独立同分布的随机变量, 且其期望值对我们来说是不可直接计算的. 假设损失函数为

$$h(x, \xi) = (x^3 - \xi)^2,$$

并且 ξ 服从标准正态分布, 即 $\xi \sim \mathcal{N}(0, 1)$. 我们要通过 KW 算法估计 x 的最优值, 使得 $f(x)$ 最小.

(1) 计算目标函数 $f(x)$ 的解析形式, 并给出最优解 x^*.

(2) 使用 KW 算法求解最优解. 考虑如下的递推公式:

$$x_{k+1} = x_k - \alpha_k \hat{g}(x_k),$$

其中 $\hat{g}(x_k)$ 是在点 x_k 处的梯度估计, x_0 为初始值, α_k 为学习率, 通常随着迭代次数逐渐减小. 可以通过样本估计梯度:

$$\hat{g}(x_k) = \frac{1}{2h} \left[h(x_k + h, \xi) - h(x_k - h, \xi) \right],$$

计算出每一步的更新方向, 并解释算法如何收敛.

(3) 假设学习率 $\alpha_k = \frac{1}{k}$, 并从初始值 $x_0 = 5$ 开始, 模拟 100 次迭代. 使用 Python 或其他编程语言实现 KW 算法, 绘制 x_k 随着迭代次数变化的图像, 观察其收敛情况.

(4) 如果我们知道 $f(x) = x^3 + 1$, 那么在什么情况下 KW 算法可以收敛到最优解 $x^* = -1$?

(5) 证明 KW 算法的渐近收敛性, 给出合适的条件.

10. 均值方差模型: 假设你是一名投资经理, 负责在不同的金融产品中分配资金. 你的目标是最大化投资组合的期望收益率, 同时最小化投资组合的风险 (即收益率的方差). 请构建一个均值方差优化模型来决定每个金融产品的投资比例. 目标是最小化组合的风险 (方差), 即优化以下目标函数:

$$\min w^{\mathrm{T}} \Sigma w$$

其中 Σ 为资产收益率的协方差矩阵, w 为资产的投资权重. 约束条件包括投资比例之和为 1, 即

$$\sum_{i=1}^{n} w_i = 1$$

并且每个资产的投资比例不可为负, 即

$$w_i \geqslant 0, \quad \forall i = 1, 2, \cdots, n.$$

已知有 3 种资产, 资产的期望收益率和协方差矩阵如下: 期望收益率为 $\mu = (0.08, 0.12, 0.10)^{\mathrm{T}}$, 协方差矩阵为

$$\Sigma = \begin{pmatrix} 0.1 & 0.02 & 0.03 \\ 0.02 & 0.08 & 0.04 \\ 0.03 & 0.04 & 0.12 \end{pmatrix}$$

请确定每个资产的投资比例, 使得投资组合的风险最小, 同时期望收益率最大.

第 6 章　神经网络及其在金融中的应用

本章首先介绍神经网络的发展和常用神经网络模型,包括全连接神经网络、循环神经网络、长短期记忆网络、门控循环单元等. 然后重点介绍梯度下降和反向传播等神经网络训练方法. 在此基础上, 介绍神经网络在股票预测、金融衍生品定价等金融计算领域的应用.

6.1　神经网络简介

神经网络 (neural networks) 是一种借鉴人脑神经元工作机制的计算模型, 广泛应用于人工智能和机器学习领域. 它通过一系列层 (输入层、隐藏层、输出层)和节点 (神经元) 的连接, 能够进行模式识别、预测等复杂任务. 神经网络的核心是通过大量样本进行训练, 不断调整网络中的权重, 使得模型能够准确预测和处理未知的数据.

6.1.1　神经网络模型的发展

我们首先介绍**生物神经网络**. 当人在十字路口看到绿灯亮起时, 通常会采取过马路的行为. 眼睛作为接收绿灯信号的器官, 并不直接处理信息. 信息进入眼睛后, 通过神经系统传递到大脑, 大脑对信号进行分析和判断, 并决定是否采取行动. 随后, 大脑发出指令, 经由神经系统传递至肢体, 完成前进动作. 整个信息传递过程中, 神经网络的多层级结构和路径发挥着关键作用, 如图 6.1 所示. 这些传递路径中的神经元相互作用, 确保信息在不同神经元之间高效流动. 生物神经网络结构复杂, 主要由树突、突触和轴突组成. 在神经网络的作用下, 信息和反馈在神经元之间顺畅流动, 使个体能够及时做出反应. 在这个过程中, 轴突末端通过突触将信号传递给其他神经元. 神经元通过接收刺激信号并将其传递给下一个神经元,来保证信号链的延续. 学习的过程体现在突触连接强度的改变上. 每个神经元在接收到信号后, 需要对其进行判断, 并给出相应反馈. 神经元的反馈通常以 "激活"或 "不激活" 两种状态呈现. 神经元的主要功能是接收来自其他神经元的信息, 并将其作为新输入进行处理, 进而触发生物反应. 每个神经元承担特定的计算任务,通过大规模网络连接形成一个复杂的神经系统. 绿灯信号的传递不仅停留在眼睛的感知阶段, 还会深入大脑进行复杂处理. 最终, 大脑做出反应, 如执行行走动作,借助复杂神经网络的支持完成任务.

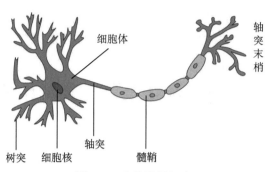

图 6.1   生物神经细胞

感知器 (perceptron) 是 Frank Rosenblatt 在 1957 年发明的一种人工神经网络 (artificial neural network, ANN), 又称为前馈神经网络. 它可以被视为一种最简单形式的神经网络, 是一种二元线性分类器. 感知器是对生物神经系统中最基本的组成单元——神经元 (即神经元元件) 的一种简单抽象. 为了模拟神经元的行为, 与之对应的感知器模型概念被提出, 如权重 (突触)、偏置及激活函数 (细胞核). 图 6.2 是一个简单的感知器模型, 其中包含输入权重、加权求和、激活函数三个部分. 类似于生物神经元, 感知器的工作原理也非常简单.

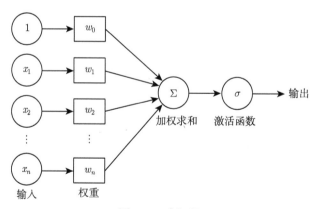

图 6.2   感知器

○ 将所有的输入 x_i 都乘以相应的权重 w_i:

$$x_0 \cdot w_0, \quad x_1 \cdot w_1, \quad \cdots, \quad x_n \cdot w_n.$$

○ 对这些乘积求和得到加权求和结果:

$$\sum_{i=0}^{n} x_i w_i.$$

◦ 将加权和应用到设定的激活函数 f, 得到输出 y:

$$y = f\left(\sum_{i=0}^{n} x_i w_i\right).$$

激活函数 (active function) 实际上并不是一个特定的函数, 而是一类将任意输入转化为更方便于进行分类输出或者下一步计算的函数. 如果每一层神经网络的输出都是上一层输入的线性变换, 那么无论神经网络多么复杂, 输出都是线性关系的组合. 这样无法处理非线性问题, 因此引入激活函数, 使神经网络具备非线性处理能力. 如果使用激活函数, 神经网络就可以应对非线性模型, 并能广泛应用于各类任务. 以下是一些常见的激活函数.

(1) **阶跃函数** (step function)

$$f(x) = \begin{cases} 0, & x \leqslant 0, \\ 1, & x > 0. \end{cases}$$

阶跃函数的特点是输出非连续, 仅取 0 或 1 的离散值, 常用于感知机模型以进行简单的二分类任务, 但由于无法处理复杂的非线性问题, 在现代神经网络中较少使用.

(2) **sigmoid 函数**

$$f(x) = \sigma(x) = \frac{1}{1 + \mathrm{e}^{-x}}.$$

sigmoid 函数的特点是将输入映射到 $(0, 1)$ 之间的概率值, 平滑且连续, 但在输入值较大或较小时会导致梯度消失问题, 常用于二分类问题的输出层, 以及表示概率的场景, 但在深层神经网络中已逐渐被其他激活函数所替代.

(3) **tanh 函数**

$$f(x) = \tanh(x) = \frac{\mathrm{e}^x - \mathrm{e}^{-x}}{\mathrm{e}^x + \mathrm{e}^{-x}}.$$

tanh 函数的特点是将输入值映射到 $(-1, 1)$ 之间, 且在原点处对称, 使得负输入映射为负输出, 正输入映射为正输出, 常用于需要将数据平滑中心化到零附近的神经网络层, 在处理有正负号的数据时比 sigmoid 表现更好.

(4) **ReLU 函数** (rectified linear unit)

$$f(x) = \max(0, x).$$

ReLU 函数的特点是计算简单、非线性且高效, 当输入为正数时输出为自身, 负数则输出 0, 但负数部分的梯度为 0 可能导致神经元死亡, 常用于深度神经网络中的隐藏层, 尤其在卷积神经网络 (CNN) 中应用广泛, 因为其加速了训练并避免了梯度消失问题.

(5) **Leaky ReLU 函数**

$$f(x) = \begin{cases} x, & x > 0, \\ \alpha x, & x \leqslant 0. \end{cases}$$

Leaky ReLU 函数的特点是通过为负数输入提供一个小的非零斜率 α, 解决了 ReLU 可能导致的神经元死亡问题, 常用于需要在负输入部分保留信息的深度神经网络中, 在某些情况下能提升模型的表现和训练效果.

(6) **ELU 函数** (exponential linear unit)

$$f(x) = \begin{cases} x, & x > 0, \\ \alpha(\mathrm{e}^x - 1), & x \leqslant 0. \end{cases}$$

ELU 函数的特点是负数部分平滑, 输出值可以为负, 从而降低均值偏移, 有助于更快收敛, 常用于替代 ReLU 的深度神经网络中, 尤其是在希望通过负输出来维持激活均值平衡的模型中表现更佳.

(7) **softmax 函数**

$$\sigma(x_i) = \frac{\mathrm{e}^{x_i}}{\sum\limits_{j=1}^{n} \mathrm{e}^{x_j}}.$$

softmax 函数的特点是将输入值转化为概率分布, 每个输出值都在 $(0,1)$ 之间且所有输出值的总和为 1, 常用于多分类问题的输出层, 特别适合需要将多个类别的预测结果表示为概率分布的场景.

权重与**偏置**是调整各层输出对下一层输入影响的重要参数. 权重 w_i 显示了特定节点的强度, 通过权重来调整各个输入节点对结果的影响程度. 在输入层中, 可以看到除了 $x_1, x_2, \cdots, x_n$ 之外还有一个输入是一个常数 1. 这个常数 1 就可以看作偏置. 偏置值允许将激活函数左移或右移, 其偏置值的大小通过对应的权重 w_0 来进行调节. 感知器的学习过程就是调节权重, 使得感知器输出符合预期的过程.

下面来介绍感知器学习过程, 即如何获得正确的权重项和偏置项的值, 这就需要使用感知器训练算法. 感知器的学习过程可以类比于甲、乙两个人玩猜数字的游戏. 甲想一个数字让乙猜, 并根据乙的猜测给出 "太大" 或 "太小" 的反馈. 乙根据甲的反馈不断调整自己的猜测, 直到猜对为止. 感知器的学习过程也同样如此: 如果发现预测结果比实际结果大, 感知器就会向减小预测结果的方向调整; 反之, 则会增加预测结果. 具体而言, 感知器首先将权重项和偏置项初始化为 0 (或

任意的随机数), 然后利用以下公式根据感知器规则逐步修改权重 w_i, 直到训练完成:

$$w_i = w_i + \Delta w_i, \quad \text{其中 } \Delta w_i = \eta(y - \hat{y})x_i.$$

公式中的 y 是训练数据中的实际输出值; $\hat{y}$ 是感知器经过加权求和和激活函数变换后输出的预测值; x_i 是训练集中输入节点 i 的值, 其中 x_0 为偏置, 等于 1; η 是学习步长, 也称作学习率 (learning rate), 它是用户在构建感知器模型时预先定义的一个固定值. 学习步长的选择需要根据经验进行, 过大或过小都会导致感知器的学习过程变得非常缓慢, 收敛速度受到影响. 另一个需要考虑的问题是什么时候结束学习? 理想的情况是输出值和预测值完全一致, 即感知器完美地模拟了要研究的问题. 然而, 现实情况复杂, 对于非线性的分类问题, 感知器无法保证收敛. 更重要的是, 现实中存在许多随机、无法预料的因素, 这些干扰也使得感知器难以完美模拟. 因此, 我们需要设定条件来判断学习何时应当结束, 否则感知器将无止境地学习. 结束学习的条件可以有两种: 一种是设定训练的最大学习轮数, 无论结果如何, 超过此轮数后停止学习; 另一种是设定一个预测值与实际值之间的误差阈值, 一旦误差小于该阈值, 就表示当前结果的精确度已经可以接受, 从而结束学习.

预测值和实际值的误差最小化是进行感知器训练的核心目的. 为了衡量这种误差, 我们需要构建**损失函数**. 对于单个样本的误差, 可以简单地用预测值与实际值的差值来衡量, 即 $(y - \hat{y})$. 这个差值可以看作一个目标函数, 提供了误差的直接反馈. 然而, 现实中我们几乎不可能只有一个样本, 且一个样本的数据集并不需要进行人工智能学习. 当进行多个样本的训练时, 计算它们整体的误差成为了一个关键问题. 如果我们仍然沿用差值的思路, 将损失函数设为所有样本误差的总和, 即 $E = \sum_{i=1}^{n}(y_i - \hat{y_i})$, 可能会出现每个样本的误差都很大, 但不同样本之间的正负误差恰好相互抵消的情况. 为了克服这一问题, 可以考虑将差值取绝对值, 这样目标函数变为 $E = \sum_{i=1}^{n}|y_i - \hat{y_i}|$. 这种方法解决了样本间正负误差相互抵消的问题, 但绝对值在后续的求导等计算中会带来困难. 因此进一步采用平方的形式, 即 $E = \frac{1}{2}\sum_{i=1}^{n}(y_i - \hat{y_i})^2$. 进一步展开后, 损失函数可以表示为

$$E(w) = \frac{1}{2}\sum_{i=1}^{n}(y_i - \hat{y_i})^2 = \frac{1}{2}\sum_{i=1}^{n}(y_i - w^{\mathrm{T}}x_i)^2.$$

注意, 这里的 x_i 是一个向量, 表示第 i 个样本的输入值 (而非前文所提的第 i 个输入节点的值). 对于一个训练数据集来说, 误差越小越好, 这意味着 $E(w)$ 的值越小越好. 对于特定的训练数据集, (x_i, y_i) 的值都是已知的, 因此损失函数 $E(w)$

仅是 w 的函数. 由此可见, 模型的训练实际上是求解优化问题, 即寻找合适的 w, 使得 $E(w)$ 取得最小值.

6.1.2　常用的神经网络模型

全连接神经网络 (fully connected neural network, FCN), 也被称为**前馈神经网络** (feedforward neural network, FNN) 或**多层感知机** (mutilayer perceptrons, MLP), 是最基本的人工神经网络类型之一. 它由多个神经元层 (层与层之间的神经元是完全连接的) 组成, 通常用于监督学习, 比如分类和回归任务.

首先定义神经元. 设实向量

$$x = \begin{pmatrix} x_1 \\ x_2 \\ \vdots \\ x_n \end{pmatrix}, \quad w = \begin{pmatrix} w_1 \\ w_2 \\ \vdots \\ w_n \end{pmatrix}$$

为输入和权重, 则神经元为函数

$$y = f(x) = a(w^{\mathrm{T}}x + b),$$

或者写作

$$y = f(x) = a(z), \quad z = w^{\mathrm{T}}x + b,$$

其中 y 是输出, a 是激活函数, z 是中间结果, 也称作净输入.

前面介绍的单个神经元是 FCN 的基本结构, FCN 由多层神经元组成, 层间神经元全连接, 层内神经元不连接, 前一层神经元的输出是后一层神经元的输入, 图 6.3 给出了两层全连接神经网络的示意图.

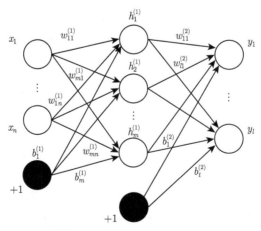

图 6.3　两层全连接神经网络

网络整体表示输入向量到输出向量的多次非线性转换, 可用如下数学符号表示:

$$h^{(1)} = f^{(1)}(x) = a(z^{(1)}) = a(W^{(1)\mathrm{T}}x + b^{(1)}),$$

$$h^{(2)} = f^{(2)}(h^{(1)}) = a(z^{(2)}) = a(W^{(2)\mathrm{T}}h^{(1)} + b^{(2)}),$$

$$\cdots\cdots$$

$$h^{(s-1)} = f^{(s-1)}(h^{(s-2)}) = a(z^{(s-1)}) = a(W^{(s-1)\mathrm{T}}h^{(s-2)} + b^{(s-1)}),$$

$$y = h^{(s)} = f^{(s)}(h^{(s-1)}) = g(z^{(s)}) = g(W^{(s)\mathrm{T}}h^{(s-1)} + b^{(s)}),$$

其中 x 表示输入, y 表示输出, 向量 $z^{(1)}, z^{(2)}, \cdots, z^{(s)}$ 表示第 1 层到第 s 层的净输入, 向量 $h^{(1)}, h^{(2)}, \cdots, h^{(s)}$ 表示第 1 层到第 s 层的输出, 矩阵 $W^{(1)}, W^{(2)}, \cdots, W^{(s)}$ 表示权重, 向量 $b^{(1)}, b^{(2)}, \cdots, b^{(s)}$ 表示偏置. $a(\cdot)$ 表示隐藏层激活函数, $g(\cdot)$ 表示输出层激活函数. 整个神经网络由复合函数 $f^{(s)}(\cdots f^{(2)}(f^{(1)}(x))\cdots)$ 表示.

循环神经网络 (recurrent neural network, RNN) 是一类具有记忆的神经网络, 能够处理序列数据. 与全连接神经网络不同, RNN 具有隐藏状态的循环连接, 即当前时间步的隐藏状态依赖于前一时间步的隐藏状态, 使其能够对输入序列的历史信息进行记忆. 这使得 RNN 非常适合于自然语言处理、时间序列预测等任务.

1. 原始 RNN

图 6.4、图 6.5 给出了 RNN 的网络结构示意图. RNN 的基本结构由循环连接构成, 使得当前隐状态依赖于之前的隐状态. 隐藏层的状态更新公式如下:

$$h_t = \tanh(U \cdot h_{t-1} + W \cdot x_t + b),$$

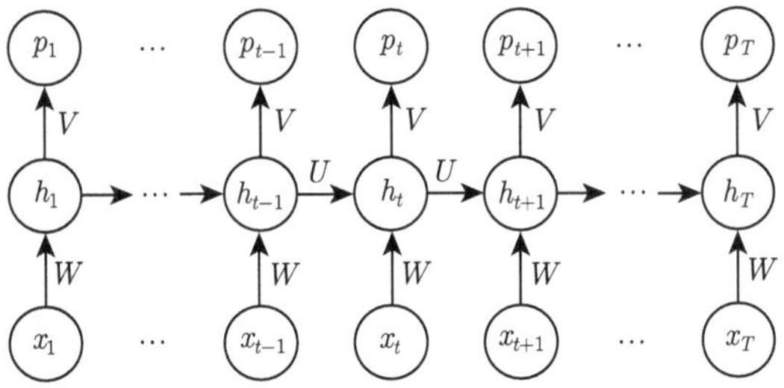

图 6.4 RNN 展开结构图

其中 x_t 表示第 t 个位置的输入向量:

$$x_t = (x_{t,1}, x_{t,2}, \cdots, x_{t,n})^{\mathrm{T}}.$$

h_{t-1} 表示第 $t-1$ 个位置的隐藏层状态:

$$h_{t-1} = (h_{t-1,1}, h_{t-1,2}, \cdots, h_{t-1,m})^{\mathrm{T}}.$$

U 和 W 是权重矩阵, b 是偏置向量.

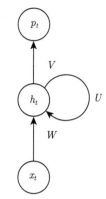

图 6.5　RNN 折叠结构图

输出层的计算公式如下:

$$p_t = \text{softmax}(V \cdot h_t + c),$$

其中 p_t 是第 t 个位置的输出概率分布:

$$p_t = (p_{t,1}, p_{t,2}, \cdots, p_{t,l})^{\mathrm{T}}, \quad p_{t,i} \geqslant 0,$$

并且满足

$$\sum_{i=1}^{l} p_{t,i} = 1.$$

V 是输出层的权重矩阵, c 是偏置向量. $p_1, p_2, \cdots, p_T$ 的每一项都是一个概率向量.

公式可以进一步展开为

$$r_t = U \cdot h_{t-1} + W \cdot x_t + b,$$

$$h_t = \tanh(r_t),$$

$$z_t = V \cdot h_t + c,$$

$$p_t = \text{softmax}(z_t),$$

其中 r_t 是隐藏层的净输入向量, z_t 是输出层的净输入向量. tanh 是隐藏层常用的激活函数 (双曲正切函数), softmax 是输出层的激活函数, 用于确保输出为概率分布.

2. RNN 常用变体

长短期记忆网络 (long short-term memory, LSTM) 是一种特殊的循环神经网络, 旨在解决传统 RNN 在长序列学习中存在的梯度消失和爆炸问题. LSTM 通过引入记忆单元和多个门控机制, 能够有效地捕捉长时间依赖关系. 其设计灵感源于大脑对短期和长期记忆的处理方式, 采用分离的记忆单元和门控结构, 使得网络可以决定何时保留或忘记信息.

LSTM 的基本结构包括输入门、遗忘门和输出门. 输入门决定哪些信息被写入记忆单元, 遗忘门控制哪些信息从记忆单元中丢弃, 而输出门则控制哪些信息被输出. 通过这些门控机制, LSTM 能够保留重要的长期依赖信息, 同时在处理短期信息时避免信息的混淆, 图 6.6 和图 6.7 给出了 LSTM 单元结构和网络架构.

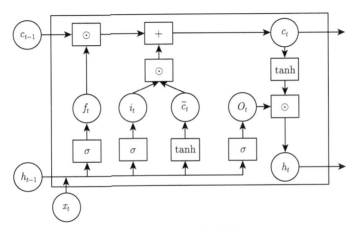

图 6.6　LSTM 单元结构

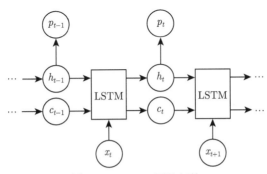

图 6.7　LSTM 网络架构

LSTM 的计算过程可以表示为

$$f_t = \sigma(W_f x_t + U_f h_{t-1} + b_f),$$

$$i_t = \sigma(W_i x_t + U_i h_{t-1} + b_i),$$

$$C_t = f_t \odot C_{t-1} + i_t \odot \tanh(W_C x_t + U_C h_{t-1} + b_C),$$

$$o_t = \sigma(W_o x_t + U_o h_{t-1} + b_o),$$

$$h_t = o_t \odot \tanh(C_t),$$

其中 C_t 是当前时间步的记忆单元, f_t, i_t, o_t 分别是遗忘门、输入门和输出门的激活值, σ 表示 sigmoid 激活函数.

门控循环单元 (gated recurrent unit, GRU) 是另一种改进的循环神经网络结构, 旨在简化 LSTM 的计算, 同时保持其对长时间依赖的学习能力. GRU 通过融合遗忘门和输入门, 使得模型结构更为简洁, 减少了参数数量, 提高了训练效率. 图 6.8、图 6.9 给出了 GRU 的单元结构和网络架构.

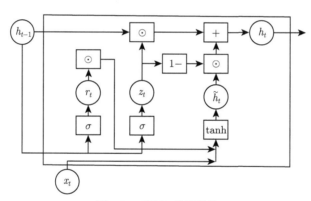

图 6.8　GRU 单元结构

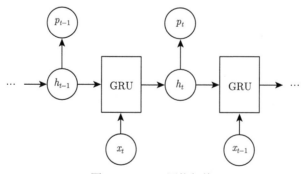

图 6.9　GRU 网络架构

GRU 的设计理念在于将门控机制整合, 使得网络在处理序列时能够更有效地保留和更新信息. 重置门控制当前输入与前一隐状态的结合程度, 更新门则决定当前隐状态的更新比例. 这样一来, GRU 在捕捉长时间依赖的同时, 避免了过度复杂的计算.

GRU 的计算过程可以表示为

$$z_t = \sigma(W_z x_t + U_z h_{t-1} + b_z),$$

$$r_t = \sigma(W_r x_t + U_r h_{t-1} + b_r),$$

$$\tilde{h}_t = \tanh(W_h x_t + U_h(r_t \odot h_{t-1}) + b_h),$$

$$h_t = (1 - z_t) \odot h_{t-1} + z_t \odot \tilde{h}_t,$$

其中 z_t 是更新门, r_t 是重置门, $\tilde{h}_t$ 是候选隐状态. 通过门控机制, GRU 能够在需要时选择性地更新隐状态, 有效处理长时间依赖关系, 同时保持较低的计算复杂性.

6.2 神经网络的训练方法

6.2.1 梯度下降方法

函数 $y = f(x)$ 的极值点就是一阶导数 $f'(x) = 0$ 且二阶导数 $f''(x) > 0$ 的那个点. 因此, 通过解方程 (6.1) 就可以得到函数的极小值.

$$\begin{cases} f'(x) = 0, \\ f''(x) > 0. \end{cases} \tag{6.1}$$

但是对于计算机来说, 它并不会自己解方程, 即使是最简单的方程. 不过它可以凭借强大的计算能力, 一步一步地去把函数的极值点 "试" 出来. 如图 6.10 所示首先随便选择一个点 x_0, 接下来迭代修改 x 的值为 $x_1, x_2, x_3, \cdots$, 经过数次迭代后最终达到函数的最小值点. 我们每次都是向函数 $y = f(x)$ 的梯度的相反方向来修改. 梯度是一个向量, 指向函数值上升最快的方向. 显然, 梯度的反方向当然就是函数值下降最快的方向. 我们每次沿着梯度相反方向去修改 x 的值, 就能走到函数的最小值附近. 之所以是最小值附近而不是最小值那个点, 是因为每次移动的步长不会那么恰到好处, 有可能最后一次选代走远了越过了最小值那个点. 步长如果选择小了, 那么就会迭代很多轮才能走到最小值附近; 如果选择大了, 那可能就会越过最小值很远, 收敛不到一个好的点上. 具体步长值的选择需要依靠经验和一点点的运气.

前面的例子给出了梯度下降方法的直观理解, 下面按照训练样本数量的不同, 以算法的形式给出梯度下降的三种形式以及各自的优缺点.

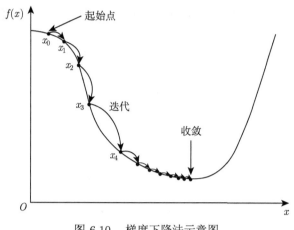

图 6.10   梯度下降法示意图

算法 5   批量梯度下降 (GD)

输入: 损失函数 $E(w)$, 学习率 η, 训练集 $\{(x_i, y_i)\}_{i=1}^{N}$

输出: 优化后的参数 w

 1: 初始化参数 w

 2: **while** 直到收敛 **do**

 3:    计算目标函数的梯度:

$$g = \nabla_w E(w) = \frac{1}{N} \sum_{i=1}^{N} \nabla_w E(w; x_i, y_i)$$

 4:    更新参数:

$$w = w - \eta g$$

 5: **end while**

 6: 输出优化后的参数 w

批量梯度下降的优点是每次更新使用全量数据, 确保更新方向稳定, 适用于小规模数据集, 能够稳步收敛, 缺点在于计算开销大, 尤其在大数据集上表现较慢, 可能导致过长的训练时间.

算法 6   随机梯度下降 (SGD)

输入: 损失函数 $E(w)$, 学习率 η, 训练集 $\{(x_i, y_i)\}_{i=1}^{N}$

输出: 优化后的参数 w

 1: 初始化参数 w

 2: **while** 直到收敛 **do**

 3:    随机选取一个样本 (x_i, y_i)

 4:    计算该样本的目标函数梯度:

$$g = \nabla_w E(w; x_i, y_i)$$

5: 　　更新参数:

$$w = w - \eta g$$

6: **end while**
7: 输出优化后的参数 w

　　随机梯度下降的优点是更新速度快, 因为每次只计算一个样本的梯度, 引入随机性, 能够有效跳出局部最优解, 缺点在于更新方向不稳定, 可能导致参数在收敛时出现波动, 对学习率的选择较为敏感.

算法 7 小批量梯度下降 (mini-batch GD)

输入: 损失函数 $E(w)$, 学习率 η, 训练集 $\{(x_i, y_i)\}_{i=1}^N$, 小批量大小 M
输出: 优化后的参数 w
1: 初始化参数 w
2: **while** 直到收敛 **do**
3: 　　随机选取一个小批量 $B = \{(x_i, y_i)\}_{i=1}^M$
4: 　　计算小批量的梯度:

$$g = \frac{1}{M} \sum_{i=1}^M \nabla_w E(w; x_i, y_i)$$

5: 　　更新参数:

$$w = w - \eta g$$

6: **end while**
7: 输出优化后的参数 w

　　小批量梯度下降结合了批量梯度下降和随机梯度下降的优点, 计算效率高且收敛稳定, 能够利用硬件加速 (如 GPU) 处理批量运算, 但是选择合适的小批量的大小需要依赖于工程经验, 具有技巧性.

6.2.2 反向传播

　　在理解了梯度下降法的原理之后, 我们可以更好地理解**反向传播算法** (back propagation, BP). 梯度下降法是优化过程中最核心的部分, 而反向传播则是专门为神经网络设计的一种高效计算梯度的算法. 在神经网络的训练中, 梯度下降法用于调整模型的参数 (如权重和偏置), 使损失函数逐渐减小. 然而, 由于神经网络通常由多层结构组成, 每一层的参数对最终输出都有贡献, 因此我们需要一个高效的机制来计算这些参数的梯度, 这正是反向传播算法的核心所在. 反向传播算法通过**链式法则** (chain rule) 将误差逐层传播, 并结合梯度下降法来更新每一层的参数. 可以理解为, 梯度下降决定了如何优化参数, 而反向传播则具体计算出这些参数的梯度, 使得梯度下降法能够在多层网络中顺利应用. 接下来, 我们将介绍反向传播在**全连接神经网络** (FCN) 和**循环神经网络** (RNN) 中的具体实现方法.

1. FCN 的 BP 算法

在全连接神经网络中, 反向传播算法被广泛应用于训练过程中. 其核心思想是通过计算每一层的梯度, 并通过梯度下降法逐步调整网络的权重和偏置. 由于 FCN 是一个典型的层次结构网络, 因此在训练时, 计算和传播误差的过程较为直接. 反向传播通过链式法则逐层传递误差信号, 从输出层逐步反馈到输入层. 通过这种方式, 网络可以逐层优化参数, 从而最小化损失函数. 以下是 FCN 的反向传播算法步骤.

(1) 初始化. 随机初始化权重 w 和偏置 b. 初始化时, 通常使用小的随机值, 以打破对称性, 确保网络的每个神经元都能够学习不同的特征.

(2) 前向传播.

。对于输入层的每个输入 x_i, 通过每一层的权重和偏置计算输出:

$$z^{(l)} = w^{(l)} a^{(l-1)} + b^{(l)},$$

其中 $z^{(l)}$ 是第 l 层的加权和, $a^{(l-1)}$ 是上一层的激活值, $w^{(l)}$ 和 $b^{(l)}$ 分别是第 l 层的权重和偏置.

。应用激活函数 $\sigma(z)$ 计算激活值

$$a^{(l)} = \sigma(z^{(l)}).$$

这一过程从输入层开始, 依次传递到每一层, 直到计算到输出层的激活值 $a^{(L)}$, 其中 L 为输出层. 常用的激活函数包括 sigmoid、ReLU 和 tanh 等.

(3) 计算损失函数. 根据网络的输出 $a^{(L)}$ 和目标值 y 计算损失函数 E,

$$E = \frac{1}{2} \|a^{(L)} - y\|^2.$$

或在分类问题中

$$E = -\sum_{k=1}^{K} y_k \ln a_k^{(L)},$$

其中 K 是输出类别数. 损失函数用于衡量网络输出与实际目标之间的差异.

(4) 反向传播.

。计算输出层的误差项 $\delta^{(L)}$:

$$\delta^{(L)} = \frac{\partial E}{\partial a^{(L)}} \odot \sigma'(z^{(L)}),$$

其中 $\odot$ 表示逐元素乘积, $\sigma'(z^{(L)})$ 是激活函数的导数. 这个步骤计算了输出层对损失的贡献, 得到了每个输出神经元的误差.

◦ 对于每一层 l(从倒数第二层到第一层), 计算每一层的误差项

$$\delta^{(l)} = (w^{(l+1)})^{\mathrm{T}} \delta^{(l+1)} \odot \sigma'(z^{(l)}),$$

其中 $(w^{(l+1)})^{\mathrm{T}}$ 是第 $l+1$ 层的权重矩阵的转置. 这个步骤通过链式法则, 将输出层的误差传递到前面的层.

(5) 更新参数. 根据误差项更新每一层的权重和偏置:

$$w^{(l)} = w^{(l)} - \eta \delta^{(l)} (a^{(l-1)})^{\mathrm{T}},$$

$$b^{(l)} = b^{(l)} - \eta \delta^{(l)},$$

其中 η 是学习率. 学习率控制每次参数更新的步长, 过大的学习率可能导致训练不稳定, 过小的学习率则可能导致收敛速度慢.

(6) 重复迭代. 重复步骤 (2) 到 (5), 直至损失函数收敛到预定的容忍度或达到最大迭代次数. 每次迭代都对全体训练样本执行前向传播和反向传播, 从而逐渐优化模型参数.

2. RNN 的 BP 算法

与 FCN 不同, 循环神经网络涉及时间序列数据的处理, 反向传播的过程在时间维度上也变得更加复杂. 在 RNN 中, 每个时间步的输出不仅依赖于当前的输入, 还依赖于前一时刻的状态. 这意味着在训练过程中, 需要将误差通过时间传播, 这一过程通常被称为 "**随时间的反向传播算法**" (back propagation through time, BPTT). RNN 的反向传播需要考虑到时间步之间的依赖性, 因此在计算梯度时, 需要将每个时间步的误差项逐层逐时刻地传递回去. 以下是 RNN 的反向传播算法步骤.

(1) 初始化.

◦ 随机初始化权重矩阵和偏置向量, 通常使用较小的随机值以避免梯度爆炸或消失: W_x, W_h, W_y, b_h, b_y.

◦ 将初始隐藏状态设为零向量: $h_0 = 0$.

(2) 前向传播.

◦ 对于每个时间步 $t = 1, 2, \cdots, T$, 先计算隐藏层的预激活和隐藏状态:

$$a_t^{(h)} = W_h h_{t-1} + W_x x_t + b_h, \quad h_t = \sigma(a_t^{(h)}),$$

其中, $\sigma(\cdot)$ 通常取 tanh.

◦ 随后计算输出层的预激活及预测值:

$$a_t^{(y)} = W_y h_t + b_y, \quad \hat{y}_t = \varphi(a_t^{(y)}),$$

其中, $\varphi(\cdot)$ 在回归任务中常取恒等映射, 在分类任务中取 softmax.

(3) 计算损失函数.

◦ 对于回归问题 (MSE):

$$E = \frac{1}{T} \sum_{t=1}^{T} |y_t - \hat{y}_t|^2.$$

◦ 对于分类问题 (交叉熵):

$$E = -\frac{1}{T} \sum_{t=1}^{T} \sum_{k=1}^{K} y_{t,k} \ln(\hat{y}_{t,k}),$$

其中, $y_{t,k}$ 为第 t 步的真实标签, $\hat{y}_{t,k}$ 为预测概率.

(4) 反向传播.

◦ 输出层误差:

$$\delta_t^{(y)} = \frac{\partial E}{\partial a_t^{(y)}} = \hat{y}_t - y_t.$$

◦ 隐藏层误差 (从 $t = T$ 向前递推):

首先引入隐藏层预激活

$$a_t^{(h)} = W_h h_{t-1} + W_x x_t + b_h,$$
$$h_t = \delta(a_t^{(h)}).$$

令 $\delta_{T+1}^{(h)} = 0$, 对 $t = T, T-1, \cdots, 1$, 有

$$\delta_t^{(h)} = (W_y^{\mathrm{T}} \delta_t^{(y)} + W_h^{\mathrm{T}} \delta_{t+1}^{(h)}) \odot \delta'(a_t^{(h)}),$$

其中, $\odot$ 表示逐元素乘积, $\delta'(\cdot)$ 是激活函数对预激活的导数.

(5) 更新参数.

◦ 累加所有时间步长的梯度:

$$\frac{\partial E}{\partial W_h} = \sum_{t=1}^{T} \delta_t^{(h)} h_{t-1}^{\mathrm{T}},$$

$$\frac{\partial E}{\partial W_x} = \sum_{t=1}^{T} \delta_t^{(h)} x_t^{\mathrm{T}},$$

$$\frac{\partial E}{\partial W_y} = \sum_{t=1}^{T} \delta_t^{(y)} h_t^{\mathrm{T}},$$

$$\frac{\partial E}{\partial b_h} = \sum_{t=1}^{T} \delta_t^{(h)},$$

$$\frac{\partial E}{\partial b_y} = \sum_{t=1}^{T} \delta_t^{(y)}.$$

○ 使用梯度下降更新参数:

$$W_h \leftarrow W_h - \eta \frac{\partial E}{\partial W_h},$$

$$W_x \leftarrow W_x - \eta \frac{\partial E}{\partial W_x},$$

$$W_y \leftarrow W_y - \eta \frac{\partial E}{\partial W_y},$$

$$b_h \leftarrow b_h - \eta \frac{\partial E}{\partial b_b},$$

$$b_y \leftarrow b_y - \eta \frac{\partial E}{\partial b_y},$$

其中, η 为学习率.

(6) 重复迭代. 重复步骤 (2) 到 (5), 直至损失函数收敛到预定的容忍度或达到最大迭代次数. 每次迭代都对全体训练样本执行前向传播和反向传播, 从而逐渐优化模型参数.

至此, 我们通过 6.1 节和 6.2 节介绍了 MLP、RNN 模型的结构以及神经网络的优化算法, 更多的模型结构和算法原理可参考文献 [16] 和 [17].

6.3 神经网络在金融计算中的应用

随着金融市场的快速发展, 传统金融模型在解决股票预测和衍生品定价等问题时, 往往基于线性假设和历史数据的依赖, 面对金融市场的高度复杂性和不确定性时, 往往显得力不从心. 而神经网络作为一种强大的非线性建模工具, 因其卓越的特征提取能力和自适应学习能力, 在金融计算中展现出独特的优势.

6.3.1 股票预测

股票预测是金融领域中的一个重要研究课题, 它直接影响到投资决策的质量和投资回报的高低. 准确的股票预测不仅能够帮助投资者优化投资组合, 提高收益, 还在市场监管、风险控制等方面发挥着重要作用. 股票预测的主要应用包括以下几个方面: ① 投资决策支持. 股票预测能够帮助投资者了解未来股票的潜在表现. 通过分析历史数据和市场趋势, 预测模型可以帮助投资者做出是否买入、持有或卖出某只股票的决策, 从而实现收益最大化. ② 风险管理与控制. 精确的股票预测有助于识别市场中的潜在风险. 通过预测未来股票价格的波动, 投资者可以提前识别风险, 并通过调整投资策略来规避可能的损失, 增强风险管理能力. ③ 市场效率提升. 准确的股票预测能够减少市场中的信息不对称现象, 提高市场效率. 通过量化未来的股票价格趋势, 投资者能够更好地反映股票的内在价值, 从而促进市场价格的合理发现. ④ 衍生品定价与交易. 金融机构在设计股票衍生品合约时, 通常依赖于股票价格的预测结果. 通过准确的股票预测, 机构可以评估衍生品的潜在收益和风险, 为投资者提供合理的价格和交易条件. ⑤ 宏观经济政策参考. 股票价格与宏观经济变量如利率、通货膨胀等密切相关. 股票预测结果可为政府和监管机构提供重要参考, 帮助其制定货币政策和调节金融市场. ⑥ 学术研究与模型验证. 股票预测不仅为学术界提供了验证金融理论和量化模型的实证基础, 还为进一步的模型优化和改进提供了依据. 通过对实际市场数据的预测, 研究人员可以评估不同模型的适用性和准确性.

神经网络因其强大的非线性建模能力, 能够捕捉股票市场中的复杂动态模式. 与传统回归模型相比, 神经网络能够处理高维数据, 并在预测精度和投资回报上表现出明显的优势. 因此, 神经网络已成为现代金融计算中的重要工具, 广泛应用于股票价格预测、资产定价和投资组合优化等领域. 在接下来的内容中, 我们将重点介绍全连接神经网络 (FCN) 和循环神经网络 (RNN) 在股票预测中的应用, 以真实数据集的股票收盘价预测为例, 进行实验比较它们在股票预测中的性能表现.

1. 表述预测问题

本案例分别使用 MLP 和 LSTM 对股票的收盘价进行预测. 股票收盘价作为时间序列数据, 其预测目标是通过历史收盘价的序列来预测未来一天的收盘价.

设定如下符号:
- c_t 表示股票在时间 t 的实际收盘价.
- $\mathbb{E}_t[c_{t+1}]$ 表示在时间 t 对时间 $t+1$ 收盘价的预测值.
- ϵ_{t+1} 表示预测误差, 反映了模型预测的误差.

目标是通过过去 L 天的历史收盘价来预测未来一天 (即时间 $t+1$) 的收盘价. 预测问题可以表示为

$$c_{t+1} = \mathbb{E}_t[c_{t+1}] + \epsilon_{t+1},$$

其中
- c_{t+1} 是在时间 $t+1$ 的实际收盘价.
- $\mathbb{E}_t[c_{t+1}]$ 是在时间 t 时刻对 $t+1$ 收盘价的预测值.
- ϵ_{t+1} 是预测误差或噪声, 表示模型在预测过程中无法完全捕捉的部分.

根据使用的模型类型, 预测函数的形式有所不同.

MLP MLP 是一个前馈神经网络, 其结构包括多个全连接层. 我们使用过去 L 天的收盘价序列作为输入, 经过若干层非线性变换, 最终输出对未来收盘价的预测. 预测函数可以表示为

$$\mathbb{E}_t[c_{t+1}] = f_{\text{MLP}}(c_{t-L}, c_{t-L+1}, \cdots, c_t),$$

其中 $f_{\text{MLP}}(\cdot)$ 是通过多层感知机模型学习到的非线性函数, 输入是过去 L 天的收盘价, 输出是对未来一天的收盘价预测.

LSTM LSTM 是一种用于处理时间序列数据的循环神经网络, 能够捕捉长期依赖关系. 与 MLP 不同, LSTM 不仅仅依赖于当前时刻的输入, 还能够考虑历史时间步骤的隐状态信息. LSTM 的预测函数可以表示为

$$\mathbb{E}_t[c_{t+1}] = f_{\text{LSTM}}(c_{t-L}, c_{t-L+1}, \cdots, c_t),$$

其中 $f_{\text{LSTM}}(\cdot)$ 是通过 LSTM 模型学习到的映射函数, LSTM 会通过其内部的记忆机制来处理时间序列中的长期依赖关系.

假设我们使用过去 L 天的历史收盘价 $\{c_{t-L}, c_{t-L+1}, \cdots, c_t\}$ 来预测未来一天的收盘价 c_{t+1}. 数据的输入可以是一个 $L \times 1$ 的向量, 表示过去 L 天的收盘价, 而输出是标量 c_{t+1}, 表示未来一天的收盘价.

2. 数据收集与预处理

该步骤包括构建特征向量作为模型的输入, 以及标签向量作为模型的输出. 特征向量和标签向量必须确保匹配, 以便神经网络可以基于输入正确预测输出.

本节示例采用来自阿里云天池的股票预测公开数据集, 分为训练集和测试集, 包含交易时间、开盘价、最高价、最低价、收盘价和交易量. 表 6.1 展示了部分数据.

表 6.1 股票预测数据集示例

交易时间	开盘价	最高价	最低价	收盘价	交易量
2019-01-02	54.19	54.33	53.09	53.33	82554240
2019-01-03	53.30	54.48	53.21	53.83	69271120
2019-01-04	53.43	55.15	53.38	54.74	112985584
2019-01-07	55.24	55.32	54.05	54.45	76593008
2019-01-08	54.20	54.24	53.35	53.95	55992092
2019-01-09	54.35	55.75	54.11	55.10	81914616
2019-01-10	55.02	55.97	54.70	55.65	67328224
2019-01-11	56.15	56.44	55.65	56.22	45756972
2019-01-14	55.89	56.10	55.05	55.27	47532652
2019-01-15	55.41	56.84	55.21	56.74	58626488

这里我们只需要收盘价, 我们用过去 5 天的收盘价预测第 6 天的收盘价, 因此训练集和测试集的构建就将连续 5 天的收盘价作为输入特征, 输出标签是第 6 天收盘价, 处理后的数据形式由表 6.2 给出.

表 6.2　处理后的股票收盘价预测数据集示例

输入特征 (过去 5 天收盘价)	输出特征 (第 6 天收盘价)
53.33, 53.83, 54.74, 54.45, 53.95	55.10
53.83, 54.74, 54.45, 53.95, 55.10	55.65
54.74, 54.45, 53.95, 55.10, 55.65	56.22
54.45, 53.95, 55.10, 55.65, 56.22	55.27
53.95, 55.10, 55.65, 56.22, 55.27	56.74

3. 网络结构设计

LSTM 网络结构　在本实验中, 我们使用单层 LSTM, 具有 5 个隐藏单元, 分别接收过去 5 天的收盘价, 每个隐藏单元都接收 1 天的收盘价作为输入因此输入维度是 1 维, 输出隐藏状态的维度我们设置成 64, 5 个隐藏单元都输出 64 维的隐藏状态, 并且每个单元用隐藏状态相连以保证时间序列信息的传递, 因此我们使用最后一个隐藏单元输出的隐藏状态进行预测, 用一个单层 MLP 接收最后一个隐藏单元的 64 维隐藏状态, 输出 1 维的收盘价预测值.

MLP 网络结构　MLP 网络的设计. 输入层: 每条数据包含 5 天的收盘价, 因此输入层的节点数为 5. 隐藏层: MLP 中有 3 层隐藏层, 层级结构为第一层有 64 个神经元, 第二层有 32 个神经元, 第三层有 16 个神经元. 输出层: 输出层为全连接层, 预测第 6 天的收盘价, 输出层的节点数为 1.

激活函数　激活函数的选择对网络性能至关重要. 在本问题中, 使用 ReLU 激活函数来增强网络的非线性表达能力. ReLU 激活函数适用于隐藏层, 因为它能加速训练并避免梯度消失. ReLU 激活函数的公式为

$$\mathrm{ReLU}(x) = \max(0, x).$$

对于回归问题, 输出层使用线性激活函数以直接输出连续值.

损失函数　对于股票收盘价预测问题, 我们使用均方误差 (MSE) 作为损失函数. 损失函数定义如下:

$$\mathscr{L} = \frac{1}{n} \sum_{i=1}^{n} (y_i - \hat{y}_i)^2,$$

其中 y_i 为真实值, $\hat{y}_i$ 为预测值, n 为样本数量.

4. 模型训练与评估

本案例的训练集包括 731 天的数据, 取前 600 天作为训练集, 剩下 131 天的作为验证集用于在模型训练过程中提前终止防止过拟合, 设置当模型在验证集连

续 20 次没有性能提升时就终止训练. 测试集包含 182 条数据, 用于评估模型性能. 本案例实现采用 Python 和 PyTorch, 下面给出使用 LSTM 和 MLP 进行股票收盘价预测的核心代码, 完整实验代码我们通过附录中的文件给出.

定义 RNN 和 MLP 模型:

```
1  class RNN(nn.Module):
2  def __init__(self, in_dim, h_dim, n_lstm):
3  super().__init__()
4  self.lstm = nn.LSTM(input_size=in_dim, hidden_size=h_dim,
       num_layers=n_lstm, batch_first=True)
5  self.mlp = nn.Linear(in_features=h_dim, out_features=in_dim)
6
7  def forward(self, x):
8  out, (h_n, c_n) = self.lstm(x)
9  x = self.mlp(h_n[-1])
10 return x
11
12
13 class MLP(nn.Module):
14 def __init__(self, in_dim, out_dim):
15 super().__init__()
16 self.net = nn.Sequential(
17 nn.Linear(in_dim, 64),
18 nn.ReLU(),
19 nn.Linear(64, 32),
20 nn.ReLU(),
21 nn.Linear(32, 16),
22 nn.ReLU(),
23 nn.Linear(16, out_dim)
24 )
25
26 def forward(self, x):
27 x = self.net(x)
28 return x
```

模型训练代码:

```
1  def trainer(n_iters_, train_loader_, val_loader_, model_, optimizer_,
       controller_, model_name_='RNN'):
2  train_losses = []
```

```
3    val_losses = []
4    for i in range(n_iters_):
5    model_.train()
6    epoch_train_loss = 0
7    for X, Y in train_loader_:
8    X, Y = X.to(device), Y.to(device)
9    if model_name_ == 'MLP':
10   X = X.reshape(batch_size, -1)
11   prediction = model_(X)
12   loss = nn.MSELoss()(prediction, Y)
13   optimizer_.zero_grad()
14   loss.backward()
15   optimizer_.step()
16   epoch_train_loss += loss.item()
17   epoch_train_loss /= len(train_loader_)
18   train_losses.append(epoch_train_loss)
19   model_.eval()
20   epoch_val_loss = 0
21   with torch.no_grad():
22   for X, Y in val_loader_:
23   X, Y = X.to(device), Y.to(device)
24   if model_name_ == 'MLP':
25   X = X.reshape(batch_size, -1)
26   pred = model_(X)
27   epoch_val_loss += nn.MSELoss()(pred, Y).item()
28   epoch_val_loss /= len(val_loader_)
29   val_losses.append(epoch_val_loss)
30   if controller_.check(epoch_val_loss, iter_=i + 1):
31   break
32   return train_losses, val_losses
```

模型评估代码:

```
1    def evaluate_model(model_, test_loader_, model_name_='RNN'):
2    model_.eval()
3    test_loss = 0
4    with torch.no_grad():
5    for X, Y in test_loader_:
6    X, Y = X.to(device), Y.to(device)
7    if model_name_ == 'MLP':
8    X = X.reshape(batch_size, -1)
```

```
 9    prediction = model_(X)
10    loss = nn.MSELoss()(prediction, Y)
11    test_loss += loss.item()
12    test_loss /= len(test_loader_)
13    return test_loss
```

图 6.11 和图 6.12 给出了 RNN 和 MLP 的训练损失曲线, 最终经过训练的

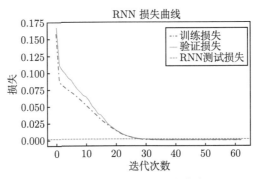

图 6.11　RNN 训练损失曲线

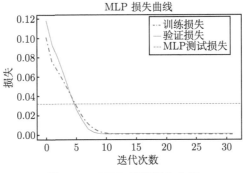

图 6.12　MLP 训练损失曲线

RNN 和 MLP 模型在测试集上的表现由表 6.3 给出.

表 **6.3**　模型测试集损失比较

模型	测试集损失
RNN 模型	0.0020
MLP 模型	0.0320

我们使用的 RNN 模型 (LSTM) 性能要优于 MLP, 这是因为 MLP 并没有显

式地对时间序列信息建模, 而 RNN 结构专门适用于时间序列的建模, 可见本案例的结果是合理的.

6.3.2　衍生品定价

Wang Shoudao 和 Hong L. Jeff 提出了一种名为**神经随机微分方程模型** (NSDE) 的方法[18], 将神经网络嵌入传统的随机微分方程 (SDE) 中, 以提高期权定价模型的灵活性和准确性. 本节通过介绍他们的研究来展示神经网络在衍生品定价中的应用.

传统的期权定价模型 (如 Black-Scholes 模型和 Heston 模型) 具有计算高效、理论成熟的优点, 但其对市场动态的假设较为严格, 例如资产价格服从几何布朗运动或波动率为常数. 这种假设导致模型难以捕捉厚尾分布、波动率小等实际现象. 相比之下, 神经网络模型具有捕捉复杂非线性关系的能力, 但对数据量需求较高, 容易过拟合, 尤其在期权定价等数据量有限的场景中, 纯神经网络模型表现欠佳. NSDE 模型在传统模型的基础上, 通过神经网络学习市场的复杂动态关系, 增强了模型的表达能力. NSDE 模型的核心创新在于结合了神经网络与传统随机微分方程的结构优势. 具体地, NSDE 模型用神经网络替代传统模型中的漂移项和波动率函数, 其数学形式为

$$\mathrm{d}S_t = NN_1(S_t, V_t, r_f, t)\mathrm{d}t + NN_2(S_t, V_t, r_f, t)\mathrm{d}B_1(t),$$

$$\mathrm{d}V_t = NN_3(S_t, V_t, r_f, t)\mathrm{d}t + NN_4(S_t, V_t, r_f, t)\mathrm{d}B_2(t),$$

其中 NN_1, NN_2, NN_3, NN_4 为神经网络, 用以捕捉复杂的漂移和波动率动态. 同时, 该模型保留了经典随机微分方程的结构性优势, 可以有效降低对训练数据量的需求.

为了应对神经网络引入后无法获得闭式解的问题, NSDE 模型使用蒙特卡罗模拟估计期权价格. 通过生成资产价格路径并计算期权的折现收益, 可以在无闭式解的情况下估计价格. 此外, 模型参数的校准通过优化历史期权价格与预测价格之间的误差完成. 具体优化过程结合了反向传播算法和随机梯度下降 (SGD), 并通过模拟优化的方式有效解决了参数训练的复杂性.

此研究通过三组数值实验验证了 NSDE 模型的性能. 第一组实验基于修改后的 Heston 模型生成的合成数据, NSDE 模型在测试集中的均值绝对误差 (MAE) 为 0.43, 显著优于传统的 Black-Scholes 模型 (1.63) 和 Heston 模型 (1.35). 这表明, NSDE 模型在具有理论支持的场景下能够有效结合传统模型与神经网络的优势. 第二组实验使用 Variance-Gamma 模型生成数据 (该模型并非 NSDE 模型的特例), 即便如此, NSDE 模型依然取得最低的 MAE (0.29), 展现了模型的通用性. 第三组实验基于标普 500 ETF 期权的真实市场数据, 结果显示在数据充足的中间

价格区间, 纯神经网络模型略优; 但在数据稀缺的高价或低价区间, NSDE 模型表现更为稳定, 例如低于 10% 分位数时, NSDE 模型的 MAE 为 6.5, 而纯神经网络模型为 9.6.

综合实验结果表明, NSDE 模型结合了传统金融理论的结构优势与神经网络的灵活性, 能够更准确地捕捉复杂的市场动态, 特别是在有限数据的场景下表现尤为突出. 这种方法不仅为期权定价提供了新的解决方案, 也为其他金融工具的定价研究开辟了新方向, 表 6.4 至表 6.7 给出了此研究的具体结果.

表 6.4 实验 1: 不同模型的 MAE

模型	训练集 MAE	测试集 MAE
Black-Scholes (BS)	1.45	1.63
Heston	1.46	1.35
K-Nearest Neighbors (KNN)	1.73	1.95
Gated Neural Network (GNN)	0.53	0.62
Neural SDE (NSDE)	**0.33**	**0.43**

表 6.5 实验 2: 不同模型的 MAE

模型	训练集 MAE	测试集 MAE
Black-Scholes (BS)	0.73	0.58
Heston	0.67	0.53
K-Nearest Neighbors (KNN)	1.44	1.57
Gated Neural Network (GNN)	0.45	0.51
Neural SDE (NSDE)	**0.24**	**0.29**

表 6.6 实验 3: 真实数据不同模型的 MAE

模型	训练集 MAE	测试集 MAE
Black-Scholes (BS)	4.6	5.7
Gated Neural Network (GNN)	**3.0**	**3.4**
Neural SDE (NSDE)	3.5	3.7

表 6.7 实验 4: 不同价格区间的 MAE

分位数范围	NSDE MAE	GNN MAE
小于 10%	**6.5**	9.6
10%—90%	3.8	**3.1**
大于 90%	**1.6**	1.9

神经网络的优势 神经网络在衍生品定价中的主要优势体现在: 其灵活性能够捕捉复杂的非线性市场特性; 其适应性使其适用于多种市场条件和不同的资产类型; 结合 GPU 并行计算和自动微分技术, 神经网络还具备高效计算的优势, 从而提高计算效率, 并能快速适应市场变化.

习　题　6

1. 使用多层感知机 (MLP) 实现逻辑 "与" 运算, 即对于输入为两个二进制值 (0 或 1), 当且仅当两个输入都是 1 时, 输出为 1. 要求: 构建一个简单的多层感知机, 包含输入层、一个隐藏层和输出; 使用 sigmoid 激活函数; 训练网络, 并评估模型在所有输入组合上的预测表现.

2. 使用多层感知机对 MNIST 手写数字数据集进行分类. 要求: 使用 torchvision 加载 MNIST 数据; 设计一个具有 2 个隐藏层的 MLP 模型; 使用 ReLU 激活函数和 softmax 输出层进行分类; 计算分类准确率并进行模型评估.

3. 设计一个简单的 RNN 模型, 用于生成正弦波形的数据. 给定前一个时间点的值, 预测下一个时间点的值. 要求: 生成一个正弦波形的数据集作为输入; 使用 RNN 模型进行训练; 使用均方误差 (MSE) 损失函数, 训练模型来预测下一时间点的正弦波值.

4. 使用门控循环单元 (GRU) 实现 6.3.1 节中的股票收盘价预测. 要求: 使用 6.3.1 节的数据; 将最终模型性能与 6.3.1 节中的模型对比.

5. https://www.kaggle.com/datasets/shebrahimi/financial-distress, 根据此网站公开数据集, 使用 FCN 和 RNN 实现财务困境预测, 并比较模型效果.

第 7 章 随机微分方程数值方法

考虑**随机微分方程** (stochastic differential equation)

$$\mathrm{d}X(t) = \mu(t, X(t))\mathrm{d}t + \sigma(t, X(t))\mathrm{d}W_t, \quad t_0 < t \leqslant T, \tag{7.1}$$

满足初始条件 $X(t_0) = X_0$ 的求解问题, 其中 W_t 为一维标准布朗运动, $W(0) = 0$, $\mu(t, x)$ 和 $\sigma(t, x)$ 为给定的确定性函数, 分别称为**漂移项**和**扩散项** (金融中也称为**资产价格的波动项**). 方程 (7.1) 的解通常指一个定义于概率空间 $(\Omega, \mathscr{F}, \mathscr{P})$, 关于布朗运动 W_t, 生成域流后适应的, 几乎处处满足等式 (7.1) 及初始条件 $X(0) = X_0$ 的随机过程. 方程 (7.1) 也可以写成如下形式:

$$X(t) = X_0 + \int_{t_0}^{t} \mu(s, X(s))\mathrm{d}s + \int_{t_0}^{t} \mu(s, X(s))\mathrm{d}W_s. \tag{7.2}$$

几个特例: (1) 若 $\mu(t, x) = bx$, $\sigma(t, x) = \sigma x$, 其中 b, σ 为常数, 则方程 (7.1) 即为几何布朗运动

$$\mathrm{d}X(t) = bX(t)\mathrm{d}t + \sigma X(t)\mathrm{d}W_t, \quad X(t_0) = X_0. \tag{7.3}$$

此时有解析解

$$X(t) = X_0 \exp\left(\left(b - \frac{\sigma^2}{2}\right)(t - t_0) + \sigma(W_t - W_{t_0})\right). \tag{7.4}$$

(2) 若 $\sigma(t, x) \equiv 0$, 则方程 (7.1) 退化为确定性的常微分方程

$$\frac{\mathrm{d}X(t)}{\mathrm{d}t} = \mu(t, X(t)), \quad X(t_0) = X, \quad t_0 < t \leqslant T. \tag{7.5}$$

注记 7.1 随机微分方程 (7.1) 有时也写成如下形式:

$$\frac{\mathrm{d}X(t)}{\mathrm{d}t} = \mu(t, X(t)) + \sigma(t, X(t))\frac{\mathrm{d}W_t}{\mathrm{d}t},$$

其中布朗运动的导数 $\dot{W}_t = \dfrac{\mathrm{d}W_t}{\mathrm{d}t}$ 也称为 "白噪声".

下面通过几个例子观察微分方程的解的性态.

若在常微分方程 (7.5) 中取 $\mu(t, X(t)) = X^2(t)$, 则微分方程

$$\frac{\mathrm{d}X(t)}{\mathrm{d}t} = X^2(t), \quad X(0) = 1, \quad t > 0$$

有唯一解:

$$X(t) = \frac{1}{1-t}, \quad 0 < t \leqslant 1.$$

显然, 此时在区间 $[0,1)$ 上有上述唯一解, 而在区间 $[0,\infty)$ 上不存在解 (全局解).
因为 $X(t)$ 在 $t = 1$ 处爆破 (blow-up).

若在常微分方程 (7.5) 中取 $\mu(t, x) = 3X^{\frac{2}{3}}(t)$, 则微分方程

$$\frac{\mathrm{d}X(t)}{\mathrm{d}t} = 3X^{\frac{2}{3}}(t), \quad X(0) = 0$$

有无穷多个解, 即对任意常数 $a > 0$,

$$X(t) = \begin{cases} 0, & 0 \leqslant t \leqslant a, \\ (t-a)^3, & t > a. \end{cases}$$

由此可见, 对于一般的随机微分方程 (7.1) 或者 (7.2), 确定性函数 $\mu(t, x)$ 和
$\sigma(t, x)$ 必须满足一定的条件, 才能使得微分方程的解存在且唯一. 本章将给出相
应的充分条件, 确保随机微分方程的解是存在唯一的.

由于一般情形下随机微分方程无精确解, 因此讨论几种常用的数值方法. 为
完整起见, 先列出几个常用的常微分方程初值问题 (7.5) 的数值方法.

7.1　常微分方程数值方法

对于常微分方程 (7.5), 可以采用显式 **欧拉公式**, **预估-校正** (prediction-corre-
ction) **公式**, 以及 **龙格-库塔** (Runge-Kutta) **公式** 进行求解.

首先将求解区间 $[0, T]$ 进行剖分: $0 = t_0 < t_1 < \cdots < t_n = T$. 通常情况下可
以采取等距剖分, 此时 $h = \dfrac{T}{n}$ 称为步长, 节点 $t_i = t_0 + ih$. 构造数值格式的最直
接的思路是用差商值近似代替导数值, 即

$$\frac{\mathrm{d}X(t_i)}{\mathrm{d}t} \approx \frac{X(t_{i+1}) - X(t_i)}{h},$$

或者

$$\frac{\mathrm{d}X(t_i)}{\mathrm{d}t} \approx \frac{X(t_i) - X(t_{i-1})}{h},$$

分别称为**前差商**或者**后差商**. 在方程 (7.5) 中令 $t = t_i$, 并且导数值用前差商值近似代替, 则有

$$\frac{X(t_{i+1}) - X(t_i)}{h} \approx \mu(t_i, X(t_i)),$$

并令 $X(t_i) \approx X_i$ 为解 $X(t)$ 在 $t = t_i$ 处的近似值, 则有

$$\frac{X_{i+1} - X_i}{h} = \mu(t_i, X_i),$$

即得 (向前) 欧拉公式

$$X_{i+1} = X_i + h\mu(t_i, X_i), \quad i = 0, 1, \cdots, n-1. \tag{7.6}$$

类似地, 若将导数值用向后差商近似代替. 即得 (向后) 欧拉公式

$$X_i = X_{i-1} + h\mu(t_i, X_i), \quad i = 1, 2, \cdots, n.$$

由于上述向后欧拉公式在已知 X_{i-1}, 求 X_i 时需要求解一个非线性方程, 因此计算量较大, 通常指欧拉公式即为向前欧拉公式 (7.6).

建立近似计算公式的另一个思路是将常微分方程 (7.5) 从 t_i 到 t_{i+1} 积分:

$$X(t_{i+1}) = X(t_i) + \int_{t_i}^{t_{i+1}} \mu(t, X(t))\mathrm{d}t, \tag{7.7}$$

若将上式中的积分用左端点公式代替, 则有

$$X(t_{i+1}) \approx X(t_i) + \mu(t_i, X(t_i)) \int_{t_i}^{t_{i+1}} \mathrm{d}t$$
$$= X(t_i) + h\mu(t_i, X(t_i)).$$

由此可得与欧拉公式 (7.6) 同样的计算格式, 尽管两者的建立计算格式的出发点并不相同. 当然欧拉公式也可以看成是将 (7.7) 式的被积函数 $\mu(t, X(t))$, 在区间 $[t_i, t_{i+1}]$ 内用常数值 $\mu(t_i, X(t_i))$ 近似代替而得, 因此上述欧拉公式可看成是从 $t = t_0$ 出发, 对 $\mu(t, X(t))$ 用一条折线近似代替而得, 从而欧拉公式有时也称为**欧**

拉折线法. 为了得到近似效果更好的计算公式, 从 (7.7) 式出发, 用近似精度更好的梯形公式代替左端点公式. 容易得到公式

$$X_{i+1} = X_i + \frac{h}{2}(\mu(t_i, X_i) + \mu(t_{i+1}, X_{i+1})). \tag{7.8}$$

需要注意的是, 上述公式中由于等式两边含有 X_{i+1}, 因此每次从 X_i 求解 X_{i+1} 时, 需要求解一个非线性方程. 比较求解微分方程的欧拉公式 (7.6) 和公式 (7.8). 显然欧拉公式计算简单, 但精度低; 公式 (7.8) 精度高, 但计算量大. 一个折中的办法是为了求解非线性方程 (7.8) 中的未知量 X_{i+1}, 可以采用先取一个近似值, 再代入非线性方程 (7.8) 右端选代的处理技巧, 从而有如下的求解公式:

$$\begin{cases} \bar{X}_{i+1} = X_i + h\mu(t_i, X_i), \\ X_{i+1} = X_i + \dfrac{h}{2}(\mu(t_i, X_i) + \mu(t_{i+1}, \bar{X}_{i+1})), \end{cases} \tag{7.9}$$

称为**预估-校正公式**. 其中 $\bar{X}_{i+1}$ 为预估值, X_{i+1} 为校正值. 可以证明预估-校正公式 (7.9) 比欧拉公式 (7.6) 的计算精度更高, 但与梯形公式 (7.8) 的精度相同. 这样就完美地解决了计算精度与计算量之间的矛盾. 为比较近似解 X_i 与精度解 $X(t_i)$ 的逼近程度, 定义近似解与精确解在 t_i 处的绝对误差:

$$\varepsilon_i = |X(t_i) - X_i|, \quad i = 0, 1, \cdots, n.$$

可以证明: 只要函数 $\mu(t, x)$ 对 t 连续, 对 x 满足利普希茨条件, 则欧拉公式的误差为 $\varepsilon_i = O(h)$, 对 $0 < i \leqslant n$ 一致成立. 而预估-校正公式的误差 $\varepsilon_i = O(h^2)$. 显然预估-校正公式的欧拉公式的精度高一阶, 尽管前者的计算量大致是后者的一倍. 由微分方程 (7.5) 可知, 函数 $\mu(t, X(t))$ 表示 $X(t)$ 在 t 处的导数. 若令 $K_1 = \mu(t_i, X_i)$, $K_2 = \mu(t_{i+1}, \bar{X}_{i+1})$ 分别表示 $X(t)$ 在 $t = t_i$ 和 t_{i+1} 处导数的近似值, 则预估-校正公式 (7.9) 可以写成如下:

$$\begin{cases} K_1 = \mu(t_i, X_i), \\ K_2 = \mu(t_{i+1}, X_i + hK_1), \\ X_{i+1} = X_i + \dfrac{1}{2}h(K_1 + K_2). \end{cases}$$

即在区间 $[t_i, t_{i+1}]$ 内的导数值可近似用 t_i 和 t_{i+1} 的近似导数值代替. 类似地, 利用待定系数技巧, 可以得到四阶的龙格-库塔公式:

$$\begin{cases} K_1 = \mu(t_i, X_i), \\[2mm] K_2 = \mu\left(t_i + \dfrac{1}{2}h, X_i + \dfrac{1}{2}hK_1\right), \\[2mm] K_3 = \mu\left(t_i + \dfrac{1}{2}h, X_i + \dfrac{1}{2}hK_2\right), \\[2mm] K_4 = \mu\left(t_i + \dfrac{1}{2}h, X_i + \dfrac{1}{2}hK_3\right), \\[2mm] X_{i+1} = X_i + \dfrac{1}{6}h(K_1 + 2K_2 + 2K_3 + K_4). \end{cases} \tag{7.10}$$

例 7.1 设步长 $h = 0.1$, 分别用欧拉公式 (7.6) 和预估-校正公式 (7.9) 求解微分方程

$$\frac{\mathrm{d}X(t)}{\mathrm{d}t} = X(t) - \frac{2t}{X(t)}, \quad X(0) = 1, \quad 0 < t \leqslant 1.$$

解 由欧拉公式 (7.6),

$$X_{i+1} = X_i + h\left(X_i - \frac{2t_i}{X_i}\right), \quad X_0 = 1,$$

由此得到表 7.1 的数值结果. 其中精确值由表达式 $X(t) = \sqrt{1 + 2t}$ 得到. 再用预估-校正公式 (7.9) 迭代求解

$$\begin{cases} \bar{X}_{i+1} = X_i + h\left(X_i - \dfrac{2t_i}{X_i}\right), \\[2mm] X_{i+1} = X_i + \dfrac{1}{2}h\left(X_i - \dfrac{2t_i}{X_i} + \bar{X}_{i+1} - \dfrac{2t_{i+1}}{\bar{X}_{i+1}}\right), \end{cases}$$

表 7.1 欧拉公式及误差

t_i	X_i	$X(t_i)$	$\varepsilon_i = |X(t_i) - X_i|$
0.0	1.0000	1.0000	0.0000
0.1	1.1000	1.0954	0.0046
0.2	1.1918	1.1832	0.0086
0.3	1.2774	1.2649	0.0125
0.4	1.3582	1.3416	0.0166
0.5	1.4351	1.4142	0.0209
0.6	1.5090	1.4832	0.0257
0.7	1.5803	1.5492	0.0311
0.8	1.6498	1.6125	0.0373
0.9	1.7178	1.6733	0.0445
1.0	1.7848	1.7321	0.0527

得到表 7.2 的数值结果, 通过比较表中的计算结果可知, 预估-校正公式明显比欧拉公式的精度高.

表 7.2　预估-校正公式及误差

t_i	X_i	$X(t_i)$	$\varepsilon_i = |X(t_i) - X_i|$
0.0	1.0000	1.0000	0.0000
0.1	1.0959	1.0954	0.0005
0.2	1.1841	1.1832	0.0009
0.3	1.2662	1.2649	0.0013
0.4	1.3434	1.3416	0.0018
0.5	1.4164	1.4142	0.0022
0.6	1.4860	1.4832	0.0028
0.7	1.5525	1.5492	0.0033
0.8	1.6165	1.6125	0.0040
0.9	1.6782	1.6733	0.0049
1.0	1.7379	1.7321	0.0058

例 7.2　利用四阶龙格-库塔公式 (7.10) 计算例 7.1 的结果.

解　经过计算可以得到表 7.3 中的结果. 与欧拉公式、预估-校正公式相比较, 四阶龙格-库塔公式的精度最高, 计算量大概是欧拉公式的 4 倍, 预估-校正公式的 2 倍.

表 7.3　四阶龙格-库塔公式计算结果及误差

t_i	X_i	$X(t_i)$	$\varepsilon_i = |X(t_i) - X_i|$
0.0	1.0000	1.0000	0.000E-5
0.1	1.0954	1.0950	0.0417E-5
0.2	1.1832	1.1832	0.0789E-5
0.3	1.2649	1.2649	0.1164E-5
0.4	1.3416	1.3416	0.1567E-5
0.5	1.4142	1.4142	0.2016E-5
0.6	1.4832	1.4832	0.2525E-5
0.7	1.5919	1.5491	0.3114E-5
0.8	1.6124	1.6124	0.4606E-5
0.9	1.6733	1.6733	0.5558E-5
1.0	1.7321	1.7320	0.6332E-5

7.2　随机微分方程解的存在性与唯一性

下面先给出随机微分方程 (7.1) 解的严格定义, 再讨论解的存在性与唯一性. 设 $X(t)$ 为 $[0, T]$ 上连续, 关于概率空间 $(\Omega, \mathscr{F}, \mathscr{P})$ 域流 $\mathscr{F}_t$, 适应的过程 $X_t(w), w \in \Omega$, 满足 $X(t_0) = X_0$, 并且对于任意的 $0 < t \leqslant T$ 几乎处处满足方程 (7.1) 的平方可积函数:

$$\mathbb{E}\left[\int_0^T X^2(t)\mathrm{d}t\right] < +\infty. \tag{7.11}$$

为书写简单起见. 这里将 $X(t)$ 与 $X_t(\omega)$ 看成等同, 简记为 $X(t)$.

定理 7.1(随机微分方程解的存在唯一性) 设 $T > 0$, 确定性函数 $\mu(t,x), \sigma(t, x)$ 为可测函数, 且满足如下条件: 存在常数 K_1, K_2, 使得

$$|\mu(t,x)| + |\sigma(t,x)| \leqslant K_1(1+|x|), \quad x \in \mathbb{R}, \ t \in [0,T], \tag{7.12}$$

$$|\mu(t,x) - \mu(t,y)| + |\sigma(t,x) - \sigma(t,y)| \leqslant K_2|x-y|, \quad x \in \mathbb{R}, \ t \in [0,T]. \tag{7.13}$$

则随机微分方程 (7.1) 存在唯一的关于 t 连续的解 $X_t(w)(w \in \Omega)$ 且 $X_t(w)$ 关于布朗运动 $W_s(s \leqslant t)$ 生成的域流 $\mathscr{F}_t$ 是适应的, 以及平方可积条件 (7.11) 成立.

证明 先证唯一性.

假设存在平方可积性的 $X(t)$ 及 $\widehat{X}(t)$ 满足随机微分方程 (7.1) 及初始条件. 为叙述方便, 不妨将几乎处处成立 (7.1) 式修改为对任意的 $t \in [0,T]$ 成立等式.

首先由方程

$$X(t) = X_0 + \int_{t_0}^t \mu(s, X(s))\mathrm{d}s + \int_{t_0}^t \sigma(s, X(s))\mathrm{d}W,$$

$$\widehat{X}(t) = X_0 + \int_{t_0}^t \mu(s, \widehat{X}(s))\mathrm{d}s + \int_{t_0}^t \sigma(s, \widehat{X}(s))\mathrm{d}W,$$

两式相减, 得

$$\mathbb{E}\left[\left|X(t) - \widehat{X}(t)\right|^2\right] = \mathbb{E}\left[\left(\int_{t_0}^t (\mu(s,X(s)) - \mu(s,\widehat{X}(s)))\mathrm{d}s \right.\right.$$
$$\left.\left. + \int_{t_0}^t (\sigma(s,X(s)) - \sigma(s,\widehat{X}(s)))\mathrm{d}W_s\right)^2\right].$$

利用柯西 (Cauchy) 不等式: $(a+b)^2 \leqslant 2(a^2 + b^2)$. 关于积分的施瓦茨 (Schwarz) 不等式:

$$\left(\int_{t_0}^t f(s)g(s)\mathrm{d}s\right)^2 \leqslant \int_{t_0}^t f^2(s)\mathrm{d}s \int_{t_0}^t g^2(s)\mathrm{d}s,$$

以及恒等式 (称为等距公式):

$$\mathbb{E}\left[\int_{t_0}^t f_s\mathrm{d}W_s\right]^2 = \mathbb{E}\left[\int_{t_0}^t f_s^2\mathrm{d}s\right],$$

便得估计

$$\mathbb{E}\left[\left|X(t) - \widehat{X}(t)\right|^2\right] \leqslant 2\mathbb{E}\left[\left(\int_{t_0}^t (\mu(s, X(s)) - \mu(s, \widehat{X}(s)))\mathrm{d}s\right)^2\right]$$

$$+ 2\mathbb{E}\left[\left(\int_{t_0}^t (\sigma(s, X(s)) - \sigma(s, \widehat{X}(s)))\mathrm{d}W_s\right)^2\right]$$

$$\leqslant 2(t - t_0)\mathbb{E}\left[\int_{t_0}^t (\mu(s, X(s)) - \mu(s, \widehat{X}(s)))^2\mathrm{d}s\right]$$

$$+ 2\mathbb{E}\left[\int_{t_0}^t (\sigma(s, X(s)) - \sigma(s, \widehat{X}(s)))^2\mathrm{d}s\right].$$

再利用条件 (7.13), 并令函数 $\varphi(t)$ 为

$$\varphi(t) = \mathbb{E}\left[\left|X(t) - \widehat{X}(t)\right|^2\right], \quad t_0 < t \leqslant T,$$

则由上面的推导可知函数 $\varphi(t)$ 满足如下不等式: 当 $t \geqslant t_0$,

$$\varphi(t) \leqslant A \int_{t_0}^t \varphi(s)\mathrm{d}s,$$

其中常数 $A = 2K_2^2(1 + t - t_0) > 0$. 由格朗沃尔 (Gronwall) 不等式知 (见本章习题 1)

$$\mathbb{E}\left[|X(t) - \widehat{X}(t)|^2\right] \equiv 0,$$

对任意 $t \in [t_0, T]$ 成立. 从而

$$P\left[|X(t) - \widehat{X}(t)|^2 = 0\right] = 1.$$

唯一性得证.

下面证随机微分方程 (7.1) 解的存在性.

先构造一列近似解 $\{X^{(n)}(t)\}_{n=0}^\infty$, 再证明序列收敛, 并收敛到随机微分方程的解即可. 近似解的选取方法如下:

$$X^{(0)}(t) = X_0, X^{(k)}(t).$$

由下列等式递归推出:

$$X^{(k+1)}(t) = X_0 + \int_{t_0}^t \mu(s, X^{(k)}(s))\mathrm{d}s + \int_{t_0}^t \sigma(s, X^{(k)}(s))\mathrm{d}W_s. \tag{7.14}$$

类似于上面证明解的唯一性. 将上式与下列等式相减,

$$X^{(k)}(t) = X_0 + \int_{t_0}^t \mu(s, X^{(k-1)}(s))\mathrm{d}s + \int_{t_0}^t \sigma(s, X^{(k-1)}(s))\mathrm{d}W_s,$$

便得

$$\mathbb{E}[|X^{(k+1)}(t) - X^{(k)}(t)|^2]$$

$$\leqslant 2(1 + t - t_0)K_2^2 \int_{t_0}^t \mathbb{E}\left[\left|X^{(k)}(s) - X^{(k-1)}(s)\right|^2\right]\mathrm{d}s$$

$$\leqslant 2(1 + T - t_0)K_2^2 \int_{t_0}^t \mathbb{E}\left[\left|X^{(k)}(s) - X^{(k-1)}(s)\right|^2\right]\mathrm{d}s, \qquad (7.15)$$

对任意 $k \geqslant 1$, $t_0 \leqslant t \leqslant T$ 成立. 特别在 (7.14) 式中令 $k = 0$, 则有

$$X^{(1)}(t) = X_0 + \int_{t_0}^t \mu(s, X^{(0)}(s))\mathrm{d}s + \int_{t_0}^t \sigma(s, X^{(0)}(s))\mathrm{d}W,$$

其中 $X^{(0)}(t) = X_0$. 从而利用线性有界性 (7.12) 得

$$\mathbb{E}[|X^{(1)}(t) - X^{(0)}(t)|^2] \leqslant 2K_1^2(t - t_0)^2(1 + X_0^2) + 2K_1^2(t - t_0)(1 + X_0^2)$$

$$\leqslant A_1(t - t_0),$$

上面常数 $A_1 = 2K_1^2(1 + X_0^2)(1 + T - t_0) > 0$. 由不等式 (7.15), 并利用归纳法可得 (见本章习题 2)

$$\mathbb{E}\left[\left|X^{(k+1)}(t) - X^{(k)}(t)\right|^2\right] \leqslant \frac{A_1 A_0^k (t - t_0)^{k+1}}{(k+1)!}, \quad k \geqslant 0, \ t \in [0, T], \qquad (7.16)$$

其中常数 $A_0 = 2(1 + T - t_0)K_2^2$. 由式 (7.16) 可见, 若在空间 $L^2(0, T; P)$ 上定义范数:

$$\|X(t)\|_{L^2(0,T;P)}^2 = \int_{t_0}^T \mathbb{E}[X^2(t)]\mathrm{d}t,$$

则可推出, 对任意的 $m > n > 0$,

$$\|X^{(m)}(t) - X^{(n)}(t)\|_{L^2(0,T;P)} = \left\|\sum_{k=n}^{m-1} (X^{(k+1)}(t) - X^{(k)}(t))\right\|_{L^2(0,T;P)}$$

$$\leqslant \sum_{k=n}^{m-1} \left\|X^{(k+1)}(t) - X^{(k)}(t)\right\|_{L^2(0,T;P)}$$

$$\leqslant \sum_{k=n}^{m-1} \left(\mathbb{E}[\int_{t_0}^T \left| X^{(k+1)}(t) - X^{(k)}(t) \right|^2 \mathrm{d}t] \right)^{1/2}$$

$$\leqslant \sum_{k=n}^{m-1} \left(\int_{t_0}^T \frac{A_1 A_2^k (t-t_0)^{k+1}}{(k+1)!} \mathrm{d}t \right)^{1/2}$$

$$\leqslant \sum_{k=n}^{m-1} \left(\frac{A_1 A_2^k T^{k+2}}{(k+2)!} \right)^{1/2} \to 0, \quad n,m \to \infty.$$

从而 $\{X^{(k)}(t)\}_{k=0}^\infty$ 为完备空间 $L^2(0,T;P)$ 上的柯西列. 故 $\{X^{(k)}(t)\}_{k=0}^\infty$ 在 $L^2(0, T;P)$ 中是收敛的. 定义如下:

$$X(t) = \lim_{k \to 0} X^{(k)}(t), \ 在空间 \ L^2(0,T;P) \ 成立.$$

由于对于任意的 $k, X^{(k)}(t)$ 为 $\mathscr{F}_t$ 可测, 因此 $X(t)$, 也是 $\mathscr{F}_t$ 可测的.

下面证明 $X(t)$ 满足方程 (7.1). 实际上对任意的 $k, t \in [t_0, T]$, 有

$$X^{(k+1)}(t) = X_0 + \int_{t_0}^t \mu(s, X^{(k)}(s))\mathrm{d}s + \int_{t_0}^t \sigma(s, X^{(k)}(s))\mathrm{d}W_s.$$

在上式中令 $k \to \infty$, 由赫尔德 (Hölder) 不等式便知

$$\int_{t_0}^t \mu(s, X^{(k)}(s))\mathrm{d}s \to \int_{t_0}^t \mu(s, X(s))\mathrm{d}s.$$

由伊藤积分的等距性可得

$$\int_{t_0}^t \sigma(s, X^{(k)}(s))\mathrm{d}W_s \to \int_{t_0}^t \sigma(s, X(s))\mathrm{d}W_s.$$

从而对于任意的 $t \in [t_0, T]$, 有

$$X(t) = X_0 + \int_{t_0}^t \mu(s, X(s))\mathrm{d}s + \int_{t_0}^t \sigma(s, X(s))\mathrm{d}W_s. \tag{7.17}$$

最后由 (7.17) 可知等式右端为 t 的连续函数, 从而 $X(t)$ 关于 t 连续 (除了零测度外).

注记 7.2 许多实际问题会出现多个未知量情形: $X(t) = (X^{(1)}(t), X^{(2)}(t), \cdots, X^{(d)}(t))^{\mathrm{T}}$. 此时相应的随机微分方程 (组) 可以写成与 (7.1) 类似的形式:

$$\mathrm{d}X(t) = \mu(t, X(t))\mathrm{d}t + \sigma(t, X(t))\mathrm{d}W_t, \quad X(0) = X_0, \tag{7.18}$$

其中 X_0 为 $\mathbb{R}^d$ 中向量, $W_t = (W_t^{(1)}, W_t^{(2)}, \cdots, W_t^{(m)})^{\mathrm{T}}$ 为 m 维随机布朗运动.

$$\mu(t, x): [t_0, T] \times \mathbb{R}^d \to \mathbb{R}^d,$$

$$\sigma(t, x): [t_0, T] \times \mathbb{R}^d \to \mathbb{R}^{d,m}.$$

如果上述确定性函数 $\mu(t, x), \sigma(t, x)$ 满足与定理 7.1 类似的条件, 则随机微分方程组的解向量 $X(t) = (X^{(1)}(t), X^{(2)}(t), \cdots, X^{(d)}(t))^{\mathrm{T}}$ 的存在唯一性结论仍然成立.

注记 7.3 随机微分方程 (7.1) 中的微分为伊藤型微分, (7.2) 式中的积分为伊藤积分. 如果将积分定义中函数 $X(t)$ 值取分割子区间 $[t_i, t_{i+1}]$ 中点 $\dfrac{t_i + t_{i+1}}{2}$ 的值, 则可得斯特拉托诺维奇 (Stratonovich) 型积分, 即

$$\int_a^b X(t)\mathrm{d}W_t = \lim_{\Delta = \max_i (t_{i+1} - t_i) \to 0} X\left(\frac{t_i + t_{i+1}}{2}\right) \Delta W_{t_i},$$

此时相应的随机微分方程为如下形式;

$$\mathrm{d}X(t) = \mu(t, X(t))\mathrm{d}t + \sigma(t, X(t)) \circ \mathrm{d}W_t,$$

称为**斯特拉托诺维奇型随机微分方程**. 上面方程中的符号 "$\circ$" 表示与伊藤型随机微分方程的区分. 可以证明以上两种类型的随机微分方程可以相互转换. 由于在金融中出现的微分方程均为伊藤型微分方程, 故不介绍斯特拉托诺维奇型随机微分方程.

7.3 随机微分方程数值方法

对于随机微分方程 (7.1), 除了一些特例, 如股票价格 $S(t)$ 服从几何布朗运动 (3.2) 有解析表达式

$$S(t) = S(0)\mathrm{e}^{\left(r - \frac{\sigma^2}{2}\right)t + \sigma W_t},$$

大部分情形下无解析表达式, 因此必须通过数值方法求其近似解. 本节将介绍几种常用的方法: 欧拉方法、Milstein 方法及其他高阶方法, 基本思路都是将求解区间 $[0, T]$ 进行分割: $0 = t_0 < t_1 < \cdots < t_n = T$, 然后从 t_0 出发, 迭代求解 $X(t_i)$ 的近似值 $X(t_i) \approx X_i$.

与常微分方程不同的是, 无论是方程 (7.1) 的精确解 $X(t_i)$ 还是近似解 X_i, 它们都是随机变量, 并且通常情况下, $X(t_i)$ 与 X_i 的分布函数不同, 即近似解 X_i 与

精确解相比是有偏的, 其误差 $X_i - X(t_i)$ 不仅依赖于从 t_0 出发直到 $t_n = T$ 的路径, 还依赖于时间步长 $h = \max\limits_{0 \leqslant i \leqslant n-1} |t_{i+1} - t_i|$. 因此若要提高计算精度. 需减小步长 h 或者增加从 t_0 到 T 的分割数 n, 为叙述方便, 假设区间 $[t_0, T]$ 割分是等分的, 此时 $h = T/n$, 后面介绍的几种不同的离散方法及收敛性结论, 对于非等距节点的割分仍然成立.

7.3.1　欧拉方法及 Milstein 方法

将 (7.1) 式两边从 t_i 到 t_{i+1} 积分, 得

$$X(t_{i+1}) - X(t_i) = \int_{t_i}^{t_{i+1}} \mu(t, X(t))\mathrm{d}t + \int_{t_i}^{t_{i+1}} \sigma(tX(t))\mathrm{d}W_t. \tag{7.19}$$

将上式的积分值 $\int_{t_i}^{t_{i+1}} \mu(t, X(t))\mathrm{d}t$ 用左端点积分公式替代:

$$\int_{t_i}^{t_{i+1}} \mu(t, X(t))\mathrm{d}t \approx \mu(t_i, X(t_i))h.$$

同样, 将伊藤型积分 $\int_{t_i}^{t_{i+1}} \sigma(t, X(t))\mathrm{d}W_t$ 用左端点公式代替:

$$\int_{t_i}^{t_{i+1}} \sigma(t, X(t))\mathrm{d}W_t \approx \sigma(t_i, X(t_i))(W_{t_{i+1}} - W_{t_i}).$$

令 $W_{t_{i+1}} - W_{t_i} = \sqrt{h}Z_i$, 其中 Z_i 为相互独立标准正态分布, 则有

$$X_{t_{i+1}} \approx X(t_i) + \mu(t_i, X(t_i))h + \sigma(t_i, X(t_i))\sqrt{h}Z_i, \quad i = 0, 1, \cdots, n-1.$$

若 $X(t)$ 在 $t = t_i$ 处的近似值用 X_i, 表示, 即 $X(t_i) \approx X_i$, 则有如下欧拉方法:

$$X_{i+1} = X_i + \mu(t_i, X_i)h + \sigma(t_i, X_i)\sqrt{h}Z_i, \quad i = 0, 1, \cdots, n-1. \tag{7.20}$$

欧拉方法的优点是迭代公式简单, 通过相互独立变量 $Z_0, Z_1, \cdots, Z_{n-1}$ 的样本值即可计算轨道 X_t 在 $t = t_i$ 处的近似值 $X(t_1), X(t_2), \cdots, X(t_n)$. 其缺点是计算精度较低, 因此需要建立其他精度更高的方法. 在常微分方程高阶方法的推导中泰勒展开是一个有效的技巧, 受此启发, 我们将随机过程的复合函数利用伊藤公式进行处理, 因为此时通常处理确定性函数的泰勒展开已不再适用.

为了便于比较不同数值方法的优劣, 需要定义近似解的误差, 通常有如下几种不同的误差定义:

$$\mathbb{E}[\|X_n - X(T)\|], \quad \mathbb{E}[\sup_{1 \leqslant i \leqslant n} \|X_i - X(t_i)\|], \quad (\mathbb{E}[\|X_n - X(T)\|^2])^{1/2},$$

分别称为 $t = T$ 处的 L^1 误差、最大 L^1 误差及 L^2 误差, 其中范数 $\|\cdot\|$ 为欧氏空间 $\mathbb{R}^d$ 中的 L^2 范数或者 L^∞ 范数.

除此之外, 还可定义关于光滑函数 f 的弱收敛意义下的误差 $|\mathbb{E}[f(X_n)] - \mathbb{E}[f(X(T))]|$. 若关于前三种误差有如下不等式成立:

$$\mathbb{E}[\|X_n - X(T)\|] \leqslant ch^\beta, \quad \beta > 0,$$

则称近似方法为 **β 阶强收敛的**, 常数 c 与步长 h 及 n 无关. 若关于最后一种误差. 满足

$$|\mathbb{E}[f(X_n)] - \mathbb{E}[f(X(T))]| \leqslant ch^\beta, \quad \beta > 0,$$

c 的含义同上, 则称近似方法为 **β 阶弱收敛的**.

强收敛性与弱收敛性是数值方法求解随机微分方程 (组) 的两种评判收敛性及方法好坏的依据. 强收敛性要求随机微分方程进行近似计算时, 近似解的轨道必须接近真实轨道. 弱收敛性则不关注随机微分方程解的轨道, 而仅仅关注解的矩的接近程度. 例如当 $f(x) = x$ 时, 则弱收敛等价于期望意义的收敛性; 当 $f(x) = x^2$, 则弱收敛表示二阶矩意义下的收敛.

例 7.3 用欧拉方法求解下列随机微分方程:

$$\mathrm{d}X(t) = \mu X(t)\mathrm{d}t + \sigma X(t)\mathrm{d}W_t, \quad X(0) = 1, \ 0 < t \leqslant 1.$$

其中参数 $\mu = -2, \sigma = 1, X_0 = 1$. 并与精确解 $X_t = \exp\left(-\dfrac{5}{2}t + W_t\right)$ 进行比较.

解 用欧拉方法 (7.20), 得到

$$\begin{aligned} X_0 &= 1, \\ X_{i+1} &= X_i - 2hX_i + \sqrt{h}X_iZ_i \\ &= (1 - 2h + \sqrt{h}Z_i)X_i. \end{aligned}$$

取定 h 值, 再取随机变量 $Z_0, Z_1, \cdots, Z_n$ 的任意一组相互独立样本, 即可得到近似解的一条轨道. 为了比较近似解的逼近程度, 同时还计算精确解在 t_i 处的值:

$$X(t_i) = \exp\left(-\frac{5}{2}t_i + \sqrt{h}(Z_0 + Z_1 + \cdots + Z_{i-1})\right),$$

计算结果如图 7.1 (取步长 $h = 1/2^8$).

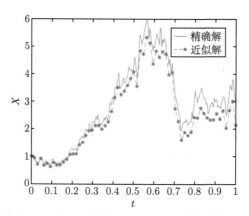

图 7.1   欧拉方法近似解与精确解的轨道比较

程序 7.1 (近似解与精确解轨迹比较)

```
randn ('state',100)
lambda = 2; mu = 1; Xzero = 1;
T = 1; N = $2^{8}$; dt = 1/N;
dW = sqrt(dt)*randn (1,N);
W = cumsum (dW);
Xtrue = Xzero*exp((lambda-0.5*$mu^{2}$)*([dt:dt:T])+mu*W);
plot([0:dt:T],[Xzero,Xtrue],'m-'), hold on
R = 4; Dt = R*dt; L = N/R;
Xem = zeros(1,L);
Xtemp = Xzero;
for j = 1:L
Winc = sum(dW(R*(j-1)+1:R*j));
Xtemp = Xtemp + Dt*lambda*Xtemp + mu*Xtemp*Winc;
Xem(j) = Xtemp;
end
plot([0:Dt:T],[Xzero,Xem],'r--*'), hold off
xlabel('t','FontSize',12)
ylabel('X','FontSize',16,'Rotation',0,'HorizontalAlignment','right')
```

为了观察模拟结果的收敛性, 分别取步长 $h = 1/2^2, \cdots , 1/2^6$. 误差结果如表 7.4, 用图像表示如图 7.2.

表 **7.4**   不同步长平均绝对误差比较

h	$1/2^2$	$1/2^3$	$1/2^4$	$1/2^5$	$1/2^6$
最大误差	0.1630	0.1185	0.1047	0.0960	0.0613

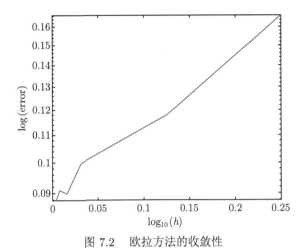

图 7.2　欧拉方法的收敛性

程序 7.2

```
1   randn ('state',100)
2   Lambda =-2;mu=1;
3   Xzero =1;
4   T=1; N=$2^11$;dt=T/N;
5   M=1000;
6   Xerr = zeros (M,1);
7   for s=1:M
8   dW = sqrt(dt)* randn (1,N);
9   W= cumsum (dW);
10  Xtrue = Xzero* exp(lambda*T+mu*W(end));
11  Xtemp = Xzero;
12  for j=1:N
13  Xtemp = Xtemp*(1+lambda*dt+mu*dW(j));
14  end
15  Xerr(s,1)=abs(Xtemp-Xtrue);
16  end
17  mean(Xerr)
```

可以看出上述例子的图 7.2 的斜率近似为 1/2, 即蒙特卡罗方法是半阶收敛的. 为提高欧拉方法的计算精度, 将欧拉方法 (7.20) 的推导过程与常微分方程的高阶方法进行比较. 其中漂移项积分的处理:

$$\int_{t_i}^{t_{i+1}} \mu(t, X(t))\mathrm{d}t \approx \mu(t_i, X(t_i))h,$$

由此产生的误差为一阶的 $O(h)$ (概率强收敛意义下). 而扩散项的积分近似为

$$\int_{t_i}^{t_{i+1}} \sigma(t, X(t))\mathrm{d}W_t \approx \sigma(t_i, X(t_i))(W_{t_{i+1}} - W_{t_i}),$$

由此产生的误差为 $W_{t_{i+1}} - W_{t_i} = O(\sqrt{h})$ (概率强收敛意义下). 所以两项综合产生的误差为半阶 $O(\sqrt{h})$, 即欧拉方法在强收敛意义下是半阶收敛的 (这里假定 $\mu(t,x)$ 及 $\sigma(t,x)$ 对变量 t, x 满足适当的光滑性条件及利普希茨条件). 由此, 为了减小欧拉方法的误差, 需要提供上述两个积分更好的逼近方法. 特别为了建立强收敛意义下的一阶收敛的算法, 需对扩散项积分 $\int_{t_i}^{t_{i+1}} \sigma(t, X(t))\mathrm{d}W_t$ 作精确的处理. 为书写方便, 下面假设函数 $\mu(t,x), \sigma(t,x)$ 为标量函数, W_t 为标量布朗运动. 需要注意的是, 由于随机项的出现, 传统处理常微分方程的高阶方法及技巧不再适用.

先假设扩散系数 $\sigma(t,x)$ 对 t 有连续一阶导数, 对 x 有两阶连续导数. 可以看出积分的近似值:

$$\int_{t_i}^{t_{i+1}} \sigma(t, X(t))\mathrm{d}W_t \approx \sigma(t_i, X(t_i))(W_{t_{i+1}} - W_{t_i})$$

$$= \int_{t_i}^{t_{i+1}} \sigma(t_i, X(t_i))\mathrm{d}W_t.$$

即被积函数 $\sigma(t, X(t))$ 在区间 $[t_i, t_{i+1}]$ 内用左端点的常值 $\sigma(t_i, X(t_i))$ 近似代替. 由此启发, 为了提高逼近精度, 需要对被积函数 $\sigma(t, X(t))$ 在区间 $[t_i, t_{i+1}]$ 内用一个更好的表达式逼近. 为此首先利用随机微分方程 (7.1), 可得 $(\mathrm{d}X(t))^2 = \sigma^2(t, X(t))\mathrm{d}t$, 其次由伊藤公式推出

$$\mathrm{d}\sigma(t, X(t)) = \sigma'_t \mathrm{d}t + \sigma'_x \mathrm{d}X(t) + \frac{1}{2}\sigma''_x(\mathrm{d}X(t))^2$$

$$= \mu_1(t, X(t))\mathrm{d}t + \sigma_1(t, X(t))\mathrm{d}W_t,$$

其中

$$\mu_1(t, X(t)) = \sigma'_t + \mu\sigma'_x + \frac{1}{2}\sigma''_x\sigma^2,$$

$$\sigma_1(t, X(t)) = \sigma \cdot \sigma'_x, \quad \sigma'_t = \frac{\partial\sigma}{\partial t}, \quad \sigma'_x = \frac{\partial\sigma}{\partial x}, \quad \sigma''_x = \frac{\partial^2\sigma}{\partial x^2}.$$

所以在区间 $[t_i, t_{i+1}]$ 内,

$$\sigma(t, X(t)) = \sigma(t_i, X(t_i)) + \int_{t_i}^{t} \mu_1(t, X(t))\mathrm{d}t + \int_{t_i}^{t} \sigma_1(t, X(t))\mathrm{d}W_t$$

$$= \sigma(t_i, X(t_i)) + \sigma_1(t_i, X(t_i))(W_t - W_{t_i}) + O(h)$$

$$= \sigma(t_i, X(t_i)) + \sigma_1(t_i, X(t_i))(W_t - W_{t_i}).$$

上式推导中, 由于 $\int_{t_i}^{t_{i+1}} \mu(t, X(t))\mathrm{d}t = O(h)$, 故忽略.

最后将上面获得的 $\sigma(t, X(t))$ 近似表达式代入伊藤积分 $\int_{t_i}^{t_{i+1}} \sigma(t, X(t))\mathrm{d}W_t$
中, 得

$$\int_{t_i}^{t_{i+1}} \sigma(t, X(t))\mathrm{d}W_t$$

$$\approx \int_{t_i}^{t_{i+1}} (\sigma(t_i, X(t_i)) + \sigma(t_i, X(t_i))\sigma'_X(t_i, X(t_i))(W_t - W_{t_i}))\mathrm{d}W_t$$

$$= \sigma(t_i, X(t_i))(W_{t_{i+1}} - W_{t_i}) + \sigma(t_i, X(t_i))\sigma'_X(t_i, X(t_i)) \int_{t_i}^{t_{i+1}} (W_t - W_{t_i})\mathrm{d}W_t$$

$$= \sigma(t_i, X(t_i))(W_{t_{i+1}} - W_{t_i}) + \sigma(t_i, X(t_i))\sigma'_X(t_i, X(t_i))$$

$$\cdot \left(\int_{t_i}^{t_{i+1}} W_t\mathrm{d}W_t - W_{t_i}(W_{t_{i+1}} - W_{t_i}) \right).$$

为计算积分 $\int_{t_i}^{t_{i+1}} W_t\mathrm{d}W_t$. 令 $Y(s) = \int_{t_i}^{s} W_t\mathrm{d}W_t$, 显然 $\mathrm{d}Y(s) = W_s\mathrm{d}W_s$, 由伊藤
公式可知

$$Y(s) = \frac{1}{2}(W^2(s) - W^2(t_i)) - \frac{1}{2}(s - t_i),$$

因此

$$Y(t_{i+1}) = \int_{t_i}^{t_{i+1}} W_t\mathrm{d}W_t = \frac{1}{2}(W^2(t_{i+1}) - W^2(t_i)) - \frac{1}{2}(t_{i+1} - t_i).$$

将上面最后一式代入上面 $\int_{t_i}^{t_{i+1}} \sigma(t, X(t))\mathrm{d}W_t$ 的近似式中, 得

$$\int_{t_i}^{t_{i+1}} \sigma(t, X(t))\mathrm{d}W_t$$

$$\approx \sigma(t_i, X(t_i))(W_{t_{i+1}} - W_{t_i}) + \sigma(t_i, X(t_i))\sigma'_X(t_i, X(t_i))[(W_{t_{i+1}} - W_{t_i})^2 - h].$$

最后将上面推导出的扩散项的积分值代入 (7.19), 得到随机微分方程 (7.1) 的 Milstein 方法

$$X_{i+1} = X_i + \mu(t_i, X_i)h + \sigma(t_i, X_i)\sqrt{h}Z_i + \frac{1}{2}\sigma(t_i, X_i)\sigma'_X(t_i, X_i)(Z_i^2 - 1)h. \quad (7.21)$$

与欧拉方法 (7.20) 相比, Milstein 方法 (7.21) 在每次选代时多了额外的项

$$\frac{1}{2}\sigma(t_i, X_i)\sigma'_X(t_i, X_i)(Z_i^2 - 1)h.$$

注意在条件 $X(t_i) = X_i$ 下, 对任意标准正态分布 Z_i, $\mathbb{E}[Z_i^2] = \mathrm{Var}[Z_i] = 1$, 因此额外项的期望值为零, 所以这个额外项在 Milstein 方法不改变其条件期望. 但对于方差有所影响, 从而在强收敛意义下提高欧拉方法的精度.

例 7.4　设随机微分方程为

$$\mathrm{d}S(t) = rS(t)\mathrm{d}t + \sigma S(t)\mathrm{d}W_t, \quad t \in (0, 1].$$

请比较欧拉方法与 Milstein 方法的收敛速度. 其中常数 $r = 0.05, \sigma = 0.5, S_0 = 1$.

解　将区间 $[0, 1]$ n 等分. $h = \dfrac{1}{n}, t_i = ih$, 股票价格在 t_i 时的价格为 $S(t_i) \approx S_i$. 则欧拉方法求解格式如下:

$$\begin{aligned} S_{i+1} &= S_i + rS_ih + \sigma S_i\sqrt{h}Z_i \\ &= (1 + rh + \sigma\sqrt{h}Z_i)S_i. \end{aligned}$$

记由 Milstein 方法 (7.21) 求出的近似解为 $S(t_i) \approx \hat{S}_i$, 则 Milstein 方法的选代公式如下:

$$\begin{aligned} \hat{S}_{i+1} &= \hat{S}_i + r\hat{S}_ih + \sigma\hat{S}_i\sqrt{h}Z_i + \frac{1}{2}\sigma\hat{S}_i(Z_i^2 - 1) \\ &= (1 + rh + \sigma\sqrt{h}Z_i + \frac{1}{2}\sigma(Z_i^2 - 1))\hat{S}_i. \end{aligned}$$

取欧拉公式和 Milstein 公式的相同初值 $S_0 = \hat{S}_0 = 1$, 分别取步长 $h = 10^{-1}, 10^{-2}, 10^{-3}$ 以及模拟次数 $N = 10^4$, 分别求出 $t = 1$ 时欧拉方法与 Milstein 方法与精确解之间的平均最大误差. 其中精确解为

$$S(t_i) = \exp\left(\left(r - \frac{\sigma^2}{2}\right)t_i + \sigma W_{t_i}\right).$$

误差定义为 $\mathrm{error} = \dfrac{1}{N}\sum_{j=1}^{N}\left|S_n^{(j)} - S(t_n)\right|$, 误差结果如表 7.5.

表 7.5　不同步长两种方法平均绝对误差比较

时间方向步长 h	10^{-1}	10^{-2}	10^{-3}
欧拉方法	0.063086	0.023240	0.007799
Milstein 方法	0.004792	0.000672	0.000008

用图像表示如图 7.3.

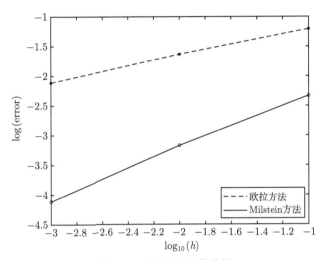

图 7.3　欧拉方法的收敛性

可以看出: ① 两种方法均随着时间方向步长的减少, 误差逐渐减少; ② 两种方法相比较, Milstein 方法随着步长的减少, 误差减少的速度更快. 从两者的误差图 7.3 中也可看出欧拉方法和 Milstein 方法误差图的斜率分别为 0.4773 和 0.9478. 考虑到取样的随机性, 与理论结果 0.5 和 1 是符合的.

程序 7.3

```
r=0.05; sigma=0.5; Szero=1; T=1;
for k=1:3
error\_euler=zeros(1,10000);
error\_milstein=zeros(1,10000);
for j=1:10000
N=10\^{}k; dt=1/N;
Z=randn(1,N);
dW=sqrt(dt)*Z;
W=cumsum(dW);
Strue=Szero*exp((r-0.5*sigma\^{}2)*(dt:dt:T)+sigma*W);
Seuler=zeros(1,N);
Stemp=Szero;
```

```
13    for i=1:N
14    Stemp=Stemp*(1+r*dt+sigma*dW(i));
15    Seuler(i)=Stemp;
16    end
17    Smilstein=zeros(1,N);
18    Stemp=Szero;
19    for i=1:N
20    Stemp=Stemp*(1+r*dt+sigma*dW(i)+0.5*(sigma\^{}2)*(dW(i)\^{}2-dt));
21    Smilstein(i)=Stemp;
22    end
23    error\_euler(j)=max(abs(Seuler-Strue));
24    error\_milstein(j)=max(abs(Smilstein-Strue));
25    end
26    ErrorEuler=(1/10000)*sum(error\_euler);
27    ErrorMilstein=(1/10000)*sum( error\_milstein);
28    end
```

7.3.2 二阶离散方法*

为了进一步提高精度, 本节将沿着上节的思路, 对需要离散化的积分项 $\int_{t_i}^{t_{i+1}} \mu(t, X(t))\mathrm{d}t$, $\int_{t_i}^{t_{i+1}} \sigma(t, X(t))\mathrm{d}W_t$ 作更精细的近似处理. 回忆在推导欧拉方法的过程中, 直接将被积函数 $\mu(t, X(t))$ 和 $\sigma(t, X(t))(t_i \leqslant t \leqslant t_{i+1})$ 用常值

$$\mu(t, X(t)) \approx \mu(t_i, X(t_i)),$$

$$\sigma(t, X(t)) \approx \sigma(t_i, X(t_i))$$

近似代替. 尽管在欧拉方法的改进——Milstein 方法中, 将 $\sigma(t, X(t))$ 近似地用一个关于布朗运动的增量 $W(t) - W(t_i)$ 的线性形式替代. 如果要进一步提高计算精度, 还需要对 $\mu(t, X(t))$ 和 $\sigma(t, X(t))$ 作更精细的展开逼近. 为了方便起见, 对任意光滑函数 $f(t, x)$, 引进微分算子:

$$L_0 f(t, x) = \frac{\partial f}{\partial t} + \frac{1}{2}\sigma^2 \frac{\partial^2 f}{\partial x^2} + \mu \frac{\partial f}{\partial x},$$

$$L_1 f(t, x) = \sigma \frac{\partial f}{\partial x}.$$

首先, 与推导欧拉方法类似, 对随机微分方程 (7.1) 两边从 t_i 到 t_{i+1} 积分, 得

$$X(t_{i+1}) = X(t_i) + \int_{t_i}^{t_{i+1}} \mu(t, X(t))\mathrm{d}t + \int_{t_i}^{t_{i+1}} \sigma(t, X(t))\mathrm{d}W_t. \tag{7.22}$$

其次, 为获得 $\mu(t, X(t))$ 在 $[t_i, t_{i+1}]$ 内的一个近似逼近, 利用 (7.24), 可得

$$\mu(t, X(t)) = \mu(t_i, X(t_i)) + \int_{t_i}^t L_0 u(s, X(s))\mathrm{d}s + \int_{t_i}^t L_1 \mu(s, X(s))\mathrm{d}W_s$$

$$\approx \mu(t_i, X(t_i)) + L_0 u(t_i, X(t_i)) \int_{t_i}^t \mathrm{d}s + L_1 \mu(t_i, X(t_i)) \int_{t_i}^t \mathrm{d}W_s$$

$$= \mu(t_i, X(t_i)) + L_0 \mu(t_i, X(t_i))(t - t_i) + L_1 \mu(t_i, X(t_i))(W_t - W_{t_i}),$$

即 $\mu(t, X(t))$ 局部可用关于 t 和 W_t 的线性函数近似代替, 从而 (7.22) 式中第一个积分项:

$$\int_{t_i}^{t_{i+1}} \mu(t, X(t))\mathrm{d}t$$

$$\approx \mu(t_i, X(t_i))h + L_0 u(t_i, X(t_i)) \int_{t_i}^{t_{i+1}} \int_{t_i}^t \mathrm{d}s\mathrm{d}t + L_1 \mu(t_i, X(t_i)) \int_{t_i}^{t_{i+1}} \int_{t_i}^t \mathrm{d}W_s\mathrm{d}t$$

$$\equiv \mu(t_i, X(t_i))h + L_0 \mu(t_i, X(t_i))I_1 + L_1 \mu(t_i, X(t_i))I_2,$$

其中

$$I_1 = \int_{t_i}^{t_{i+1}} \int_{t_i}^t \mathrm{d}s\mathrm{d}t = \frac{1}{2}h^2,$$

$$I_2 = \int_{t_i}^{t_{i+1}} \int_{t_i}^t \mathrm{d}W_s\mathrm{d}t = \int_{t_i}^{t_{i+1}} (W_t - W_{t_i})\mathrm{d}t.$$

上面关于 I_2 的最后一个积分稍后处理, 下面先处理函数 $\sigma(t, X(t))$ 的近似逼近. 与上面处理 $\mu(t, X(t))$ 的过程类似, 有

$$\sigma(t, X(t)) = \sigma(t_i, X(t_i)) \int_{t_i}^t L_0 \sigma(s, X(s))\mathrm{d}s + \int_{t_i}^t L_1 \sigma(s, X(s))\mathrm{d}W_S$$

$$\approx \sigma(t_i, X(t_i)) + L_0 \sigma(t_i, X(t_i)) \int_{t_i}^t \mathrm{d}s + L_1 \sigma(t_i, X(t_i)) \int_{t_i}^t \mathrm{d}W_S.$$

这样便有

$$\int_{t_i}^{t_{i+1}} \sigma(t, X(t))\mathrm{d}W_t \approx \sigma(t_i, X(t_i))(W_{t_{i+1}} - W_{t_i}) + L_0 \sigma(t_i, X(t_i)) \int_{t_i}^{t_{i+1}} \int_{t_i}^t \mathrm{d}s\mathrm{d}W_t$$

$$+ L_1 \sigma(t_i, X(t_i)) \int_{t_i}^{t_{i+1}} \int_{t_i}^t \mathrm{d}W_s\mathrm{d}W_t$$

$$\equiv \sigma(t_i, X(t_i))(W_{t_{i+1}} - W_{t_i}) + L_0\sigma(t_i, X(t_i))I_3$$
$$+ L_1\sigma(t_i, X(t_i))I_4,$$

其中

$$I_3 = \int_{t_i}^{t_{i+1}} \int_{t_i}^{t} \mathrm{d}s\mathrm{d}W_t, \quad I_4 = \int_{t_i}^{t_{i+1}} \int_{t_i}^{t} \mathrm{d}W_s\mathrm{d}W_t.$$

利用分部积分公式, 得

$$I_3 = \int_{t_i}^{t_{i+1}} (t - t_i)\mathrm{d}W_t = hW_{t_{i+1}} - \int_{t_i}^{t_{i+1}} W_t\mathrm{d}t$$
$$= h(W_{t_{i+1}} - W_{t_i}) - \int_{t_i}^{t_{i+1}} (W_t - W_{t_i})\mathrm{d}t$$
$$= h(W_{t_{i+1}} - W_{t_i}) - I_2,$$
$$I_4 = \int_{t_i}^{t_{i+1}} \int_{t_i}^{t} \mathrm{d}W_s\mathrm{d}W_t = \int_{t_i}^{t_{i+1}} (W_t - W_{t_i})\mathrm{d}W_t$$
$$= \frac{1}{2}[(W_{t_{i+1}} - W_{t_i})^2 - h].$$

上面最后一个积分的计算利用了等式 $\mathrm{d}\left(\frac{1}{2}W_t^2 - \frac{1}{2}t\right) = W_t\mathrm{d}W_t$.

最后一个遗留问题是求积分 I_2 的值. 注意到随机微分方程 (7.1) 解的定义中假定 $X(t)$ 是 $\mathscr{F}_t$ 适应的, 因此为获得 $X(t)$ 在区间 $[t_i, t_{i+1}]$ 内的值, 需要给出布朗运动 $W_t(t_i \leqslant t \leqslant t_{i+1})$ 的信息. 而在实际模拟时, 仅仅给出 t_i 及 t_{i+1} 处布朗运动的 W_t 的信息. 为了求出 I_2 的值, 在已知 W_{t_i} 的条件下, 需补充部分信息, 从而重构出 I_2 的值.

显然 I_2 为一个取值为随机量的 Riemann 积分, 由于被积函数为正态分布, 因此 I_2 仍然为一个均值为零的正态分布. 注意到 I_2 的值与 W_t 在 $t = t_i$ 及 $W_{t_{i+1}}$ 的关系, 设 I_2 与正态分布 $\Delta W_i = W_{t_{i+1}} - W_{t_i}$ 的协方差矩阵为 A. 注意到给定 W_{t_i} 的条件下,

$$\mathbb{E}[I_2\Delta W_{t_i}] = \mathbb{E}\int_{t_i}^{t_{i+1}} (W_t - W_{t_i})(W_{t_{i+1}} - W_{t_i})\mathrm{d}t$$
$$= \int_{t_i}^{t_{i+1}} \mathbb{E}[W_tW_{t_{i+1}} - W_tW_{t_i} - W_{t_i}W_{t_{i+1}} + W_{t_i}^2]\mathrm{d}t,$$

由于 $\mathbb{E}[W(t)W(s)] = \min\{t,s\}$, $\mathbb{E}[W^2(t)] = t$, 所以有

$$\mathbb{E}[I_2 \Delta W_{t_i}] = \int_{t_i}^{t_{i+1}} (t - t_i)\mathrm{d}t = \frac{1}{2}h^3.$$

用类似的方法可推出 I_2 的条件方差为 $\frac{1}{3}h^3$. 从而得到 I_2 与 ΔW_{t_i} 的协方差矩阵

$$A = \begin{pmatrix} h & \dfrac{1}{2}h^2 \\ \dfrac{1}{2}h^2 & \dfrac{1}{3}h^2 \end{pmatrix},$$

即 I_2 与 ΔW_i 服从联合正态分布 $\mathcal{N}(\theta, A)$. 换言之, 若记 ΔW_i 为随机变量 X, I_2 为随机变量 Y, Y 的样本可由下式得到:

$$Y = \frac{\sqrt{6}}{4}hX + \frac{\sqrt{2}}{4}h\eta,$$

其中 η 为与随机变量 X 相互独立的标准正态分布.

将以上的推导结果代入 (7.22), 便得随机微分方程的二阶离散格式:

$$X_{i+1} = X_i + \mu_i h + \sigma_i \Delta W_i + (\mu_i \sigma_i' + \frac{1}{2}\sigma_i^2 \sigma_i'')\left(h\Delta W_i - I_2\right)$$
$$+ \mu_i' h I_2 + \frac{1}{2}\sigma_i \sigma_i'(\Delta W_i^2 - h) + \frac{1}{2}\left(\mu_i \mu_i' + \frac{1}{2}\sigma_i^2 \cdot \mu_i''\right)h^2, \qquad (7.23)$$

其中 $\mu_i = \mu(t_i, X_i)$, $\sigma_i = \sigma(t_i, X_i)$, μ_i', σ_i', μ_i'', σ_i'' 分别表示对第二个变量 x 的一阶导数值和二阶导数值. 以上的二阶方法的推导过程中需要用到随机微分方程 (7.1) 系数 $\mu(t, x), \sigma(t, x)$ 关于 t 一阶连续可导, 对 x 二阶连续可导. 实际计算时可用差商近似代替导数值, 以避免函数 μ 和 σ 不可导情形, 这样的处理不会损失收敛阶, 这类逼近方法称为龙格-库塔 (Runge-Kutta) 方法, 这里就不再详细阐述了. 上面的二阶方法也可推广至随机微分方程组的情形.

注记 7.4 上面分别建立了求解随机微分方程 (7.1) 的几种离散格式: 欧拉方法、Milstein 方法以及二阶方法. 它们在强收敛意义下分别是半阶、一阶和二阶收敛的. 而在弱收敛意义下, 它们分别是一阶、一阶和二阶收敛的. 因此这三种方法取步长越小, 则概率意义下的误差越小, 但是计算量也随之增加. 近年来, 受偏微分方程多重网格方法的影响, 在求解随机微分方程的过程中可以充分利用不同步长之间的结果, 可以得到精度更高的算法, 称为**多水平蒙特卡罗方法** (multi-level Monte Carlo method). 限于篇幅, 这里就不再介绍了.

7.4　随机微分方程与偏微分方程之间的关系*

为了叙述随机微分方程与偏微分方程之间关系, 先给出关于随机过程复合函数的伊藤微分公式, 相应的证明可以参阅有关随机分析书籍. 设 $X(t)$ 为随机微分方程 (7.18) 之解, 确定性函数

$$f(t,x):[t_0,T]\times\mathbb{R}^d\to\mathbb{R}$$

为给定的函数, 且关于 t 连读可导, 关于 x 二阶连续可导.

定理 7.2　设 $X(t),f(t,x)$ 满足上面假设, 则 $Y(t)=f(t,X(t))$ 的伊藤型微分为

$$\mathrm{d}Y(t)=\left(\frac{\partial f}{\partial t}+Lf\right)\mathrm{d}t+\sum_{i=1}^{d}\frac{\partial f}{\partial x_i}\sigma_i.\mathrm{d}W_t,\tag{7.24}$$

其中算子 L 称为过程 $X(t)$ 的生成元, 算子 L

$$Lf=\frac{1}{2}\sum_{i,j=1}^{d}a_{ij}\frac{\partial^2 f}{\partial x_i x_j}+\sum_{i=1}^{d}\mu_i\frac{\partial f}{\partial x_i},$$

$$A=(a_{ij})_{d\times d},\quad a_{ij}=\sum_{k=1}^{m}\sigma_{ik}\sigma_{kj},\quad i,j=1,2,\cdots,d.\tag{7.25}$$

若用 $\sigma_i.$ 表示行向量 $\sigma_i.=(\sigma_{i1},\sigma_{i2},\cdots,\sigma_{im})$, 则上述定理也可写成等价的积分形式:

$$Y(t)=f(t,x(t))=f(t_0,x(t_0))+\int_{t_0}^{t}\left(\frac{\partial f}{\partial s}(s,x(s))+Lf(s,x(s))\right)\mathrm{d}s$$

$$+\int_{t_0}^{t}\sum_{i=1}^{d}\frac{\partial f}{\partial x_i}(s,x(s))\sigma_i.\mathrm{d}W_s.\tag{7.26}$$

定理 7.2 可看成确定性复合函数的微分在随机过程中的推广, 最关键的区别在对 $f(t,x)$ 的微分中用到了对变量 x 的二阶导数. 证明过程可以利用随机分析中复合函数求导规则. 特别地, 若函数 f 不显含变量 t, 则 (7.24) 简化为

$$\mathrm{d}Y(t)=\left(\frac{1}{2}\sum_{i,j=1}^{d}a_{ij}\frac{\partial^2 f}{\partial x_i x_j}+\sum_{i=1}^{d}\mu_i\frac{\partial f}{\partial x_i}\right)\mathrm{d}t+\sum_{i=1}^{d}\frac{\partial f}{\partial x_i}\sigma_i.\mathrm{d}W_t.\tag{7.27}$$

若随机过程 $X(t)$, 函数 μ 及 σ 均为标量, 则

$$dY(t) = \left(\frac{1}{2}\sigma^2 f''(X(t)) + \mu f'(X(t))\right)dt + \sigma f'(X(t))dW_t, \qquad (7.28)$$

上式中 $f'(x) = \dfrac{\partial f}{\partial x}$, $f''(x) = \dfrac{\partial^2 f}{\partial x^2}$.

下面推导两个过程 $X(t), Y(t)$ 乘积的微分公式, 其中 $X(t)$ 和 $Y(t)$ 满足随机微分方程 (组):

$$d\begin{pmatrix} X(t) \\ Y(t) \end{pmatrix} = \begin{pmatrix} \mu_X(t) \\ \mu_Y(t) \end{pmatrix}dt + \begin{pmatrix} \sigma_X^{\mathrm{T}}(t) \\ \sigma_Y^{\mathrm{T}}(t) \end{pmatrix}dW_t,$$

其中 $\mu_X(t)$ 和 $\mu_Y(t)$ 为标量函数, $\sigma_X(t), \sigma_Y(t) \in \mathbb{R}^k$ $(k \geqslant 1)$, 上标 "T" 表示向量的转置, W_t 为 k 维布朗运动. 显然, 若忽略高阶无穷小量 $(dt)^2$ 及 $dtdW_t$, 则有

$$dX(t)Y(t) = X(t)dY(t) + Y(t)dX(t) + dX(t)dY(t)$$

$$= X(t)dY(t) + Y(t)dX(t) + \sigma_X^{\mathrm{T}}(t)\sigma_Y(t)dt$$

$$= (X(t)\mu_Y(t) + Y(t)\mu_X(t) + \sigma_X^{\mathrm{T}}(t)\sigma_Y(t))dt$$

$$+ (X(t)\sigma_Y(t) + Y(t)\sigma_X^{\mathrm{T}}(t))dW_t.$$

上式可看成乘积求导公式在随机分析中的推广. 类似地, 对上面第一式积分, 即得 "分部积分公式":

$$\int_{t_0}^{t} X(t)dY(t) = X(t)Y(t) - X(t_0)Y(t_0) - \int_{t_0}^{t} Y(t)dX(t) - \int_{t_0}^{t} dX(s)dY(s).$$

与确定性函数的分部积分公式相比, 上式多了一项 $\displaystyle\int_{t_0}^{t} dX(s)dY(s)$.

下面给出随机过程函数的期望与偏微分方程终值问题之解的关系.

定理7.3(Feynman-Kac 公式) 设 $X(t)$ 为微分方程 (7.18) 满足初始条件 $X(t) = x$ 之解, $X(T)$ 表示在 T 处的值. 记

$$\mathbb{E}^{t,x}[g(X(T))] = \mathbb{E}[g(X(T)) \mid X(t) = x],$$

其中期望表达式 $\mathbb{E}^{t,x}$ 上标 t, x 表示随机过程满足条件 $X(t) = x$. 假设函数 $g(x)$ 可测, 且满足条件

$$\mathbb{E}[|g(X(T))| \mid X(t) = x] < +\infty.$$

定义 $u(t,x)$ 为

$$u(t,x) = \mathbb{E}^{t,x}[g(X(T)).\tag{7.29}$$

(1) 若 $u(t,x) \in C^{1,2}([0,T] \times \mathbb{R}^d)$, 则 $u(t,x)$ 为下列偏微分方程终值问题的解:

$$\begin{cases} \dfrac{\partial u}{\partial t} + Lu = 0, & 0 < t < T,\ x \in \mathbb{R}^d, \\ u(T,x) = g(x), & x \in \mathbb{R}^d. \end{cases}\tag{7.30}$$

(2) 如果函数 $u(t,x)$ 满足式 (7.30) 中的方程及终值条件, 则 $u(t,x)$ 可表示为 (7.29) 的形式.

证明 先证 (1). 在 (7.24) 式中 t_0 用 t 代替, t 用 T 代替, $f(s,x) = u(s,x)$, 其中过程 $X(s)$ 满足随机微分方程 (7.18) 及初始条件 $X(t) = x$, 则有

$$u(T,X(T)) = u(t,X(t)) + \int_t^T \left(\frac{\partial u}{\partial s} + Lu\right)\mathrm{d}s + \int_t^T \sum_{i=1}^d \frac{\partial u}{\partial x_i}\sigma_i.\mathrm{d}W_s,$$

由于上式右端最后一项为零鞅, 在等式两边取期望 $\mathbb{E}^{t,x}$, 并利用条件 $X(t) = x$, 便得

$$\mathbb{E}^{t,x}[u(T,X(T))] = u(t,x) + \mathbb{E}^{t,x}\left[\int_t^T \left(\frac{\partial u}{\partial s} + Lu\right)\mathrm{d}s\right].$$

由 $u(t,x)$ 的假设, 可推出对任意的 t,x,

$$\mathbb{E}^{t,x}\left[\int_t^T \left(\frac{\partial u}{\partial s} + Lu\right)\mathrm{d}s\right] = 0.$$

从而得到 $\dfrac{\partial u}{\partial s} + Lu = 0$ 对任意 t,x 成立. 终值条件 $u(T,x) = g(x)$ 可从 $u(t,x)$ 的定义容易推出.

(2) 的证明和 (1) 类似, 故略. □

(7.29) 式建立了随机微分方程的解 $X(t)$ 与偏微分方程之解的关系. 值得注意的是, 我们在上述定理的证明过程中假设函数 $u(t,x)$ 对 t 的一阶可导性、对 x 的二阶连续可导性.

例 7.5 设股票价格 $S(t)$ 在风险中性条件下满足随机微分方程 (3.2), 利用 Δ-对冲原理可知看涨期权 $V(t,x)$ 满足著名的 Black-Scholes 方程:

$$\frac{\partial V}{\partial t} + \frac{1}{2}\sigma^2 S^2 \frac{\partial^2 V}{\partial S^2} + rS\frac{\partial V}{\partial S} - rV = 0, \quad S > 0,\ 0 \leqslant t < T$$

及终值条件 $V(T,S(T)) = (S(T) - K)^+$, 其中 $S(T)$ 表示股票在 $t = T$ 时价格. 试推导相应的 Feynman-Kac 公式.

解 令 $u(t,S) = \mathrm{e}^{r(T-t)}V(t,S)$, 利用上述 $V(t,S)$ 满足的 Black-Scholes 方程可得方程

$$\frac{\partial u}{\partial t} + \frac{1}{2}\sigma^2 S^2 \frac{\partial^2 u}{\partial S^2} + rS\frac{\partial u}{\partial S} = 0, \quad S > 0,\ 0 \leqslant t < T$$

及终值条件 $u(T,S) = (S-K)^+$. 从而由定理 7.3 可知 $u(t,S)$ 满足如下条件期望公式:

$$u(t,S) = \mathbb{E}[(S(T)-K)^+ | S(t) = S].$$

即

$$V(t,S) = \mathrm{e}^{-r(T-t)}\mathbb{E}[(S(T)-K)^+ | S(t) = S].$$

此公式也是期权价格 $V(t,S)$ 在风险中性下的一个推论, 可用于蒙特卡罗模拟期权价格.

上面 Feynman-Kac 公式 (定理 7.3) 中偏微分方程 $\dfrac{\partial u}{\partial t} + Lu = 0$ 中关于未知函数 $u(t,x)$ 的系数为零, 实际上对于常数项非零的情形也有相应的结论. 为避免繁琐的推导. 这里直接给出结论.

一般的非散度型偏微分方程终值问题:

$$\begin{cases} \dfrac{\partial u}{\partial t} + Lu + q(t,x)u = 0, & x \in \mathbb{R}^d,\ 0 \leqslant t < T, \\ u(T,x) = g(x), & x \in \mathbb{R}^d \end{cases} \tag{7.31}$$

与条件期望 $\mathbb{E}^{t,x}$ 有如下关系.

定理 7.4 (一般的 Feynman-Kac 公式) 设函数 $q(t,x) \in C([0,T] \times \mathbb{R}^d)$, $g(x) \in C(\mathbb{R}^d)$, 并假设 q 有界.

(1) 若 $u(t,x)$ 定义为

$$u(t,x) = \mathbb{E}^{t,x}\left[\exp\left(-\int_t^T q(s,X(s))\mathrm{d}s\right)g(X(T))\right], \tag{7.32}$$

则 $u(t,x)$ 满足偏微分方程终值问题 (7.31).

(2) 如果 $u(t,x) \in C^{1,2}([0,T] \times \mathbb{R}^d)$ 为问题 (7.31) 之解, 则条件期望公式 (7.32) 成立.

下面再进一步讨论 $D \subset \mathbb{R}^d$ 为有界光滑区域情形, 将给出偏微分方程终值-边

值问题

$$\begin{cases} \dfrac{\partial u}{\partial t} + Lu = 0, & x \in D,\ 0 \leqslant t < T, \\ u(t,x) = h(t,x), & x \in \partial D, \\ u(T,x) = g(x), & x \in D \end{cases} \tag{7.33}$$

的解与条件期望之间的关系, 其中 $x = (x_1,\ x_2, \cdots, x_d)^{\mathrm{T}}$, $h(t,x)$, $g(x)$ 分别称为偏微分方程的边值条件和终值条件. ∂D 表示区域 D 的边界. 算子 L 定义如 (7.25) 式, 随机过程 X_t 为 d 维的向量. 假定随机过程初始状态 $X(t) = x \in D$. 定义

$$\tau_D = \inf\{\tau > t, X(\tau) \notin D \mid X(t) = x\}$$

为随机过程 $X(t)$ 首次到达边界的时间.

定理 7.5　设函数 $h(t,x)$, $g(x)$ 连续且有界, 则问题 (7.33) 的解可以表示为

$$u(t,x) = \mathbb{E}^{t,x}[h(\tau_D, X(\tau_D))1_{\tau_D < T} + g(X(T))1_{\tau_D \geqslant T}],$$

上式 $1_{\{\cdot\}}$ 为示性函数, 即当 $\{\cdot\}$ 为真, $1_{\{\cdot\}} = 1$; 当 $\{\cdot\}$ 为假时, $1_{\{\cdot\}} = 0$.

证明　由前面说明, 为了简化证明过程. 我们假设 $u(t,x) \in C^{1,2}([0,T] \times \mathbb{R}^d)$. 与定理 7.3 的证明类似. 在公式 (7.26) 中 f 用 $u(t,x)$ 代替, t 用 $T \wedge \tau_D$ 代替, t_0 用 t 代替, 其中

$$T \wedge \tau_D = \min\{T, \tau_D\},$$

则有

$$u(T \wedge \tau_D, X(t \wedge \tau_D)) = u(t, X(t)) + \int_t^{T \wedge \tau_D} \left(\frac{\partial u}{\partial s} + Lu\right)\mathrm{d}s + \int_t^{T \wedge \tau_D} \sum_{i=1}^d \frac{\partial u}{\partial x_i} \sigma_i.\mathrm{d}W_s$$

$$= u(t,x) + \int_t^{T \wedge \tau_D} \sum_{i=1}^d \frac{\partial u}{\partial x_i} \sigma_i.\mathrm{d}W_s.$$

上面推导第一步用到了条件: $u(t,x)$ 满足偏微分方程终值-边值问题 (7.33). 在上式两边取条件期望 $\mathbb{E}^{t,x}$, 利用零鞅特性, 可知

$$u(t,x) = \mathbb{E}^{t,x}[u(T \wedge \tau_D), X(T \wedge \tau_D)]$$

$$= \mathbb{E}^{t,x}[h(\tau_D, X(\tau_D))1_{\tau_D < T} + g(X(T))1_{\tau_D \geqslant T}]. \qquad \square$$

定理 7.5 提供了一种蒙特卡罗模拟方法求解高维偏微分方程终值-边值问题的思路. 具体方法如下: 对于任意 (t,x), 由此出发, 求解随机微分方程 (7.18), 直

到首次到达时间 τ_D. 如果 $\tau_D < T$, 则取值 $h(\tau_D, X(\tau_D))$. 如果直到 T, 轨道 $X(t)$ 还是属于区域 D, 即 $\tau_D \geqslant T$, 则取值 $g(X_T)$. 由于轨道依赖于布朗运动的信息, 因此 $\tau_D < T$ 或者 $\tau_D \geqslant T$ 是随机的. 不妨设 τ_D^j 为第 j 条轨道的首次到达时间, $X^{(j)}(\tau_D)$ 为第 j 条轨道的对应过程的值, 则 $u(t, x)$ 可近似表示为

$$u(t,x) \approx \frac{1}{N} \sum_{j=1}^{N} \left[h(\tau_D^j, X^{(j)}(\tau_D^{(j)})) 1_{\tau_D^{(j)} < T} + g(X^{(j)}(T)) 1_{\tau_D^{(j)} \geqslant T} \right]. \tag{7.34}$$

N 表示轨道数目, 由概率论中的大数定理, 当 $N \to \infty$ 时, 上述右端近似值的极限即为 $u(t, x)$.

以上基于 Feynman-Kac 公式的蒙特卡罗模拟方法的最大好处是可以处理高维问题 (高维衍生品定价问题), 其次该方法不需要构建区域网格或高质量的边界网格, 因此在处理复杂几何形状的问题时具有很大的优势, 可以大大减少计算的复杂性和存储空间的需求. 特别是将蒙特卡罗方法与基于条件期望加速技术的 WOS (walk on spheres) 方法的结合, 可以大大加快模拟的速度和精度. 限于篇幅, 近年来发展迅速的基于随机游走的蒙特卡罗方法应用于高维 α-拉普拉斯方程的求解以及时间分数阶偏微分方程的求解就不做过多介绍了, 有兴趣的读者可以查阅有关的论文 (如文献 [20] 等).

习　题　7

1. 设常数 $A \geqslant 0$, 可积函数 $\varphi(t)$ 满足以下不等式:

$$\varphi(t) \leqslant \varphi(t_0) + A \int_{t_0}^{t} \varphi(s) \mathrm{d}s, \quad t \geqslant t_0,$$

证明如下结论: $\varphi(t) \leqslant \varphi(t_0) \mathrm{e}^{A(t-t_0)}, \quad t \geqslant t_0$.

2. 设常数 $A_0, A_1 \geqslant 0$, 可积函数 $\varphi^{(k)}(t)$ 满足以下递归条件:

$$\varphi^{(k+1)}(t) \leqslant A_0 \int_{t_0}^{t} \varphi^{(k)}(s) \mathrm{d}s, \quad k = 0, 1, \cdots,$$

以及初始条件:

$$\varphi^{(0)}(t) \leqslant A_1(t - t_0), \quad t \geqslant t_0.$$

则对任意的 $k = 0, 1, \cdots$, 有

$$\varphi^{(k)}(t) \leqslant A_1 \frac{A_0^k (t - t_0)^k}{(k+1)!}, \quad t \geqslant t_0.$$

3. 设函数 $f(t,x)$ 关于变量 t,x 分别一阶和二阶连续可导. 随机过程 $X(t)$ 满足随机微分方程 (7.18). 证明 $Y(t) = f(t, X(t))$ 的伊藤微分为

$$dY(t) = \left(\frac{\partial f}{\partial t} + Lf\right)dt + \sum_{i=1}^{d} \frac{\partial f}{\partial x_i}\sigma_{i\cdot}dW_t,$$

其中 $X_t = (X_1(t), X_2(t), \cdots, X_d(t))^{\mathrm{T}}, \mu(t,x) = (\mu_1(t,x), \cdots, \mu_d(t,x))^{\mathrm{T}}, \sigma(t,x) = (\sigma_{ij})_{d\times m}, W_t = (W_t^{(1)}, W_t^{(2)}, \cdots, W_t^{(m)})^{\mathrm{T}}$, 则有

$$Lf = \frac{1}{2}\sum_{i,j=1}^{d} a_{ij}\frac{\partial^2 f}{\partial x_i \partial x_j} + \sum_{i=1}^{d}\mu_i\frac{\partial f}{\partial x_i},$$

$$a_{ij} = \sum_{k=1}^{m}\sigma_{ik}\sigma_{jk}, \quad i,j = 1, 2, \cdots, d,$$

$\sigma_{i\cdot}$ 表示行向量: $\sigma_{i\cdot} = (\sigma_{i1}, \sigma_{i2}, \cdots, \sigma_{im})$.

4. 设股票价格 $S(u)$ 满足几何布朗运动

$$dS(u) = rS(u)du + \sigma S(u)dW_u, \ u > t.$$

(1) 证明在 $S(t) = S$ 条件下, $S(T) = Se^{\left(r - \frac{\sigma^2}{2}\right)(T-t) + \sigma W_T - W_t}$;

(2) 利用 (1) 的结论及期权的风险中性定价公式:

$$V(t, S) = e^{-r(T-t)}\mathbb{E}[(S_T - K)^+ \mid S_t = S],$$

推导期权价格 $V(t, S)$ 的精确表达式.

5. 设 $S(0) = S_0, S(T) = S_0 e^{\left(r - \frac{\sigma^2}{2}\right)T + \sigma W_T}$. 将风险中性公式的期望近似为样本平均:

$$V(0, S_0) \approx e^{-rT}\frac{1}{N}\sum_{j=1}^{N}\left(S_T^{(j)} - K\right)^+.$$

(1) 分别编程计算 $N = 10^3$, 10^4, 10^5 次模拟次数时的近似值, 并与上题求得的精确解进行比较, 分析误差与模拟次数 N 的关系;

(2) 将股票价格满足的随机微分方程用欧拉公式 (7.20)进行高散近似, 并分别取步长 $h = 10^{-1}$, 10^{-2}, 10^{-3}, 获得股价 $S(T)$ 的近似值, 再代入期权价格期望的样本近似表达式获得期权近似值. 比较不同步长 h, 不同模拟次数 $N = 10^3$, 10^4, 10^5 时的误差规律.

以上 (1), (2) 小题取参数 $r = 0.05$, $\sigma = 0.2$, $S_0 = 1$, $T = 1$, $K = 1$.

6. 设随机微分方程

$$dX(t) = \mu X(t)dt + \sigma X(t)dW_t, \quad 0 < t \leqslant T,$$

满足初始条件: $X(0) = X_0$. 取参数 $\mu = 1$, $X_0 = 1$, $T = 1$, 波动率 $\sigma = 0.2,\ 0.4,\ 0.6,\ 0.8$. 若取步长 $h = 10^{-4}$, 用欧拉方法模拟次数为 $N = 10^3$, 计算 $X(T)$ 的值. 并观察 $X(T)$ 的期望与方差的大小与参数 σ 有何规律.

7. 在上题中取参数 $\mu = 1, \sigma = 1$, $X_0 = 1$, $T = 1$, 分别用欧拉方法、Milstein 方法求解随机微分方程 $X(1)$ 的值. 步长分别取 $h = 0.1, 0.01$, 模拟路径为 $N = 10000$ 次, 并与精确解

$$X(t) = X_0 e^{\left(\mu - \frac{\sigma^2}{2}\right)t + \sigma W_t}$$

比较误差 error $= |X_n - X(T)|$.

8. 在上题中若误差定义为

$$\text{error} = |\mathbb{E}[X_n] - \mathbb{E}[X(T)]|,$$

则第 7 题的数值结果规律如何?

9. 对随机微分方程 (7.1) 有如下的半隐式欧拉方法 $(0 \leqslant \theta \leqslant 1)$:

$$X_{i+1} = X_i + (1 - \theta)h\mu(t_i, X_i) + \theta h\mu(t_{i+1}, X_{i+1}) + \sigma(t_i, X_i)\Delta W_i.$$

$\theta = 0$ 时计算格式即为欧拉公式, $\theta = 1$ 时称为隐式欧拉方法, 一般情况下, 漂移项为隐格式, 波动项为显格式, 因此称为半隐式欧拉格式, 其中

$$\Delta W_i = W_{t_{i+1}} - W_{t_i} = \sqrt{h}Z_i,$$

$Z_0,\ Z_1, \cdots,\ Z_{n-1}$ 为相互独立的标准正态分布. 若 $\mu(t, x) = -2x$, $\sigma(t, x) = x$, 分别取 $\theta = 0,\ \frac{1}{2}$, 步长 $h = 10^{-3}$, 计算 $X(1)$ 的值. (注意: 扩散项 $\sigma(t_i, X_i)$ 中时间为 t_i, 一般不能取 t_{i+1} 为时的值.)

10. 设随机变量 X, Y 为期望为零, 方差分别为 σ_1^2, σ_2^2 的正态分布 (假设 $\sigma_1 \neq 0$), 两者的相关性系数为 ρ $(|\rho| \leqslant 1)$, 证明: Y 可表示为

$$Y = \rho\frac{\sigma_2}{\sigma_1}X + \sigma_2\sqrt{1 - \rho^2}\,\eta,$$

其中 η 为与 Z 相互独立的标准正态分布.

11. 设 $u(t, x)$ 满足倒向热传导方程终值边值问题的解:

$$\begin{cases} \dfrac{\partial u}{\partial t} + \dfrac{1}{2}\dfrac{\partial^2 u}{\partial x^2} = 0, & -a < x < a,\ 0 \leqslant t < T, \\ u(t, -a) = u(t, a) = 0, \\ u(T, x) = \sin\dfrac{\pi}{a}x. \end{cases}$$

(1) 取参数 $a = 1, T = 1$, 利用定理 7.5 中的 Feynmon-Kac 公式

$$u(t, x) = \mathbb{E}\left[\sin\frac{\pi X(T)}{a}1_{\tau_D \geqslant T}\ \middle|\ X(0) = x\right]$$

随机过程 $X(t) = x + W_t$, 离散步长分别取 10^{-1}, 10^{-2}, 10^{-3}. 计算 $t = 0$, $x = 0$ 的值, τ_D 表示随机过程 $X(t)$ 从 $X(0) = x$ 出发, 首次到达边界 $D = [-a, a]$ 的时刻. 计算时取模拟次数 N 分别取 10^3, 10^4, 10^5.

(2) 将 (1) 的计算结果与精确解

$$u(t, x) = \mathrm{e}^{(\frac{\pi}{a})^2(T-t)} \sin \frac{\pi}{a} x$$

进行比较, 观察误差与不同模拟次数 N 及不同模拟步长 h 之间关系, 数值结果用表格及图形表示.

参 考 文 献

[1] Gilli M, Maringer D, Schumann E. Numerical Methods and Optimization in Finance. New York: Elsevier, 2012.

[2] 陈启宏, 陈迪华. 金融随机分析. 2 卷. 上海: 上海财经大学出版社, 2015.

[3] 高慧璇. 统计计算. 北京: 北京大学出版社, 2012.

[4] Glasserman P. Monte Carlo Methods in Financial Engineering. New York: Springer, 2003.

[5] Grant D, Vora G, Weeks D. Path-dependent options: extending the Monte Carlo simulation approach. Management Sci., 1997, 43(11): 1589-1602.

[6] Longstaff A, Schwartz E S. Valuing American options by simulation: a simple least-squares approach. Rev. Financ. Stud., 2001, 14(1): 113-147.

[7] Clément E, Lamberton D, Protter P. An analysis of a least squares regression method for American option pricing. Finance Stoch., 2002, 6(4): 449-471.

[8] 姜礼尚. 期权定价的数学模型和方法. 2 版. 北京: 高等教育出版社, 2008.

[9] Duffy D J. Finite Difference Methods in Financial Engineering. New York: John Wiley, 2006.

[10] 姜礼尚, 徐承龙, 任学敏, 等. 金融衍生产品定价的数学模型与案例分析. 2 版. 北京: 高等教育出版社, 2013.

[11] Vecer J. A new PDE approach for pricing arithmetic average Asian options. Journal of Computational Finance, 2001, 4(4): 105-113.

[12] Markowitz H. Portfolio selection. J. Finance, 1952, 7(1): 77-91.

[13] Tobin J. Liquidity preference as behavior towards risk. Rev. Econ. Stud., 1958, 25(2): 65-86.

[14] Tobin J. The theory of portfolio selection//Hester D D, Tobin J, ed. Cowles Commission Monograph 15 (pp. 19–46). New York: John Wiley & Sons, 1958.

[15] Fu M C. Handbook of Simulation Optimization. New York: Springer, 2015.

[16] 李航. 机器学习方法. 北京: 清华大学出版社, 2022.

[17] 张紫琼, 叶强. 大数据智能分析理论与方法. 北京: 高等教育出版社, 2023.

[18] Wang S, Hong L J. Option pricing by neural stochastic differential equations: a simulation-optimization approach. 2021 Winter Simulation Conference (WSC), IEEE, 2021: 1-11.

[19] Oksendal B. Stochastic Differential Equations. Berlin: Springer-Verlag, 2010.

[20] Sheng C, Su B, Xu C. Efficient Monte Carlo method for integral fractional Laplacian in multiple dimensions. SIAM Journal on Numerical Analysis, 2023, 61(5): 2035-2061.